Paula Weinbach

| Selbstliebe lernen |
| Grübeln stoppen |
| Positives Denken |
| Innere Blockaden lösen |

Dein **4** in **1** Buch

Um persönlich zu wachsen und ein noch glücklicheres und sorgenfreieres Leben zu führen.

Originale Erstausgabe Dezember 2020
verlegt durch KR Publishing.

Copyright © 2020 Paula Weinbach

Das Werk einschließlich aller Inhalte ist urheberrechtlich geschützt. Alle Rechte vorbehalten. Nachdruck oder Reproduktion (auch auszugsweise) in irgendeiner Form (Druck, Fotokopie oder anderes Verfahren) sowie die Einspeicherung, Verarbeitung, Vervielfältigung und Verbreitung mit Hilfe elektronischer Systeme jeglicher Art, gesamt oder auszugsweise, ist ohne ausdrückliche schriftliche Genehmigung des Autors untersagt. Alle Übersetzungsrechte vorbehalten.

Copyright © 2020 KR Publishing
Alle Rechte vorbehalten

1. Auflage

Bibliografische Information der Deutschen Nationalbibliothek

Die Deutsche Nationalbibliothek verzeichnet diese Publikation in der Deutschen Nationalbibliografie, detaillierte bibliografische Daten sind im Internet unter https://portal.dnb.de abrufbar.

Druck/ Auslieferung: Amazon oder Tochtergesellschaft
Independently published

ISBN:
978-3-948593-53-7 [ebook]
978-3-948593-54-4 [Taschenbuch]

Inhalt

Vorwort 9

Unser Geschenk an dich! 10

Selbstliebe lernen 11

Kapitel 1: Selbstliebe – Was es heißt, sich selbst zu lieben 12
Was ist Selbstliebe überhaupt? 12
Selbstliebe vs. Nächstenliebe 13
Wie entsteht Selbstliebe? 14
Selbstliebe, Egoismus und Narzissmus 16
Selbstliebe in Zeiten von Social Media 17

Kapitel 2: Indizien – Wenn die Selbstliebe fehlt 19

Kapitel 3: Top 8 Mythen zur Selbstliebe 23

Kapitel 4: Vorteile – Sich liebend durch das Leben gehen 26
Vorteile im privaten Alltag 26
Vorteile im Berufsleben 27
Vorteile in Beziehungen 27

Kapitel 5: Selbsttest – Wie sehr liebst du dich selbst? 29

Kapitel 6: Mehr Selbstliebe in 7 Schritten 34

Kapitel 7: Gestern, heute und morgen 38
Gestern: Ein Blick in die Vergangenheit 38
Heute: Das Mosaik deines Ichs 43
Morgen: Wohin geht die Reise? 48

Kapitel 8: Innerer Kritiker und inneres Kind 51
Kontaktaufnahme zum inneren Kind 51
Erkennen des inneren Kritikers 55
Den inneren Entwerter entmachten 56
Kritiker und Kind im Dialog 57

Kapitel 9: Körperbild – Das Außen innig lieben 58

Kapitel 10: Selbstfürsorge in der Praxis 64

Achtsamkeit: Die eigenen Bedürfnisse wahrnehmen 64

Selbstfürsorge: Kümmere dich um dich selbst 69

Kapitel 11: 10 Tipps - Selbstliebe im Alltag leben 71

Kapitel 12: Selbstliebe bei Kindern fördern 74

Stützen und stärken - Aber richtig 74

Das Kind als Individuum 76

Erziehung ohne negative Kommentare - Geht das überhaupt? 77

Grübeln stoppen 79

Kapitel 1: Die Macht der Gedanken 80

Was sind Gedanken? 80

Mind over matter und das magische Dreieck 82

Die innere Stimme und innere Blockaden 83

Zwangsgedanken - wenn Gedanken zur Obsession werden 85

Kapitel 2: Grundlagen zur Gedankenkontrolle 87

Chancen und Grenzen der Gedankenkontrolle 87

Gedanken kontrollieren - aber wie? 88

Kontrolle vs. Zwang 89

Kapitel 3: Das große Grübeln 90

Unproduktives Nachdenken in Dauerschleife 90

Ursachen - Warum grübeln wir? 91

Die Auswirkungen des Grübelns 93

Das Grübeln als Symptom 95

Wenn Grübeln krank macht - wie viel Grübeln ist „normal"? 96

Selbsttest: Denkst du noch oder grübelst du schon? 96

Auswertung 101

Kapitel 4: Das Grübeln begraben 103

Bedürfnisfragebogen: Bist du dir selbst wichtig genug? 103

Auswertung 105

Der Schlüssel zum Erfolg - Lenkung statt Verbot 106

Stop and Lead - Gedankenlenken leicht gemacht 106

Vom Handeln ins Denken 108

Gedanken neutral zurückführen ... 108

Kapitel 5: Die ersten Schritte - Beginne bei dir ... 110

Nimm dich ernst und wichtig ... 110

Identifiziere und minimiere Stressoren ... 111

Ernähre dich richtig ... 115

Schlafe ausreichend ... 115

Kapitel 6: Langfristig weniger Grübeln ... 118

9 Schritte gegen das Grübeln ... 118

7 Tipps - Grübeleien effektiv vorbeugen ... 121

Kapitel 7: Wichtige Skills - Von Achtsamkeit bis Social Detox ... 124

Kapitel 8: Wie Außenstehende Grübler unterstützen können ... 146

Kapitel 9: Grübelfrei in 4 Wochen ... 148

Die drei goldenen Regeln ... 148

Woche 1 ... 148

Woche 2 ... 150

Woche 3 ... 152

Woche 4 ... 153

Dein Fazit ... 155

Positives Denken ... 156

Kapitel 1: Die Welt der negativen Gedanken ... 157

Was sind Gedanken? ... 157

Woher kommen unsere Gedanken? ... 158

Können wir unsere Gedanken beeinflussen? ... 159

Worauf wirken sich unsere Gedanken aus? ... 160

Kapitel 2: Der negative Gedankenkosmos ... 165

Was sind negative Gedanken? ... 165

Negative vs. positive Gedanken ... 166

Produktives vs. unproduktives Denken ... 169

Konvergentes vs. divergentes Denken ... 169

Auslöser negativer Gedanken ... 170

Gefahren negativer Gedanken ... 175

Kapitel 3: Wenn Gedanken zum Zwang werden 177

Was versteht man unter Zwangsgedanken? 177

Zwangsgedanken sind mehr als Grübelei 178

Wie werden Gedanken zum Zwang? 179

Welche Lösungsmöglichkeiten existieren? 179

Kapitel 4: Die Macht des Unterbewusstseins 181

Was ist das Unterbewusstsein? 181

Die Arbeit des Unterbewusstseins 181

Der Einfluss des Unterbewusstseins auf unser ganzes Leben 182

Kapitel 5: Negative Gedanken stoppen 185

Negative Gedanken erkennen 185

Negative Gedanken als Übeltäter entlarven 186

Kapitel 6: Entkomme dem Gedankenkarussell 189

Ursachen ausfindig machen und Stück für Stück eliminieren 189

Der Umgang mit negativen Gedanken 192

Der Einfluss toxischer Menschen 197

Der Einfluss innerer Blockaden 202

Das Finden innerer Ruhe 203

Stressbewältigung im hektischen Alltag 206

Mach dich nicht mehr zu einem Opfer 208

Kapitel 7: Lasse die positiven Gedanken kommen 211

Gedanken richtig lenken 211

So wirst du zum Optimisten 212

Positives Denken 213

In 7 Schritten zum positiven Denken 214

Kapitel 8: Mit praktischen Übungen ins positive Denken starten 217

Kapitel 9: Fragen und Antworten 223

Innere Blockaden lösen 225

Kapitel 1: Die Welt innerer Blockaden 226

Was sind innere Blockaden? 226

Welche Arten von Blockaden gibt es? 226

So erkennst du, dass du innerlich blockiert bist 229

Kapitel 2: Wie entstehen Blockaden? 230

Was ist eine Überzeugung? 230

Anzeichen innerer Blockaden 231

Finde deine inneren Blockaden 234

Kapitel 3: Die Auswirkungen innerer Blockaden 236

Die Auswirkungen auf Familie und Beziehungen 236

Wie innere Blockaden die Ausbildung und Karriere beeinflussen ... 236

Auswirkungen auf unseren Gefühlszustand und unser Handeln 237

Auswirkungen auf die Zukunft 238

Der unbewusste Einfluss innerer Blockaden 239

Die Macht des Unterbewusstseins 240

Kapitel 4: Ursache - Glaubenssätze & der innere Schweinehund ... 243

Einfluss der Glaubenssätze 243

Der Einfluss des inneren Schweinehundes 245

Kapitel 5: Belastungsfaktoren auf dem Prüfstand 247

Belastungsfaktor Stress 247

Unzufriedenheit und Frustration 248

Unser Umfeld 249

Sorgen, die uns beschäftigen 250

Kapitel 6: Alles eine Frage der Denkweise 253

Problemorientiertes Denken vs. Lösungsorientiertes Denken 253

Grübeln: Die Flut der Gedanken 255

Ängste und das Bleiben in der eigenen Komfortzone 258

Kapitel 7: Bewältigungsstrategien 260

Was du nicht tun solltest 260

Was du unbedingt tun solltest 261

Probleme lösen 263

Akzeptieren anstatt dagegen anzukämpfen 265

Kapitel 8: Gedanken kontrollieren 269

Negative Gedanken unterbrechen und umwandeln 269

Entfessele dich selbst 271

Die Relevanz des inneren Friedens 273

Kapitel 9: Mit aktivem Handeln zur Veränderung **276**

Die Entwicklung guter Gewohnheiten 276

Kapitel 10: Langfristige Erfolge feiern **282**

Selbstvertrauen aufbauen 285

Innere Ressourcen aktivieren 287

Verwandle deine innere Welt 290

Trete aus deiner Komfortzone 291

Suche etwas, wofür du brennst 292

Zusammenfassende Schlussworte 295

Schlusswort **296**

Weitere Werke von KR Publishing **297**

Lust auf mehr? Unser Geschenk an dich! **299**

Impressum **300**

Vorwort

Du möchtest ein sorgenfreies und stressfreies Leben führen voller Liebe, Glück und Zuversicht? Du möchtest dein Leben in vollen Zügen genießen und dich von nichts und niemandem mehr unterkriegen lassen?

Dieses große 4 in 1 Buch liefert dir fundiertes Praxiswissen, ohne viel Geschwafel, das du direkt in dein Leben integrieren kannst - entdecke alles Wichtige zu den Themen Selbstliebe, Grübeln stoppen, positives Denken und innere Blockaden lösen. Ich habe meine vier Bücher „Wer, wenn nicht du?", „Ausgegrübelt", "Wundermittel positives Denken" und „Denk dich glücklich" als aktualisierte und ungekürzte Fassung in diesem Buch zusammengefasst, sodass du auf einen Schlag das ganze Wissen erhältst, das du für dein persönliches Wachstum benötigst.

Denn in unserer schnellen und hektischen Welt voller Ablenkungen, Stress und Negativität ist es wichtiger denn je, sich selbst zu lieben, zu akzeptieren und sich nicht von negativen Gedanken und Einflüssen beeinflussen zu lassen. Social Media, Influencer, Nachrichten und die Gesellschaft sorgen oft schneller als einem lieb ist für übertriebene Schönheitsideale und Erwartungen an einen selbst, sodass dadurch Druck, Zweifel, Stress und Versagensängste zum Alltag werden.

Doch es geht auch anders! Deshalb danke ich dir für den Kauf dieses Buchs und für dein Vertrauen - lass uns gemeinsam diesen Weg gehen und dir Schritt für Schritt zeigen, wie du im Handumdrehen einen glücklicheren, zufriedeneren und stressfreieren Alltag kreieren kannst, sodass du deine Wünsche, Träume und Ziele ohne Selbstzweifel und Ängste erreichen wirst.

Ich wünsche dir viel Erfolg mit diesem Buch

Deine Paula Weinbach

Selbstliebe lernen | Grübeln stoppen | Positives Denken | Innere Blockaden lösen

Unser Geschenk an dich!

Vielen Dank für den Kauf von diesem Buch und deinem damit verbundenen Vertrauen in uns als Herausgeber und in Paula Weinbach als Autorin dieses großartigen Buchs. Das bedeutet uns wirklich viel, weshalb wir dir den Ratgeber „Habit Hacks - 10 unscheinbare Schlüssel Gewohnheiten, die dein Leben verändern," als Download schenken - vollkommen gratis! Zudem möchten wir dir die Möglichkeit eines direkten Austauschs mit der Autorin anbieten. So kannst du z.B. deine Fragen, dein Feedback oder deine Anregungen Paula zukommen lassen - eine tolle Möglichkeit für die Kommunikation zwischen Leser und Autorin!

Diese kleinen und unscheinbaren Schlüssel Gewohnheiten verändern dein Leben - erfahre:

- ✓ wie eine kleine Veränderung beim Duschen deine Disziplin stärkt und dir einen Energiekick verschafft...
- ✓ wie eine Prise Salz dir einen Kickstart am Morgen verschaffen kann...
- ✓ wie eine kleine Einstellung an deinem Smartphone & Computer deinen Schlaf verbessert...
- ✓ noch weitere geniale und unscheinbare Habit Hacks!

Wenn du bereit bist, dein Leben mit einigen simplen Habit Hacks auf das nächste Level zu bringen, dann schaue am Ende nach deinem persönlichen Zugang.

Selbstliebe lernen

Kapitel 1: Selbstliebe – Was es heißt, sich selbst zu lieben

Sich selbst zu lieben – das klingt wunderbar, nicht wahr? Das Thema Selbstliebe ist in den letzten Jahren populär geworden und beschäftigt längst nicht mehr nur Therapeuten und deren Patienten. Und das ist gut so! Schließlich ist die Selbstliebe, wie du im Verlauf dieses Buches herausfinden wirst, einer der Zentralschlüssel zum Lebensglück. Doch beginnen wir am Anfang: Was bedeutet es, sich selbst zu lieben, wie entsteht Selbstliebe und sind Menschen, die sich selbst lieben, zwangsweise Egoisten? Antworten auf diese ganz grundlegenden Fragen zur Thematik liefert dir dieses erste Kapitel.

Was ist Selbstliebe überhaupt?

Selbstliebe zu definieren, ist gar nicht so einfach wie es zunächst scheint. Aus dem Begriff ergibt sich zunächst ganz unbestreitbar eine oberflächliche Bedeutung: Wer über Selbstliebe verfügt, liebt sich selbst. Vermutlich weißt du, wie es ist, eine andere Person zu lieben. Die Liebe, die du für deine Familie, deine Freunde, dein Haustier oder deinen Partner spürst, ist dir vertraut. Du musst sie nicht definieren, um zu wissen, dass sie da ist. Mit der Selbstliebe ist das zumeist etwas anders. Sie beschert dir weder Schmetterlinge im Bauch noch den Wunsch, um deine eigene Hand anzuhalten oder dir täglich zahlreiche Herzchen per WhatsApp zuzuschicken. Während die Liebe im Allgemeinen ein Thema ist, mit dem wir uns ganz automatisch immer wieder beschäftigen, ist die Selbstliebe etwas, über das viele Menschen gar nicht wirklich nachdenken. Im direkten Vergleich ist uns die Selbstliebe deutlich fremder als die Liebe zu anderen Personen. Bleiben wir also kurz bei dem, was wir gut kennen: Versuche, Liebe zu definieren. Ganz schön schwierig, oder? Du kannst dir sicher sein, dass deine Definition, wenn du denn eine gefunden hast, nicht zu 100 % - vermutlich nicht mal zu 50 % - mit der Definition von Liebe, die dein Partner, deine Mutter oder deine beste Freundin nennen würden, übereinstimmt. Liebe lässt sich nicht allgemeingültig definieren, umfasst sie doch für jeden verschiedene Aspekte und fühlt sich von Mensch zu Mensch unterschiedlich an. Ganz ähnlich ist es mit der Selbstliebe. Niemand kann dir sagen, wie es sich anfühlt, dich selbst zu lieben. Anstatt die Selbstliebe also definieren zu wollen, wenden wir uns an dieser Stelle den Teilaspekten dieser besonderen Liebe zu:

▸ Selbstakzeptanz

Wenn du jemanden liebst, akzeptierst du ihn in seiner Ganzheit: seinen Körper, seinen Geist, seine Stärken, seine Macken und seine Launen. Du nimmst ihn an, so wie er ist, und wünschst dir nicht ständig, ihn irgendwie verbiegen zu können. Ohne Selbstakzeptanz ist keine Selbstliebe möglich. Du musst dich und all deine Facetten rundum akzeptieren, um die Chance zu bekommen, sie lieben zu lernen.

▸ Selbstachtung

Selbstachtung, also der Respekt vor der eigenen Person, ist ebenfalls ein elementares „Puzzleteil", das nicht fehlen darf. Vielleicht hast du Folgendes schon einmal erlebt: Ein Mensch, den du liebst, tut etwas, das dazu führt, dass du den Respekt vor diesem Menschen teilweise oder komplett verlierst. In der Folge hörst du zwar nicht unbedingt auf, diesen Menschen zu lieben, die Liebe wird aber dennoch stark vom mangelnden Respekt beeinträchtigt. Selbstliebe und Selbstrespekt spielen zusammen. Je mehr du dich liebst, desto größer wird deine Selbstachtung, und je höher deine Selbstachtung ist, desto leichter kannst du dich lieben.

▸ Selbstwert

Ein stabiles Selbstwertgefühl ist eine wichtige Komponente der Selbstliebe und beinhaltet gleichermaßen das Kennen des eigenen, bedingungslosen Wertes als Mensch und das Wertschätzen des eigenen Selbst. Es bedeutet, zu erkennen, dass dein Wert als Mensch nicht von deinen Leistungen, deinem Aussehen oder deinem Kontostand abhängt, und dass du es verdient hast, von dir selbst wertgeschätzt zu werden.

▸ Selbstvertrauen

Auch das Selbstvertrauen darf nicht vergessen werden. Für die meisten Menschen geht Liebe schließlich mit Vertrauen einher. Wenn wir eine Person lieben, möchten wir dieser vertrauen können, und wenn wir jemandem vertrauen, sind wir möglicherweise schon auf dem Weg, ihn zu lieben. Das menschliche Streben danach, vertrauen zu können, hängt mit unserem hohen Sicherheitsbedürfnis zusammen. Wir möchten uns sicher fühlen und das geht am einfachsten in Gegenwart von Menschen, denen wir voll und ganz vertrauen können. Wenn du schon einmal in den Armen von jemandem lagst, dem du zu 100 % vertraut hast, und dabei von einem unbeschreiblich tiefen Gefühl der Geborgenheit durchströmt wurdest, weißt du, wovon hier die Rede ist. Dieses Gefühl der Geborgenheit kannst du dir – auch wenn du das jetzt vielleicht nicht auf Anhieb glaubst – selbst geben. Selbstvertrauen heißt, Vertrauen in die eigenen Fähigkeiten, die persönliche Wahrnehmung, die Intuition und die eigene Emotionswelt zu legen. Wenn du dir selbst vertraust, weißt du, dass du auf dich zählen kannst. Diese Erkenntnis ist von unschätzbarem Wert: Denn wenn sich alle Welt gegen dich richtet und das Vertrauen zu den Menschen, die dir nahestehen, zerstört wurde, fühlst du dich nur halb so verloren, wenn du ein starkes Selbstvertrauen besitzt. Letztendlich gibt es schließlich nur einen Menschen, mit dem du zwangsläufig dein ganzes Leben verbringen musst, und dieser Mensch bist du.

Selbstliebe vs. Nächstenliebe

Selbstliebe und Nächstenliebe scheinen auf den ersten Blick nichts miteinander zu tun zu haben. Noch mehr: Sie stehen sich oberflächlich betrachtet fast schon gegenüber. Schaut man genauer hin, ist jedoch unverkennbar, dass beide Arten der Liebe viel ge-

Selbstliebe lernen | Grübeln stoppen | Positives Denken | Innere Blockaden lösen

meinsam haben. Schließlich geht es in beiden Fällen letztendlich darum, zu lieben. Und für die Liebe gibt es kein Limit. Dass du dich selbst liebst, bedeutet also nicht, dass dein „Liebes-Budget" aufgebraucht ist und du keine Liebe mehr für andere übrighast. Im Gegenteil: Menschen, die es schaffen, sich selbst aufrichtig und auf ehrlicher Grundlage zu lieben, verfügen oftmals über die Fähigkeit und die Kraft, besonders viel Liebe an andere Menschen weiterzugeben.

Wie entsteht Selbstliebe?

Was entscheidet darüber, ob man sich selbst liebt? Warum gibt es Menschen, die sich scheinbar automatisch lieben, und andere, die bis dorthin noch einen furchtbar weiten Weg vor sich haben? Hier können mehrere Faktoren eine Rolle spielen:

Erziehung

Wie gut gefüllt dein „Selbstliebe-Konto" ist, hängt zum einen davon ab, wie du erzogen wurdest. Ein paar Beispiele:

Nils ist sieben Jahre alt und besucht die erste Klasse. Leider ist das Rechnen nicht seine Stärke. Aber seine Mama sagt, das liegt nur daran, dass er sich nicht genug Mühe gibt. Genau wie beim Fußball. Nils ist, laut Papa, nicht schnell genug und kann nicht zielen. „Was soll aus dir nur werden" – diesen Satz hört Nils oft. Er ist zwar noch klein, aber er hat schon jetzt das starke Gefühl, nicht gut genug zu sein. Momentan ahnt Nils noch nicht, dass ihn dieses Gefühl bis weit ins Erwachsenenalter hinein begleiten wird.

Maja ist gerade zwölf geworden und befindet sich mitten in der Pubertät. Ihr Körper beginnt, sich zu verändern: Was früher schlank war, wächst sich langsam zu Kurven aus und Maja verbringt täglich quälende Minuten vor dem Spiegel. Skeptisch betrachtet sie ihre Hüften, kneift sich in die Oberschenkel und versucht den Bauch einzuziehen. Ihre Mama hat längst bemerkt, dass Maja etwas unzufrieden mit ihrer Figur zu sein scheint. Beim gemeinsamen Mittagessen ermahnt sie ihre Tochter daher regelmäßig, sich gut zu überlegen, ob sie wirklich noch einen Nachschlag haben möchte. Als Maja ein Kleid für eine Geburtstagsparty anprobiert, schlägt ihre Mama vor, etwas zu wählen, das lockerer sitzt, damit man den Hüftspeck nicht so sieht, und als Pausenbrot packt sie ihr nun hauptsächlich Gemüse ein. Majas Mama meint es nur gut mit ihrer Tochter, doch bei Maja kommt eine klare Botschaft an: Nicht nur ich mag meine Figur nicht, auch Mama will, dass ich schlanker bin. Maja wächst zu einer jungen Erwachsenen heran, entwickelt eine Essstörung und kämpft jahrelang damit, den Hass auf ihren Körper abzulegen.

Elisabeth hat gerade das Abitur bestanden und wird ständig danach gefragt, was sie mit ihrem Leben anfangen will. Wenn sie das nur wüsste. Ihr Papa ist Partner in einer erfolgreichen Kanzlei und wünscht sich, dass seine Tochter eines Tages in seine Fußstapfen tritt. Mama gibt zu bedenken, dass Elisabeth einen familienfreundlichen Beruf wählen sollte – schließlich ist sie eine Frau und das bedeutet, dass sie sich eines Tages um ihre Kinder kümmern wird. Elisabeth weiß nur eines: Sie steht heftig unter Druck. Mit gerade einmal

Wie entsteht Selbstliebe?

achtzehn Jahren hat sie das Gefühl, keine richtige Entscheidung treffen zu können. Sie weiß, dass Leistung von ihr erwartet wird und auch, dass sie den Erwartungen ihrer Eltern gar nicht gerecht werden kann. Sie erinnert sich daran, dass Papa sie immer nur umarmt hat, wenn sie gute Noten mit nach Hause gebracht hat und auch an Mamas enttäuschte Blicke, wenn sie mal wieder einen Leichtathletik Wettkampf verloren hat. Elisabeth wird Jahre damit verbringen, den Idealen ihrer Eltern hinterherzujagen, und ihren eigenen Weg inklusive der eigenen Bedürfnisse dabei komplett aus den Augen verlieren.

Das Verhalten der Eltern hat in allen drei Beispielen dazu geführt, dass die Kinder keine wirkliche Chance hatten, Selbstliebe zu entwickeln. Nils wurde nicht in seinen Fähigkeiten bestärkt, Maja erhielt durch die Kritik ihrer Mutter ein falsches, ungesundes Körperbild und Elisabeth wurde auf Leistung getrimmt. In allen Fällen wurde den Kindern vermittelt, dass ihr Wert an Bedingungen – Anstrengung, Schlankheit und Erfolg – geknüpft ist. Erinnere dich: Ohne Selbstwert keine Selbstliebe. Dass es auch anders geht und wie eine Erziehung, die die Selbstliebe fördert, funktioniert, wird in Kapitel 12 dargelegt.

Erfahrungen

Auch Erfahrungen, die wir außerhalb der Erziehung sammeln, bestimmen die Höhe des „Selbstliebe-Kontostands". Der Anschaulichkeit halber widmen wir uns wieder einigen Beispielen:

Im Alter von siebzehn Jahren hat Susi ihren ersten festen Freund. Sie ist bis über beide Ohren verliebt und würde so gut wie alles für ihren Angebeteten tun. Zu dumm, dass dieser sich der Tatsache bewusst ist und sich nicht davor scheut, Gebrauch von seiner Machtposition zu machen. Er kritisiert ihre Kleidung und Susi geht shoppen. Er meckert über ihre Figur und Susi beginnt, wie verrückt Sport zu treiben. Er findet, dass Susi zu viel plappert und Susi wird schweigsam. Was er nicht weiß: Jedes Mal, wenn er sie kritisiert, weint Susi still und heimlich. Sie denkt, dass sie so, wie sie ist, nicht liebenswert ist und verbiegt sich bis zur Unkenntlichkeit.

Martin ist Mitte zwanzig und hat seinen Traumberuf gefunden. Wenn er mit ölverschmierten Händen in der Werkstatt bastelt, ist er in seinem Element. Es könnte alles so schön sein, wäre da nicht seine Freundin, die ihn nur heiraten möchte, wenn er mehr Geld verdient. Martin weiß, dass die Aufstiegschancen in seinem jetzigen Betrieb nicht allzu gut aussehen. Er grübelt, letztendlich überwiegt aber die Liebe zu seiner Freundin, sodass er eine besser bezahlte, wenn auch weniger interessante Stelle annimmt.

Peter ist Anfang vierzig und eigentlich zufrieden mit sich und seinem Leben. Er hat sich kürzlich scheiden lassen, steht weiterhin in gutem Kontakt zu seinen beiden Kindern und ist bereit für eine neue Frau in seinem Leben. Als er beim ersten Date mit einer Internetbekanntschaft nach seinen Stärken und besten Eigenschaften gefragt wird, fällt ihm ganz schön viel ein: er ist humorvoll, eine ehrliche Haut, meistens gut gelaunt, ziemlich kreativ, sehr sportlich, recht clever, handwerklich begabt, spricht fünf Sprachen, kann kochen und ist außerdem ein begnadeter Sänger. Doch überraschend rümpft sein Date die Nase und verabschiedet sich wenig später mit einer leicht durchschaubaren Ausrede. Als Peter später im Chat nachfragt, was der Dame des Herzens denn missfallen hat, ist ihre Antwort klar: Peter hat ihrer Meinung nach mit seinen Fähigkeiten angegeben und wirkte dadurch abschreckend arrogant. In Zukunft hütet sich Peter davor über seine Talente und guten Seiten zu sprechen.

Wieder vermitteln diese Erlebnisse den betroffenen Personen, dass mit ihnen etwas nicht stimmt. Sie sind falsch gekleidet, zu dick, zu redselig, zu arm oder zu sehr von sich überzeugt. Menschen, die durch ihre Erziehung bereits viel Selbstliebe entwickelt haben, können die ein oder andere Erfahrung dieser Art leicht wegstecken. Ist das „Selbstliebe-Konto" aber von Haus aus spärlich gefüllt, gerät man durch solche Erlebnisse schnell ins Minus.

Arbeit an sich selbst

Die gute Nachricht: Jeder Mensch kann daran arbeiten, seine Liebe zu sich selbst zu steigern. Auf die Erziehung, die man genossen hat, hat man keinen Einfluss und auch die Erfahrungen, die einem im Laufe des Lebens zuteilwerden, liegen oft nicht in den eigenen Händen. Der richtige Umgang damit kann aber erlernt werden. In diesem Buch wirst du lernen, kritisch auf deine Erziehung und dein bisheriges Leben zurückzublicken, neu zu bewerten und deine Selbstliebe zu fördern. Du wirst dazu befähigt an dir selbst zu arbeiten und dein „Selbstliebe-Konto" bis zum Rand aufzufüllen.

Selbstliebe, Egoismus und Narzissmus

Bedeutet Selbstliebe, egoistisch zu sein? Jein. Selbstliebe bedeutet zunächst einfach nur sich selbst zu lieben und hat somit nicht unbedingt etwas damit zu tun, nur noch auf sich selbst zu achten und die eigenen Bedürfnisse immer und überall über die der Mitmenschen zu stellen. Natürlich ist es wahr, dass ein gewisser Egoismus dazugehört. Wer sich selbst liebt, kümmert sich so gut wie möglich um sich selbst (siehe Kapitel 10), sagt nicht zu allem Ja und Amen und entscheidet sich im Zweifel eher für die Option, die ihm selbst wirklich guttut. Im Endeffekt führt dieses Verhalten jedoch dazu, dass es einem selbst besser geht und je besser es einem geht, desto mehr Ressourcen hat man, um anderen zu helfen, für sie da zu sein und sich für sie einzusetzen. Selbstliebe ist also nicht nur Egoismus, sondern befähigt auch zu mehr Zuwendung, Hilfsbereitschaft, Engagement und Nächstenliebe. Was aber, wenn die Selbstliebe pathologische Ausmaße annimmt? Den meisten Menschen fällt hier auf Anhieb der Narzissmus ein. Dabei handelt es sich um eine Persönlichkeitsstörung, die sich unter anderem durch eine enorme Selbstverliebtheit und Selbstbewunderung auszeichnet. Dahinter stecken paradoxerweise oftmals mangelndes Selbstwertgefühl und fehlende Selbstliebe, was von den Betroffenen quasi überkompensiert wird. Leider würde es den Rahmen dieses Buches sprengen, genauer auf das Krankheitsbild des Narzissmus einzugehen. Wir können aber festhalten, dass Selbstliebe und Narzissmus nicht nur nicht gleichzusetzen sind, sondern sich in vielen Fällen sogar ausschließen. Echte, ehrliche Selbstliebe ist keine übersteigerte Selbstverliebtheit. Und du brauchst dir keine Sorgen darum zu machen, dass du als Narzisst endest, wenn du dich in Selbstliebe übst.

Selbstliebe in Zeiten von Social Media

Die sozialen Medien gehören heute für viele Menschen zum Alltag. Morgens nach dem Aufwachen wird erstmal das Facebook Dashboard gecheckt, in der Mittagspause scrollt man durch Instagram und den Abend vertreibt man sich wahlweise mit YouTube, TikTok oder Twitter. An und für sich ist das vollkommen in Ordnung und, wenn wir ehrlich sind, relativ normal. Leider wirken sich die sozialen Medien, allen voran Instagram, in vielen Fällen nicht unbedingt positiv auf das Selbstwertgefühl und die Zufriedenheit mit sich selbst aus. Das gilt vor allem für junge Menschen, die in ihrem Selbstbild noch ungefestigt sind. Aber auch Erwachsene können sich in puncto Selbstliebe durchaus Steine in den Weg legen, wenn sie falsch beziehungsweise ungesund mit den Inhalten, die Social Media zu bieten hat, umgehen. Wenn man täglich die kunstvoll angerichteten Smoothie-Bowls, die weißen Sandstrände, die perfekten Selfies, die tollen Klamotten und die teuren Autos der „anderen" sieht, kann einem das auf Dauer (unbemerkt) auf den Magen schlagen. Das liegt mitunter daran, dass wir uns und unser Leben automatisch mit dem vergleichen, was wir auf dem Display sehen. Dabei vergessen wir, dass das Selfie, das wie ein Schnappschuss aussieht, das beste aus zwanzig Versuchen inklusive Bearbeitung ist und wir wissen auch nichts vom Kredit, der für das Auto aufgenommen wurde oder vom eher fragwürdigen Geschmack des gesunden Frühstücks. Das Motto in den sozialen Medien lautet nach wie vor: Zeig dich von deiner besten Seite, die anderen Seiten will ohnehin niemand sehen. Das ist nicht nur traurig, sondern regelrecht toxisch für unser Selbstwertgefühl. Zum Glück gibt es mittlerweile Accounts, die sich bewusst gegen diesen Trend wenden und Menschen, die sich trauen die unperfekten Facetten ihres Lebens, ihres Körpers und ihres Selbst zu zeigen. Die Anzahl ist aber vergleichsweise verschwindend gering. Zum Verständnis: Dies ist keine Hassschrift auf Social Media. Das Internet ist eine wunderbare Erfindung, die sozialen Medien informieren, bringen Menschen zusammen und erlauben es, sich zu gruppieren und zu organisieren. Wer allerdings nicht vorsichtig ist, die Fassade ohne zu hinterfragen als glamouröse Wahrheit hinnimmt und keinen gelegentlichen Realitäts-Check unternimmt, lernt die Gefahren und Schattenseiten dieser virtuellen Welt kennen.

Das Wichtigste in Kürze

✓ Selbstliebe lässt sich – genau wie Liebe – nur schwer definieren und kann sich für jeden Menschen ganz individuell anfühlen. Die Liebe zu sich selbst setzt sich aber immer aus den Grundbausteinen Selbstakzeptanz, Selbstachtung, Selbstwert und Selbstvertrauen zusammen.

- ✓ Wie gut das „Selbstliebe-Konto" gefüllt ist, hängt stark von der Erziehung und den Erfahrungen, die man gemacht hat, ab.

- ✓ Jeder kann lernen, sich selbst zu lieben, und sein „Selbstliebe-Konto" durch konsequente Arbeit an sich selbst auffüllen.

- ✓ Selbstliebe beinhaltet, je nach Definition, ein gewisses Maß an Egoismus, ist aber nicht mit diesem gleichzusetzen. Außerdem hat die Liebe zu sich selbst nichts mit dem Krankheitsbild Narzissmus zu tun.

- ✓ In vielen Fällen entpuppen sich die sozialen Medien – oder der Umgang damit – als waschechter Feind der Selbstliebe. Das liegt vor allem daran, dass wir uns mit dem „perfekten Leben", das uns auf Facebook, Instagram und Co. gezeigt wird, vergleichen.

- ✓ Gerade bei jungen Menschen, deren Selbstbild noch ungefestigt ist, kann durch einen ungesunden Umgang mit Social Media ein großer Schaden in puncto Selbstwert und Selbstliebe angerichtet werden.

Kapitel 2: Indizien – Wenn die Selbstliebe fehlt

Du fragst dich, woran du bei dir und anderen erkennen kannst, dass es an Selbstliebe mangelt? Eine pauschale Antwort auf diese Frage gibt es nicht. Fehlende Selbstliebe kann sich von Mensch zu Mensch verschieden äußern. Dennoch gibt es Merkmale, die sich besonders häufig beobachten lassen. Genau mit diesen Merkmalen befasst sich das zweite Kapitel.

Absoluter Altruismus

Eine auffallend altruistische Haltung, also ein deutlich überdurchschnittlich uneigennütziges Denken und Handeln, kann ein Zeichen dafür sein, dass die Liebe zur eigenen Person nicht allzu hoch ausfällt. Das ist relativ logisch: Während Altruismus allgemein nicht unbedingt schlecht ist, tritt er in diesem Fall so stark auf, dass die eigenen Bedürfnisse immer wieder vernachlässigt werden. Die Zuneigung zu allem anderen ist ganz einfach größer als die, die man für sich selbst empfindet. Oftmals haben sich die zugehörigen Denk- und Handlungsmuster über viele Jahre hinweg tief eingeprägt, sodass sie einem selbst gar nicht mehr auffallen. Man sagt beispielsweise ganz automatisch „Ja" zu allem, worum man gebeten wird, und denkt gar nicht erst darüber nach, ob das Jeweilige überhaupt gut oder vielleicht doch unpassend oder sogar belastend für einen selbst ist. Damit macht man sich zwar beliebt, bietet aber auch eine große Angriffsfläche, um ausgenutzt zu werden, und kümmert sich, beschäftigt mit den Angelegenheiten und Wünschen anderer, viel zu wenig um sich selbst.

Gefühl, sich beweisen zu müssen

„Nicht gut genug, nicht gut genug, nicht gut genug" – dieser Gedanke ist bei vielen Menschen mit mangelnder Selbstliebe sehr präsent. Sie haben das Gefühl, ihren Wert und ihre Daseinsberechtigung immer wieder aufs Neue beweisen zu müssen, schaffen es dabei aber niemals am Ziel anzukommen.

Häufige Unsicherheit

In aller Regel geht die fehlende Selbstliebe mit einem niedrigen Selbstvertrauen einher. Deshalb fühlt man sich häufig unsicher und nicht wirklich wohl in seiner Haut. Man hat weder Vertrauen in seine Fähigkeiten noch in sich als Person und vollführt so Tag für Tag einen wackligen Tanz auf dem Hochseil, immer bestrebt, nichts falsch zu machen, niemandem in die Quere zu kommen, bloß nicht aufzufallen und letztendlich irgendwie zu überleben.

Zweifel an der eigenen Liebenswürdigkeit

Wer sich selbst nicht liebt, tut sich schwer mit dem Gedanken, von anderen geliebt zu werden. Warum sollten sie auch? Der Zweifel an der eigenen Liebenswürdigkeit ist oft so ausgeprägt, dass man der Liebe einer nahestehenden Person selbst dann nicht traut, wenn sie einem immer wieder durch Worte und Taten versichert und gezeigt wird. Insbesondere in Beziehungen kann dies zu echten Problemen führen. Der liebende Partner tut alles dafür, um seine Liebe zu beweisen, doch nichts genügt, um seine Angebetete davon zu überzeugen. Sätze wie „Liebst du mich wirklich?", „Warum liebst du mich?" und „Wie kannst du jemanden wie mich nur lieben?" fallen auf regelmäßiger Basis. Und selbst wenn die Partnerin für einen Moment daran glauben kann, wirklich geliebt zu werden, kann diese Gewissheit im nächsten Augenblick schon wieder verflogen sein. Eine kleine Unstimmigkeit oder auch nur ein „falscher" Blick oder ein ungewöhnlicher Unterton in der Stimme bringen die Unsicherheit sofort zurück und das Spiel beginnt von vorn. Als Partner gewinnt man auf Dauer unter Umständen den Eindruck, dass die Liebe, die man spürt, niemals ankommen wird und keine Chance hat, ihre Kraft zu entfalten. Je länger die Beziehung andauert und je stärker die Zweifel an der eigenen Liebenswürdigkeit ausfallen, desto größer wird die Belastung für die Partnerschaft. Man surft ganz einfach auf zwei vollkommen unterschiedlichen Wellen: Der eine wünscht sich nichts mehr, als geliebt zu werden, hält diese Vorstellung aber für so unrealistisch und zerbrechlich, dass er daran „verhungert", während der Frust beim anderen stetig wächst und die Bereitschaft, seine Gefühle immer wieder zu rechtfertigen und zu beweisen, sinkt. Eine Situation, unter der im Endeffekt beide Parteien leiden.

Angewiesenheit auf Bestätigung durch andere

Ein weiteres Merkmal, an dem sich ein Mangel an Selbstliebe erkennen lässt, ist die enorme Angewiesenheit auf Bestätigung durch andere. Eine Handlung wird erst angemessen und gut, wenn dies durch eine andere Person bestätigt wird – das eigene Urteil zählt nicht. Dieses Merkmal ist eng mit dem niedrigen Selbstvertrauen und der damit einhergehenden Unsicherheit in allen Lebenslagen verbunden. Zwei simple Beispiele:

Betty hat beim Shoppen ein Kleid entdeckt, das ihr auf Anhieb gut gefällt. Sie probiert es an, betrachtet sich im Spiegel und findet zunächst, dass ihr das Kleid gut steht. Oder etwa doch nicht? Mein Gott, vielleicht sieht sie durch diese Raffung fett aus? Und macht das Rot sie bleich? Tausende Fragen schießen ihr durch den Kopf. Zum Glück hat sie ihre beste Freundin mitgenommen. Erst als diese ihre Begeisterung über das Outfit äußert, ist Betty sich sicher, dass sie es kaufen wird.

Jens möchte sich einen Hund zulegen. Er hat sich schlau gemacht und ist überzeugt davon, dass ein Pudel am besten zu ihm und seinem Leben passt – bis er seinem Kumpel Marc von seinem Beschluss erzählt. Mark findet, dass Pudel Hunde für Frauen sind und außerdem irgendwie lächerlich aussehen. Labradore findet er viel cooler. Jens kauft sich einen Labrador.

In beiden Fällen findet Folgendes statt: Die eigene Ansicht hängt vollkommen von der Meinung anderer ab und wird, wie im zweiten Beispiel, sofort abgeändert, wenn sie keine Bestätigung findet. Und was ist das Resultat? Jens hat einen Labrador, dessen

Temperament ihn vollkommen überfordert, weil er seine Entscheidung an die Wahrnehmung seines Kumpels angepasst hat, anstatt darauf zu vertrauen, dass er selbst schon die richtige Wahl treffen wird. Das ist tückisch, nicht nur beim Hundekauf. Schließlich kennt sich niemand besser mit der eigenen Person und dem eigenen Leben aus als man selbst. Legt man sämtliche Entscheidungen in „fremde" Hände, führt man schlussendlich ein Leben, dessen Verlauf andere schreiben.

Wunsch, jemand anders zu sein

Befindet sich das „Selbstliebe-Konto" im Minus, kommt manchmal der Wunsch auf, einfach in die Haut einer anderen Person schlüpfen zu können. Ziemlich egal wessen Haut, Hauptsache nicht die eigene.

Starker innerer Kritiker

Die meisten Menschen, denen es an Selbstliebe fehlt, haben einen übermäßig starken inneren Kritiker. Was der innere Kritiker ist? Er ist die innere Stimme, die dich kritisch betrachtet und ihren Senf dazugibt. Grundsätzlich ist der innere Kritiker wichtig. Er zwingt dich dazu, über dein Handeln und über dich selbst nachzudenken und nicht alles ausnahmslos und ohne zu hinterfragen als grandios einzustufen. Wie bei so vielem im Leben, kommt es aber auf das richtige Maß an. Wenn die kritische Stimme allgegenwärtig ist, ständig nur meckert und das Selbstvertrauen sowie das Selbstwertgefühl massiv schwächt, ist das ein großes Problem. Mit dem inneren Kritiker und damit, diesen in den Griff zu bekommen, beschäftigen wir uns in Kapitel 8 ausführlich.

Ständiges Vergleichen

Wer sich selbst liebt, nimmt sich so wie er ist und weiß, dass es ihm selbst gegenüber unfair ist, sich mit anderen zu vergleichen. Fällt die Selbstliebe jedoch gering aus, führt die Unsicherheit in Verbindung mit der Suche nach Bestätigung dazu, dass man sich laufend solch unsinnigen Vergleichen aussetzt. Wie das in der Praxis aussehen kann, zeigen diese beiden Beispiele:

Jochen ist seit zwei Jahren in einer glücklichen Beziehung – eigentlich. Seit dem Pärchenabend am Tag zuvor, bei dem er erfahren hat, dass sein Kumpel dessen Freundin heiraten wird und dass außerdem Nachwuchs unterwegs ist, beschleicht Jochen nämlich das Gefühl, dass es in seiner Beziehung nicht schnell genug vorangeht. Plötzlich stört ihn die Tatsache, dass er und seine Geliebte nach wie vor in getrennten Wohnungen leben und noch nicht einmal über Hochzeit oder Nachwuchs geredet haben.

Laura ist zu einer Party eingeladen, für die sie sich extra schick gemacht hat. Der Blick in den Spiegel überzeugt und sie verlässt gut gelaunt das Haus. Am Ort des Geschehens angekommen ändert sich das von Minute zu Minute: Im Vergleich zu den anderen Mädels auf der Party sieht Laura ziemlich langweilig aus, findet sie.

Die Moral von der Geschicht': Wenn du zufrieden sein willst, vergleiche dich nicht.

Empfinden des Selbst als unwichtig

Sich selbst nicht allzu ernst zu nehmen, ist eine gute Eigenschaft und erleichtert das Leben unter Umständen allgemein. Wenn man sich selbst und seine Bedürfnisse aber weder ernst noch wichtig nimmt, hat dies oft mit einem Mangel an Selbstliebe zu tun und führt manchmal zum übersteigerten Altruismus, über den wir bereits gesprochen haben.

Selbsthass, Selbstverletzung und Selbstzerstörung

Im Extremfall gipfeln alle beschriebenen Merkmale in einem zerstörerischen Selbsthass. Man liebt sich nicht nur eher wenig, sondern empfindet einen massiven Hass auf sich selbst, der ein zufriedenes Leben unmöglich macht. Manche Menschen, die so empfinden, tendieren dazu, sich selbst zu verletzen. Entweder als Akt der Selbstbestrafung, um den inneren Schmerz erträglich zu machen oder einfach nur, um dem Selbsthass Ausdruck zu verleihen. Wenn du jetzt sofort an das berühmt berüchtigte Ritzen denkst, liegst du nicht falsch, doch dies ist nur eine der vielen möglichen Formen, die selbstverletzendes Verhalten annehmen kann. Weitere Beispiele sind das Schlagen mit dem Kopf gegen harte Oberflächen, das Verweigern von Nahrung und Flüssigkeit, bewusster Schlafentzug, das Ausreißen der Haare, das Stechen mit Nadeln, das Einwilligen in und Ausführen von sexuellen Aktivitäten, die einen eigentlich abschrecken, das Kratzen und das Verbrennen der Haut. Solltest du dich selbst verletzen oder mit dem Gedanken spielen, dies zu tun, solltest du dringend professionelle Hilfe in Anspruch nehmen. Auch wenn du das im Moment nicht sehen oder spüren kannst: Du bist es wert, du hast es verdient zu lernen, den Leidensdruck auf andere Weise zu senken und es kann besser werden – versprochen.

Das Wichtigste in Kürze

- ✓ Ein Mangel an Selbstliebe kann sich von Mensch zu Mensch unterschiedlich äußern. Dennoch gibt es „Symptome" und Anzeichen, die besonders häufig zu beobachten sind.

- ✓ Zu diesen Anzeichen gehören zum Beispiel ein stark ausgeprägter Altruismus, häufige Unsicherheit, der Zweifel an der eigenen Liebenswürdigkeit und ein mächtiger innerer Kritiker.

- ✓ Ein bedeutendes Minus auf dem „Selbstliebe-Konto" kann sich in Selbsthass manifestieren. Manchmal kommt es dann zu selbstverletzendem Verhalten, das verschiedene Gründe haben kann. In einem solchen Fall ist professionelle Hilfe, zum Beispiel in Form einer ambulanten Psychotherapie, gefragt.

Kapitel 3: Top 8 Mythen zur Selbstliebe

Seit das Thema Selbstliebe an Bekanntheit gewonnen hat, ist das Internet voll von diesbezüglichen Meinungen, Aussagen und Ratschlägen – von vorsichtig formuliert und subjektiv über praktisch und durchaus plausibel bis hin zu ziemlich obskur oder einfach nur falsch. Deshalb konzentriert sich dieses Kapitel auf die Top 8 der häufigsten Mythen rund um die Selbstliebe.

#1: Sich selbst zu lieben ist extrem schwer

Sicher gibt leichteres, als sich selbst zu lieben. An diesem Mythos ist insofern was dran, dass eben aller Anfang schwer ist und es durchaus Mühe und Durchhaltevermögen kostet, sich selbst lieben zu lernen. Doch je weiter man diesen Weg verfolgt, desto einfacher wird es und desto schneller folgt Fortschritt auf Fortschritt. Man könnte also sagen, dass das Gewinnen von Selbstliebe schwer ist – noch schwerer ist es aber, ein Leben voller Selbsthass zu führen.

#2: Selbstliebe bedeutet, in den eigenen Augen immer alles richtig zu machen

Das ist absoluter Blödsinn. Manche Menschen denken, dass sich selbst zu lieben bedeutet, sich ständig selbst zu bejubeln und jeden der eigenen Gedanken sowie alles, was man tut, zu feiern. Das ist natürlich nicht der Fall. Auch wenn du dich selbst liebst, kannst du Fehler machen und diese als solche erkennen. Deine Schwachstellen und Macken werden nicht wie durch Zauberhand verschwinden. Der Punkt ist: Du wirst dich trotz deiner Fehler lieben. Du wirst Dinge falsch machen, aber gleichzeitig wissen, dass dies deinen Wert als Person nicht schmälert. Denke einmal an einen Menschen, den du liebst: Findest du, dass dieser immer alles richtig macht? Vermutlich nicht. Sicherlich ist diesem Menschen auch schon der ein oder andere Fehler unterlaufen. Und du liebst ihn trotzdem immer noch. Genauso verhält es sich auch mit der Selbstliebe. Sie raubt dir nicht die Fähigkeit, dein Handeln zu reflektieren und gegebenenfalls als falsch zu erkennen. Sie beschert dir lediglich die Fähigkeit, dir deine Fehler zu verzeihen und dich nicht für sie zu hassen.

#3: Wenn man sich selbst liebt, lösen sich alle Probleme des Lebens wie von selbst

Das wäre fantastisch, ist aber leider nicht wahr. Selbstliebe kann dir weder den verlorenen Job zurückbringen noch deinen Partner vom Fremdgehen abhalten oder deine Familie vor Krankheiten beschützen. Einige Autoren und Coaches, die sich im Bereich der Selbstliebe bewegen, äußern sich tatsächlich so, dass man den Eindruck gewinnt, mit ausreichend Selbstliebe ließen sich alle Probleme aus der Welt schaffen und die Sonne würde immer scheinen. Das tun sie nicht, weil etwas Wahres daran ist, sondern um möglichst viele Menschen für sich einzunehmen und letztendlich ordentlich Geld zu verdienen. Wer wünscht sich kein sorgenfreies Leben? Realistisch betrachtet haben aber eben alle Menschen mit Problemen zu kämpfen, egal ob sie sich selbst lieben oder nicht. Wenn du also erwartet hast, mit der Selbstliebe den ultimativen und einzigen Schlüssel zum ewigen und vollkommenen Glück zu finden, muss ich dich enttäuschen. Früher in diesem Buch wurde die Selbstliebe als einer der Zentralschlüssel zum Glück bezeichnet, was nach wie vor stimmt. Wie du im nächsten Kapitel erfahren wirst, bringt es viele wertvolle Vorteile mit sich, sich selbst zu lieben. Doch es gibt zahlreiche weitere Faktoren, die das Lebensglück beeinflussen und absolut nichts mit Selbstliebe zu tun haben. Wer etwas anderes verspricht, spielt mit den utopischen Illusionen seiner Leser und Kunden und ist letztendlich ein Betrüger.

#4: Nur wenn man sich selbst liebt, wird man auch von anderen geliebt

Eine weit verbreitete und extrem schädliche Meinung, die du sicher kennst, lautet: Nur wer sich selbst liebt, kann auch geliebt werden. Das ist bestes Futter für den inneren Kritiker. „Wenn ich mich schon nicht liebe, kann das unmöglich ein anderer tun." Lass dir gesagt sein, dass dies nicht im Geringsten zutrifft. Auch wenn du dich momentan noch nicht liebst, wirst du von anderen geliebt. Und sicherlich liebst du auch den ein oder anderen Menschen, der sich selbst nicht liebt. Sich selbst zu lieben und von anderen geliebt zu werden – diese beiden Dinge hängen nicht zusammen. Nur weil das eine nicht zutrifft, muss das andere nicht ausbleiben. Wenn du also das nächste Mal über ein Bild mit diesem oder ähnlichem Inhalt stolperst, darüber liest oder diese Ansicht ins Gesicht gesagt bekommst, sei dir bewusst, dass nichts davon der Realität entspricht.

#5: Nur wer sich selbst liebt, kann andere lieben

Ähnlich verbreitet und genauso falsch ist die Annahme, Selbstliebe sei die Voraussetzung für Nächstenliebe. Wie du bereits weißt, kann die Selbstliebe dazu beitragen, dass du dich besser fühlst und somit mehr Kapazitäten aufbringen kannst, um anderen beizustehen. Lieben kannst du aber auch ohne Selbstliebe ganz uneingeschränkt.

#6: Selbstliebe macht faul und ziellos

Manche Menschen gehen davon aus, dass man zwangsläufig faul, selbstzufrieden und ziellos wird, wenn man sich liebt. Warum sollte man sich noch um etwas bemühen, an sich und seinen Fähigkeiten arbeiten oder nach Größerem streben, wenn man sich genauso, wie man ist, liebt? Wahr ist, dass Selbstliebe dazu führt, dass man sich unabhängig davon, was man kann, ist oder hat, annimmt und wertschätzt. Doch heißt das, keine Ziele mehr zu haben und sich nicht zu verändern? Nein. Im Gegenteil: Die Selbstliebe weckt in vielen Menschen den Antrieb, die beste Version ihrer selbst zu werden, sich stetig zu verbessern und das zu erreichen, was sie sich wünschen. Aber eben nicht, um anderen zu gefallen oder einem gesellschaftlichen Standard zu entsprechen, sondern um das eigene Wohlbefinden zu steigern. Deine Ziele werden mit mehr Selbstliebe nicht verschwinden, sie werden sich aber gegebenenfalls ändern. Weg von dem, was du glaubst, sein und tun zu müssen und hin zu dem, was du wirklich willst und was dir guttut.

#7: Selbstliebe macht/ist unsympathisch

Selbstliebe wird manchmal mit Arroganz verwechselt und diese wirkt oftmals unsympathisch. Vor allem Personen, die selbst ein eher schwieriges Verhältnis zu sich haben, tun sich schwer damit, die Selbstliebe anderer als wichtig und richtig zu erkennen. Wie du im ersten Kapitel dieses Buches gelernt hast, sind Selbstliebe und Selbstverliebtheit aber nicht dasselbe. Selbstverliebtheit und Arroganz gehen normalerweise Hand in Hand, die Selbstliebe aber hat nichts mit der Arroganz zu tun. Menschen, die dich aufgrund deiner Liebe zu dir selbst unsympathisch finden, solltest du aus deinem Leben streichen. Sie werden den Weg, auf dem du dich befindest, nie verstehen und belasten dich mit den umgangssprachlichen „Bad Vibes".

#8: Es ist nicht normal, sich selbst zu lieben

Dieser Mythos kann weder bestätigt noch widerlegt werden. Denn er ist gleichzeitig wahr und falsch. Wahr ist, dass es in unserer heutigen Gesellschaft nicht normal ist, sich selbst zu lieben. Die Definition von „normal" ist „der Norm entsprechend" und die Norm definiert sich aus dem, was die Mehrzahl der Menschen widerspiegelt. Und die Mehrzahl der deutschen Bevölkerung hat schwer mit der Selbstliebe zu kämpfen oder befasst sich gar nicht erst mit dem Thema. Fragst du zehn Menschen, ob sie sich selbst lieben, werden maximal zwei bis drei Personen diese Frage bejahen. In diesem Sinne ist Selbstliebe also nicht normal. Für die einzelne Person kann sie aber zur wahrgenommenen Normalität werden. Denn wir übertragen unser eigenes Innenleben nur allzu gern und meist unbewusst auf die Menschen um uns herum. Du liebst dich selbst nicht, also gehst du davon aus, dass auch andere das nicht tun. Sobald du aber ausreichend Selbstliebe entwickelt hast, wird diese für dich zur persönlichen Normalität.

Selbstliebe lernen | Grübeln stoppen | Positives Denken | Innere Blockaden lösen

Kapitel 4: Vorteile – Sich liebend durch das Leben gehen

 Durch die vorigen drei Kapitel hast du sicherlich schon einige Ideen bezüglich der Vorteile der Selbstliebe gewonnen. Um ganz klar aufzuzeigen, von welchen Pluspunkten du dank Selbstliebe profitierst, sehen wir uns die zentralsten dieser Punkte nachfolgend unterteilt in drei Kategorien genauer an.

Vorteile im privaten Alltag

Zunächst werfen wir einen Blick auf die Vorzüge der Selbstliebe in deinem privaten Alltagsleben:

Selbstbewusstsein und Selbstsicherheit

Wie du weißt, ist das Selbstvertrauen ein wichtiges Element der Selbstliebe. Doch nicht nur dein Vertrauen in dich selbst wird wachsen, sondern auch dein Selbstbewusstsein und deine Selbstsicherheit. Du wirst wissen, wer du bist und was du zu bieten hast, du wirst dich seltener unsicher fühlen und ein Selbstbewusstsein nach innen und außen ausstrahlen.

Entscheidungsfreudigkeit

Es wird dir leichter fallen, die richtigen Entscheidungen für dich und dein Leben zu treffen. Du wirst selbstständig und schneller entscheiden können, ohne dabei auf die Bestätigung anderer angewiesen zu sein.

Emotionale Ausgeglichenheit

Du wirst dich emotional ausgeglichener fühlen. Kleinigkeiten können dich nicht mehr aus der Bahn werfen und dein Emotionsleben wird sich deutlich stabiler gestalten. Das liegt daran, dass einige der Faktoren, die für Stimmungsschwankungen und emotionale Ausbrüche sorgen, wegfallen. Dazu gehört zum Beispiel die ständige Unsicherheit.

Selbstfürsorge

Du wirst lernen, Verantwortung für dich und dein Wohlbefinden zu übernehmen und wissen, wie du dich am besten um dich selbst kümmern kannst.

Selbstverwirklichung

Du wirst den Mut finden, deinen eigenen Weg selbstbestimmt und konsequent zu gehen und dich so zu verwirklichen, wie du es für richtig hältst.

Vorteile im Berufsleben

Auch im beruflichen Kontext hilft dir die Selbstliebe weiter:

Innerer Kompass

Je mehr Selbstliebe du empfindest, desto klarer wird dir, was du beruflich wirklich erreichen möchtest. Was ist dir wichtig? Womit möchtest du deine Zeit verbringen und welche Erfolge bringen dich persönlich weiter? Dein innerer Kompass wird dir, gestärkt durch deine Selbstliebe, den Weg weisen.

Durchsetzungsvermögen

Deine Selbstsicherheit, dein Selbstvertrauen und dein selbstbewusstes Auftreten werden dir in der Gesamtheit zu einem starken Durchsetzungsvermögen verhelfen. Das nützt dir im beruflichen Alltag, beim Verfolgen deiner beruflichen Ziele und nicht zuletzt bei Gehaltsverhandlungen und Co.

Engagement und Motivation

Sobald dein innerer Kompass dich zu einer beruflichen Tätigkeit geführt hat, die deiner Persönlichkeit entgegenkommt und dir Freude bereitet, wirst du durch Engagement und Motivation glänzen. Vielleicht bist du aber auch schon in einem Job tätig, der zu dir passt, und die Selbstliebe muss dir nur noch dabei helfen, dein Potenzial in diesem Bereich voll auszuschöpfen.

Vorteile in Beziehungen

Selbstliebe kann in puncto Beziehungen, egal ob romantisch, familiär oder freundschaftlich, wahre Wunder wirken.

Toleranz und Großzügigkeit

Wenn du dich selbst liebst, wirst du feststellen, dass du toleranter und großzügiger gegenüber anderen Menschen wirst. Durch die Akzeptanz deiner eigenen Macken, Schwächen und Fehler, fällt es dir ganz einfach leichter, diese auch bei anderen zu akzeptieren. Und deine Zufriedenheit mit dir selbst erlaubt es dir, anderen ihre Erfolge neidlos zu gönnen.

Grenzen setzen

Viele Menschen haben Schwierigkeiten damit, Grenzen in zwischenmenschlichen Beziehungen zu setzen. Sie haben Angst, weniger geliebt zu werden, wenn sie für sich selbst und das, was ihnen guttut, einstehen. Mit der Selbstliebe kommt die Fähigkeit, dich für dich selbst einzusetzen, sodass du gesunde Grenzen setzen kannst, die zu einer funktionierenden Beziehung beitragen.

Liebe annehmen

Wenn du zu den Menschen gehörst, die die Liebe anderer nur schwer annehmen können, wird sich auch dieses Problem mit wachsender Selbstliebe legen. Es wird dir leichter fallen, zu glauben, dass du geliebt wirst und dass du diese Liebe verdient hast.

Gesunde Beziehungen

Insgesamt trägt Selbstliebe so zum Führen gesunder Beziehungen bei, die dich dazu inspirieren, deine Selbstliebe weiter auszubauen, anstatt sie in Frage zu stellen oder zu schwächen. Das Ergebnis sind Beziehungen, die dir guttun, in denen du ganz du selbst sein kannst und dich nicht verstellen musst, um sie aufrechterhalten zu können.

Das Wichtigste in Kürze

- ✓ Selbstliebe bringt zahlreiche Vorteile mit sich, die in sämtlichen Lebensbereichen spürbar sind.
- ✓ In deinem privaten Alltag profitierst du mitunter von mehr Selbstbewusstsein, der Fähigkeit, im Alleingang Entscheidungen treffen zu können und einer größeren emotionalen Ausgeglichenheit.
- ✓ Im Beruf verhilft dir die Selbstliebe zu mehr Durchsetzungsvermögen und unterstützt dich beim Finden und Ausbauen einer Position, in der du dich wohlfühlst und deine Stärken engagiert einsetzen kannst.
- ✓ Insbesondere in Beziehungen – egal ob romantisch, freundschaftlich oder familiär – ist die Selbstliebe Gold wert. Durch sie wirst du gegenüber anderen Menschen toleranter und großzügiger, traust dich, klare Grenzen zu setzen und wirst letztendlich dazu befähigt, wirklich gesunde Beziehungen aufzubauen und zu erhalten.

Kapitel 5: Selbsttest – Wie sehr liebst du dich selbst?

Wie steht es eigentlich um deine Selbstliebe? Liebst du dich bereits aufrichtig, stehst du dir selbst eher neutral gegenüber oder tendierst du womöglich sogar zum Selbsthass? Der Selbsttest in diesem Kapitel unterstützt dich dabei, eine Antwort auf diese Frage zu finden. Wichtig ist, dass du möglichst ehrliche Angaben machst und dir genügend Zeit für den Test nimmst. Du musst ihn nicht zwangsläufig jetzt machen, denn die darauffolgenden Kapitel bauen nicht darauf auf. Widme dich dem Selbsttest, wenn es für dich stimmig ist und du dich voll und ganz darauf einlassen kannst.

Frage 1

Ein guter Freund macht dir ein Kompliment über deinen Humor. Du...

(A) ...freust dich ehrlich darüber und findest es schön, dass jemand, der dir nahesteht, deinen Humor zu schätzen weiß.

(B) ...bedankst dich und fühlst dich geschmeichelt, weißt aber nicht so richtig, was an deinem Humor so toll sein soll.

(C) ...winkst ab und/oder widersprichst, weil dir Komplimente unangenehm sind und du dir sicher bist, dass dein Freund es nicht ernst meint.

Frage 2

Beim Vorstellungsgespräch wirst du nach deinen Stärken gefragt. Du...

(A) ...nennst sie ohne Umschweife und gewinnst noch mehr Selbstbewusstsein aus deiner Antwort.

(B) ...weißt nicht so recht, was du sagen sollst. Klar hast du Stärken, aber sind die wirklich nennenswert?

(C) ...kommst ganz schön ins Schwitzen. Das ist eine Frage, bei der du eindeutig lügen musst.

Frage 3

Wenn du in den Spiegel siehst, dann...

(A) ...bist du zufrieden.

(B) ...würdest du das ein oder andere gerne ändern - aber hey, wer nicht?

(C) ...sinkt deine Laune schlagartig in den Keller.

Frage 4

Wenn eine Entscheidung getroffen werden muss, ...

(A) ...vertraust du ganz auf deine Einschätzung und lässt dich nicht von abweichenden Meinungen beirren.

(B) ...suchst du Rat bei Menschen, die dir nahestehen, hörst aber letztendlich auch auf deine Intuition.

(C) ...hoffst du, dass sie dir abgenommen wird.

Frage 5

Eine Freundin kritisiert dich. Du...

(A) ...reflektierst und entscheidest dann, ob die Kritik berechtigt ist.

(B) ...fühlst dich angegriffen und schaltest selbst in den Angriff-Modus.

(C) ...wirst augenblicklich zur personifizierten Unsicherheit und zweifelst an allem, was dich ausmacht.

Frage 6

Du hast eine Hausarbeit abgegeben und bemerkst erst danach, dass dir ein fataler Fehler unterlaufen ist. Du...

(A) ...ärgerst dich, kannst aber auf produktive Weise mit diesem Ärger umgehen. Aus Fehlern lernt man schließlich und jedem passiert mal was Blödes.

(B) ...bist nur mittelmäßig überrascht. Wäre ja auch absolut untypisch, wenn du zur Abwechslung mal eine einzige Sache richtig machen würdest.

(C) ...bist extrem wütend auf dich selbst, schämst dich für den Fauxpas und würdest dir am liebsten selbst eine deftige Ohrfeige geben. Der Fehler verdirbt dir noch tagelang die Laune und sorgt dafür, dass du noch strenger und kritischer mit dir umgehst.

Frage 7

Du hast an einem Wettkampf teilgenommen und haushoch verloren. Du...

(A) ...weißt, das du dein Bestes gegeben hast. Es gibt also keinen Grund, nicht zufrieden mit dir zu sein.

(B) ...bist wirklich enttäuscht und fragst dich, was du wohl falsch gemacht hast.

(C) ...fühlst dich als Totalversager und erinnerst dich sofort an die hundert anderen Gelegenheiten in deinem Leben, die du nicht für dich nutzen konntest.

Frage 8

Eine Prüfung, für die du viel gelernt hast, liegt hinter dir und du hast die Bestnote erhalten. Du...

(A) ...freust dich unglaublich und bist sehr stolz auf dich. Es ist einfach wunderbar, wenn sich harte Arbeit auszahlt.

(B) ...freust dich, fragst dich aber insgeheim, ob du die Bestnote wirklich verdient hast.

(C) ...erlaubst dir nur einen ganz kurzen Moment der Freude. Schließlich hast du schon so oft versagt, dass dir wohl kaum ein Schulterklopfen zusteht.

Frage 9

Wenn du dich ungerecht behandelt fühlst, ...

(A) ...stehst du für dich ein und sprichst das Thema an.

(B) ...kommt deine Reaktion auf die Situation an. Oft schluckst du es einfach.

(C) ...hast du es auch nicht anders verdient.

Frage 10

Ein Freund bittet dich um Hilfe. Leider hast du schon einen wichtigen Termin, auf den du wochenlang gewartet hast. Du...

(A) ...erklärst deine Lage und nimmst deinen Termin wahr. Vielleicht kannst du deinem Freund ja im Anschluss unter die Arme greifen.

(B) ...bist hin- und hergerissen, entscheidest dich letztendlich für den Termin, entschuldigst dich tausendmal dafür und hast ein extrem schlechtes Gewissen.

(C) ...hilfst deinem Freund. Wen kümmert es, wenn du noch ein paar Monate mehr auf einen neuen Termin warten musst?

Frage 11

Du hast einen wirklich miesen Tag: Dein Kopf tut weh, du hast schlecht geträumt und die Stimmung ist scheinbar grundlos am Boden. Du...

(A) ...lässt es heute ruhig angehen und konzentrierst dich soweit möglich auf das, was dir gerade gut tut.

(B) ...nimmst eine Kopfschmerztablette und versuchst, den Tag irgendwie hinter dich zu bringen.

(C) ...nimmst keine Rücksicht auf dein Befinden – wo kämen wir denn da hin?

Frage 12

Wenn jemand etwas besser kann als du, ...

(A) ...ist das ok. Jeder hat seine eigenen Talente.

(B) ...ärgert dich das schon ein bisschen und motiviert dich dazu, härter an deinen Fähigkeiten zu arbeiten.

(C) ...Jemand und etwas? Jeder und alles wäre realistischer.

Frage 13

Wo würdest du deine Selbstliebe auf einer Skala von 1 (kaum vorhanden) bis 10 (auf hohem Niveau) einordnen?

(A) 8 bis 10

(B) 4 bis 7

(C) 1 bis 3

Wenn du alle Fragen beantwortet hast, kannst du im Folgenden nachlesen, wie hoch deine Selbstliebe vermutlich angesiedelt ist. Zähle dafür ganz einfach, wie oft du jeweils Antwort A, B und C gewählt hast.

▸ Überwiegend **Antwort A**

Du hast dich in der Mehrheit für Antwort A entschieden? Herzlichen Glückwunsch: Du bist ein echter Profi in Sachen Selbstliebe – das ist wundervoll! Du kennst deine Stärken, stellst dein Licht nicht unter den Scheffel und kümmerst dich gut um dich selbst. Das bedeutet aber natürlich nicht, dass dir dieses Buch nicht nützen kann. Schließlich lernt man nie aus und die nächsten Kapitel halten sicherlich einige Infos, Tipps und Übungen bereit, die es sich auch für dich zu lesen und auszuprobieren lohnt.

▸ Überwiegend **Antwort B**

Wenn du dein Kreuzchen überwiegend bei Antwort B gesetzt hast, bist du kein Selbstliebe-Neuling, doch es ist noch viel Luft nach oben. Du hasst dich nicht, aber von inniger Liebe kann auch nicht wirklich gesprochen werden. Noch hast du es nicht geschafft, dich in deiner Ganzheit anzunehmen, dich so wertzuschätzen, wie du es verdienst, und zu 100 % zu und hinter dir zu stehen. Dieses Buch kann für dich von großem Wert sein: Du wirst lernen, wie du deine Selbstliebe auf eigene Faust steigern kannst – ohne Tricks, ganz ehrlich und vor allem nachhaltig. Den ersten Schritt hast du durch das Lesen bis zu dieser Stelle bereits geschafft. Bleibe dran und erlebe am eigenen Leib, welchen Einfluss die Selbstliebe auf dein Leben nimmt.

▸ Überwiegend **Antwort C**

Du hast besonders häufig Antwort C gewählt? Dann spielt Selbstliebe in deinem Leben bislang keine große Rolle. Du bist kein Fan von dir, stehst dir oft selbst im Weg und machst dir das Leben in manchen Fällen schwerer, als es sein müsste. Das ist schade, muss aber nicht so bleiben. Und: Damit bist du ganz und gar nicht allein. Dieses Buch ist für Menschen wie dich geradezu geschaffen. Es gibt dir hilfreiche und praktisch umsetzbare Tipps und Übungen an die Hand, mit denen du deine Selbstliebe effektiv boosten kannst. Also Kopf hoch! Mit etwas Durchhaltevermögen, Geduld und Willenskraft wirst du den Weg hin zu mehr Selbstliebe meistern.

Kapitel 6: Mehr Selbstliebe in 7 Schritten

Langsam, aber sicher bewegen wir uns weg von der reinen Theorie und steuern in Richtung der praktischen Umsetzung der Selbstliebe. In diesem Kapitel sehen wir uns die einzelnen Schritte, die im Endeffekt zur Selbstliebe führen, nacheinander an. Es kann dir als grober Leitfaden dienen, an dem du dich auf deiner persönlichen Reise entlanghangeln kannst. Dabei solltest du jedoch nicht vergessen, dass sich selbst lieben zu lernen immer ein sehr individueller Prozess ist. Du kannst also prinzipiell auch Schritte überspringen, zusätzliche Steps hinzufügen oder die Reihenfolge ändern. Lasse dich einfach dazu inspirieren, deinen eigenen Weg zu finden.

#1: Wunsch und Wille

Sicherlich weißt du aus eigener Erfahrung, dass man sich lange wünschen kann, sich selbst zu lieben – ohne das aktive Ergreifen von Maßnahmen, die dazu beitragen, nutzt der alleinige Wunsch nicht viel. Ist der ehrliche Wunsch aber nicht gegeben, verlaufen umgekehrt sämtliche Mühen im Sande. Sprich: Du musst aufrichtig daran interessiert sein, Selbstliebe zu entwickeln. Es reicht nicht, mehr Selbstliebe empfinden zu wollen, weil das vielleicht irgendwie und irgendwann mal nützlich sein könnte oder weil du heute Morgen auf Instagram gelesen hast, dass Selbstliebe wichtig ist. Du musst eine tiefe Sehnsucht danach verspüren, dich selbst zu lieben. Du musst es dir wirklich wünschen, es wollen und bereit sein, etwas dafür zu tun. Ohne diesen ersten Schritt, hat alles Weitere nicht viel Sinn. Höchstwahrscheinlich ist der Wunsch nach mehr Selbstliebe bei dir vorhanden, ansonsten würdest du dieses Buch wohl nicht in den Händen halten. Die folgenden kurzen Übungen helfen dir dabei, den Wunsch zu stärken, zu intensivieren und langfristig am Leben zu halten. So lange, bis du endlich am Ziel angekommen bist.

▸ Klare Formulierung

Warum möchtest du dich selbst lieben? Sicher, dieses Buch hat dir viele Vorteile der Selbstliebe aufgezeigt. Dennoch kann deine Motivationsquelle an und für sich ganz anderer Natur sein. Spüre in dich hinein, nimm dir Zeit, um über die Thematik nachzudenken, und schreibe dann auf, warum genau du zur Selbstliebe finden möchtest. So transformierst du deinen Wunsch von der vagen Vorstellung zum festen Willen.

▸ Abendliche Visualisierung

Hast du schon einmal von der Technik der Visualisierung gehört? Dabei geht es darum, ein Ziel zu verinnerlichen, indem man sich möglichst genau in den Zustand dessen Erreichung hineinversetzt. Am besten suchst du dir hierfür zu Beginn ein imaginäres Bild, das dich voller Selbstliebe zeigt. Du könntest dir beispielsweise vorstellen, in den Spiegel zu blicken und zufrieden zu lächeln oder allein mit dir selbst in Ruhe und Zufriedenheit auf der Couch zu sitzen. Was auch immer für dich die Selbstliebe symbolisiert, ist perfekt. Baue das Bild in Gedanken auf und präge es dir ein. Dann machst du das Visualisieren dieses Bildes zu deiner abendlichen Routine. Immer wenn du dich schlafen legst, rufst du dir das Bild vor Augen. Zeitgleich versuchst du, dich so zu fühlen, wie du es vermutlich tun würdest, wenn das Bild bereits Realität wäre. So bekommst du nicht nur ein besseres Gefühl dafür, was Selbstliebe ist und wie sie sich für dich anfühlen könnte, sondern verlierst dein Ziel außerdem nicht aus den Augen.

▸ Tägliche Erinnerung

Sicher gibt es Orte in deiner Wohnung, die du täglich passierst. Beispiele sind der Spiegel im Badezimmer, der Wecker auf dem Nachttisch, die Tür des Kleiderschranks und die Obstschale auf dem Esstisch. Bringe Post-Ist an diesen Stellen an, auf denen du jeweils einen der Gründe für deinen Wunsch nach mehr Selbstliebe notierst. Auf diese Weise wirst du Tag für Tag ganz automatisch und quasi nebenbei an deinen innigen Wunsch erinnert.

#2: Selbstwahrnehmung und Selbstreflektion

Damit du später erkennen kannst, dass deine Selbstliebe wächst, musst du dich schon jetzt in Selbstwahrnehmung und Selbstreflektion üben. Du musst also unter anderem bemerken, was genau zeigt, dass du dich momentan nicht oder kaum liebst. Das große Schlüsselwort lautet in diesem Zusammenhang Achtsamkeit. In den folgenden Kapiteln kommen wir immer wieder darauf zu sprechen und du wirst mehrere Übungen finden, mit denen du deine Selbstwahrnehmung und die Fähigkeit der fairen Selbstreflektion fördern kannst.

#3: Loslassen und verzeihen

Auf die Selbstliebe angesprochen, beginnen viele Menschen ganz automatisch nach Gründen zu suchen, aus denen sie sich unmöglich lieben können. Viele davon liegen in der Vergangenheit. Es sind Fehler, die gemacht wurden und die als so groß und mächtig empfunden werden, dass sie der Selbstliebe konsequent den Weg versperren. Um mehr Liebe für dich selbst in dein Leben zu lassen, musst du lernen, solche Dinge loszulassen und dir selbst zu verzeihen. Mit diesem Aspekt setzen wir uns im nächsten Kapitel im Detail auseinander.

#4: Frieden schließen mit dem Innen

Die Selbstliebe hat sehr viel damit zu tun, Frieden zu schließen. Die Waffen niederzulegen, den Kampf, der seit Jahren und Jahrzehnten tobt, zu beenden und dir selbst die Hand zu reichen. Die unsinnige und doch tief verwurzelte Feindschaft ad acta zu legen und damit zu beginnen, ein stabiles Band der loyalen Freundschaft zu knüpfen. Frieden mit deinem Inneren zu schließen, bedeutet deine Stärken und auch deine Schwächen anzuerkennen, ohne dich derer zu schämen oder gar zu hassen. Es heißt, dich als Person genauso anzunehmen, wie du bist und damit aufzuhören, deine Energie mit erfolglosen Versuchen, dich gewaltsam zu ändern, zu verschwenden. Es besagt zu erkennen, dass du dich nicht ändern musst, um wertvoll zu sein und mit dir zufrieden sein zu können. Es bedeutet, dein Potenzial zu sehen und zu feiern, anstatt dich direkt dafür zu rügen, es noch nicht voll ausgeschöpft zu haben. Mit dem Friedenschließen kommt die Gewissheit, dass du nicht nur gut genug, sondern auf deine unperfekte Art perfekt bist. Insbesondere Kapitel 8 wird dir dabei Hilfe leisten und dir einen Weg aufzeigen, die weiße Fahne zu hissen.

#5: Frieden schließen mit dem Außen

Dein Körper ist eine Hülle, ein Tempel, ein Meisterwerk der Natur. Und er bietet dem Selbsthass eine gewaltige Angriffsfläche. Wenn du es geschafft hast, mit deinem Innen Frieden zu schließen, hast du etwa zwei Drittel der Route geschafft. Das letzte Drittel beinhaltet das Friedenschließen mit dem Außen, also mit deinem äußeren Erscheinungsbild. Erstaunlicherweise bereitet dieser Teil der Reise vielen Menschen besonders große Schwierigkeiten. Deshalb findest du in diesem Buch ein Kapitel (Kapitel 9), das sich einzig und allein dem Körperbild und dem Entwickeln der Liebe zum eigenen Körper widmet.

#6: Tendenzen erkennen

Der Weg ist das Ziel und du wirst feststellen, dass das Ziel selbst ein Weg ist. Selbst wenn du große Schritte gemacht und eine innige Selbstliebe entwickelt hast, muss diese aufrechterhalten und gepflegt werden. Es ist und bleibt daher wichtig, Tendenzen zu erkennen und möglichst früh wahrzunehmen, wenn sich der Wind dreht. Zum einen sind damit Tendenzen gemeint, die dir zeigen, dass deine Selbstliebe gedeiht, zum anderen aber auch solche, die auf Rückschritte und Herausforderungen hinweisen und somit als Warnsignale zu deuten sind.

#7: Veränderung zulassen, akzeptieren und willkommen heißen

Veränderung kann Angst machen. Vielleicht erinnerst du dich noch an deinen ersten Schultag oder den Tag, an dem du dein Abschlusszeugnis erhalten hast. Sicher warst du nervös und aufgeregt. Du hast dich gefreut, aber auch gewusst, dass sich nun einiges verändern wird, und das hat dir ein flaues Gefühl im Magen beschert. Als Gewohnheitstiere schätzen wir Menschen das Konstante. Wir gehen am liebsten über sicheres, bereits ausgiebig erkundetes Terrain und fühlen uns wohl, wenn wir einer Routine folgen können. Und dennoch sieht die Realität ganz anders aus: Das Leben selbst ist pure

Veränderung. Jeder Tag wird zur Nacht, jeder Herbst zum Winter und jede glatte Haut bekommt Falten. Wir befinden uns nicht in einem sicher eingegrenzten, immer gleichen Stausee, sondern auf einem Fluss, der scheinbar willkürlich die Richtung ändern kann, mal schneller und mal langsamer fließt, Kurven schlägt und sich keinesfalls daran hindern lässt. Die Veränderungen, die in und an uns selbst ablaufen, nehmen wir oftmals erst in der Retrospektive wahr. Wir sind einfach zu nah dran und zu beschäftigt, um sie fein und prompt zu erkennen. Doch wir können uns einer Sache sicher sein: Wir verändern uns stetig. Du bist heute nicht mehr der Mensch, der du gestern warst und schon morgen wirst du nicht mehr zu 100 % mit deinem heutigen Ich übereinstimmen. Das ist der Lauf des Lebens. Dich zu lieben bedeutet entsprechend, auch die Veränderungen, die du durchläufst, zu lieben. Dich nicht nur so anzunehmen und wertzuschätzen, wie du bist, sondern vor allem auch so, wie du sein wirst.

Kapitel 7: Gestern, heute und morgen

Bist du bereit, dich mit deiner Vergangenheit, deiner Gegenwart und deiner Zukunft zu befassen? Zugegeben: Das klingt wenig spaßig. Doch es ist ein essentieller Meilenstein auf deinem Trip zur Selbstliebe. Dieses Kapitel beschäftigt sich mit dir im Gestern, im Heute und im Morgen und wird dir mit Sicherheit das ein oder andere Aha-Erlebnis sowie einige Einsichten und Erkenntnisse zu deiner eigenen Person bescheren. Es lohnt sich also, dich darauf einzulassen und dieses Stückchen Arbeit zugunsten von mehr Klarheit und einem geebneten Weg zur Selbstliebe zu leisten.

Gestern: Ein Blick in die Vergangenheit

Wir alle haben eine Vergangenheit und je älter wir werden, desto mehr davon häuft sich an. Wir haben schöne Erinnerungen, die wir uns gerne ins Gedächtnis rufen und Erinnerungen, die wir eigentlich am liebsten vergessen würden. Für uns ist an dieser Stelle vor allem – aber nicht ausschließlich - letztgenannte Kategorie interessant. Bereite dich darauf vor, in diesem Abschnitt mit deiner Vergangenheit in all ihren Facetten konfrontiert zu werden und mache dich auch darauf gefasst, dass dies ein sehr emotionaler Prozess sein kann. Durchlaufe die folgenden Übungen daher in deinem Tempo und ganz ohne Eile oder gar Druck. Wenn du das Gefühl hast, einfach nicht mehr weitermachen zu können, hörst du auf und setzt die Übung zu einem anderen Zeitpunkt fort. Mute dir nicht mehr zu, als du verkraften kannst und gehe rücksichtsvoll mit deinen Empfindungen um. Sie haben ihre Daseinsberechtigung und müssen gespürt werden.

Einzahlungen und Abbuchungen auf dem Selbstliebe-Konto

Es gibt Gründe dafür, wie gut oder schlecht gefüllt dein Selbstliebe-Konto heute ist. Und diese Gründe sind zum größten Teil in deiner Vergangenheit zu finden. In dieser Übung nehmen wir die Handlungen anderer, die sich auf deine Fähigkeit zur Selbstliebe ausgewirkt haben, ins Visier. Nimm einen Stift und ein Blatt Papier zur Hand und teile das Blatt durch einen senkrechten Strich in zwei Hälften. In die Mitte der einen Hälfte schreibst du „Einzahlungen", in die Mitte der anderen „Abbuchungen". Wir beginnen mit der Einzahlungs-Seite. Überlege, wer auf welche Art dazu beigetragen hat, deine Selbstliebe zu fördern, und ordne deine Einfälle stichwortartig rund um das Wort „Einzahlungen" an. Du gestaltest also quasi eine Mind-Map aus Menschen, Handlungen und Ereignissen, die deiner Selbstliebe zuträglich waren. Einige Beispiele:

- ✓ Die Lehrerin, die dir in der Grundschule gesagt hat, dass deine schlechte Note in Deutsch nicht bedeutet, dass du nicht intelligent bist
- ✓ Die Leichtathletik-Trainerin, die dich angefeuert und dir auch nach Niederlagen den Rücken gestärkt hat

- ✓ Die beste Freundin, die immer zu dir steht
- ✓ Der Partner, der dir gesagt hat, dass er nichts an dir ändern würde
- ✓ Die Mutter, die dir gezeigt hat, was bedingungslose Liebe ist
- ✓ Die Influencerin, die ihre Dehnungsstreifen, die fast wie deine aussehen, gepostet und mit dem Hashtag „#schön" versehen hat

---

Dann wanderst du direkt zur Abbuchungen-Seite und gehst auf die gleiche Weise vor. Du notierst Situationen, Menschen und Handlungen, die deiner Selbstliebe einen Dämpfer verpasst haben. Auch hier sehen wir uns wieder einige Beispiele an:

- ✓ Der Vater, von dem es nur ein Lob gab, wenn deine Zensuren herausragend waren
- ✓ Der Klassenkamerad, der dich wegen deiner Zahnlücke gehänselt hat
- ✓ Der Kumpel, der nichts mehr mit dir zu tun haben wollte, als du in der Pubertät Pickel bekommen hast
- ✓ Die Partnerin, die dich verließ, weil du nicht genug Geld verdient hast
- ✓ Die Freundin, die ständig beiläufig abfällige Bemerkungen über deinen Kleidungsstil gemacht hat
- ✓ Der Partner, der dich betrogen hat

Nun hast du ein Blatt Papier vor dir, das dir aufzeigt, inwiefern bislang Einfluss auf deine Selbstliebe genommen wurde. Du hast drei Optionen, wie du nun weiter vorgehen kannst:

- ▸ Zünde das Papier an.
- ▸ Zerreiße das Papier in winzige Fetzen und schmeiße es in den Mülleimer.
- ▸ Zerknülle das Papier, trample darauf herum und übergieße es mit Wasser, bis deine Schrift nicht mehr zu lesen ist.

Ja, genau: Du sollst das, was du in der letzten Stunde mühsam aufgeschrieben hast, zerstören. Warum? Ganz einfach: Weil ab heute nur noch **DU** allein Einfluss auf deine Selbstliebe nimmst. Du brauchst weder Menschen, die dir diese einbläuen, noch erlaubst du anderen Personen, deine Selbstliebe zu schmälern. Du erkennst an, dass dein „Selbstliebe-Konto", so wie es heute ist, von anderen Menschen in der Vergangenheit beeinflusst wurde. Doch damit ist jetzt Schluss. **DU** übernimmst die Verantwortung, **DU** nimmst die Sache in die Hand und **DU** bestimmst, wie sich deine Selbstliebe weiterentwickelt. Ein befreiendes, machtvolles Gefühl, nicht wahr?

Die Top 10 der Gestern-Gespenster

Gestern-Gespenster sind Dinge aus der Vergangenheit, die bei dir Scham, Reue oder Bedauern auslösen, wenn du an sie denkst, und die deiner Selbstliebe folglich im Weg stehen. Sei versichert: Jeder Mensch hat Gestern-Gespenster. Die meiste Zeit über spuken sie unauffällig in dir herum, nur um mit voller Präsenz in deine Gedanken vorzudringen, wenn du gerade besonders empfänglich für Selbstkritik und Selbsthass bist. Gestern-Gespenster sind unschöne Erinnerungen, die dein Selbstbild negativ beeinflussen. Zum Beispiel:

- Die Geburtstagsfeier, auf der du der falschen Person gratuliert hast
- Die Führerscheinprüfung, die du dreimal machen musstest
- Der Ex-Partner, den du betrogen und damit schwer verletzt hast
- Die Jobchance, die du wider besseren Wissens verpasst hast
- Der extrem gemeine Satz, den du deiner besten Freundin vor Jahren im Streit an den Kopf geworfen hast
- Das Reh, das du überfahren hast, weil du deine Brille nicht aufgesetzt hast
- Der Großvater, dem du vor seinem Tod zu sagen versäumt hast, wie sehr du ihn liebst

Wir nennen solche Erinnerungen an vergangene Ereignisse Gestern-Gespenster, weil sie lange zurückliegen, aber einen unwahrscheinlichen Einfluss darauf haben, wie du dich heute siehst. Sie geistern nach wie vor herum und beeinflussen dich, obwohl sich nichts mehr an ihnen ändern lässt. Du bist nun dazu eingeladen, deine persönliche Top 10 der Gestern-Gespenster zu erstellen. Sei schmerzhaft ehrlich und schreibe die zehn Dinge auf, die du am meisten bedauerst, die du am intensivsten bereust und für die du dich am schrecklichsten schämst. Schaue der verzerrten Fratze deiner Gestern-Gespenster ins Gesicht – du wirst es nicht bereuen.

Den Gespenstern ihren Schrecken nehmen

Deine Top 10 der Gestern-Gespenster ist die Grundlage für diese Übung. Was passiert ist, ist passiert. Du hast absolut keine Möglichkeit, etwas daran zu ändern. Das Einzige, das du verändern kannst, ist dein Umgang damit und deine Sichtweise auf das Geschehene. Du musst den Gespenstern den Schrecken nehmen, um zu verhindern, dass sie dir weiterhin den Weg zu mehr Selbstliebe versperren. Doch wie stellst du das am besten an? Nun, es gibt verschiedene Methoden und Möglichkeiten, an die Sache heranzugehen.

➡ Feststellung der Bedeutung

Zunächst solltest du dir bewusstwerden, wofür das jeweilige gespenstige Erlebnis für dich steht, beziehungsweise was es aussagt. Zur Verdeutlichung bedienen wir uns eines bereits genannten Beispiels: Du hast deinen Partner betrogen und dessen Gefühle damit schwer verletzt. Ein Umstand, den du bis heute bereust. Wenn du daran zurückdenkst, steht für dich aber nicht die Tatsache „Betrügen des Partners" im Vordergrund. Viel präsenter und tiefgreifender ist die Schlussfolgerung, die du daraus auf dich als Menschen ziehst. Du hast deinen Partner betrogen, also bist du ein untreuer, gemeiner, rücksichtsloser und schlechter Mensch. Und das ist es letztendlich, was hier von Bedeutung ist. Nicht das Ereignis an sich, sondern das, was es aus dir als Person macht. Zumindest aus deinem Blickwinkel. Nimm dir deine Top 10 der Gestern-Gespenster vor und ermittle deren einzelne Bedeutung nach diesem Schema. So gelangst du zum Kern der Angelegenheit und letztendlich zu dem, was deine Selbstliebe negativ beeinflusst.

➡ Realistisches Hinterfragen

Etwas geschieht und wir erinnern uns zum ersten Mal daran. Dann erinnern wir uns nochmals und wieder und wieder. Und mit jeder Wiederholung der Erinnerung vergrößert sich das Risiko, dass wir die tatsächlichen Geschehnisse verzerren. Denn wenn wir uns zum zweiten Mal erinnern, greift unser Gehirn nicht mehr auf das erlebte Geschehen als solches, sondern auf die erste Erinnerung zurück. Beim dritten Erinnern wird dann entsprechend die zweite Erinnerung herangezogen und beim vierten Mal die dritte. So rücken wir Stück für Stück weiter weg von dem, was sich wirklich zugetragen hat. Wie wir uns erinnern, hängt also von den vorhergegangenen Erinnerungen ab und wird zusätzlich immer stärker von unserer persönlichen Wertung des Geschehnisses beeinflusst. Beim hundertsten Erinnern hat die Erinnerung demnach möglicherweise ganz andere Züge angenommen, als es bei der ersten Erinnerung der Fall war. Aus diesem Grund ist es wichtig, einen Schritt zurückzugehen und die Situation einmal ganz objektiv und realistisch zu betrachten – zumindest so weit wie wir dazu in der Lage sind. Bleiben wir beim Beispiel des Betrügens. In deiner Erinnerung denkst du mittlerweile vielleicht nur noch daran, was für ein furchtbarer Mensch du warst, deinen liebenswerten und treuen Partner zu hintergehen. Über die Vielzahl an Erinnerungen hinweg hast du nach und nach verdrängt, dass er dir wenig Aufmerksamkeit geschenkt hat, selten Zuhause war und dich kaum dabei unterstützt hat, den Tod deines Vaters zu bewältigen. Du übersiehst die vielen kleinen Nebensächlichkeiten, die zum Betrug geführt haben. Kein Mensch trifft absichtlich eine falsche Entscheidung. Wir handeln, wie wir es in diesem kurzen Moment als richtig empfinden, und bewerten die Handlung erst im Rückblick als falsch. Keine Frage: Ein Betrug ist immer schlimm und nur schwer zu entschuldigen. Du tust dir aber Unrecht, wenn du die Dinge, die dich dazu gebracht haben, komplett außen vor lässt. Du bewertest subjektiv, was zwar ganz normal, aber nicht unbedingt fair ist. Nimm dir also Zeit, um auf den Spuren deiner Gestern-Gespenster zu wandeln und dich auch an das zu erinnern, was du bislang unbewusst oder bewusst ausgelassen hast. Nur so kannst du realistisch betrachten, was geschehen ist und welche Rolle du dabei eingenommen hast.

➡ Perspektivwechsel

Für dich ist dein Gestern-Gespenst unverzeihlich. Aber wäre es das auch, wenn es deiner besten Freundin oder deiner Mutter passiert wäre? Könntest du auch ihnen nicht verzeihen? Wir Menschen gehen häufig viel härter mit uns selbst ins Gericht, als wir es mit anderen tun würden. Deshalb kann dir ein Perspektivwechsel dabei helfen, deinen Gespenstern den Schrecken zu nehmen. Stelle dir vor, die jeweilige Situation wäre nicht dir, sondern einem Menschen, der dir sehr nahesteht, passiert. Was würdest du über ihn denken? Inwiefern würde das Geschehnis deine Liebe zu diesem Menschen schmälern? Wie lange bräuchtest du wohl, um ihm verzeihen und über die Sache hinwegsehen zu können? Spoiler-Alert: Das Gestern-Gespenst wird aus dieser Perspektive zum Gespenstchen, dem du nur noch das Laken mit den Löchern für die Augen vom Kopf ziehen musst – und schon kannst du das Geschehene in einem ganz anderen Licht sehen.

➡ Gespenster-Umarmung

Für diese Übung benötigst du ein großes Kuscheltier oder ein Kissen. Denke dich in die Situation hinein, die das Gestern-Gespenst erschaffen hat. Alles, was du dabei fühlst, ist in Ordnung. Lasse es zu. Projiziere deine Gedanken und Gefühle auf das Plüschtier oder das Kissen. Mit jedem Einatmen bereitest du dich vor, mit jedem Ausatmen sendest du die Energie, die Gefühle, Erinnerungen und Gedanken hinein in den weichen Gegenstand. Und dann? Dann nimmst du ihn in den Arm, drückst ihn an dich, streichst über seine Oberfläche und bemühst dich, so viel Liebe für das Gestern-Gespenst aufzubringen, wie du nur kannst.

➡ Endgültiges Loslassen

Das Problem des menschlichen Gehirns ist das Vergessen. Wir vergessen willkürlich und nicht bewusst. Denn Dinge, die uns bewusst sind, können wir unmöglich vergessen. Deshalb darfst du nicht darauf hoffen, dass du dich eines Tages einfach nicht mehr an deine Gestern-Gespenster erinnern wirst, denn das wird höchstwahrscheinlich nicht passieren. Aus diesem Grund geht es hier nicht um das Vergessen, sondern um das Loslassen. Es geht darum, deinen Groll, deine Scham, deine Reue und dein Bedauern loszulassen. Die Erinnerung wird bestehen, sie wird deine Selbstliebe dann aber nicht mehr behindern. Hier können dir Autosuggestionen von Nutzen sein. Sage dir mehrmals pro Tag – am besten ganz routiniert, zum Beispiel immer nach dem Aufstehen, vor dem Mittagessen und vor dem Zubettgehen –, dass du losgelassen hast. Du kannst zum Beispiel diese Sätze verwenden:

- X beeinflusst mich nicht mehr.
- Ich lasse X los.
- Ich bereue/bedauere X nicht mehr.
- Ich habe X genug bereut/bedauert.
- Ich blicke nach vorn.
- Ich nehme meine Vergangenheit an.
- Ich bin frei von X.

Autosuggestionen sind Selbsteinredungen, deren Macht nicht unterschätzt werden sollte. Als symbolischen Akt kannst du das jeweilige Gestern-Gespenst und die Gefühle, die es bei dir auslöst, zusätzlich auf ein Blatt Papier schreiben und dieses verbrennen oder zerfetzen. Wichtig ist, dass du das Gefühl der Leichtigkeit und der Befreiung, das zu dir finden wird, nicht abwehrst, sondern ganz ohne Gewissensbisse annimmst. Du hast es dir verdient.

Heute: Das Mosaik deines Ichs

Man kann sich selbst lieben, ohne sich bis in den letzten Winkel zu kennen. Schließlich lieben wir auch andere Personen, über die wir längst nicht alles wissen. Dennoch ist es der Selbstliebe zuträglich, wenn du dir die Zeit nimmst, dich selbst kennenzulernen. So wie du jetzt gerade in diesem Moment bist. Dadurch wirst du für dich selbst vertrauter und berechenbarer, was dein Selbstbewusstsein und dein Selbstvertrauen stärkt. Dabei ist und bleibt immer Raum für die unausweichlichen Veränderungen, die du durchlaufen wirst. Du kannst dir dich selbst wie ein Mosaik vorstellen. Manchmal werden Steine ausgetauscht, manchmal nur herausgenommen und manchmal angefügt. Doch je besser du das Gesamtbild und seine einzelnen Elemente kennst, desto näher bist du dir selbst. In diesem Abschnitt bist du dazu eingeladen, auf Entdeckertour zu gehen und dich selbst zu erkunden. Das ist eine überaus spannende Angelegenheit, die zuweilen furchteinflößend sein kann, sich im Endeffekt aber immer wieder auszahlt. Auf dieser Reise gehen wir durch verschiedene Stationen, wobei deine aktive Mitarbeit gefragt ist. Bereit? Dann kann es losgehen!

Station 1

Die Sache mit den Schubladen

Wer bin ich? Diese Frage ist alles andere als leicht zu beantworten. Du bist eine Frau, ein Mann, beides oder keines von beidem. Du bist extrovertiert oder introvertiert – oder mal das eine und mal das andere, je nach Situation. Du bist links, liberal oder konservativ. Du bist Vegetarier, Fleischesser, Veganer oder Frutarier. Du bist hetero, schwul, lesbisch, bisexuell oder asexuell. Das alles sind Labels, die wir Menschen nutzen, um uns selbst und andere zu definieren. Es sind Schubladen. In manche davon springen wir selbst hinein, in andere werden wir von Außenstehenden geschoben. Manchmal empfinden wir diese Etiketten als störend und falsch, manchmal bestätigen sie uns und sorgen dafür, dass wir uns unserer selbst etwas sicherer fühlen können. Ungeachtet dessen, wie du grundsätzlich dazu stehst, Menschen mithilfe solcher Schubladen zu kategorisieren, ist es sehr wahrscheinlich, dass du dir selbst und anderen bewusst oder unbewusst laufend Etiketten anheftest. So ist der Mensch nun einmal gestrickt: Er weiß gerne, woran er ist. Wenn du sehr aufmerksam gelesen hast, ist dir vielleicht aufgefallen, dass die genannten Labels erst einmal beschreiben, was ein Mensch ist – nicht wer er ist. Was bist du? Eine Frau. Was bist du? Veganer. Was bist du? Bisexuell. Dahinter stecken aber jeweils auch Indikatoren dafür, wer beziehungsweise wie du tatsächlich bist. Viele davon sind anerzogen. Wenn du eine Frau bist, wurdest du höchstwahrscheinlich von der Gesellschaft geprägt, zurückhaltender zu agieren, als es der Fall gewesen wäre, wenn du als Mann durch diese Welt gingest. Ob du dich von solchen Prägungen befreien konntest oder dich möglicherweise sogar wohl damit fühlst, ist nochmals eine ganz andere Frage, und sagt wiederum etwas über dich aus. Andere Labels lassen viel direkter auf bestimmte Eigenschaften schließen. Wenn du beispielsweise Veganer bist, liegt es nahe, dass du eine sehr tierliebe Person bist oder dass dir der Umweltschutz und das Klima stark am Herzen liegen. Jeder Mensch besteht aus so vielen Facetten – so vielen Mosaiksteinchen - dass keine hundert Schubladen ihn in seiner Ganzheit erfassen könnten. Das ist ein Punkt, den wir Menschen leicht vergessen. Wir wissen, dass jemand Vegetarier, linkspolitisch oder schwul ist, und gehen davon aus, dass er sich immer und zu jeder Zeit gesund ernährt, wöchentlich auf Demos geht und ein Faible für Mode hat. Dabei gibt es viele Vegetarier, die sich ungesund ernähren, viele Linkspolitische, die nicht demonstrieren, und viele Schwule, die sich kein bisschen für Mode interessieren. Wir tendieren dazu, es uns leicht zu machen, indem wir Klischees für bare Münze nehmen. In vielen Fällen tun wir unseren Mitmenschen damit unrecht und genauso tun wir uns selbst unrecht, wenn wir zwanghaft versuchen, solchen starr konstruierten Schubladengeflechten gerecht zu werden. Du kannst sein, wer, wie und was du möchtest. Im Extremfall bist du ein veganer Metzger, der links wählt und eine Waffensammlung besitzt. Alles ist möglich. Vorteilhaft ist es dabei, wenn du dir deiner Eigenschaften, Vorlieben, Werte und Vorstellungen bewusst bist. Das folgende Formular kann dich dazu anleiten, auf deinen eigenen Spuren zu wandeln. Stelle dir vor, du würdest ein Freundschaftsbuch, wie du als Kind vielleicht eines hattest, ausfüllen und sei dabei absolut aufrichtig. Sei dir bewusst, dass dein Aufschrieb nur für deine Augen bestimmt ist. Du musst ihn niemandem zeigen, wenn du nicht willst, und kannst daher zu 100 % offen und ehrlich sein.

Name _____

Alter _____

Beruf _____

Hobbys _____

Heute: Das Mosaik deines Ichs

Lieblingstier _____

Lieblingsband _____

Lieblingsfilm _____

Lieblingsfarbe _____

Sexuelle Orientierung _____

Politische Einstellung _____

Schönstes Erlebnis _____

Lieblingsmensch _____

Größter Traum _____

Größte Angst _____

Überlege dir anschließend, was deine jeweiligen Antworten über dich aussagen. Du kannst im ersten Schritt einen Perspektivwechsel vornehmen. Tue so, als würdest du den Eintrag einer fremden Person lesen, und beobachte, was du aufgrund der Antworten über diese Person denkst. Mache dir dann klar, dass deine Beobachtungen nicht auf dich zutreffen müssen, und korrigiere sie an den Stellen, an denen sie nicht mit der Wahrheit, wie du sie empfindest, übereinstimmen. Wenn du möchtest, kannst du dir das Formular in einem Jahr wieder vornehmen, um zu checken, an welchen Punkten deine Antworten abweichen. So kannst du Veränderungen auf sehr einfache Weise tracken. Speichere dir am besten eine Erinnerung in dein Smartphone ein, die dich heute in einem Jahr darauf hinweist, zu dieser Seite dieses Buches zurückzukommen.

Zum Abschluss der ersten Station bist du dazu aufgefordert, ein kleines Brainstorming durchzuführen. Nimm einen Stift und ein Blatt Papier zur Hand. In die Mitte des Blattes schreibst du „Ich". Nun stellst du einen Timer auf zehn Minuten und nutzt diese Zeit, um alles aufzuschreiben, was dir spontan zu dir selbst einfällt. Nutze wirklich die vollen zehn Minuten und versuche, dich in dieser Zeit nur auf dich und die Aufgabe zu konzentrieren. Wenn die Zeit abgelaufen ist, liest du, was du aufgeschrieben hast, und lässt dies ein paar Augenblicke auf dich wirken.

Station 2

Spotlight für die Stärken

Herzlich Willkommen zu Station 2! Hier dreht sich alles um deine Stärken. Spoiler-Alarm: Falsche Bescheidenheit ist fehl am Platz. Es gilt, ohne Scham oder Zurückhaltung darauf einzugehen, was du wirklich gut kannst. Dabei solltest du nicht vergessen, dass auch Ungewöhnliches und Kleinigkeiten Stärken sein können. Du kannst gut mit Hunden umgehen? Stärke. Du singst fabelhaft unter der Dusche oder schaffst es immer, passende Socken zu deiner Krawatte anzuziehen? Stärke. Du kannst dir den Namen von Personen, die du gerade erst kennengelernt hast, fast immer aufs Erste merken? Auch das ist eine Stärke. Stärken sind extrem vielfältig und umfassen jeden nur denkbaren Bereich. Also strenge deine grauen Zellen an und mache dich darauf gefasst, dich selbst in gleißend hellem Licht darzustellen. Deine Aufgabe ist es, eine Liste deiner Stärken zu erstellen, die mindestens zwanzig Punkte umfasst. Zu Inspirationszwecken findest du nachfolgend einige mögliche Bereiche für Stärken aufgelistet:

- ✓ Authentizität
- ✓ Autofahren
- ✓ Basteln
- ✓ Bauen
- ✓ Cello spielen
- ✓ Chemie
- ✓ Darts
- ✓ Diplomatie
- ✓ Englisch
- ✓ Entscheidungen treffen
- ✓ Flirten
- ✓ Fußball
- ✓ Geometrie
- ✓ Grimassen schneiden
- ✓ Hilfsbereitschaft
- ✓ Humor
- ✓ Intelligenz
- ✓ Jodeln
- ✓ Jonglieren

- ✓ Kommunikation
- ✓ Kreativität
- ✓ Lesen
- ✓ Liebe ausdrücken
- ✓ Mimik deuten
- ✓ Mode
- ✓ Nettigkeit
- ✓ Optimismus
- ✓ Praktische Veranlagung
- ✓ Problemlösung
- ✓ Rechnen
- ✓ Rhetorik
- ✓ Singen
- ✓ Schwimmen
- ✓ Tierliebe
- ✓ Vogelgeräusche nachahmen
- ✓ Wortgewandtheit
- ✓ Zumba

Und hier ist Platz für die Top 20 (oder mehr) deiner Stärken:

_____

_____

_____

Station 3

Schwächen im Fokus

Wo so viele wunderbare Stärken sind, gibt es natürlich auch das ein oder andere, das nicht gerade zu den persönlichen Talenten gehört. Nur wenn du deine Schwächen als solche anerkennst, kannst du lernen, dich trotz oder teilweise sogar gerade wegen dieser zu lieben. Bitte nimm dir einige Minuten Zeit, um deine Schwächen (mindestens zehn) zu notieren:

_____

_____

_____

Mache dir nun bewusst, dass es nicht nur in Ordnung, sondern absolut normal ist, Schwächen zu haben. Du musst dich nicht dafür schämen, schließlich gibt es keinen einzigen Menschen ohne Schwächen auf dieser Welt. Und: Schwächen machen dich keineswegs weniger liebenswert. Um dies zu verdeutlichen, kannst du ein Experiment wagen: Frage eine Person, die du liebst, nach ihren Schwächen. Sie wird dir sicherlich einige nennen können. Liebst du sie deswegen weniger? Nein? Eben.

Station 4

Ein Bild meiner selbst

Mit Station 4 wird es etwas kreativer. Nimm ein Blatt und Buntstifte zur Hand. Du kannst auch Wachsmalstifte, Kreiden oder Wasserfarben verwenden. Nutze die Materialien, mit denen du am liebsten malst. Deine Aufgabe ist es nun, dich selbst zu zeichnen. Dabei geht es nicht um dein äußeres Erscheinungsbild, sondern um dich als großes Ganzes. Ob du wie ein Mensch aussiehst, wie dein Spiegelbild, wie ein bunter Ball oder wie ein höchst abstraktes Wesen, bleibt dir überlassen. Male dich so, wie du denkst, dass das spätere Gemälde deine Eigenschaften im Heute am besten widerspiegelt. Der Fantasie sind dabei keine Grenzen gesetzt, du solltest jedoch die vorhergegangenen drei Stationen zur Inspirationsgewinnung nutzen.

Station 5

Collage des Ichs

Die Aufgabe, die dich an dieser Stelle erwartet, baut auf Station 4 auf. Schneide dein Selbstportrait aus und klebe es in die Mitte eines größeren Blatt Papiers. Versuche dann, Bilder in Katalogen oder im Internet zu finden, die für deine Eigenschaften, deine Stärken und deine Schwächen stehen, und klebe diese Bilder ebenfalls auf das Blatt rund um dein Selbstportrait herum. Falls du ein Gedicht oder ein Zitat findest, das dazu passt, kannst du auch dieses gerne verwenden. Das Ziel ist eine Collage, die dich möglichst umfassend in all deinen Facetten abbildet.

Station 6

Innige Umarmung

Du hast eine Collage vor dir liegen, die dich widerspiegelt. Nimm dir kurz Zeit, um jedes einzelne Element der Collage zu betrachten und dir bewusst zu machen, wofür es steht. Besinne dich auf das, was du bist, breite deine Arme aus, atme tief ein und schließe deine Arme dann um dich selbst, sodass du in einer innigen Umarmung endest. Spüre dich, spüre alles, was du über dich weißt und auch die Lücken, die womöglich noch bestehen, schließe die Augen und genieße den Moment.

Morgen: Wohin geht die Reise?

Die Zukunft ist unbestimmt, das wissen wir alle. Manchmal spielt das Leben nach seinen eigenen Regeln und es passieren immer wieder Dinge, auf die wir keinen Einfluss haben. Doch es gibt einen Anteil an der Zukunft, der in deiner Kontrolle liegt. Du kannst die Weichen stellen und den Zug deines Lebens in eine Richtung lenken, wie du sie dir wünschst. Ob der Zug letztendlich am Zielbahnhof ankommt, mag nicht allein in deiner Hand liegen. Doch du solltest den begrenzten Einfluss, den du hast, unbedingt nutzen. Deshalb lohnt es sich, dich mit deiner Zukunft auseinanderzusetzen und herauszufinden, was du wirklich willst. Je größer deine Selbstliebe wird, desto mehr wirst du bereit sein, zu tun, was nötig ist, um deine Zukunftsziele um deiner selbst Willen zu erreichen. Herauszufinden, was man wirklich will, ist aber leichter gesagt als getan. Die folgenden Aufgabenstellungen sollen dir genau dabei helfen und dich dazu befähigen, in eine Zukunft zu blicken, so wie du sie dir wünschst.

Der Zug ins Morgen

Du bist der Lokführer deines Zugs, der ins Morgen führt. Wo soll die Reise hingehen? Welche Zwischenstopps sind dir wichtig und wo möchtest du absolut nicht landen? Traue dich, einen Blick in die Zukunft zu werfen, und einmal wild drauflos zu träumen.

In drei Monaten möchte ich

_____

In einem Jahr sehe ich mich

_____

In zwei Jahren habe ich

_____

In fünf Jahren bin ich

_____

Realitätscheck

Du hast notiert, was du in drei Monaten, einem Jahr, zwei Jahren und fünf Jahren erreicht haben möchtest. Nun gilt es, diese Ziele einem Realitätscheck zu unterziehen. Hierfür verwenden wir die SMART-Methode. Betrachte jedes deiner Ziele für die Zukunft einzeln und stelle dir folgende Fragen:

- ✓ Ist das Ziel **s**pezifisch?
- ✓ Ist es **m**essbar?
- ✓ Ist es **a**ttraktiv?
- ✓ Ist es **r**ealistisch?
- ✓ Ist es **t**erminiert?

Zwei dieser Fragen kannst du auf jeden Fall mit „Ja" beantworten. Dein Ziel ist attraktiv für dich, ansonsten hättest du es wohl kaum notiert. Und dein Ziel ist terminiert, denn du möchtest es entweder in drei Monaten, einem Jahr, zwei Jahren oder fünf Jahren erreicht haben. Es gibt also nur noch drei Fragen, denen wir uns genauer widmen müssen:

Ist das Ziel spezifisch?

Ist dein Ziel klar formuliert? Hast du es so formuliert, dass du genau weißt, was es bedeuten soll und dass du bestenfalls auch schon eine Ahnung hast, wie genau du es erreichen kannst?

Ist das Ziel messbar?

Überlege dir, wie du Fortschritte dokumentieren und woran du erkennen kannst, dass du am Ziel angelangt bist.

Ist das Ziel realistisch?

Ist es dir möglich, das Ziel mit deinen Fähigkeiten und Kapazitäten sowie den Lebensumständen, in denen du dich befindest, im angepeilten Zeitraum zu erreichen?

Solltest du eine dieser Fragen mit „Nein" beantworten müssen, musst du dein Ziel modifizieren. Nur wenn die Antwort auf alle Fragen „Ja" lautet, hast du die besten Chancen, dein Ziel zu erreichen.

Ziele visualisieren

Ein großer Schritt in Richtung mehr Selbstliebe ist es, deine Ziele, also das, was dir wichtig ist, konsequent zu verfolgen. Denn damit tust du dir letztendlich etwas Gutes. Du handelst in deinem Sinne und strengst dich an, dir deine eigenen Träume zu erfüllen. Aus Kapitel 6 kennst du bereits die Technik der Visualisierung. Genau wie dort beschrieben, kannst du sie auf jedes einzelne deiner Ziele für die Zukunft anwenden. Hänge an deine abendliche Visualisierung der Selbstliebe einfach die Visualisierung deiner realistischen Träume für die Zukunft an. So verdoppelst du den Effekt der Selbstliebe-Visualisierung ganz automatisch. Schließlich ist das Verfolgen deiner Träume ein wahrer Akt der Selbstliebe.

Das Unvorhersehbare erwarten

Was passiert, wenn dein eingeplantes Zeitlimit vergangen ist und du dein Ziel noch immer nicht erreicht hast? Dann ist vermutlich etwas Unvorhersehbares geschehen. Vielleicht ist das Unvorhersehbare sogar, dass du auf halbem Weg festgestellt hast, dass dein angepeiltes Ziel gar nicht mehr deinen Wunschvorstellungen entspricht. Oder die Umstände haben dich dazu verleitet, vom Weg abzukommen und dein Ziel weniger konsequent zu verfolgen. Beides ist in Ordnung. Das Leben lässt sich, auch wenn wir das nur ungern akzeptieren, nicht vorhersehen. Ein Rückblick kann dir dies verdeutlichen: Erinnere dich daran, wie dein Leben vor fünf Jahren aussah. Hättest du damals vorhersagen können, wo du heute stehst? Wahrscheinlich nicht. Deshalb solltest du das Unvorhersehbare, also das, was anders läuft, als man denkt, einkalkulieren. Du solltest deine Ziele mit Herzblut verfolgen, aber du solltest dir schon heute die Möglichkeit bewusst machen, dass es vielleicht nicht zum Erreichen der Ziele kommt. Das Streben nach Sicherheit, das uns Menschen inne ist, führt dazu, dass wir das Unvorhersehbare als Bedrohung einstufen. Wir haben einen Plan und sehen es nicht gern, wenn wir von diesem abweichen und uns auf unbekanntes Terrain begeben müssen, das ursprünglich niemals zu unserem Weg gehören sollte. Vermeiden können wir es aber nicht. Deshalb ist es besser, auf das Unvorhersehbare gefasst zu sein und es zu erwarten, als in ständiger Angst vor ihm zu leben. Unvorhersehbar bedeutet schließlich nur, dass du etwas nicht kommen siehst, und nicht, dass dies zwangsläufig schlecht für dich sein muss.

Kapitel 8: Innerer Kritiker und inneres Kind

Mit diesem Kapitel tauchen wir ein in die Psychologie, die oftmals, zum Beispiel im Rahmen von Verhaltenstherapien, mit einem Modell arbeitet, das das innere Kind und den inneren Kritiker umfasst. Die Voraussetzung dafür, dass du aus diesem Kapitel etwas lernen kannst, ist eine Portion Offenheit. Insbesondere wenn du bislang wenig oder gar nichts mit der Analyse deines Inneren zu tun hattest, können dir manche Techniken und Schritte skurril vorkommen. Lasse dich davon nicht beirren, sondern sei offen für die Erfahrung und spüre selbst, was sie in dir bewirkt.

Kontaktaufnahme zum inneren Kind

Das innere Kind wird gemeinhin mit den tiefen Emotionen und Bedürfnissen verknüpft, die du empfindest. Es ist geprägt von deiner Kindheit und den Erfahrungen, die du damals gemacht hast, und steht für deine ursprünglichste Gefühlswelt. Um Kontakt zu deinem inneren Kind aufzunehmen, musst du zunächst einmal als gegeben annehmen, dass es existiert. Du hast ein inneres Kind, daran gibt es keinen Zweifel. Es macht sich zum Beispiel bemerkbar, wenn du inmitten eines Treffens mit Freunden plötzlich still wirst und dich zurückziehst oder wenn du abends im Bett liegst und dich irgendwie furchtbar allein fühlst. Es kann dich warnen, dich zur Aufmerksamkeit bewegen und dir zeigen, was du in einem Moment besonders brauchst. Das funktioniert aber nur, wenn du es zu Wort kommen, also in dein Bewusstsein vordringen lässt. Als Erwachsene tendieren wir leider häufig dazu, unser inneres Kind zu ignorieren. Wir entscheiden über seinen Kopf hinweg, nehmen seine Bedürfnisse nicht zur Kenntnis und schaden uns damit letztendlich selbst. Mit deinem inneren Kind in Kontakt zu treten, ist eigentlich ziemlich einfach. Setze oder lege dich bequem hin und schließe die Augen. Lege eine Hand auf deine Brust und spüre genau, wie sich diese mit dem Einatmen hebt und mit dem Ausatmen senkt. Spüre dann tief in dich hinein und versuche zu erfassen, was du gerade wirklich brauchst. Wonach sehnst du dich in deinem Inneren? Die Stimme, die dir antwortet, ist dein inneres Kind. Die nachfolgenden Übungen werden dir im Gesamten dabei helfen, einen besseren Draht zu ihm aufzubauen, und es dir künftig erleichtern, es wahrzunehmen und mit ihm in Kontakt zu treten. Außerdem steigen wir mit ihnen direkt in die „Arbeit" mit dem inneren Kind ein, die deine Selbstliebe auf eine Probe stellen, aber eben auch ungemein fördern kann.

Die Gefühlswelt des inneren Kindes

Das innere Kind hat für gewöhnlich Gefühle, die der Erwachsene im Sinne der Rationalität und Produktivität wunderbar zu unterdrücken weiß. Deshalb sind diese Gefühle aber nicht weg oder weniger wichtig. Das Unterdrücken der Gefühlswelt des inneren Kindes wirkt sich genauso auf dich aus, wie es dich und dein Leben beeinflussen würde, wenn du diese Gefühle zu jeder Zeit zulassen und spüren würdest. Selbstverständlich ist es im Alltag nicht immer möglich, Rücksicht auf die eigenen Gefühle zu nehmen und ganz im inneren Kind zu sein. Deshalb gibt es den gesunden Erwachsenen, ein weiterer Teil deiner selbst, dessen Aufgabe es mitunter ist, das innere Kind zu kontrollieren, aber auch, sich um es zu kümmern. Gerade dieser zweite Aufgabenbereich kommt jedoch oft zu kurz. Dann muss der gesunde Erwachsene zuerst lernen, wie er sich um dieses Kind kümmern kann. Oftmals gibt es gute Gründe, aus denen er das innere Kind gezielt unterdrückt und aus seiner Wahrnehmung verbannt. Er fühlt sich nicht stark genug, um die Emotionen des Kindes zu handhaben, hat Angst, zu versagen, oder ist ganz einfach überfordert. Um uns einmal vorzutasten und näher an das innere Kind heranzuwagen, befassen wir uns damit, wie dessen Gefühlswelt überhaupt aussieht. Denn wenn sich der gesunde Erwachsene bislang kaum mit dem inneren Kind auseinandergesetzt hat, fehlt ihm womöglich auch die Kompetenz, die Gefühle des Kindes richtig wahrzunehmen und zu deuten. Diese vier Grundgefühle werden vom inneren Kind normalerweise besonders häufig und intensiv gespürt:

- Freude
- Wut
- Trauer
- Angst

Erinnerst du dich noch daran, wie du als Kind unbeschwert gespielt hast und dabei einfach nur glücklich und zufrieden warst? Wann hast du dich zuletzt so gefühlt? Grundsätzlich ist es Erwachsenen durchaus möglich, eine solch leichte, kindliche Freude zu empfinden. Wir müssen es uns jedoch erlauben. Dasselbe gilt für die Trauer, die Wut und die Angst. Kinder trauern ungehemmt, lassen ihrer Wut freien Lauf und empfinden gegebenenfalls lähmende Angst. Auch wir Erwachsene kennen diese Gefühle, wir beschneiden sie jedoch und lassen oftmals nur „die Spitze des Eisbergs" zum Vorschein kommen. So verkümmert das innere Kind, denn seine Gefühle sind allesamt valide und real, doch es wird damit allein gelassen. Wenn du bereit dazu bist, ist es nun also an der Zeit, einen Schritt auf dein inneres Kind zuzugehen und ihm zu signalisieren, dass du jetzt in der Lage und gewillt dazu bist, ihm als gesunder Erwachsener Gehör zu schenken. Stelle zwei Stühle so auf, dass sie sich gegenüberstehen. Setze dich auf einen der Stühle und komme in deiner Position als gesunder Erwachsener an. Horche tief in dich hinein, sei ganz bei dir und lade dein inneres Kind dazu ein, sich mitzuteilen. Sage oder denke wirklich: „Ich bin da und ich möchte hören, was du mir mitzuteilen hast." Setze dich dann auf den anderen Stuhl und schlüpfe damit in die Rolle des inneren Kindes. Nimm dir nochmal einige Augenblick Zeit, um in der neuen Perspektive anzukommen, und sprich frei heraus, welche Gefühle und Gedanken in diesem Moment in dir aufkommen. Es ist gut möglich, dass du dir bei deinem ersten Versuch ziemlich lächerlich vorkommst. Doch das Einzige, das dein inneres Kind noch am Sprechen hindert, sind deine Hemmungen. Gib nicht auf, lasse dich nicht beirren und gib deinem Kind auf diese sehr anschauliche Weise immer wieder die Möglichkeit, sich zu äußern.

Umgang mit dem inneren Kind

Dein inneres Kind hat gesprochen? Wunderbar! Dann gilt es nun, richtig darauf zu reagieren und dich im liebevollen Umgang mit deinem inneren Kind zu üben. Setze dich dafür wieder auf den Erwachsenen-Stuhl. Als gesunder Erwachsener bist du dafür verantwortlich, auf dein inneres Kind einzugehen und angemessen mit ihm umzugehen. Doch wie kann das aussehen? Einige Beispiele:

In der Rolle des inneren Kindes spürst du eine starke Angst. Du kannst nicht klar formulieren, woher diese Angst kommt oder was sie auslöst, doch sie ist sehr präsent. Du würdest dir am liebsten eine Decke über den Kopf ziehen und dich vor der ganzen Welt verstecken.

Als gesunder Erwachsener musst du deinem inneren Kind ein Gefühl der Sicherheit und Geborgenheit vermitteln. Sage ihm, dass alles in Ordnung ist, vermeide es aber, seine Angst herunterzuspielen oder als unberechtigt abzutun. Frage nach Vermutungen zum Auslöser der Angst und wechsle wieder die Perspektive, um möglicherweise eine Antwort zu bekommen. Gib deinem inneren Kind zu einem Zeitpunkt, in dem es dir möglich ist, die Gelegenheit, seinen Bedürfnissen nachzukommen. Verkrieche dich unter der Decke und versichere dir selbst, dass es ok ist, Angst zu haben, und dass du alles dafür tun wirst, um dich selbst zu beschützen und für dich da zu sein.

Dein inneres Kind ist traurig. Auf dem Kinder-Stuhl kommen dir die Tränen und du spürst eine so tiefe Trauer, dass dir das Atmen schwerfällt. Du fühlst dich einsam und verspürst den Wunsch, getröstet und fest umarmt zu werden. Am liebsten von deiner Mutter.

Das Trösten ist eine wichtige Aufgabe des gesunden Erwachsenen, in die er Schritt für Schritt hineinwachsen muss. Nimm die Trauer an, lasse sie zu und leide mit deinem inneren Kind. Nimm es an die Hand und sage ihm, dass es nicht allein ist. Wenn du dich schon bereit dafür fühlst, kannst du ihm versprechen, dass du dir von jetzt an Mühe geben wirst, um dich bestmöglich um es zu kümmern. Wenn du deine Mutter das nächste Mal siehst, solltest du sie fest umarmen. Für den Moment kann aber auch schon ein Telefonat mit ihr deinem inneren Kind dabei helfen, sich weniger traurig und allein zu fühlen.

Auf dem Kinder-Stuhl angekommen, würdest du am liebsten kräftig mit dem Fuß aufstampfen und laut schreien. Du bist rasend vor Wut. Was bildet sich dieser Erwachsene ein, dich jahrelang allein zu lassen und jetzt plötzlich einfach so aufzutauchen?

Bleibe zunächst beim inneren Kind und mache deiner Wut Luft. Stampfe, schreie, trample herum oder boxe in ein Kissen. Brülle den Erwachsenen an, teile ihm mit, wie enttäuscht und verletzt du bist und werfe ihm alles an den Kopf, was in dir hochkommt. Begib dich dann auf den Erwachsenen-Stuhl und entschuldige dich. Aufrichtig, ehrlich und aus tiefstem Herzen. Versichere deinem inneren Kind, dass du seine Wut verstehst und auch, dass es alle Zeit der Welt bekommt, um dir zu verzeihen.

Natürlich empfindet das innere Kind nicht nur Freude, Trauer, Wut oder Angst. Manchmal sind es alle vier dieser Gefühle, manchmal ist es eine Abwandlung davon – zum Beispiel Unsicherheit statt Angst oder Niedergeschlagenheit statt Trauer – und manchmal herrscht ein regelrechtes Gefühlschaos. Je mehr du zu deinem inneren Kind findest, desto eher wirst du auch eine chaotische Gefühlslage entwirren und deuten können. Für den Augenblick genügt es aber, immer wieder einen Versuch zu machen und dich zu bemühen, ein Gespräch mit deinem inneren Kind zustande zu bekommen.

Tagebuch des inneren Kindes

Gewöhne dir an, deinem inneren Kind täglich zur selben Zeit eine Viertelstunde lang deine ungeteilte Aufmerksamkeit zu schenken, indem du es ein Tagebuch führen lässt. Besorge ein Notizbuch, schlüpfe in die Rolle des inneren Kindes und schreibe einfach drauflos. Auf diese Weise stellst du sicher, dass dein inneres Kind sich ausdrücken kann und lernst seine Bedürfnisse und Gefühle Tag für Tag ein bisschen besser kennen. Du schaffst es noch nicht ganz wirklich die Perspektive des inneren Kindes einzunehmen und weißt deshalb nicht, was du schreiben sollst? Dann bliebe trotzdem fünfzehn Minuten lang mit dem Stift in der Hand und dem Papier vor dir sitzen. Eines Tages kommt das Schreiben von ganz allein.

Kindliche Glaubenssätze

Tief verankerte Annahmen, die du aufgrund deiner Erfahrungen als Realität und unumstößliche Wahrheit ansiehst, nennt man Glaubenssätze. Diese sind zumeist im inneren Kind verankert, auch wenn sie dem inneren Kritiker oft in die Karten spielen. Weit verbreitete Glaubenssätze sind beispielsweise:

- Ich bin nicht gut genug.
- Ich kann nichts richtig machen.
- Ich bin ein schlechter Mensch.
- Ich bin nicht liebenswert.
- Ich reagiere immer über.

- Meine Gefühle sind falsch.
- Mit mir stimmt etwas nicht.
- Niemand will mich.
- Ich bin anstrengend.

Die „Arbeit" mit dem inneren Kind eröffnet Wege, solche Glaubenssätze Schritt für Schritt zu korrigieren und zu enttarnen, dass sie nicht zwangsweise der Realität entsprechen, sondern nur im eigenen System der Welt existieren und somit keine universelle Wahrheit darstellen. An dieser Stelle eine Anleitung zur Korrektur dieser Glaubenssätze zu liefern, wäre grob fahrlässig. Solch tiefgreifende Veränderungen in der Psyche sollten nur in Begleitung eines kompetenten Psychologen oder anderweitig zu diesem Zweck ausgebildeten Experten – zum Beispiel Life Coaches mit Zertifikat oder NLP Coaches - angestrebt werden. Wenn du deinem inneren Kind jedoch zuhörst, kannst du auf Dauer womöglich die Existenz einiger Glaubenssätze beobachten. Solltest du dich entschließen, daran zu arbeiten, um dein inneres Kind zu heilen, solltest du die Sache mit einem Profi in Angriff nehmen. Dabei solltest du dir im Klaren darüber sein, dass dies ein langwieriger Prozess ist, der mitunter extrem anstrengend und zuweilen auch schmerzhaft sein kann. Das bedeutet aber nicht, dass es sich nicht lohnen kann, die nötige Arbeit zu investieren.

Erkennen des inneren Kritikers

Der innere Kritiker ist quasi der Gegenspieler des inneren Kindes und auch ein Kontrahent des gesunden Erwachsenen. Ihm ist mehr oder weniger egal, was du brauchst. Er sieht immer nur das Schlechte in dir, scheut sich nicht deine Makel und Fehler hervorzuheben und ist unerbittlich in seiner Rolle als entwertendes Biest. Aus diesem Grund wird er manchmal auch innerer Entwerter genannt. Du kannst es ihm nicht recht machen, egal was du tust. In diesem Abschnitt geht es nun darum, den inneren Kritiker zu erkennen. Sei achtsam, höre auf deine innere Stimme und nehme wahr, wenn diese sich äußerst gemein, wenig wohlwollend oder schlichtweg unverschämt zeigt. Immer dann kannst du dir sicher sein, dass der innere Kritiker am Werk ist. Die folgende Tabelle soll dich eine Woche lang dabei unterstützen, deinem Entwerter auf die Schliche zu kommen und ihn sowie seine Vorgehensweise kennenzulernen. In der ersten Zeile findest du ein Beispiel, das dir zeigt, wie die Tabelle auszufüllen ist.

Tag	Situation	Aussage	Merkmale
X	Kuchen verbrannt	Du bist einfach zu blöd für alles. Kauf den Kuchen beim Bäcker, der kann wenigstens was.	Gemein, oberflächliche Argumentation ohne tiefergreifende Erklärung
1			
2			
3			

| 4 |
| 5 |
| 6 |
| 7 |

In der ersten Spalte notierst du also die Situation, in der sich dein innerer Kritiker zu Wort meldet. In der zweiten Spalte schreibst du seinen genauen Wortlaut auf und in der dritten ist Platz für Beobachtungen deinerseits. So bekommst du ein Gefühl dafür, welche Situationen deinen Kritiker triggern und wie er sich für gewöhnlich ausdrückt.

Den inneren Entwerter entmachten

Es gibt verschiedene Möglichkeiten, den inneren Entwerter seiner Macht über dich zu berauben. Nicht jede davon wird für dich in jeder Situation funktionieren, weshalb es ratsam ist, alle auszuprobieren und zu sehen, was klappt.

▸ Lustiges Liedchen

Kritiker hassen nichts mehr, als nicht ernstgenommen zu werden. Versuche also Folgendes: Wiederhole den Satz, den dein Entwerter von sich gibt, mit der Melodie eines lustigen Kinderlieds. Du kannst zum Beispiel „Hey Pippi Langstrumpf" oder „Alle meine Entchen" verwenden. Singe die Worte deines Entwerters zur Melodie des Liedes in einem besonders ulkigen Tonfall im Kopf oder laut vor dich hin. Dadurch wird sich der missmutige Herr möglicherweise schmollend zurückziehen. Außerdem verdeutlichst du damit für dich selbst, wie wenig relevant seine Worte eigentlich sind.

▸ Verbannen aus dem Raum

Du kannst den Kritiker auch einfach des Raumes verweisen. Stelle dir vor, wie du ihn hochnimmst und wenig zimperlich zur Tür hinausschmeißt. Die Tür schließt du krachend hinter dir.

▸ Tödliche Absicht

Du hast die Nase voll und willst deinem Entwerter zeigen, wo es lang geht? Dann brauchst du ein besonders hässliches Kuscheltier, das ihn symbolisiert. Dieses kannst du anzünden, aufschlitzen und ausweiden oder bei 120 km/h aus dem Autofenster werfen.

▸ Argumentation

In seltenen Fällen kann es sinnvoll sein, sich auf den Kritiker einzulassen und besser zu argumentieren, als er es tut. Antworte ihm und beobachte, was passiert. Oftmals brillieren Kritiker jedoch durch absolut unlogische Schlussfolgerungen und sind resistent gegen jedes vernünftige Argument, weshalb diese Methode nur vereinzelt Früchte trägt.

Beim ersten Versuch ist dein Entwerter vielleicht schon nach zwei Sekunden zurück. Lasse dich davon nicht entmutigen. Je öfter du die Techniken anwendest, desto länger wirst du ihn dir vom Hals halten können.

Kritiker und Kind im Dialog

Schlussendlich sind sowohl der innere Kritiker als auch das innere Kind Teile deiner selbst. Das innere Kind hört, was der Kritiker sagt, und der Kritiker nimmt wahr, was dies mit dem inneren Kind macht. Um hier Zusammenhänge herstellen zu können, bietet es sich an, die Übung mit den Stühlen, die du bereits kennst, um einen Stuhl zu erweitern. Für diese Übung brauchst du also drei Stühle, die du einander zugewandt im Kreis aufstellst. Setze dich auf einen Stuhl und mache es dir bequem. Du befindest dich in der Position des gesunden Erwachsenen. Beschreibe seine Wahrnehmung der Situation in wenigen Sätzen. Dann begibst du dich auf den Stuhl zu deiner Linken und wechselst somit zur Perspektive des inneren Kritikers. Nimm dir Zeit, um anzukommen und höre und spüre, was er zu sagen hat. Dann wechselst du auf den dritten Stuhl und bist in der Rolle des inneren Kindes. Versuche wieder, dich hineinzufühlen und nimm wahr, was die Worte des inneren Kritikers bei deinem inneren Kind auslösen. Je nachdem, was die Situation verlangt, kannst du beliebig zwischen den Stühlen hin und her wechseln. Das Ziel ist es, herauszufinden, was das innere Kind braucht und aus der Position des gesunden Erwachsenen heraus Maßnahmen zu ergreifen, die den inneren Kritiker ruhigstellen und das innere Kind befriedigen.

Kapitel 9: Körperbild – Das Außen innig lieben

Hast du ein Problem mit deinem Körper? Siehst du, wenn du in den Spiegel schaust, oft nur deine vermeintlichen Makel und die Dinge, die dir nicht an dir gefallen? Hast du dir schon einmal abschätzige Bemerkungen über dein äußeres Erscheinungsbild anhören müssen, die dich schwer getroffen haben? Wünschst du dir manchmal, ziemlich viel an deinem Körper ändern zu können? Hast du etliche Diäten hinter dir, dich durch Workouts gequält und gehungert, um einem Schönheitsideal zu entsprechen – ohne Erfolg? Dann geht es dir wie vielen Männern und Frauen in Deutschland und auf der ganzen Welt. Insbesondere Mädchen und Frauen sind einem immensen medialen und gesellschaftlichen Druck ausgesetzt, der ihnen suggeriert, dass ihr Äußeres alles ist, was zählt. Du kannst noch so klug, intelligent, talentiert oder witzig sein – wenn du „zu dick" bist, Akne hast oder es deinem Gesicht an perfekter Symmetrie mangelt, ist das alles nichts wert. Stopp! Wer sind diese Medien und wer ist diese Gesellschaft, dass sie sich herausnehmen, deinen wunderbaren Körper niederzumachen und dir das Gefühl zu geben, nur aufgrund deines Äußeren, das vom fragwürdigen Schönheitsideal abweicht, nichts wert zu sein? Bezogen auf unser Äußeres ist es in dieser kapitalistischen Welt leider so, dass unser Selbsthass buchstäblich Gold wert ist. Denn eine ganze Industrie, die sogenannte Schönheitsindustrie, baut darauf auf. Sie vertickt Anti-Cellulite-Cremes, Anti-Aging-Mittel und Diätpillen, verkauft Schönheits-OPs und bereichert sich an deinem Unwohlsein in deiner eigenen Haut. An dieser Stelle möchte ich ausnahmsweise einmal ganz direkt aus eigener Erfahrung sprechen: Schon als Teenager (mit Normalgewicht) fühlte ich mich immer zu dick. Im zarten Alter von dreizehn Jahren machte ich meine erste Diät, noch nicht ahnend, dass es eine von vielen sein würde. In der Pubertät nahm ich, wie viele Mädchen, ordentlich zu und als ich begann, die Pille zu nehmen, kamen noch ein paar mehr Kilo auf die Hüften. Obwohl ich gute Freunde hatte, gute Noten schrieb, mich von meinen Eltern geliebt fühlte und tolle Hobbys hatte, war ich zutiefst unglücklich. Und das nur wegen meines Gewichts. Als junge Erwachsene entwickelte ich eine Essstörung und nahm innerhalb eines halben Jahres rund 30 Kilo ab. Meine Hüftknochen, mein Schlüsselbein und die Knochen an meinen Handgelenken stachen aus der Haut hervor, ich wurde regelmäßig ohnmächtig und war kaum noch in der Lage, an „normalen" Freizeitaktivitäten teilzunehmen. Und ich fühlte mich noch immer dick, hässlich und schlicht und ergreifend „nicht gut genug". Wenn ich in den Spiegel sah, blickte mir ein dickes, unglückliches Mädchen entgegen. Ein Mädchen, das ich hasste – egal ob mit 80 oder 50 Kilo. Ich hatte mein ehemaliges Wunschgewicht längst erreicht. Mehr noch, ich wog über zehn Kilo weniger. Aber war ich zufrieden mit meinem Äußeren? Nicht im Geringsten. Irgendwann legte sich ein Schalter in meinem Kopf um und ich erkannte – mit der Unterstützung meiner unglaublich tollen Therapeutin - dass es nicht mein Gewicht ist, das ich irgendwie „in Ordnung bringen" musste. Mein Körper war nie etwas anderes als in Ordnung gewesen. Es waren meine Einstellung, meine Überzeugungen und mein Körperbild, die meiner Zufriedenheit im Weg standen. Das ist nur meine Geschichte, die keinesfalls auf jeden in seiner individuellen Situation übertragbar ist. Doch ich denke, dass viele von uns dieselben oder ähnliche Erfahrungen machen mussten. Während ich mich aus dem Loch, in dem ich mich befand, herauskämpfen konnte, gelingt dies vielen jungen Menschen nicht. Sie verbringen ein qualvolles Leben und verhungern voller Selbsthass an den Idealen, denen sie niemals gerecht werden können. Es gibt ein Zitat der Autorin J.K. Rowling, das mich, als ich es zum ersten Mal las, tief berührte:

„Fat is usually the first insult a girl throws at another girl when she wants to hurt her. I mean, is 'fat' really the worst thing a human being can be? Is 'fat' worse than 'vindictive', 'jealous', 'shallow', 'vain', 'boring' or 'cruel'? Not to me."

Ja, eine Gesellschaft, in der das Wort „fett" die denkbar schlimmste Beleidigung darstellt, hat ein Problem. Und sie sorgt dafür, dass in jeder Generation Menschen in dem Glauben heranwachsen, ihr Äußeres würde ihren Wert definieren. Deshalb liegt mir dieses Kapitel besonders am Herzen. Es soll dir dabei helfen, damit aufzuhören, deinen Körper zu bekriegen. Es soll dich dazu inspirieren, dein Leben zu leben, ohne dich ständig zu fragen, wie du dabei aussiehst. Und es soll dir aufzeigen, dass du so viel Besseres verdient hast, als aufgrund deines Äußeren verurteilt zu werden – erst recht nicht von dir selbst. Als kleine Empfehlung am Rande möchte ich dich auf den 2016 erschienenen, wunderbaren Film „Embrace - Du bist schön" hinweisen, den ich mir immer dann ansehe, wenn ich in Bezug auf mein Körperbild in alte Muster zurückzufallen drohe. Aber genug von mir, schließlich geht es hier in erster Linie um dich und deinen Weg zur Selbstliebe. Also Vorhang auf für sechs Übungen, die dich deinem Körper näherbringen und diesen akzeptieren und lieben lehren können:

Übung 1

Spieglein, Spieglein an der Wand

Hast du einen Spiegel, in dem du dich von Kopf bis Fuß betrachten kannst? Dann wird genau dieser nun gebraucht. Stelle dich vor den Spiegel und betrachte dein Spiegelbild. Was denkst du? Sollte dein innerer Kritiker direkt aufs Ganze gehen und dich mit Beleidigungen und negativen Anmerkungen überhäufen, ist es nun deine Aufgabe, ihm zu widersprechen. Und zwar ganz einfach, indem du laut das etwaige Gegenteil seiner Äußerung aussprichst. Ein paar Beispiele:

„Du siehst scheiße aus."	„Ich sehe wundervoll aus."
„Du bist viel zu fett."	„Ich bin genau richtig."
„Deine Sommersprossen sind hässlich."	„Meine Sommersprossen sind schön."
„So kannst du nicht vor die Tür gehen."	„So kann ich mich der ganzen Welt zeigen."

Bleibe vehement am Ball und leiste Widerspruch, ganz egal, ob du deine Aussagen wirklich so empfindest. Auf diese Weise durchbrichst du Denkmuster, die sich bereits automatisiert haben und so tief in dir verwurzelt sind, dass sie ohne dein aktives Zutun immer wieder abgespult werden. Je öfter du dementierst, desto schwächer werden sie, und desto mehr können ihre positiven Gegenstücke Wurzeln schlagen. Unser Gehirn kannst du dir in diesem Fall nämlich als übermotivierten Papageien vorstellen. Das, was der Vogel in deinem Kopf oft hört, prägt sich ihm ein, und das sind dann die Gedanken und Sätze, die er ständig ungefragt wiederholt. Indem du deinem Papageien also Nettigkeiten und körperpositive Gedanken antrainierst, trimmst du ihn darauf, diese auf Dauer in seinen alltäglichen Wortschatz zu übernehmen. Wenn dies mit Klamotten am Leib gut klappt, kannst du einen Schritt weiter gehen. Nun stellst du dich in Unterwäsche vor den Spiegel und wiederholst das Prozedere. Du ahnst es vermutlich schon: In der Profi-Variante durchläufst du diese Übung vollkommen nackt. Es ist dabei normal, dass du dir am Anfang vielleicht blöd vorkommst oder das Gefühl hast, dass das alles nicht wirklich etwas bringt. Doch wenn du es schaffst, diese Übung täglich einmal zu machen, wirst du schneller als gedacht Fortschritte erkennen können.

Übung 2

Fremdwahrnehmung

Achte einmal genau darauf, was dein innerer Kritiker tagtäglich so über deinen Körper zu sagen hat. Schreibe seine Bemerkungen auf und nimm dir am Ende des Tages einen Moment Zeit, um sie durchzulesen. Frage dich dann: Würde ich diese Sätze einer Person, die ich liebe, an den Kopf werfen? Stelle dir zum Beispiel vor, wie du die Aussagen des Kritikers an deine beste Freundin oder an deine Mutter richtest. Das würdest du niemals tun, oder? Dann lasse nicht zu, dass du so mit dir selbst umgehst! In dieser Übung nutzen wir die Tatsache, dass wir über Menschen, die wir lieben, viel weniger hart urteilen als über uns selbst. Frage eine gute Freundin oder einen Angehörigen, ob er die Übung mit dir machen würde. Sicher findest du jemanden, der sich dazu bereit erklärt – schließlich könnt ihr beide davon profitieren. Stellt zwei Stühle so auf, dass ihr euch gegenübersitzt. Zwischen euch sollte nichts, also nicht etwa ein Tisch, stehen. Beginne die Übung nun, indem du deinem Gegenüber sagst, was dir besonders gut an seinem Äußeren gefällt. Sei ganz ehrlich und nenne etwas, das dir ins Auge fällt. So wechselt ihr euch ab, bis jeder von euch mindestens fünf Mal zu Wort gekommen ist. Im zweiten Schritt gehst du von den Haaren bis zu den Füßen durch deinen Körper und erzählst deinem Gegenüber einzeln, was dir nicht an dir gefällt beziehungsweise was du gerne an dir ändern würdest. Du wirst feststellen, dass schon allein das Sprechen über diese vermeintlichen „Problemzonen" etwas in dir auslöst. Nach jeder einzelnen „Problemzone" ist dein Gegenüber dazu aufgefordert, seine Meinung dazu zu äußern, die sich im Normalfall immer auf einem Spektrum zwischen absolut ungläubig bis liebevoll verständnisvoll bewegt. Wenn dein Gegenüber dies möchte, kann er zum Abschluss der Übung ebenfalls darüber sprechen, was er nicht so an sich mag, und du kannst deinen lieb gemeinten Senf dazu geben. Achtet in der gesamten Übung darauf, Ich-Formulierungen zu verwenden. Du sagst also beispielsweise nicht „Quatsch, deine Oberschenkel sind schön", sondern „Quatsch, ich finde deine Oberschenkel schön" und nicht „Meine Augen sind zu klein", sondern „Ich denke, meine Augen sind zu klein."

Übung 3

Blitzlichtgewitter

Diese Übung kannst du alleine oder zusammen mit einer zweiten Person machen. Wie der Titel bereits verrät, geht es darum, Fotos von dir zu machen. Wenn du jetzt innerlich zusammengezuckt bist oder sofort eine gewisse Abneigung empfunden hast, solltest du diese Übung übrigens erst recht machen. Schnappe dir eine Kamera oder dein Smartphone und ziehe dir Klamotten an, in denen du dich besonders wohlfühlst. Es ist ganz egal, ob das ein schickes Kleid oder eine Jogginghose ist. Schließlich kommen die Bilder nicht aufs Cover eines Hochglanzmagazins, sondern sind nur für dich bestimmt. Für dein Fotoshooting gelten folgende Regeln:

- ➡ Schieße mindestens 15 Fotos
- ➡ Schau dir die Bilder erst an, nachdem alle gemacht sind
- ➡ Verwende keine Filter oder Bearbeitungstools

Abgesehen davon kannst du tun und lassen, was du willst. Fotografiere dich lächelnd oder mit ernster Mimik, mache Ganzkörperfotos oder fotografiere nur dein Gesicht, sei ernst oder lustig – oder mache all das. Denke dabei nicht zu viel darüber nach, wie du aussiehst, sondern knipse einfach drauf los. Wenn die Bilder im Kasten sind, druckst du sie aus und siehst sie dir einzeln an. Nimm dir ein Bild nach dem anderen vor und beobachte genau, welcher Gedanke dir jeweils als erstes in den Kopf kommt. Formuliere dann ganz unabhängig von diesem Gedanken zwei bis vier Sätze, die das Bild in positiver oder zumindest neutraler Weise beschreiben. Ein Beispiel: „Das Bild zeigt mein Lächeln. Ich habe Grübchen auf den Wangen und meine Augen strahlen." Notiere deine Sätze auf der Rückseite der Bilder. Du kannst diese Übung zu jeder Zeit wiederholen und die Bilder, wenn du das denn möchtest, in ein Album kleben (mit jeweils einem Klebestreifen am oberen oder unteren Rand, sodass du das Bild umklappen kannst, um deine positiven Gedanken dazu zu lesen) oder zu einer Collage zusammenstellen.

Übung 4
Positives Bodypainting

Wenn du dich viel in den sozialen Medien bewegst, bist du sicher schon über das ein oder andere unglaublich kunstvolle Bodypainting gestolpert. Die begnadeten Künstler machen sich mit Pinsel und Farbe ans Werk und erschaffen auf den Körpern ihrer Models Illusionen und Kunstwerke der ganz besonderen Art. Keine Sorge: Du musst für diese Übung nicht zum Picasso werden und Stunden in ein Bodypainting investieren, nur um es dann wieder abzuwaschen. Genau genommen brauchst du überhaupt keine künstlerischen Fähigkeiten, um diese Übung absolvieren zu können. Alles, was du benötigst, ist ein abwaschbarer Filzstift – und deinen Körper natürlich. Am besten machst du diese Übung nackt. Fühlst du dich dabei aber zu unwohl, kannst du auch Unterwäsche tragen. Suche dir einen Raum, in dem du mindestens dreißig Minuten lang völlig ungestört sein kannst und in dem nicht die Gefahr besteht, dass unvorhergesehen Gäste hinzukommen. Dann siehst du dir deinen Körper an. Dabei wanderst du von unten nach oben. Du beginnst bei den Füßen und versuchst, ein positives Wort zu finden, das deine Füße beschreibt. Hast du eines? Prima! Dann nimm den Stift und schreibe das Wort auf einen deiner Füße. Weiter geht es mit den Waden. Nimm dir ruhig Zeit. Beobachte, welche kritischen Worte dein Entwerter anzubringen hat, gehe aber nicht darauf ein, sondern konzentriere dich darauf, ein wohlwollendes, wertschätzendes Wort zu finden. Anschließend sind die Oberschenkel, gefolgt vom Po und den Hüften an der

Reihe. Von dort aus wanderst du über den Bauch zur Brust und dem Dekolleté, zu den Schultern und die Arme hinab zu den Händen. Zum Schluss ist dein Gesicht an der Reihe. Um dir das Finden passender Worte etwas leichter zu machen und zu veranschaulichen, wie das Ganze aussehen könnte, hier ein Beispiel von Fuß bis Kopf:

Füße	ausdauernd
Waden	kräftig
Oberschenkel	weich
Po	sexy
Hüfte	kurvig
Bauch	süß
Brust	formschön
Dekolleté	attraktiv
Schultern	stark
Arme	definiert
Hände	grazil
Hals	flexibel
Gesicht	wunderschön

Versichere dich vorab, dass du wirklich mit einem abwaschbaren Stift arbeitest! Schließlich willst du den Raum irgendwann wieder verlassen, ohne komisch angeschaut zu werden. Betrachte dein Werk. Gehe nochmals durch alle Körperteile und präge dir die zugehörigen Worte ein, indem du sie laut aussprichst: „Mein Po ist sexy", „Mein Dekolleté ist attraktiv", „Meine Schultern sind stark." Wenn du möchtest, kannst du Fotos von deinem ganz persönlichen Bodypainting machen, sodass du dich später gut daran erinnern kannst. Außerdem kannst du die Übung natürlich wiederholen. Versuche dann, andere Wörter für die einzelnen Körperpartien zu finden.

Übung 5

Die Entschuldigung

Diese Übung ist unverzichtbar auf dem Weg zur Selbstliebe. Sie wird dir vielleicht schwerfallen, was aber nur zeigt, wie wichtig es ist, sie zu durchlaufen. Du musst sie nicht jetzt machen, sondern zu einem Zeitpunkt, an dem es dir richtig erscheint. Nimm sie in Angriff, wenn du bereit dazu bist. Es geht nun darum, deinen Körper um Verzeihung zu bitten. Dich bei ihm zu entschuldigen, für all die Momente, Tage und Jahre, in denen du ihn nicht für das geliebt hast, was er ist. Er hat diese Entschuldigung mehr als verdient, wärst du ohne ihn doch nicht hier: Deine Beine bringen dich von A nach B und tragen dich ein Leben lang, dein Bauch schützt lebenswichtige Organe, deine Brust beherbergt die Lunge, die dich atmen lässt, mit deinen Armen kannst du greifen, die Hand eines geliebten Menschen halten und unglaubliche Dinge erschaffen, dein Gesicht ermöglicht es dir, deine Emotionen mimisch auszudrücken, mit deinen Augen kannst du die Welt in all ihren Farben sehen, mit deinem Mund kannst du lächeln und deine Zunge hilft dir dabei, deine Gedanken in Worte zu fassen und dich mitzuteilen. Und dann ist da natürlich noch dein Gehirn, das rund um die Uhr Höchstleistungen erbringt, damit du wahrnehmen, Eindrücke verarbeiten, Erinnerungen abspeichern und Gedanken fassen kannst. Dein Körper gibt alles für dich und doch hast du meistens nur das an ihm gesehen, was dir nicht gefällt. Es gab Tage, an denen du ihn als absolut minderwertig angesehen und gehasst hast. Du hast ihn unfairen Vergleichen unterzogen, aus denen er nur als Verlierer herausgehen konnte, hast ihn hungern lassen und weit über die Grenzen des Annehmbaren hinausgetrieben. Möglicherweise hast du ihn sogar verletzt, seine Haut aufgeschnitten oder ihm absichtlich blaue Flecke zugefügt. Du hast den Ort, der mehr Heimat für dich sein sollte als jeder erdenkliche Platz auf dieser Erde, verachtet, ihn beschimpft und verflucht. Und doch ist er noch immer hier, arbeitet für dich und lässt dich diese Welt erkunden. Die Entschuldigung, die du gegenüber deinem Körper aussprichst, ist vielleicht die bedeutendste, die dir in deinem ganzen Leben über die Lippen kommen wird. Deshalb muss sie ernst gemeint sein und von ganzem Herzen kommen. Sieh dich an, streiche sanft über deinen Körper und entschuldige dich. Es ist gut möglich, dass sich dabei starke Gefühle Bahn brechen. Vielleicht empfindest du Trauer, vielleicht Scham für das, was du deinem Körper angetan hast, vielleicht etwas Angst, weil eine neue Ära der Selbstliebe anbricht. Das alles ist vollkommen in Ordnung. Lasse die Gefühle zu und spüre ganz genau, wie diese entscheidende und überfällige Entschuldigung etwas in dir verändert.

Übung 6

Kompliment für dich

Wir beenden dieses Kapitel mit einer sehr einfachen, alltagstauglichen Übung, die dich von nun an Tag für Tag begleiten soll. Gewöhne dir an, dir jedes Mal ein Kompliment zu machen, wenn du in den Spiegel siehst. Unabhängig davon, ob du glücklich bist oder Tränen über deine Wangen strömen. Das Kompliment kann sich auf dein Äußeres beziehen, aber auch dein Inneres betreffen. Je mehr Komplimente du dir selbst machst, desto mehr wird dies zur Gewohnheit und du wirst dir automatisch etwas Freundliches, Lobendes sagen, wenn du dein Spiegelbild siehst. Solche kleinen Komplimente sorgen dafür, dass du auch im stressigen Alltag nicht vergisst, wie liebenswert du bist.

Kapitel 10: Selbstfürsorge in der Praxis

Die Selbstfürsorge wurde in diesem Buch bereits mehrfach genannt, wirklich damit auseinandergesetzt haben wir uns aber noch nicht. Das holen wir mit diesem Kapitel nach. Du erfährst, warum Achtsamkeit in diesem Zusammenhang so wichtig ist und wie du diese schulen kannst. Außerdem gewinnst du Einblicke in die Praxis der Selbstfürsorge und lernst, was es bedeutet, dich gut um dich selbst zu kümmern.

Achtsamkeit: Die eigenen Bedürfnisse wahrnehmen

Achtsam zu sein, heißt genau hinzusehen und nachzuspüren. Es bedeutet im Moment zu leben und das, was in diesem Augenblick vorgeht, präzise wahrzunehmen. Die Achtsamkeit wird oftmals in Bezug auf das Außen praktiziert: Man versucht alles, was über die fünf Sinne aufgenommen wird, fein und vollständig wahrzunehmen, die Dinge, die man tut, ganz bewusst zu tun und die Welt in all ihren Facetten zu erleben. Wir wenden uns stattdessen der Achtsamkeit für das Innen, die eigene Gefühlswelt und den eigenen Körper zu. Immerhin musst du dein Befinden und deine Bedürfnisse wahrnehmen können, um dich wirklich gut und adäquat um dich selbst kümmern zu können. Die folgenden Übungen trainieren deine Achtsamkeit nach innen und helfen dir – ergänzend zur „Arbeit" mit dem inneren Kind - dabei, zu erkennen, was du brauchst und willst:

Die Ich-Meditation

Wir machen einen kleinen Ausflug in die Welt der Meditation. Keine Angst: Du brauchst keinerlei Vorkenntnisse, keinen Guru an deiner Seite, keine Klangschalen und kein spezielles Sitzkissen. Nur einen ruhigen Ort, an dem du dich wohlfühlst und mit dir allein sein kannst. Ziehe dir bequeme Klamotten an und lege eine Yogamatte oder einen dicken Teppich auf den Boden. Mache es dir im Sitzen gemütlich. Du kannst entweder im Schneidersitz Platz nehmen oder dich hinknien und deinen Po auf deinen Fersen ablegen. Lege die Hände mit den Handflächen nach oben auf deinen Oberschenkeln ab, mache dich im Rücken gerade und schließe die Augen. Konzentriere dich voll und ganz auf deinen Atem. Fühle, wie die Luft beim Einatmen in deinen Körper fließt und beim Ausatmen wieder hinausgleitet. Spüre, wie sich deine Brust hebt und senkt. Beginne nun damit, deine Atemzüge zu zählen. Einatmen, ausatmen, eins – Einatmen, ausatmen, zwei – Einatmen, ausatmen, drei. Bleibe gedanklich ganz bei deiner Atmung und dem Zählen. Solltest du abschweifen, machst du einfach bei der letzten Zahl weiter, an die du dich erinnerst. Auf diese Weise bringst du deinen Geist gezielt zur Ruhe. Wenn du spürbar ruhiger geworden bist, wofür du zu Beginn vermutlich mindestens bis sechzig zählen musst, verabschiedest du dich von den Zahlen und ersetzt sie durch Gefühle und Eindrücke bezüglich deines Inneren. Spüre in dich hinein, nimm deinen gesamten Körper wahr und versuche, deine aktuelle Gefühlslage zu ergründen. Anfangs wirst du kaum jedem Atemzug einen Eindruck oder eine Erkenntnis über dein Inneres beifügen können. Es ist vollkommen in Ordnung, nur bei jedem fünften oder zehnten Atemzug eine solche Erkenntnis zu äußern. Mit der Übung wird es dir immer leichter fallen, den Fokus ganz auf dein Inneres zu legen und im Rahmen der Atemmeditation Feststellungen bezüglich deines Befindens zu tätigen. Die Meditation leitest du übrigens aus, indem du zum Zählen zurückkehrst. Nun zählst du allerdings von zehn rückwärts und öffnest bei null die Augen.

Reise durch den Körper

Diese Übung dient dazu, ein besseres Gespür für deinen Körper und dafür, wie es ihm geht, zu entwickeln. Lege dich rücklings auf eine Matte, das Sofa oder auf einen dicken Teppich. Strecke die Beine leicht gespreizt aus und platziere die Arme mit den Handflächen nach oben neben deinem Körper. Richte deine Wirbelsäule so aus, dass du möglichst gerade, aber dennoch bequem liegst, und schließe die Augen. Verbringe wieder einige Minuten damit, deinem Atem zu lauschen und im Hier und Jetzt anzukommen. In diesem Moment ist nichts wichtig, außer dein Körper. Vergiss den Brief, den du zur Post bringen, das Essen, das du kochen und das Gespräch, das du dringend führen musst für fünfzehn Minuten. Es geht nur um dich. Du wirst eine Tour quer durch deinen Körper unternehmen. Der Start sind die Zehen, das Ziel die Kopfhaut. Fokussiere dich auf deine Zehen. Kannst du sie spüren? Wie fühlen sie sich an? Sind sie zum Beispiel warm oder kalt? Fit oder müde? Schwer oder leicht? Nimm dir einige Augenblicke Zeit, um bei deinen Zehen zu verweilen und ihnen deine volle Aufmerksamkeit zu schenken. Gehe dann weiter zu deinen Schienbeinen und verfahre gleichermaßen. Danach kommen die Waden, dann die Knie, die Oberschenkel, der Po, der Bauch und die Brust an die Reihe. Schließlich wanderst du über die Schultern zu den Oberarmen, den Unterarmen und den Händen. Dann lenkst du deine Aufmerksamkeit zu deinem Hals, zu deinem Gesicht und zu guter Letzt zu deiner Kopfhaut. Halte jeweils einige Sekunden lang inne und spüre genau hin. Solltest du Probleme damit haben, das jeweilige Körperteil wirklich zu fühlen, kannst du die Muskeln in diesem Bereich kurz an- und gleich wieder entspannen, um dir der Körperstelle bewusst zu werden. Wenn du die Tour durch deinen Körper beendet hast, nimmst du alle Körperteile, durch die du mental gewandert bist, zeitgleich wahr. Sollte dir dies schwerfallen, beginnst du wieder mit den Zehen und nimmst nach und nach weitere Körperteile hinzu. Stelle dir abschließend die Frage: Wie geht es deinem Körper? Spüre einige Minuten nach, lausche wieder deinem Atem und öffne dann langsam die Augen.

Das Gedanken-Gefühls-Handlungs-Dreieck

Unsere Gedanken, Gefühle und Handlungen hängen zusammen. Die Gedanken bestimmen die Gefühle, die Gefühle das Handeln, das Handeln die Gedanken und alle denkbaren anderen Kombinationen. Wie du dich fühlst, hat somit ziemlich direkten Einfluss darauf, wie und was du denkst und was du tust – und umgekehrt. Ein Beispiel: Du denkst „Ich bin ganz allein", fühlst dich einsam und ziehst dich automatisch zurück, wodurch du dich noch einsamer fühlst, sich die Gedanken in diese Richtung verstärken, du dich noch mehr zurückziehst und so weiter. Oder aber du fühlst dich blendend, denkst „Ich kann alles schaffen" und traust dich etwas zu tun, das du noch nie ausprobiert hast. Dein Mut macht dich noch glücklicher und deine Gedanken werden in himmlische Sphären katapultiert. Die meisten Menschen sind sich im Alltag gar nicht wirklich bewusst, wie stark sich Gefühle, Gedanken und Handlungen gegenseitig beeinflussen. Das ist schade, denn wären wir an dieser Stelle achtsamer, könnten wir den Zusammenhang für uns nutzen. Und wir wären in der Lage, unsere Bedürfnisse klarer und schneller zu erkennen. Denn: Was du denkst, wie du dich fühlst und was du tust, sagt viel darüber aus, was du gerade brauchst. Vielleicht ist dir etwas ähnliches schon einmal passiert: Du bist mies gelaunt, motzt deine beste Freundin ohne ersichtlichen Grund an und fragst dich, was eigentlich mit dir los ist. Du denkst „Ich bin ein schrecklicher Mensch, warum verhalte ich mich so?", deine Laune wird noch schlechter und wenn du Pech hast, ist der nächste Mensch, den du verärgerst, dein Chef. Erst in einer ruhigen Minute fällt dir auf, dass du Hunger hast. Du isst einen Snack und wirst schlagartig emotional ausgeglichener. Die Lösung lag auf der Hand, doch du hast sie übersehen, weil du den Zusammenhang zwischen dem Gefühl Hunger, den übellaunigen Gedanken und dem unausstehlichen Verhalten nicht richtig deuten konntest. Mache dir bewusst, dass hinter vielen Gefühlen, Gedanken und Handlungen unbefriedigte Bedürfnisse stecken, und beobachte dich genau. Höre deinen Gedanken zu, traue dich zu fühlen, und reflektiere dein Handeln. Am deutlichsten wird der Zusammenhang oft in extrem emotionalen Situationen, wie bei einem Streit, mitten in einem Gefühlstief oder unmittelbar nach einer besonders freudigen Überraschung. Beobachte, wie die Emotionen deine Gedanken und dein Handeln beeinflussen. Hierfür kannst du nach diesem Vorbild eine Tabelle anfertigen und diese nutzen, wobei die erste Zeile als Beispiel dient:

Situation	Gefühl	Gedanke	Handlungsimpuls	Bedürfnis
Streit mit der besten Freundin	Wut, Ärger, Trauer	„Blöde Kuh. Warum hört sie mir nie richtig zu?"	Kontaktabbruch und Rückzug	Gehört werden

Durch die Analyse des Gefühls-Gedanken-Handlungs-Dreiecks und das Erkennen des eigentlichen Bedürfnisses, kannst du der Geschichte eine neue, bessere Richtung geben. Denn die Handlungen, denen wir aufgrund unserer Gefühle und Gedanken impulsartig folgen möchten, sind oftmals alles andere als zweckdienlich hinsichtlich der Befriedigung des zugrundeliegenden Bedürfnisses. Deshalb gilt es, einen Schritt zurück zu machen, die Sachlage zu begutachten und eine sinnvolle, zielführende Alternativhandlung zu entwickeln. Das mag kompliziert klingen, mit etwas Übung brauchst du aber schon bald keine Tabelle mehr, sondern schaffst es, deinem Bedürfnis intuitiv auf die Schliche zu kommen und entsprechend zu handeln.

Der Bedürfnis-Check

Der Bedürfnis-Check begleitet dich fortan jeden Tag. Das praktische daran: Du kannst ihn überall machen und brauchst dafür nur ungefähr zwei Minuten. Um ein Gespür für dein Befinden und deine Bedürfnisse zu entwickeln, hast du bereits die Ich-Meditation kennengelernt. Der Bedürfnis-Check ist quasi die Kurzvariante davon. Du hältst, ganz egal wo du bist – ob in der Bahn, beim Warten an der Supermarktkasse oder beim Zähneputzen am Morgen –, kurz inne und besinnst dich auf dich selbst. Wenn du möchtest und es dir beim Lenken deines Fokus auf dein Befinden hilft, kannst du einige Atemzüge zählen. Dann wanderst du mit deiner Aufmerksamkeit im Schnelldurchlauf durch deinen Körper und registrierst sein Befinden. Anschließend richtest du die Aufmerksamkeit nach innen und widmest dich den seelischen Belangen. So checkst du binnen kürzester Zeit, wie es dir geht. Stelle dir dann die Frage: Habe ich gerade ein Bedürfnis? Und wenn ja, wie kann ich es erfüllen? Versuche, den Bedürfnis-Check mindestens dreimal täglich zu durchlaufen. Je mehr du dich daran gewöhnst, desto eher wirst du kurze Pausen im Alltag fast automatisch für den Check verwenden.

Unklare Bedürfnisse identifizieren

Manchmal ist es gar nicht so einfach, herauszufinden, welches Bedürfnis man gerade hat. Während Hunger als Bedürfnis nach Nahrung und Müdigkeit als Bedürfnis nach Schlaf leicht zu entlarven sind, machen es uns weniger konkrete oder seltener auftauchende Bedürfnisse schwerer. Wir spüren, dass ein Bedürfnis vorhanden ist, wissen aber nicht so genau, worauf es sich bezieht. Wenn es dir so geht, kannst du folgendermaßen vorgehen:

Das Bedürfnis-Alphabet

Gehe einmal durch das Alphabet und versuche, für jeden Buchstaben ein Bedürfnis zu finden. Sprich: Suche nach Bedürfnissen mit dem jeweiligen Anfangsbuchstaben (ausgenommen unpassender Buchstaben, wie C oder Y). Frage dich nach jedem Buchstaben, ob es vielleicht das Bedürfnis ist, das du verspürst. Zwecks Inspiration findest du nachfolgend ein ausgefülltes Bedürfnis-ABC:

A	Aufmerksamkeit
B	Bewegung
D	Distanz
E	Entspannung
F	Familie
G	Geborgenheit
H	Harmonie
I	Isolation
K	Körperliche Nähe
L	Liebe

M	Mitleid
N	Natur
O	Ordnung
P	Privatsphäre
R	Ruhe
S	Sicherheit
T	Trost
U	Unterstützung
V	Veränderung
W	Wertschätzung
Z	Zuwendung

Bedürfnis-Karteikarten

Wenn du dir generell schwer damit tust, Bedürfnisse zu erkennen, können dir Karteikarten eine große Hilfe sein. Auf die eine Seite schreibst du das Bedürfnis, auf die andere Seite die emotionalen und körperlichen Erkennungszeichen. Immer dann, wenn du ein „neues" Bedürfnis korrekt erkannt hast, fertigst du eine zugehörige Karteikarte an. Du weißt, dass du richtig liegst, wenn du das Bedürfnis durch passende Maßnahmen befriedigen kannst. Im Fall der Fälle kannst du deine Karteikarten durchstöbern und stößt vielleicht auf das Bedürfnis, das du gerade verspürst.

Versuch und Irrtum

Wenn sich ein Bedürfnis hartnäckig hält und die zuvor geschilderten Vorgehensweisen nicht zum Erfolg führen, musst du dich in das altbekannte und vielerorts verhasste Spiel begeben, das sich Versuch und Irrtum nennt. Lasse dich vollkommen von deiner Intuition leiten und probiere einfach Dinge aus, die laut deiner Einschätzung im Bereich des Möglichen liegen. Aus jeder Situation kannst du dabei lernen. Also sehe die Irrtümer, denen du höchstwahrscheinlich beggnen wirst, nicht als durch und durch schlecht an, sondern nimm dir die Zeit sie zu analysieren, um für die Zukunft daraus zu lernen.

Selbstfürsorge: Kümmere dich um dich selbst

Selbstfürsorge setzt sich letztendlich aus zwei Elementen zusammen: Dem Erkennen der eigenen Bedürfnisse und dem Erfüllen dieser Bedürfnisse. Mit Erstgenanntem haben wir uns nun ausreichend beschäftigt, sodass wir uns nur noch dem zweiten Aspekt widmen müssen. Sich selbst zu geben, was man braucht – das klingt kinderleicht, nicht wahr? Erst recht, wenn man genau weiß, welches Bedürfnis es zu erfüllen gilt. Und doch fällt es vielen Menschen – vielleicht auch dir – verblüffend schwer, sich gut um sich selbst zu kümmern. Wenn wir einmal voraussetzen, dass wir genau wissen, was wir gerade brauchen, bleiben vordergründig diese Gründe dafür, dass wir es uns selbst nicht zukommen lassen:

- Altruismus / Furcht vor Egoismus

Manchmal versäumen wir es, uns um uns selbst zu kümmern, weil wir zu sehr damit beschäftigt sind, die Bedürfnisse anderer zu befriedigen. Altruistisch veranlagten Menschen kann es leicht passieren, dass sie ihr eigenes Wohlbefinden nahezu komplett aus den Augen verlieren. Hinzu kommt oft eine gewisse Furcht davor, egoistisch zu sein oder als egoistisch wahrgenommen zu werden. Die Selbstfürsorge bleibt auf der Strecke, weil wir bloß kein Egoist sein wollen. Wenn Egoismus aber bedeutet, die eigenen Bedürfnisse öfter an erste Stelle zu stellen, dann ist eine gesunde Portion davon nichts, wofür man sich schämen muss.

- Selbstbestrafung

Manche von uns meiden die Erfüllung ihrer Bedürfnisse ganz bewusst, quasi als Akt der Selbstbestrafung. Dahinter steckt oft ein ausgewachsener Selbsthass, der uns dazu veranlasst zu denken, dass wir die Fürsorge durch unsere eigene Hand gar nicht verdient haben.

- Gewohnheit

Wir Menschen sind bekanntermaßen Gewohnheitstiere. Das Ignorieren der eigenen Bedürfnisse kann sich über die Jahre zu einer Art Automatismus entwickelt haben, sodass wir gar nicht mehr bewusst wahrnehmen, dass wir uns nicht um uns kümmern. Das Verzichten auf Selbstfürsorge kommt uns dann ganz normal vor.

Dass Selbstfürsorge wichtig ist, muss an dieser Stelle vermutlich nicht genauer erläutert werden. Sowohl körperlich als auch psychisch brauchen wir gewisse Dinge und Einflüsse. Nicht immer können wir selbst dafür sorgen, dass uns diese zuteilwerden, doch wenn wir es können, dann sollten wir es unbedingt tun. Mit wachsender Selbstliebe wird die Selbstfürsorge leichter für dich werden, bis sie schließlich zum Normalsten der Welt geworden ist. Man kümmert sich ganz einfach um die Menschen, die man liebt – inklusive der eigenen Person. Aber wie sieht Selbstfürsorge in der Praxis aus? Das sehen wir uns anhand einiger Beispiele an:

Naomi kommt von der Arbeit nach Hause und ist absolut erledigt. Blöd nur, dass in der Wohnung die Wäsche darauf wartet, zusammengelegt zu werden, die Spüle voller Geschirr steht und der Boden auch mal wieder gewischt werden müsste. Naomi hat Erfahrung mit Selbstfürsorge und führt unterbewusst einen Bedürfnis-Check durch. Sie stellt fest, dass sie sich stark nach Ruhe und Entspannung sehnt. Gleichzeitig weiß sie aber, dass sie sich kaum wird entspannen können, wenn die Wohnung so unordentlich ist. Denn auch Ordnung gehört zu ihren Bedürfnissen. Deshalb schließt Naomi einen Kompromiss: Sie investiert dreißig Minuten ins Saubermachen, sodass die Wohnung zumindest einigermaßen aufgeräumt ist. Anschließend macht sie es sich auf dem Sofa bequem und taucht für den Rest des Abends in ihre Lieblingsserie ein. Die Wäsche kann bis morgen warten.

Pauls Freundin hat sich von ihm getrennt und Paul ist am Boden zerstört. Er ist furchtbar enttäuscht, traurig und sogar etwas wütend. Seine Kumpels fordern ihn auf, mit ihnen in die Disco zu gehen – schließlich sind sie der Meinung, dass Paul jetzt Ablenkung braucht und so richtig einen draufmachen sollte. Paul weiß das Angebot zu schätzen, lehnt aber trotzdem ab. Ihm ist mehr danach, seine Wunden zu lecken und die Trennung in aller Ruhe für sich allein zu verdauen.

Sybille geht eigentlich jeden Tag ins Fitnessstudio. Sie braucht die Bewegung, um Stress abzubauen, sich auszupowern und abschalten zu können. Nach einem Workout fühlt sie sich immer besonders gut und energiegeladen. Doch heute hat Sybille ihre Tage bekommen und hat unter heftigen Krämpfen zu leiden. Eigentlich sieht sie es selbst nicht gern, wenn sie ihre Trainings-Routine durchbricht, doch sie spürt, dass ihr Körper Ruhe braucht. Deshalb bleibt sie zu Hause, macht sich eine Wärmflasche und freut sich darauf, am nächsten Tag mit voll aufgeladenen Akkus und hoffentlich abgeklungenen Bauchschmerzen im Studio durchstarten zu können.

Du siehst: Selbstfürsorge bedeutet manchmal, etwas zu tun, und manchmal, etwas nicht zu tun. Was den persönlichen Bedürfnissen an einem Tag entgegenkommt, kann ihnen am nächsten Tag widersprechen. Deshalb musst du immer die individuelle Situation im jeweiligen Moment betrachten und aus der einzigartigen Perspektive, die jeder Augenblick darstellt, heraus entscheiden, was gerade das Beste für dich ist. Wir beenden dieses Kapitel mit einigen Autosuggestionen, mit denen du arbeiten kannst, falls dir das Thema Selbstfürsorge nicht gerade leicht von der Hand geht:

- ✓ Meine Bedürfnisse sind wichtig.
- ✓ Selbstfürsorge ist gesund und richtig.
- ✓ Ich liebe mich, deshalb kümmere ich mich um mich selbst.
- ✓ Selbstfürsorge ist meine Stärke.
- ✓ Ich kümmere mich um mich selbst.
- ✓ Ich habe Selbstfürsorge verdient.
- ✓ Ich befriedige meine Bedürfnisse.
- ✓ Meine Bedürfnisse sind immer relevant.
- ✓ Ich darf mich selbst zu meiner Priorität machen.
- ✓ Ich bin meine Nummer eins.

Kapitel 11: 10 Tipps – Selbstliebe im Alltag leben

In diesem Kapitel dreht sich alles darum, Selbstliebe im Alltag umzusetzen. Du findest hier eine Auswahl an praktischen Tipps, mit denen du dein alltägliches Leben im Sinne der Selbstliebe gestalten kannst.

#1: Umgib dich mit Menschen, die dir guttun

Es gibt Menschen, in deren Gegenwart du ganz du selbst sein kannst. Mit ihnen fühlst du dich wohl, du kannst aus dir herausgehen, dich mitteilen oder schweigen, ohne verurteilt zu werden. Ihr könnt zusammen lachen und weinen, euch Geheimnisse anvertrauen und euch immer aufeinander verlassen. Das sind die Menschen, die du mit aller Kraft in deinem Leben behalten solltest, denn sie sind selten. Doch sie sind nicht zwangsläufig die einzigen, die dir guttun können. Auch Personen, mit denen du ein weniger enges Vertrauensverhältnis pflegst, können dich inspirieren, beflügeln und dafür sorgen, dass du dich gut fühlst. Sicherlich bist du schon einmal jemandem begegnet, der nur so vor „Good Vibes" sprühte und in dessen Beisein du dich leichter, freier und zufriedener gefühlt hast. Solche Menschen haben einen Platz in deinem Leben verdient, auch wenn sie nicht viel über das, was tief in dir vorgeht, wissen und dich erst kurze Zeit kennen. Es gibt verschiedene Arten von Menschen, die dir guttun und sie sollten es sein, mit denen du dich, wann immer möglich, umgibst. Nicht alle dieser Menschen werden dich ein Leben lang begleiten. Manchmal verflüchtigen sich Kontakte, Bekanntschaften kommen und gehen und das ist ok. Wichtig ist, dass du zu der Zeit, in der sie an deiner Seite sind, begreifst, dass sie einen positiven Einfluss auf dich haben, und dass du immer danach strebst, solche Menschen in deinem Umfeld zu haben.

#2: Trenne dich von Menschen, die deine Selbstliebe gefährden

Und dann gibt es da die Personen, die sich weniger gut auf deine Selbstliebe und deine Zufriedenheit auswirken. Sie machen abschätzige Kommentare, sind unzuverlässig, nehmen ohne zu geben, lügen, betrügen, machen dir Vorwürfe, missbrauchen dein Vertrauen oder beschimpfen dich und wollen dir dann einreden, dass du es nicht anders verdient hast und sowieso alles deine Schuld ist. Hier lautet das Zauberwort: Tschüss. Menschen, die an deiner Selbstliebe kratzen und durch und durch schlecht für deine Zufriedenheit sind, solltest du soweit möglich konsequent aus deinem Leben verbannen. Du wirst sehen: Wenn du dich erst einmal wirklich selbst liebst, fällt es dir kaum schwer, Abschied von ihnen zu nehmen. Und das solltest du dann auch unbedingt tun. Natürlich lassen sich nicht alle Menschen, die dir nicht guttun, aus deinem Leben streichen. In der Realität gibt es da zum Beispiel den Boss, der dich nur kritisiert und kaum lobende Worte übrig hat, dem du aber zwangsläufig begegnen musst, wenn du deinen absoluten Traumjob behalten möchtest. Du musst also abwägen und individuell entscheiden, welche Menschen du tatsächlich loswerden möchtest und kannst.

#3: Stehe für dich ein

Was man immer wieder bei Menschen, die sich auf dem Weg zur Selbstliebe befinden, beobachten kann, ist, dass sie beginnen, für sich selbst einzustehen. Sie nehmen nicht mehr alles hin, was ihnen an den Kopf geworfen oder in den Weg gelegt wird, sondern machen sich stark für sich selbst. Auch du wirst diese Wandlung durchlaufen und so zu deinem eigenen Beschützer und Verteidiger werden.

#4: Vertrete deine Werte

Jeder Mensch hat bestimmte Werte, Ansichten und Moralvorstellungen, die ihm wichtig sind, hinter denen er voll und ganz steht und die teils kontrovers ausfallen können. Im alltäglichen Leben ergeben sich immer wieder Situationen, in denen unsere Werte bedroht, mit Füßen getreten oder infrage gestellt werden. Die Selbstliebe wird dich dazu befähigen, deine Werte diplomatisch und bestimmt zu vertreten. Sei nicht das „Fähnchen im Winde", sondern zeige Rückgrat und stehe zu deinen Überzeugungen. Schweige nicht, sondern setze dich ein und lasse dich nicht unterkriegen.

#5: Verlasse toxische Situationen

Du befindest dich in einer Situation, in der du dich einfach nur extrem unwohl fühlst und die du am liebsten sofort verlassen würdest? Dann tu es. Du musst dich keinen Situationen aussetzen, denen du nicht gewachsen bist oder die dich zu stark belasten. Du hast das Recht zu gehen, wenn du das Gefühl hast, dass ein Bleiben deine Selbstliebe, dein Wohlbefinden oder deine körperliche oder psychische Gesundheit gefährden würde.

#6: Sage „Nein"

Halte dir vor Augen, dass „Nein" zu sagen immer eine Option ist. Die Umstände mögen dich zu einem „Ja" drängen, es steht dir aber frei, trotzdem bei einem „Nein" zu bleiben. Übe das Neinsagen und du wirst weit weniger Zeit deines Lebens damit verbringen, Dinge zu tun, die du eigentlich nicht tun willst. Es ist wertvolle Zeit, die du stattdessen in Aktivitäten investieren kannst, die dir guttun und dich voranbringen.

#7: Akzeptiere schlechte Tage

Du hast es nicht geschafft, „Nein" zu sagen, dein innerer Entwerter ist präsent wie nie zuvor oder du hast klein beigegeben, anstatt zu deinen Überzeugungen zu stehen? Das ist kein Weltuntergang. Akzeptiere, dass du nicht immer 100 % geben kannst – auch nicht in puncto Selbstliebe - und analysiere die spezifischen Situationen, um herauszufinden was du brauchst, um beim nächsten Mal anders agieren zu können.

#8: Sei mutig

In einer Welt, in der Unsicherheit, verzerrte Körperbilder und Selbsthass fast schon die Regel sind, braucht es Mut, um seine Selbstliebe nach außen zu tragen. Sei mutig, lasse dich nicht von Menschen beirren, die den Pfad der Selbstliebe noch nicht beschritten haben, und halte an deiner Liebe zu dir selbst fest. Schäme dich nicht und traue dich, offen zu deiner Selbstliebe zu stehen und andere damit zu inspirieren.

#9: Lasse Selbstmitleid zu

Das Wort Selbstmitleid wird meist direkt in einen negativen Zusammenhang gestellt. Wer Selbstmitleid empfindet, ist weinerlich und schwach und suhlt sich in seinem Elend, anstatt die Zügel in die Hand zu nehmen und das Beste aus der Situation zu machen. Diese weit verbreitete Ansicht wirkt sich extrem schädlich auf uns und unseren Umgang mit uns selbst aus. Wenn wir Mitleid für jemand anderen verspüren, sind wir empathisch, doch wenn wir dieses Mitleid für uns selbst haben, sind wir schwach? Da kann doch etwas nicht stimmen. Tatsache ist: Selbstmitleid zu empfinden ist normal, gesund und wichtig. Wenn dir etwas Schlimmes zustößt, du traurig bist, Schmerzen hast oder es dir einfach nur nicht gut geht, darfst du selbstverständlich Mitleid mit dir haben. Schließlich bedeutet sich selbst zu lieben auch, die Härte gegenüber der eigenen Person und dem eigenen Empfinden abzulegen und Raum für Rücksicht, Sensibilität und Verständnis zu schaffen.

#10: Erkenne Akte der Selbstliebe

Gerade zu Beginn, wenn du noch nicht allzu gefestigt in deiner Selbstliebe bist, gelingt es dir vermutlich nicht immer, zu erkennen, dass du aus Selbstliebe handelst. Sei achtsam, beobachte dich selbst genau und klopfe dir innerlich auf die Schulter, wenn du einen Akt der Selbstliebe vollbracht hast. Das können übrigens auch Kleinigkeiten - zum Beispiel das Abbrechen eines Films, der dir stark aufs Gemüt schlägt oder die Nachsicht mit dir selbst an einem „schlechten" Tag - sein.

Kapitel 12: Selbstliebe bei Kindern fördern

Wie du weißt, stellen die Erfahrungen, die in der Kindheit gemacht werden, die Weichen dafür, mit wie viel Selbstliebe das „Konto" gefüllt wird. Die Erziehung spielt demnach eine bedeutende Rolle und entscheidet darüber, wie leicht es dem Kind als junger Erwachsener fällt, sich selbst zu lieben. Im letzten Kapitel dieses Buches wenden wir uns daher den Möglichkeiten zu, die du als Elternteil hast, um die Selbstliebe deines Kindes zu fördern.

Stützen und stärken - Aber richtig

Dass Eltern eine Stütze für ihr Kind sein und es stärken sollen, ist klar. Oftmals geht der Versuch, dies zu leisten, aber nach hinten los. Denn richtiges Stützen und Stärken ist gar nicht so einfach – vor allem dann, wenn man selbst kein Profi in Sachen Selbstliebe ist. Diese Tipps und Hinweise sollen dir eine Richtung vorgeben und dir eine Idee liefern, wie du dein Kind dabei unterstützen kannst, Selbstliebe zu entwickeln:

Komplimente und Lob unabhängig von der Leistung

Oftmals werden Kinder nur – oder eben besonders überschwänglich und häufig – gelobt, wenn sie gute Leistungen erbringen. Das ist in einer Leistungsgesellschaft zwar logisch, aber nicht unbedingt förderlich für eine gesunde Selbstliebe. Wenn ein Kind immer nur dann begeistert gelobt wird, wenn es eine gute Note geschrieben, ein anderes Kind in einem Wettkampf besiegt oder anderweitig geglänzt hat, vermittelt das zwangsläufig den Eindruck, dass es nichts gibt, das mehr zählt als die Leistung. Besser ist es, den Prozess zu loben. Wenn dein Kind zum Beispiel viel für den Mathetest gelernt hat, aber dennoch nur eine Vier bekommt, hat es trotzdem ein Lob verdient. Wenn dein Kind ein verdammt schlechter Fußballspieler ist, aber trotzdem mit Spaß und Motivation bei der Sache ist, ist das lobenswert. Als Eltern sollten wir uns angewöhnen, Lob nicht zu rationieren, sondern großzügig zu verteilen. Schließlich konditionieren wir keinen Hund, sondern ziehen ein menschliches Wesen groß, dessen Schicksal bis zu einem gewissen Grad in unserer Hand liegt. Es ist auf uns angewiesen und es saugt das, was wir tun und sagen, auf wie ein Schwamm. Wenn du dein Kind das nächste Mal lobst, solltest du also genau auf deine Worte achten. Anstatt „Du bist Erster geworden, ich bin so stolz auf dich", könntest du zum Beispiel einfach nur „Ich bin stolz auf dich" sagen – egal, ob dein Kind Erster oder Letzter geworden ist.

Von Äußerlichkeiten unabhängiges Loben

„Du siehst aber schick aus", „Lächle nochmal, das ist so süß" oder „Dieses Kleid ist umwerfend, wir müssen ein Foto machen" – solche Sätze sind nicht unbedingt falsch, sollten aber nicht die Norm darstellen. Insbesondere Mädchen werden in ihrem späteren Leben noch oft genug auf ihr Äußerliches reduziert werden – wir als Eltern müssen nicht dazu beitragen. Natürlich darf man seinem Kind sagen, dass es wunderschön ist.

Man darf ihm dabei aber nicht das Gefühl geben, dass die Schönheit eine allzu große Bedeutung besitzt.

Aufrichtig und glaubhaft loben

Kinder merken, wenn das Lob geheuchelt ist. Deshalb ist es wichtig, dass du meinst, was du sagst. Wenn du deinem Kind nach einem vergeigten Vorspielen tröstend auf die Schulter klopfst und ihm mit mitleidiger Miene versicherst, dass es gut war, tust du ihm keinen Gefallen. Lobe es dann lieber dafür, einen Versuch gewagt zu haben, und meine es ernst.

Ein gutes Vorbild sein

Wenn Papa morgens vor dem Spiegel minutenlang damit beschäftigt ist, seine verbleibenden Haare penibel über die Halbglatze zu kämmen und Mama mittags schon wieder nicht mitisst, weil sie dringend abnehmen muss, entgeht das dem Sprössling keinesfalls. Die Eltern sind automatisch Vorbilder und Kinder übernehmen ihr Verhalten verblüffend oft in ihre eigene Weltanschauung. Wenn du es also selbst nicht schaffst, dich zu lieben, ständig verschämt an deinen Klamotten herumzwickst und nicht mit ins Freibad gehst, weil du dich nicht im Bikini zeigen willst, vermittelst du deinem Kind ein Bild, ohne dies bewusst zu wollen. Das Beste, das du für dein Kind in puncto Selbstliebe tun kannst, ist, es vorzumachen und dich selbst zu lieben.

Ermutigen statt einschränken

Stutze deinem Kind nicht die Flügel. Es gibt zu viele Eltern, die ihrem Kind viel zu deutlich sagen, was es kann und was nicht. Damit beschränken sie ihren Schützling in seinen Möglichkeiten und rauben ihm den Glauben an seine potenziellen Fähigkeiten. Die Sätze „Das kannst du nicht", „Das musst du erst gar nicht versuchen" und „Das wird nichts" solltest du aus deinem Vokabular streichen. Ermutige dein Kind, wann immer es geht. Vielleicht ist sein Vorhaben zum Scheitern verurteilt, vielleicht wird es aber auch über sich hinauswachsen. Dein Kind muss die Gelegenheit bekommen, sich auszuprobieren, seine Grenzen zu erkunden und diese zu sprengen. Ein Scheitern muss unbedingt erlaubt sein. Du kannst dein Kind nicht davor bewahren und das ist auch nicht deine Aufgabe. Deine Aufgabe ist es vielmehr, es auf der gesamten Strecke anzufeuern und nach dem Scheitern für seinen Mut zu loben.

Bedingungslose Liebe vermitteln

Das wertvollste, das du deinem Kind schenken kannst, ist deine bedingungslose Liebe. Oft wird davon ausgegangen, dass Eltern ihr Kind automatisch bedingungslos lieben. Aber seien wir mal ehrlich: Wird diese Liebe manchmal nicht immens auf die Probe gestellt? Eben. Ein Kind merkt sich Momente, in denen seine Eltern enttäuscht, wütend oder traurig waren, deutlich stärker als solche, in denen sie vor Glück gejubelt haben. Du kannst deinem Kind daher nicht oft genug versichern, dass du es liebst – vor allem in Situationen, in denen es möglicherweise daran zweifeln könnte. Die bedingungslose Liebe, die dein Kind durch dich kennenlernen kann, wird es tief und lebenslang prägen und legt den Grundstein für die Selbstliebe, die es eines Tages empfinden wird.

Das Kind als Individuum

Jedes Kind ist ein Unikat. Schlaue Erziehungsratgeber wollen uns zwar glauben machen, dass eine bestimmte patentierte Erziehungsmethode das absolut Beste für jedes Kind ist, die Wahrheit sieht aber ganz anders aus. Was für das eine Kind funktioniert, kann dem anderen schaden – und umgekehrt. Deshalb kommst du nicht darum herum, dein Kind als das Individuum wahrzunehmen und anzuerkennen, das es ist. Nachfolgend findest du einige Denkanstöße zur Förderung der Selbstliebe bei Kindern mit unterschiedlichen Eigenschaften:

Selbstbewusste Kinder

Bei Kindern, die ein großes Selbstbewusstsein zeigen, hast du vergleichsweise leichtes Spiel. Dein Kind glaubt an sich, geht offen auf Gleichaltrige zu, wagt sich an Herausforderungen und ist nicht so leicht unterzukriegen. Bestärke es in seinem Selbstbewusstsein, mache ihm bewusst, dass es sich auf dem richtigen Weg befindet, und gib ihm die Freiheit, sich auszuprobieren. Eltern selbstbewusster Kinder machen manchmal den Fehler, ihre eigenen Unsicherheiten auf ihr Kind zu übertragen und es damit in seiner Entwicklung zu hemmen. Solltest du feststellen, dass dein Kind sehr selbstbewusst ist und dass dir dies Angst macht oder dich verunsichert, ist nicht dein Kind das Problem. Du solltest dir ein Beispiel daran nehmen und deinem Kind bei seinen direkten, mutigen und manchmal vielleicht sogar beängstigend zuversichtlichen Schritten nach vorn nicht im Weg stehen.

Ängstliche, schüchterne Kinder

Ganz anders sieht es bei Kindern aus, die von Haus aus eher ängstlich, gehemmt und schüchtern sind. Solche Kinder haben oft eine sehr ausgeprägte Phase des Fremdelns, klammern sich an ihre Eltern und trauen sich kaum einmal, etwas allein zu tun – vor allem, wenn es sich um eine neue Erfahrung handelt. Sie lassen sich leicht ängstigen, scheuen die Konfrontation und bleiben am liebsten in ihrer „Komfortzone". Wenn dein Kind Merkmale dieser Art aufweist, hast du einen extrem wichtigen Job zu erledigen. Du musst es dazu animieren, sich zu öffnen, sich mehr zuzutrauen und Vertrauen in sich selbst zu legen. Dabei musst du zwar fordernd vorgehen, darfst dein Kind aber keinesfalls überfordern. In der Praxis gestaltet sich dies oft als eine echte Gratwanderung. Ängstlich veranlagte Kinder sind nämlich häufig sehr sensibel und verschließen sich zügig, wenn ihnen etwas zu schnell oder zu viel ist. Als Elternteil kannst du versuchen, die Ängste deines Kindes zu hinterfragen: „Was genau macht dir Angst?", „Was hindert dich daran, etwas zu tun?" Zeige Verständnis und versuche keinesfalls, die Ängste deines Sprösslings klein zu reden. Sie sind unbedingt ernst zu nehmen und zu akzeptieren. Frage stattdessen: „Was könnte dir dabei helfen, weniger Angst zu haben?" Suche nach Wegen, kleine „Babysteps" nach vorn zu machen, und respektiere das persönliche Tempo, in dem dein Kind diese winzigen Schritte geht. Jeder Schritt, jedes mutige Unterfangen, sollte überschwänglich gelobt werden. Außerdem solltest du deinem Kind immer wieder in Wort und Tat zeigen, dass seine Ängste keine Schwäche darstellen und seinen Wert nicht mindern. Ängstliche Kinder können zweifelsohne zu sich selbst liebenden Erwachsenen heranwachsen. Sie benötigen dabei lediglich etwas mehr Unterstützung, als es bei sehr selbstbewussten Kindern der Fall ist.

Selbstkritische Kinder

Sowohl selbstbewusste als auch ängstliche Kinder können extrem selbstkritisch sein. Das ist zunächst einmal nichts durch und durch Schlechtes, zeigt es doch, dass das Kind selbstreflektiert und überlegt agiert. Selbstkritische Kinder sind mitunter daran zu erkennen, dass sie konstant die Bestätigung durch ihre Eltern suchen und lange brauchen, bis sie über einen Fehler oder ein Missgeschick hinwegkommen. Sie grübeln viel, zeigen manchmal einen vergleichsweise starken Ehrgeiz und sind selten mit sich zufrieden. Auch hier gilt es, offensiv in die Kommunikation zu gehen: „Was denkst du, hast du falsch gemacht", „Was beschäftigt dich?", „Was hätte anders laufen müssen, damit du zufrieden mit dir gewesen wärst?" In der Erziehung selbstkritischer Kinder sind Bestätigung und Lob das A und O. Diese Kinder können nicht oft genug darin bestärkt werden, dass sie genau so, wie sie sind, großartig sind. Ihre Selbstkritik darf keinesfalls als Lappalie abgetan werden, sondern sollte besprochen und gemeinsam auf altersgerechte Weise analysiert werden. Als Elternteil sollte man seinem Kind den gesunden Umgang mit Fehlern vorleben und diese nicht etwa verstecken. Das Motto lautet: „Wir alle sind Menschen, wir alle machen Fehler und das ist ok."

Erziehung ohne negative Kommentare – Geht das überhaupt?

Würde man zählen, wie oft ein Kind die Worte „Nein", „Lass das" oder „Nicht" zu hören bekommt, wäre das Ergebnis wahrscheinlich verstörend. Als Eltern neigen wir dazu, vorschnell zu tadeln und vergessen dabei, dass das Kind nicht über unseren Erfahrungsschatz verfügt. In Ratgebern und Onlineforen wird heutzutage vermehrt ein Erziehungsstil ganz ohne negative Verstärkung angepriesen. Erziehen nur mit Lob und Bejahung, das ist modern. Aber ist das wirklich realistisch? An dieser Stelle nehmen wir uns ein Beispiel aus dem Bereich des Pferdetrainings vor. Auch hier plädieren viele selbsternannte Experten für die rein positive Verstärkung. Sehen wir uns eine konkrete Situation an: Ein Pferd tritt nach dem Menschen. Mit negativer Verstärkung würde man dem Pferd ein deutliches Signal geben, das ihm zeigt, dass Treten nicht in Ordnung ist. Positiv verstärkend müsste man sich treten lassen und warten, bis das Pferd von einem ablässt, nur um es dann für das Aufhören zu loben. Natürlich ist der Kontext ein anderer, schließlich wiegt dein Kind keine 600 Kilo und ist nicht in der Lage, dich im Ernstfall zu töten. Dennoch verdeutlicht dieses Beispiel recht eindrucksvoll, warum es manchmal nicht ohne negative Verstärkung geht. Du kannst nicht zusehen, wie dein Kind eine Gabel in die Steckdose steckt. Bei einem toten Kind würde dein anschließendes Lob nichts mehr ausrichten können. Es gibt ganz einfach Situationen, die ein klares „Nein" erfordern. Trotzdem sollten wir Eltern uns immer wieder genau auf die Finger schauen und uns fragen, ob jedes unserer „Neins" wirklich notwendig ist. Denn letztendlich veranlassen all die „Neins" und „Lass das" das Kind dazu, sein Tun, seine Fähigkeiten und sein Urteilsvermögen härter auf die Probe zu stellen. Wenn Kindern erlaubt wird, durch Versuch und Irrtum zu lernen, kann das für Eltern anstrengend sein. Für die Kinder ist es aber von unschätzbarem Wert. Zusammenfassend soll hier also festgehalten werden, dass negative Kommentare manchmal schlicht und einfach unvermeidbar sind. Wir sollten jedoch versuchen, sie soweit möglich zu reduzieren, um unserem Kind keine Hemmungen einzuprügeln, wo eigentlich Möglichkeiten stehen müssten.

Das Wichtigste in Kürze

✓ Die Erziehung und das Verhalten der Eltern trägt maßgeblich zum „Selbstliebe-Kontostand" von Kindern bei.

✓ Das wertvollste, was man seinem Kind schenken kann, ist die bedingungslose Liebe. Daneben ist es für die Selbstliebe von Kindern extrem förderlich, wenn sie eine solche Selbstliebe bei ihren Eltern „live" miterleben und beobachten können. Schließlich sind Eltern immer auch Vorbilder.

✓ Die Förderung der Selbstliebe muss zwangsläufig individuell auf das einzelne Kind angepasst stattfinden.

✓ Eine Erziehung mit rein positiv verstärkenden Methoden ist genau genommen nicht realistisch. Die negative Verstärkung sollte jedoch auf ein annehmbares Minimum reduziert werden.

Grübeln stoppen

Kapitel 1: Die Macht der Gedanken

Über manche wird geredet, über manche geschwiegen, einige sind sehr präsent, andere nur flüchtig und manche möchte man einfach nur loswerden: Gedanken. Der Philosoph René Descartes formulierte den bekannten Grundsatz "Ich denke, also bin ich" und hat damit ein Statement gesetzt, das Philosophen und Wissenschaftler gleichermaßen beschäftigt und fasziniert. Die Gedanken werden häufig als Kraft beschrieben, als mächtiges Instrument, als Essenz des Menschen und als Waffe. Doch was sind Gedanken eigentlich? Wo kommen sie her und wie entstehen sie? Im ersten Kapitel dieses Buches begeben wir uns auf die Suche nach den Antworten auf diese fundamentalen Fragen und betreten die Welt der Gedanken.

Was sind Gedanken?

Diese Frage scheint zunächst recht simpel zu sein, ist aber alles andere als das. Sie ist höchst komplex und kann nicht auf einfachem Wege beantwortet werden. Für den einzelnen Menschen, der sich nicht mit den Neurowissenschaften auskennt, ist ein Gedanke schlicht und einfach ein "etwas" im und aus dem eigenen Kopf. Ein nicht materielles "etwas", das scheinbar unwillkürlich kommt und geht, aber auch bewusst hervorgerufen werden kann. Bittet man einen Neurowissenschaftler zu definieren, was ein Gedanke ist, fällt dessen Antwort sehr viel konkreter aus: Ein Gedanke ist eine neuronale Repräsentation der Wahrnehmung im Gehirn.

Lange Zeit ging die Wissenschaft davon aus, dass Gedanken fix mit Neuronen, also Nervenzellen, im Gehirn verbunden sind. Dieser Ansatz geht auf den polnischen Neurophysiologen Jerzy Konorski zurück. 1967 stellte Konorski seine "Theorie der gnostischen Gedanken" auf, die besagt, dass jedes Objekt eines Gedankens einem einzelnen Neuron oder einer Gruppe von Neuronen entspricht. Das gilt für alles, was das Denken umfasst, also für Gegenstände, genauso wie für Tätigkeiten und Personen. Du kannst dir das folgendermaßen vorstellen: Wenn du an deine Mutter denkst, wird die "Mutter-Nervenzelle" aktiv, beziehungsweise muss die "Mutter-Nervenzelle" aktiv sein, damit du an deine Mutter denken kannst. Was schlüssig klingt, entspricht, wie wir heute wissen, leider nicht der Realität. Zwar gibt es solche Gedanken-Neuronen Zusammenhänge tatsächlich, sie stellen aber die absolute Ausnahme dar. Würde unser Gehirn so funktionieren, wie Konorski es verstand, müsste für jedes jemals erfasste Objekt mindestens eine Nervenzelle vorhanden sein. Außerdem müsste es "leere" Nervenzellen geben, die, bei Bedarf, mit neu erfassten Sub- und Objekten "gefüllt" werden könnten. Zwar besitzt das menschliche Gehirn etwa 100 Milliarden Nervenzellen, doch nach Jahrzehnten der intensiven Forschungsarbeit deutet nichts auf das Bestehen entsprechender Strukturen hin. Konorskis Theorie trifft also höchstens in sehr eingeschränktem Rahmen zu.

Auch wenn das Rätsel um die Entstehung der Gedanken bis dato keineswegs gelüftet werden konnte, zeichnen zahlreiche Studien und Experimente in der Summe zumindest ein wages Bild dessen, was unsere Gedanken sind. Ein Gedanke entsteht nicht in einer Nervenzelle und auch nicht in einer Gruppe von Neuronen, sondern durch die Zusammenarbeit ganz verschiedener Areale im Gehirn. Während eine dieser Regionen Informationen, die über die menschlichen Sinne gewonnen werden, analysiert, kümmert sich eine andere um die Verknüpfung dieser Informationen mit gemachten Erfahrungen und eine dritte bemüht sich, Worte zur Benennung einer Situation oder eines Objektes zu finden. Ein Gedanke kann also nicht punktuell lokalisiert werden, sondern tritt über das Gehirn verteilt in Erscheinung. Auch wenn dies noch nicht eindeutig erwiesen ist, ist davon auszugehen, dass die Erinnerung eine beträchtliche Rolle bei der Entstehung von Gedanken, beziehungsweise bei der Fähigkeit, überhaupt Gedanken entwickeln zu können, spielt. Du kannst nur an Objekte denken, die du kennst. Dabei ist es egal, ob du diese aus eigener Erfahrung, aus einem Film, einem Buch oder einer Erzählung kennst. Um an einen Strandurlaub zu denken, musst du nicht am Strand gewesen sein. Du kannst dir, dank der Informationen, die du anderweitig über den Strand gewonnen hast, ein recht genaues Bild von diesem machen und an ihn denken. Zudem kannst du Informationen kombinieren, zerstückeln und neu zusammensetzen. Wenn du beispielsweise weißt, wie Affen und Löwen aussehen, kannst du an einen Affen-Löwen, beispielsweise an einen Affen mit Löwenmähne und langem Schwanz, denken. Deine Gedanken spiegeln nicht die Realität wider, sondern bilden sich aus deiner erfahrenen Welt, die sich wiederum auf deine Wahrnehmung stützt.

Der Mensch erlebt die Welt über die fünf Sinne: das Sehen, das Hören, das Tasten, das Riechen und das Schmecken. Die Reize, die über die Sinne wahrgenommen werden, werden im Gehirn quasi zur subjektiven Realität zusammengesetzt. Zwei Menschen, die die exakt selbe Situation erleben, nehmen diese möglicherweise sehr unterschiedlich wahr und erinnern sich entsprechend verschieden. Der eine kommt beim Gedanken an Omas siebzigsten Geburtstag ins Schwärmen, hat den süßen Apfelkuchenduft in der Nase, erinnert sich an die schön gesungenen Lieder und an den guten Witz, der erzählt wurde. Der andere denkt dabei hingegen an das endlos schreiende Baby von Tante Simone, den kalten Kaffee und den harten Stuhl, auf dem er den ganzen Nachmittag sitzen musste. Beide Erinnerungen sind real und richtig für den jeweils Denkenden.

Die meisten Gedanken werden von Erinnerungen, also von gemachten Erfahrungen, beeinflusst. Erfahrungen schlagen sich wiederum in neuronalen Verknüpfungen nieder. Durch Bestätigung werden diese Verknüpfungen gestärkt, durch Widerlegung gefestigt. Um die Bedeutung dieser Tatsache zu verdeutlichen, bedienen wir uns eines recht einprägsamen Beispiels: Als du zum ersten Mal versucht hast, einen Hund zu streicheln, wurdest du gebissen. Wenn dir seither ein Hund begegnet, denkst du vielleicht, dass er süß ist und du ihn gerne streicheln würdest, du denkst aber sicherlich auch an den Hundebiss und die damit verbundenen Schmerzen. Du denkst nicht "Ich will ihn streicheln!" sondern "Sollte ich ihn streicheln?" Traust du dich nun, den Hund zu streicheln, handelst du bewusst gegen das, was dir deine Erfahrung sagt. Streichelst du anschließend immer wieder Hunde, ohne gebissen zu werden, wird die neuronale Verknüpfung "Hund-Gefahr" schwächer und die Verknüpfung "Hund-Harmlos" stärker. Mit der Zeit denkst du, wenn du einen Hund siehst, also immer weniger an den Biss und immer mehr an das weiche Fell und das freudige Schwanzwedeln. Bezüglich der neuronalen Verknüpfungen kannst du dir dein Gehirn, beziehungsweise deinen gesamten Organismus, als Computer vorstellen. Die Hardware ist dein Körper, der Nervenzellen besitzt und Reize über die fünf Sinne wahrnehmen kann. Die Verknüpfungen sind die Software, mit der du deinen Körper bespielst.

Die ersten Erfahrungen, die du machst, werden hochgeladen und stehen in keiner Verbindung zueinander. Sie sind alle als separate Dateien abgelegt und werden separat bewertet, also beispielsweise als gut oder schlecht, angenehm oder unangenehm, gefährlich oder harmlos eingestuft. Mit der zweiten Erfahrung einer Art - also beispielsweise mit dem zweiten Kontakt zu Hunden -, die hochgeladen wird, wird die entsprechende Datei neu bewertet. Der Computer kann dabei aber schlecht differenzieren.

Wird Erfahrung 1 als gut und Erfahrung 2 als schlecht bewertet, entsteht eine Dateibewertung von "mittelmäßig". Machst du nun die dritte Erfahrung dieser Art, wird sie von vornherein von der Bewertung "mittelmäßig" beeinflusst. Jede weitere Erfahrung lässt die Bewertung entweder in Richtung "gut" oder "schlecht" ausschlagen. Alle Gedanken, die mit der Datei zu tun haben, sind von der bestehenden Bewertung geprägt. Durch Erfahrungen, die sich ähneln, aber zwei verschiedene Dateien betreffen, werden die Dateien in einen gemeinsamen Ordner abgelegt. Ihre separaten Bewertungen werden nun im Zusammenhang um eine gemeinsame Bewertung ergänzt. Diese Darstellungsweise ist natürlich stark vereinfacht, dürfte dir das Prinzip aber näherbringen. Die vielen Dateien und Ordner in deinem Gehirn - also deine komplette Software - bestimmen, wie du die Welt nun wahrnimmst und was genau du denkst.

Mind over matter und das magische Dreieck

Um zu verstehen, welche Macht die Gedanken besitzen, musst du die Verbindung zwischen Gefühlen, Gedanken und Verhalten kennen. Diese drei Bausteine bilden ein Dreieck. Oben steht das Gefühl, links unten der Gedanke und rechts unten das Verhalten. Die Bausteine können nicht einzeln bestehen, sondern beeinflussen sich gegenseitig. Das Gefühl wirkt sich auf den Gedanken und das Verhalten aus, der Gedanke auf das Gefühl und das Verhalten und das Verhalten auf den Gedanken und das Gefühl.

```
                    Gefühl
                      △
                    △   △
                  △       △
Gedanken  ──────→  Verhalten
          ←──────
```

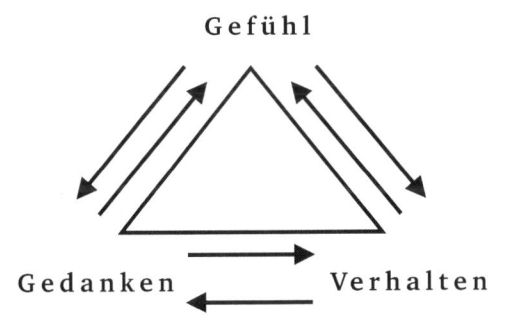

Auch hier sehen wir uns zugunsten des Verständnisses ein Beispiel an: Wenn du dich einsam fühlst, tendieren deine Gedanken dazu, sich mit der Einsamkeit zu befassen, dir wird erst recht bewusst, wie einsam du bist und du ziehst dich noch mehr zurück - schließlich bist du ja einsam. Andersherum sorgt der Gedanke "Ich bin so einsam" für ein Gefühl der Einsamkeit und das Verhalten passt sich wieder nahezu automatisch an. Steht das Verhalten am Anfang, ziehst du dich zurück, dadurch fühlst du dich einsam und es entstehen Einsamkeitsgedanken. Man könnte sagen, du befindest dich in einem "Teufelsdreieck".

Um eine Veränderung im Ganzen zu bewirken, muss nur ein Baustein verändert werden. Da sich Gefühle nur schwer greifen, geschweige denn direkt verändern lassen, bieten sich die Gedanken oder das Verhalten an. Bleiben wir bei unserem Beispiel, könntest du bewusst an deine Freunde und deine Familie denken und dir so vor Augen führen, dass du vielleicht gar nicht so einsam bist, wie du dich fühlst. Oder du könntest eine Freundin anrufen und dich zeitnah auf einen Kaffee verabreden, um der Einsamkeit zu entkommen. Durch die Veränderung des einen Bausteins der Gedanken oder des Verhaltens, wird eine Veränderung der beiden übrigen Bausteine angestoßen. Wahrscheinlich kennst du den Spruch "Mind over matter". Er besagt nichts anderes, als dass die Gedanken die Macht besitzen, die subjektive Realität zu verändern. Denn letztendlich sind Gefühle, Gedanken und Verhalten das, was deine Existenz ausmacht.

Die innere Stimme und innere Blockaden

Jeder Mensch hat eine innere Stimme. Sie ist es, die das äußeren Geschehen in deinem Inneren kommentiert und zu dir spricht, auch wenn du sie nicht hören willst. Die innere Stimme sagt dir, was du gerade denkst und fühlst und kann manchmal ganz schön nerven. Schließlich ist es unmöglich, sich selbst nicht zuzuhören. Fakt ist aber: Ohne deine innere Stimme wärst du ziemlich verloren. Der Mensch sehnt sich stetig nach Orientierung und braucht die innere Stimme daher, um sich zurechtzufinden. Die innere Stimme verleiht deinen Gedanken Nachdruck und rückt sie weiter in dein Bewusstsein. Sie sorgt dafür, dass ein Gedanke nicht unbewusst bleibt und ermöglicht es dir, ihn tatsächlich zu greifen. An und für sich ist die innere Stimme also etwas wirklich Gutes. Schwierig wird es nur, wenn sie sich gegen dich - also eigentlich gegen sich selbst - wendet. In der Psychotherapie wird sie dann häufig "innerer Kritiker" oder "Entwerter" genannt. Der innere Kritiker zeigt sich oft hämisch, gemein, boshaft und gnadenlos direkt und kann die subjektive Realität enorm beeinflussen. Er hat immer etwas auszusetzen, reitet gerne stundenlang auf kleinen Fehlern herum und wird nicht müde zu betonen, wie wertlos, dumm, hässlich oder unfähig man ist. Natürlich ist der innere Kritiker ein Produkt des eigenen Gehirns, was es umso schwerer macht, ihn zu bekämpfen. Schließlich weiß er genau, was gedacht und gefühlt wird. Er sitzt quasi an der Quelle und trinkt gierig daraus, um, ausgehend von den Gedanken, die Gefühle und das Verhalten zu beeinflussen. Oftmals ist er ein Spezialist darin, Grübeln auszulösen und dafür zu sorgen, dass es nicht so schnell wieder aufhört. Wichtig ist die Erkenntnis, dass der innere Kritiker nicht nur Auslöser, sondern vielmehr eine Folge ist. Eine Folge dessen, was dir von außen eingetrichtert wurde und was du selbst in deinem tiefsten Inneren empfindest.

Von einer inneren Blockade ist die Rede, wenn tief verankerte Glaubenssätze dazu führen, dass man unfähig ist, sich so zu verhalten, wie man es eigentlich möchte. Bekannte Übeltäter, die zur Aufrechterhaltung innerer Blockaden beitragen, sind der eben angesprochene innere Kritiker, sowie der allgemein bekannte *innere Schweinehund*. Beide gehen oftmals Hand in Hand. Wenn du dich beispielsweise endlich aufraffen möchtest, um ins Fitnessstudio zu gehen, sagt dir deine innere Stimme in Form des Kritikers, dass du zu fett bist, um dich dort blicken lassen zu können und der Schweinehund wirft passenderweise ein, wie nett es wäre, den Morgen einfach allein auf der Couch zu verbringen. Dahinter könnten beispielsweise die Glaubenssätze "Meine Figur bestimmt meinen Wert" oder "Ich bin einfach faul und kann keinen Spaß am Sport haben" stecken.

"Mind over matter" nimmt im Zusammenhang mit inneren Blockaden eine andere Ebene an. Der Glaubenssatz selbst ist durch Gefühle, Gedanken und Verhaltensweisen entstanden. Die Verknüpfung im Gehirn ist so stark, dass sie übermächtig wirkt und die dahintersteckenden Vorgänge verschwinden hinter der Wahrnehmung des Glaubenssatzes als Tatsache. Allein die Gedanken, deren bewusstes Lenken und Einsetzen haben die Macht, Entwerter zu entkräften, Schweinehunde zu überwinden und innere Blockaden zu lösen.

Zwangsgedanken - wenn Gedanken zur Obsession werden

Zwangsgedanken sind Gedanken einer hohen Intensität, die sich dem Betroffenen aufdrängen und sich seiner Kontrolle entziehen. Sie tauchen häufig auf, lassen sich nicht abschütteln und sind oft so präsent, dass sie jeglichen "normalen" Gedankengang verdrängen. Solche Gedanken sich meist bizarrer Natur und Betroffene können selbst nicht verstehen, warum sie diese quälenden Gedanken haben. Verbunden sind Zwangsgedanken in vielen Fällen mit starken Impulsen, denen Betroffene mit aller Kraft zu widerstehen versuchen. Bildhafte, die Zwangsgedanken begleitende Vorstellungen sind ebenfalls keine Seltenheit. Auch wenn Zwangsgedanken ganz unterschiedliche Themen aufgreifen können, gibt es bestimmte Muster, die besonders gängig zu sein scheinen.

Dazu gehört unter anderem *die Ansteckung*. Der Betroffene muss ständig daran denken, welche potenziellen Gefahren von keimverseuchten Personen und Objekten ausgehen und vermeidet es in der Folge, Türklinken anzufassen, Menschen die Hand zu geben oder sich in Gegenwart vieler Personen aufzuhalten. Ebenfalls häufig ist ein *zwanghaftes Streben nach Ordnung* und/oder Symmetrie. Wer unter Zwangsgedanken leidet, ist sich meist bewusst, dass diese Gedanken irrational sind, ist aber nicht in der Lage, irgendetwas dagegen zu unternehmen. Je nach Stärke und Häufigkeit der Zwangsgedanken beeinträchtigen diese die Lebensqualität und den Alltag von Betroffenen in enormem Maße.

Insbesondere Zwangsgedanken, die sich mit Aggressionen befassen, haben eine erschreckende Qualität und jagen dem Betroffenen Angst ein. Ein Beispiel: Betroffene, frischgebackene Mütter berichten, unwillkürlich Gedanken daran zu entwickeln, ihr schreiendes Kind fallen zu lassen oder zu würgen. Tritt ein solcher Gedanke einmalig auf und wird ihm keine weitere Bedeutung zugemessen, verschwindet er normalerweise, ohne tiefgreifende Belastungen nach sich zu ziehen. Zwangsgestörte Menschen tendieren aber dazu, sich aktiv mit dem Gedanken auseinanderzusetzen und gegen ihn anzukämpfen, wodurch er immer mehr in den Fokus rückt, mächtiger wird und schließlich nicht mehr loszuwerden ist.

Es ist gerade die *Fixierung auf einen Gedanken*, die diesen zum Zwangsgedanken macht. Die klassische Behandlung einer Zwangsstörung mit dem Symptom Zwangsgedanken basiert auf psychotherapeutischen Elementen, die eventuell mit medikamentösen Komponenten kombiniert werden. Wichtig ist, dass Betroffene sich Hilfe suchen, denn auf eigene Faust haben sie wenig Chancen, die Sache in den Griff zu bekommen.

Das Wichtigste in Kürze

- ✓ Wissenschaftlich gesehen ist ein Gedanke eine neuronale Repräsentation der Wahrnehmung im Gehirn.
- ✓ Häufig gemachte Erfahrungen derselben Art erzeugen eine starke entsprechende Verbindung im Gehirn. Werden entgegengesetzte Erfahrungen gemacht, wird die ursprüngliche Verknüpfung schwächer und eine neue kann sich stärken.
- ✓ Gefühle, Gedanken und Verhalten stehen in direktem Zusammenhang und beeinflussen sich gegenseitig.
- ✓ Jeder Mensch hat eine innere Stimme, die Gedanken einwirft und dem, von Natur aus nach Sicherheit strebenden, Menschen zur Orientierung dient. Die innere Stimme kann aber auch als "innerer Kritiker" oder "innerer Schweinehund" auftreten, sodass dem Betroffenen von der eigenen inneren Stimme Steine in den Weg gelegt werden. Innere Blockaden gehen meist auf tief verankerte Glaubenssätze zurück und führen dazu, dass der Betroffene sich nicht so verhalten kann, wie er es eigentlich gerne würde. Nur die Macht der Gedanken kann innere Blockaden lösen und hinderliche innere Stimmen besiegen.
- ✓ Zwangsgedanken sind sehr intensive, immer wieder auftauchende und oft sehr bizarre Gedanken. Sie können auch von bildhaften Vorstellungen begleitet werden, wobei der Betroffene das Gefühl hat, jede Kontrolle über seine Gedanken verloren zu haben.
- ✓ Betroffene sollten sich professionelle Hilfe suchen, denn Zwangsgedanken sind häufig ein Symptom einer tiefergehenden Zwangsstörung und können prinzipiell - zum Beispiel psychotherapeutisch und medikamentös - behandelt werden.

Kapitel 2: Grundlagen zur Gedankenkontrolle

Viele Menschen assoziieren mit dem Wort Gedankenkontrolle grausame staatliche Experimente und allerhand Science-Fiction. Wir befassen uns hier ausdrücklich nicht damit, die Gedanken anderer gewaltsam unter Kontrolle zu bringen, sondern beschränken uns darauf, inwiefern wir unsere eigenen Gedanken kontrollieren können.

Chancen und Grenzen der Gedankenkontrolle

Eines vorweg: Es ist schlicht und einfach unmöglich, all deine Gedanken zu kontrollieren. Dafür ist der Mensch nun einmal nicht gemacht. Es ist vollkommen natürlich und gesund, spontane Gedanken zu entwickeln und von Zeit zu Zeit negativ zu denken. Bei der Gedankenkontrolle geht es daher nicht darum, dein gesamtes Denken von A bis Z unter Kontrolle zu bringen. Das wäre auch nicht wünschenswert. Wenn du deine Gedanken immer unter Kontrolle hättest, würde ein großer Teil deiner Kreativität verloren gehen und du würdest vermutlich auch den Bezug zu deinen eigenen Gefühlen verlieren. Es geht daher vielmehr darum, an den richtigen Stellen eingreifen, die Gedanken bewusst steuern und das eigene Leben dadurch gezielter gestalten zu können. Unerwünschte Gedanken sollen nicht im Keim erstickt, sondern produktiv in neue Bahnen gelenkt werden. Die mentale Fähigkeit, seine eigenen Gedanken kontrollieren zu können, bringt die folgenden Vorteile mit sich:

✓ Verständnis und Überblick

Bist du dir dem größten Teil deiner Gedanken bewusst, lernst du dich selbst besser kennen, erfährst mehr darüber, wie du eigentlich tickst und bekommst einen Überblick über dein mentales Befinden. Je mehr Gedanken dagegen unbewusst an dir vorüberziehen, desto mehr Hinweise, die womöglich hilfreich und wichtig wären, gehen dir verloren. Menschen, die ihre Gedanken nur sporadisch wahrnehmen, wundern sich oft, was genau mit ihnen "nicht stimmt" oder warum es ihnen so geht, wie es ihnen geht. Die Antwort hätten sie in ihren eigenen Gedanken gefunden, wenn sie diesen aufmerksam zugehört hätten. Erst wenn du lernst, deine Gedanken zu kontrollieren, wirst du bemerken, wie sehr du dich zuvor von deinen Gedanken hast kontrollieren lassen.

✓ Produktivität

Es gibt sowohl produktive als auch unproduktive Gedanken. Der Gedanke "Ich werde immer ein schüchternes Mauerblümchen sein" ist unproduktiv, während "Ich möchte selbstbewusster werden" produktiv ist. *Unproduktive Gedanken* erkennst du daran, dass sie nirgendwo hinführen. Sie drehen sich im Kreis, belasten dich wahrscheinlich, zielen aber gar nicht darauf ab, zu einer Lösung zu kommen. *Produktive Gedanken* gehen voran, anstatt auf der Stelle zu stehen und tragen zu einer Lösung, einer Erkenntnis oder einer Idee bei. Die Gedankenkontrolle lehrt dich, unproduktive Gedanken in produktive umzuwandeln. Mit etwas Übung gewöhnt sich dein Gehirn an den Vorgang, sodass du irgendwann automatisch deutlich häufiger produktiv als unproduktiv denkst.

✓ Selbstbestimmung

Erinnere dich an das magische Dreieck: Deine Gedanken haben die Macht, deine Gefühle und dein Verhalten zu verändern. Bringst du deine Gedanken also unter Kontrolle, gewinnst du auch die Kontrolle über deine Gefühle und dein Verhalten. Kurzum: Du erlangst mehr Kontrolle über dein Leben.

Gedanken kontrollieren - aber wie?

Gedankenkontrolle schön und gut, aber wie soll das denn funktionieren? Eine berechtigte Frage - schließlich ist es alles andere als leicht, die eigenen Gedanken zu kontrollieren. Wäre es einfach, gäbe es keine Grübler mehr und negative Gedanken gehörten genauso der Vergangenheit an, wie Affekttaten. Die Realität sieht anders aus, denn es verlangt Disziplin, Durchhaltevermögen und Geduld, mehr Kontrolle über die eigenen Gedanken zu erlangen. Diese Schritte führen zum Ziel:

1. Wahrnehmen

Damit du deine Gedanken kontrollieren kannst, musst du zunächst lernen, sie bewusst und aufmerksam wahrzunehmen. Du musst dich immer wieder darauf besinnen, Gedanken als solche zu erkennen und einzelne Gedankenstränge aus dem Durcheinander, das von Zeit zu Zeit in deinem Kopf herrschen mag, hervorzuholen.

2. Beobachten

Lausche einfach, was dein Gehirn so produziert. Beobachte deine Gedankengänge, ohne sie beeinflussen zu wollen. So als wären sie eine seltene Vogelart, die du als interessierter Ornithologie erkunden möchtest. Dabei stellst du nach und nach fest, welchen Mustern deine Gedanken besonders oft folgen, welche Themen dich vermehrt beschäftigen und ob du tendenziell eher negativ oder positiv denkst.

3. Geist trainieren

Im Sinne der Gedankenkontrolle musst du lernen, deine Aufmerksamkeit bewusst zu lenken und auch manchmal gar nicht zu denken. Diese Fähigkeiten kannst du dir beispielsweise mit Meditations- und Achtsamkeitsübungen aneignen. Mehr darüber erfährst du in Kapitel 7.

4. Routine entwickeln

Wenn du das Handwerkszeug erlernt hast, gilt es, dieses routiniert anzuwenden. Je öfter du einen bestimmten Gedanken in den Fokus deiner Aufmerksamkeit stellst, unproduktive zu produktiven Gedanken machst und dein Denken gezielt beeinflusst, desto leichter wird es dir fallen.

Kontrolle vs. Zwang

Einem Zwangsgedanken nachzugehen, gibt Betroffenen manchmal das Gefühl, die Kontrolle zu haben. Dabei ist genau das Gegenteil der Fall. Wer zu etwas gezwungen wird, hat die Kontrolle längst verloren. Der Übergang kann im Zweifel aber fließend sein. So kann auch der Gedanke, die eigenen Gedanken kontrollieren zu müssen, in einen Zwang ausarten. Wenn du deine Gedanken kontrollieren **möchtest** und dich mit der Gedankenkontrolle befassen **willst**, ist dies produktiv und gesund.

Denkst du jedoch bei jedem Gedanken, dass du diesen kontrollieren **musst**, kontrollieren deine Gedanken dich - und nicht andersherum. Da du dieses Buch in den Händen hältst, ist davon auszugehen, dass du Teile deiner Gedanken als problematisch oder belastend empfindest. Vor allem in dieser Situation ist es wichtig, die Gedanken über die Gedanken nicht zur Obsession werden zu lassen. Das ist natürlich leichter gesagt als getan und erfordert ein gewisses Maß an Gelassenheit. Eine essentielle Frage kann dir dabei helfen, dir diese Gelassenheit zu bewahren: Wie viel Macht möchtest du deinen Gedanken zugestehen?

Dass Gedanken eine große Macht besitzen, ist eine Tatsache. Du bist es aber, der entscheidet, welche Gedanken schwächer und welche dagegen übermächtig werden. Je mehr du dich hineinsteigerst und je mehr Bedeutung du den negativen oder unangebrachten Gedanken und dem Grübeln beimisst, desto mehr Macht verleihst du ihnen.

Das Wichtigste in Kürze

- ✓ Es ist unmöglich, alle Gedanken zu kontrollieren. Man kann aber punktuell eingreifen, steuern und verändern.
- ✓ Die Gedanken in einem gewissen Maß kontrollieren zu können, bringt klare Vorteile mit sich. Man erfährt mehr über sich selbst und kann letztendlich Gefühle und Verhalten besser verstehen und gezielt verändern.
- ✓ Um Gedanken kontrollieren zu können, muss man sie zunächst wahrnehmen und dazu bereit sein, ihnen zuzuhören. Anschließend kann man sie gezielt in eine produktive Richtung lenken.
- ✓ Essentiell ist immer die Frage: Kontrollierst du deine Gedanken oder kontrollieren deine Gedanken dich?

Kapitel 3: Das große Grübeln

Das große Thema dieses Buches ist das Grübeln. Fast jeder Mensch grübelt hin und wieder und tut das manchmal sogar, ohne es zu bemerken. In diesem Kapitel nehmen wir das Grübeln ganz genau unter die Lupe und befassen uns mit dessen Eigenschaften und Gründen. Du lernst, ab wann das Grübeln krankhaft wird und findest zum Ende des Kapitels einen Selbsttest, der dir dabei hilft, herauszufinden, ob dein Grübeln bereits pathologische Ausmaße angenommen hat.

Unproduktives Nachdenken in Dauerschleife

Unter Grübeln versteht man das unproduktive Nachdenken. Die Grübelei besteht aus Gedanken, die nicht zielführend sind und sich quasi im Kreis drehen. Deshalb wird auch häufig der Begriff Gedankenkreisen verwendet. Das Grübeln kann sich auf Themen beziehen, die durchaus wichtig für die momentane Lebenssituation und/oder die Zukunft sind und sich so beispielsweise um aktuelle Beziehungsprobleme oder Schwierigkeiten im Job drehen. Oftmals grübeln wir aber über Dinge, die längst der Vergangenheit angehören oder absolut belanglos sind. Warum hat mich Frau Maier heute Morgen im Fahrstuhl nicht gegrüßt? Hätte ich zum Vorstellungsgespräch letzte Woche vielleicht lieber eine blaue Krawatte anziehen sollen? Warum habe ich mich letzten Sommer am See nur so blamiert? Wäre mein Partner noch bei mir, wenn ich damals nicht gelogen hätte? So oder so ähnlich sehen grüblerische Gedanken aus. Doch Grübeln ist nicht gleich Grübeln. Diese Unterschiede werden gemacht:

Die Rumination

Die klassischen grüblerischen Gedanken, die sich auf die Gegenwart oder die Vergangenheit beziehen und nicht mit Angst verbunden sind, aber dennoch meist andere negative Gefühle - wie Ärger oder Trauer - auslösen, werden unter dem Fachbegriff der Rumination zusammengefasst. Das Wort stammt vom lateinischen "ruminatio" ab, was in etwa dem deutschen "Wiederkäuen" entspricht. Eine recht treffende Wortwahl, wenn man bedenkt, dass ruminative Gedanken meist wiederkehren und immer wieder im Kopf durchgekaut werden.

Das Sich-Sorgen

Grübeleien dieser Kategorie beziehen sich auf die Zukunft und sind in der Regel angstbehaftet. Wird der Bus morgen rechtzeitig kommen, damit ich mich nicht wieder verspäte? Werde ich während der morgigen Prüfung einen Blackout haben? Was ist, wenn mein Auto nächste Woche immer noch in der Werkstatt steht? In der Regel bezieht sich das Sich-Sorgen auf zukünftige Ereignisse auf deren Verlauf, beziehungsweise deren Eintreten oder Ausbleiben, der Grübelnde keinen Einfluss hat.

Das selbstreflektierende Grübeln

Bis zu einem gewissen Grad ist Grübeln normal und kann sogar indirekt produktiv sein. Das ist dann der Fall, wenn es sich um eine selbstreflektierende Grübelei handelt. Dabei denkt man zwar auch über vergangene Geschehnisse, die nicht mehr verändert werden können, nach, lernt aber etwas daraus. Man setzt sich aktiv mit seinem damaligen Verhalten auseinander und gewinnt so Klarheit darüber, was man in Zukunft anders machen möchte. Diese Art des Grübelns hinterlässt beim Grübelnden nicht zwangsläufig negative Gefühle, sondern kann ihm sogar Befriedigung verschaffen. Schließlich zeichnet es den Menschen aus, sich intensiv mit Sachverhalten zu befassen und stetig auf der Suche nach neuen Erkenntnissen und Lösungsansätzen zu sein.

Problematisch sind also hauptsächlich die typische Rumination und das Sich-Sorgen. Leider liegen kaum repräsentative Studienergebnisse zu der Thematik vor. Dennoch lässt sich beobachten, dass Frauen tendenziell eher grübeln als Männer. Außerdem neigen Personen vor dem vierzigsten Lebensjahr mehr dazu, intensiv zu Sinnieren, als Menschen zwischen vierzig und sechzig. Im letzten Lebensabschnitt nimmt das Grübeln dann wieder zu.

Ursachen - Warum grübeln wir?

Aber warum grübeln viele Menschen überhaupt so häufig? Werfen wir einen Blick auf die gängigsten Ursachen des Grübelns:

✓ Ängste und Sorgen

Ängste und Sorgen veranlassen zum Grübeln. Wer Angst vor künftig eintretenden Ereignissen verspürt oder sich beispielsweise um Angehörige, die finanzielle Lage, den Job oder die Zukunft sorgt, tendiert dazu, sich intensiv mit diesen Ängsten und Sorgen auseinanderzusetzen, was sich in Grübeln äußert.

✓ Zweifel

Besonders oft grübeln Menschen, wenn sie von Zweifeln geplagt werden. Ist mein Partner wirklich der richtige für mich? Kann ich ihm vertrauen? Sollte ich meinen Job vielleicht doch lieber aufgeben? Und steht meine beste Freundin wirklich zu mir oder lästert sie möglicherweise hinter meinem Rücken? Zweifel beginnen meist klein und sachte, können aber zu nagenden Ungeheuern heranwachsen - da ist Grübeln quasi vorprogrammiert.

✓ Überforderung

Wer sich überfordert fühlt, neigt zum Grübeln. Dabei ist es zweitrangig, ob man emotional überfordert ist, in einem Berg von Aufgaben versinkt oder einfach nicht weiß, wie man eine spezifische Angelegenheit überstehen soll. Durch das Grübeln bekommt man das irrationale Gefühl, etwas gegen diese Überforderung tun zu können. Tatsächlich passiert aber genau das Gegenteil: Das Grübeln nimmt all die Zeit ein, die man ansonsten damit verbringen könnte, die anstehenden Aufgaben nach und nach abzuarbeiten, Ordnung ins Gefühlschaos zu bringen oder sich effektiv auf eine schwierige Angelegenheit vorzubereiten.

✓ Kränkung und Schamgefühl

Oft grübeln Menschen über Dinge nach, die sie gekränkt oder für die sie sich geschämt haben. In stillen Momenten erinnern sie sich plötzlich an einen gemeinen Kommentar oder eine peinliche Aktion, die möglicherweise schon Jahre zurückliegt, in diesem Augenblick aber wieder ganz präsent wird. Dann wird gegrübelt was das Zeug hält: War der Kommentar berechtigt? Warum habe ich mich nur so und nicht anders verhalten? Erinnern sich die anderen auch noch so gut daran, wie ich es tue?

✓ Minderwertigkeitsgefühle

Ist man unzufrieden mit sich selbst, fühlt man sich anderen Menschen unterlegen und hat das Gefühl, nicht gut, hübsch, schlau, kreativ oder lustig genug zu sein, stellt dies geradezu eine herzliche Einladung für grüblerische Gedanken dar.

✓ Einsamkeit

Ist man abgelenkt, befindet sich in guter Gesellschaft und hat liebe Menschen um sich, fällt es leicht, nicht ins Grübeln zu geraten. Anders sieht es aus, wenn man vollkommen allein ist und sich dazu noch einsam fühlt. Die Einsamkeit verleitet dazu, sich in verworrenen Gedankensträngen zu verheddern und sich selbst in der eigenen Gedankenwelt einzusperren.

✓ Fehlende Informationen

Manchmal grübeln wir auch einfach nur, weil uns Informationen fehlen. Wir können es nicht wissen, also müssen wir vermuten und dieses wage Vermuten führt dann dazu, dass sich die Gedanken im Kreis drehen. Wir versuchen vergeblich, die bestehenden Informationslücken zu füllen, obwohl wir eigentlich wissen, dass wir das nicht können.

✓ Lösungsmeidung

Hin und wieder ist es auch der Fall, dass das Grübeln dazu dient, die Lösung eines Problems hinauszuzögern. Anstatt die Sache in Angriff zu nehmen und einen geschmiedeten Plan umzusetzen, wird gegrübelt. Das klingt zunächst unlogisch, hat aber einen bestimmten Grund. Oftmals stellt es eine Herausforderung dar, eine Lösung anzugehen. Der damit verbundene Stress wird vermieden, indem man sich mit dem Grübeln davon abhält, die Lösung umzusetzen.

Die Auswirkungen des Grübelns

Weder der Geist noch der Körper bleiben vom Grübeln unberührt. Das Sinnieren über negative, unproduktive Gedanken zeigt sich in verschiedenen Symptomen.

Psychische Symptome

Besonders direkt wirkt sich das Grübeln auf die Psyche aus. Psychische Symptome lassen sich vergleichsweise einfach beobachten und dem Grübeln zuordnen.

Niedergeschlagenheit

Grübeln drückt die Stimmung, und zwar ganz egal, worüber genau nachgedacht wird und welche Ursache dahintersteckt. Schätzt man seine Stimmung auf einer Skala von 1 bis 10 ein, wobei 1 für blendend gute und 10 für unglaublich schlechte Laune steht, verschlechtert sich die Selbsteinschätzung durch das Grübeln normalerweise um mindestens zwei Punkte.

Erschöpfung

Intensives Nachdenken macht müde. Grübler fühlen sich nach stundenlangem Grübeln daher oft abgeschlagen und geistig erschöpft.

Angst

Speziell wenn aus Angst und Sorge gegrübelt wird, kann das Sinnieren die Ängste nochmals deutlich verstärken. Kein Wunder: Schließlich befasst man sich explizit mit ihnen und stachelt sie dadurch erst recht an.

Selbstwert, Selbstbewusstsein & Selbstvertrauen

Umfragen zeigen, dass häufiges Grübeln das Selbstwertgefühl, sowie das Selbstbewusstsein und das Selbstvertrauen beeinträchtigt. Grübler zweifeln häufiger an ihren Fähigkeiten, haben das Gefühl, sich nicht auf sich selbst verlassen zu können und entwickeln leichter Gefühle der Minderwertigkeit. Ein Teufelskreis - immerhin zählen Minderwertigkeitsgefühle und Zweifel zu den Ursachen des Grübelns.

Frust

Das Gehirn mit nagenden Gedanken zu malträtieren und dabei niemals von der Stelle zu kommen, ist alles andere als befriedigend. Deshalb ist Grübeln ein direkter Weg zur Frustration.

Appetitlosigkeit

Bei all dem Grübeln kann einem der Appetit gehörig vergehen. Manchmal wird das Essen auch schlicht und einfach vergessen, weil der Kopf zu voll ist, um überhaupt an die Nahrungsaufnahme denken zu können.

Konzentrationsstörungen

Dass Grübeln die Konzentration beeinträchtigt, erklärt sich eigentlich von selbst. Während des Grübelns ist kein Platz für andere Gedanken und selbst wenn es einem gelingt, aus dem Grübeln auszubrechen, ist man zu erschöpft, um sich wirklich konzentrieren zu können.

Schlafstörungen

Ist das Grübeln ausgeprägt, lässt es einen auch in der Nacht nicht los. Quälende Gedanken hindern Grübler am Einschlafen und erschweren es enorm, zur Ruhe zu kommen. Um Einschlafen zu können, muss nämlich nicht nur der Körper, sondern auch der Geist entspannt sein. Solange Grübelattacken den Geist wachhalten, ist ein Einschlafen unmöglich.

Körperliche Symptome

Grübeln äußert sich tatsächlich auch in körperlichen Symptomen. Da dies vielen Grüblern nicht bewusst ist, tun sie sich schwer damit, die körperlichen Beschwerden mit dem Grübeln in Verbindung zu bringen. Diese Symptome treten in diesem Zusammenhang auf:

Kopfschmerzen

Zuerst fühlt sich der Kopf für gewöhnlich einfach nur schwerer an, als es sonst der Fall ist. Doch je länger und intensiver gegrübelt wird, desto höher sind die Chancen, dass sich diese Schwere zu pochenden und stechenden Kopfschmerzen entwickelt.

Herzrasen

Beim Grübeln wird im Körper vermehrt Cortisol ausgeschüttet. Das Stresshormon sorgt unter anderem dafür, dass sich der Blutdruck erhöht und die Herzfrequenz steigt. Spürbares Herzrasen ist unter Grüblern daher keine Seltenheit.

Verspannungen und Muskelkater

Oft haben Grübler zudem an Verspannungen, vor allem in den Bereichen des Nackens, der Schultern und des oberen Rückens, zu leiden. Muskelkater spüren Grübler manchmal in der Kiefermuskulatur, was von unbewusstem Zähneknirschen herrührt.

Verdauungsprobleme

Auch die Verdauung kann beeinträchtigt werden, was zu Durchfall, Bauchschmerzen und Krämpfen führt. Dieses Symptom ist besonders häufig bei Kindern zu beobachten und hängt meist mit Angst zusammen. So klagen Kinder, die in der Schule gemobbt werden, morgens oft über Bauchweh.

Übelkeit

Grübeln bis zum Erbrechen? Das ist durchaus möglich. Manchen Grüblern wird es mitten in ihrem Gedankengefängnis so schlecht, dass sie sich übergeben müssen.

Magengeschwüre

Zu guter Letzt sind auch Magengeschwüre als mögliches Symptom zu nennen.

Das Grübeln als Symptom

Das Grübeln wirkt sich nicht nur auf Körper und Geist aus, sondern ist selbst auch als Symptom zu betrachten. Für folgende Erkrankungen ist es besonders typisch:

Angststörungen

Menschen, die unter einer Angststörung leiden, haben auffallend oft grüblerische Gedanken und können sich nur schwer aus diesen befreien. Ursachen und Symptome befeuern sich hier gegenseitig: Die Angst veranlasst zum ständigen Grübeln und das Grübeln verstärkt wiederum die Angst.

Zwangsstörungen

Die Zwangsstörung ist eine psychische Erkrankung, die mitunter zwanghafte Gedanken hervorrufen kann. Der Betroffene hat den Drang, bestimmte Gedanken immer wieder zu denken und kann diesem Drang nicht oder nur unter enormer Anstrengung widerstehen.

Depressionen

Insbesondere mit Depressionen wird das Grübeln gerne in Verbindung gebracht. Depressive Menschen verbringen viel Zeit in ihrer Gedankenwelt, fühlen sich ohnehin schon niedergeschlagen, einsam, alleingelassen, hoffnungslos und traurig und sind daher ein leichtes Opfer für grüblerische Gedanken. Andersherum ist häufiges Grübeln ein sicherer Weg, um in eine Depression zu geraten. Schließlich beeinträchtigt es die Psyche enorm.

Wenn Grübeln krank macht - wie viel Grübeln ist „normal"?

Du weißt nun, dass Grübeln einen negativen Effekt auf Körper und Geist hat und sogar direkt in eine Depression führen kann. Doch ab wann ist grübeln krankhaft? Und ist es nicht normal, hin und wieder zu grübeln? Das tut doch jeder, oder? Es ist absolut korrekt, dass gelegentliches Grübeln zum Leben dazugehört und keinen Grund zur Sorge darstellt. Jeder Mensch befindet sich manchmal in Phasen, die mit Grübeleien einhergehen. Diese Grübeleien verschwinden aber auch wieder. Geht die sorgenreiche Phase, die angsteinflößende Angelegenheit oder die mit Zweifeln behaftete Situation vorbei, hören dann auch die grübelnden Gedanken auf. Krankhaftes Grübeln tritt dagegen auch auf, wenn eigentlich kein akuter Anlass besteht. Das grüblerisch erprobte Gehirn findet immer neue Themen, über die es sinnieren kann, was den Alltag und das allgemeine Wohlbefinden in extremem Maße beeinträchtigen kann. Dann kann nicht mehr von "normalem" Grübeln gesprochen werden. Das Grübeln ist eindeutig zum handfesten Problem geworden und muss als solches unbedingt ernstgenommen werden.

Selbsttest: Denkst du noch oder grübelst du schon?

Wahrscheinlich fragst du dich jetzt, ob dein Grübeln sich noch in einem "normalen" Rahmen bewegt oder die Grenze zum Krankhaften bereits überschritten hat. Diese Frage kannst nur du selbst beantworten. Schließlich weißt nur du, inwiefern das Grübeln dich belastet. Um der Sache auf den Grund zu gehen, kannst du den nachfolgenden Selbsttest machen. Er hilft dir, den Stand der Dinge einzuschätzen und ein Gefühl für die Ernsthaftigkeit deines Grübel-Problems zu bekommen. Versuche unbedingt, die Fragen so ehrlich wie möglich zu beantworten und lasse dir Zeit, um in dich hinein zu fühlen und die tatsächlich zutreffenden Antworten zu finden. Beschönige die Dinge nicht, mache sie aber auch nicht schlimmer als sie sind.

1. Schätze selbst ein: Wie oft grübelst du?

A. Einmal pro Woche oder seltener

B. Zwei- bis fünfmal pro Woche

C. Täglich

2. Gerätst du auch in Gesellschaft ins Grübeln?

A. Nein, das passiert mir nie.

B. Ja, manchmal passiert das.

C. Ja, das passiert ständig.

3. Womit befassen sich deine Gedanken?

A. Mit der Gegenwart. In meinem Alltag bleibt gar nicht viel Zeit, um über die Zukunft oder die Vergangenheit nachzudenken.

B. Überwiegend mit der Gegenwart. Gelegentlich schwelge ich aber auch in Erinnerungen oder Zukunftsträumen.

C. Überwiegend mit Vergangenheit und Zukunft. Meine Gegenwart wird oft davon bestimmt, dass ich mir darüber Gedanken mache, was passiert ist und was noch passieren wird.

4. Du steht am Bahnsteig, eine Frau geht an dir vorbei und du bemerkst, wie sie dich von oben bis unten mustert. Was macht das mit dir?

A. Nichts. Was sollte das schon mit mir machen?

B. Ich frage mich kurz, ob ich vielleicht noch meine Hausschuhe anhabe, versichere mich vom Gegenteil und denke dann nicht weiter darüber nach.

C. Ich fühle mich komisch. Habe ich vielleicht etwas im Haar? Oder steht mir der Mantel doch nicht so gut, wie ich dachte? Vielleicht steht sie normalerweise dort, wo ich stehe, und ich habe ihr den Platz weggenommen!

5. Dein Partner teilt dir mit, dass er sich verspäten wird. Schon das dritte Mal diese Woche! Du denkst:

A. Super, dann habe ich noch etwas Zeit für mich.

B. Mann hat der viel Stress bei der Arbeit. Das muss ja ein wirklich großes Projekt sein, an dem er da sitzt. Ich muss ihn später danach fragen.

C. Was hält ihn wohl auf? Verlangt der Chef mal wieder Überstunden? Oder bleibt er freiwillig länger, um mich nicht sehen zu müssen? Vielleicht hat er was mit dieser Christina vom Empfang, die schreibt ihm manchmal ganz schön viele E-Mails. Sollte ich ihn darauf ansprechen? Und was ist, wenn ich recht habe?

6. Du möchtest ein neues Sofa kaufen, schwankst aber zwischen zwei Modellen. Beide gefallen dir gleich gut. Was tust du?

A. Ich werfe eine Münze. Die Entscheidung ist zu banal, um mich länger damit aufzuhalten.

B. Ich frage einen Freund nach seiner Meinung, schlafe eine Nacht darüber und entscheide mich dann nach meinem Bauchgefühl.

C. Ich gehe nochmals durch sämtliche Details. Ist Beige nicht doch etwas zu anfällig für Flecken? Und was ist, wenn mir das auffällige Muster schon bald nicht mehr gefällt? Passt es überhaupt zu meiner Tapete?

7. Deine Freunde würden dich beschreiben als...

A. ...kleines Energiebündel. Aufgeweckt, immer auf dem Sprung und bereit, das Leben so zu nehmen, wie es kommt.

B. ...Kummerkasten. Stets für alle da, immer mit einem guten Rat auf der Zunge und absolut loyal.

C. ...treue Seele. Manchmal verträumt, gelegentlich abwesend, aber wunderbar tiefgründig und bereit, für einen durchs Feuer zu gehen.

8. Bist du manchmal so mit deinen Gedanken beschäftigt, dass du die Zeit vergisst?

A. Das kommt eigentlich nie vor.

B. Gelegentlich, aber ich schaffe es trotzdem, wichtige Termine im Auge zu behalten.

C. Manchmal? Eher ständig.

9. Kannst du abends gut einschlafen?

A. Ja, meistens falle ich todmüde ins Bett und bin eingeschlafen, bevor ich überhaupt darüber nachdenken kann.

B. Normalerweise schon. Manchmal brauche ich ein paar Minuten, um den Arbeitstag hinter mir zu lassen, aber ich brauche meistens weniger als 30 Minuten, um einzuschlafen.

C. Nicht wirklich. Gerade abends kreisen so viele Gedanken durch meinen Kopf und ich liege manchmal stundenlang wach.

10. Wenn ich ein Problem habe, dann...

A. ...löse ich es.

B. ...mache ich eine Pro- und Contra-Liste und wäge Für und Wider meiner Lösungsmöglichkeiten gegeneinander ab.

C. ...denke ich lange darüber nach, ohne dabei zu einer Lösung zu kommen.

11. Wie gut kannst du dich auf die Arbeit, Tätigkeiten im Haushalt oder Gespräche mit Freunden oder Kollegen konzentrieren?

A. Super. Ich bin immer voll fokussiert und mit dem Kopf bei der Sache.

B. Manchmal schweife ich ab. Aber nur, wenn das Gespräch oder die Aufgabe wirklich langweilig ist.

C. Ich ertappe mich immer wieder dabei, dass mir Gesprächsinhalte komplett entgehen oder ich länger für Aufgaben brauche, weil ich einfach nicht bei der Sache bin.

12. Wenn ich alleine bin...

A. ...fühle ich mich wohl. Endlich kann ich mal durchatmen und die kostbaren Momente ganz mit mir allein genießen.

B. ...fühle ich mich manchmal einsam. Ich finde aber immer etwas zu tun und mache es mir dann zum Beispiel mit einem guten Buch in der Badewanne bequem.

C. ...fällt mir die Decke auf den Kopf. Aber irgendwie brauche ich das so. Immerhin stört es dann keinen, dass ich mit meinen Gedanken beschäftigt bin.

13. Wenn ich grüble...

A. ...dann lenke ich meine Gedanken schnell in eine produktive Richtung. Ich habe keine Zeit für sinnloses Nachdenken.

B. ...dann nehme ich mir die Zeit, um mich mit diesen Gedanken auseinanderzusetzen. Meistens hat sich die Sache dann bald erledigt.

C. ...dann aber richtig. Meine Gedanken nehmen mich komplett ein und ich bin mir oft nicht sicher, ob sie jemals wieder aufhören werden.

14. Ich sehe meine grüblerischen Gedanken als...

A. Zeitverschwendung.

B. Hinweise. Sie zeigen mir, was mich beschäftigt.

C. Belastung. Sie halten mich von dem ab, was ich eigentlich tun oder denken möchte, ziehen mich oft runter und lassen mich einfach nicht los.

15. Schätze selbst: Stellt dein Grübeln ein Problem dar?

A. Nein, es ist ja kaum vorhanden.

B. Jein. Manchmal wünsche ich mir, fokussierter zu sein, aber eigentlich beeinträchtigt das Grübeln mein Leben nur in geringem Ausmaß.

C. Ja, eindeutig. Es raubt mir Energie, Schlaf und Zeit und wirkt sich spürbar negativ auf mein Leben aus.

Auswertung

Wenn du die Fragen ehrlich und nach bestem Wissen und Gewissen beantwortet hast, können wir nun zur Auswertung kommen. Zähle, wie oft zu jeweils A, B und C angekreuzt hast.

Überwiegend **A**

Du hast überwiegend Antwort A gewählt? Herzlichen Glückwunsch! Du grübelst kaum und verwendest die Zeit lieber, um dein Leben zu leben, voranzukommen und ordentlich auf den Putz zu hauen. Das Grübeln stellt für dich definitiv kein Problem dar.

Überwiegend **A und B**

Wenn du ungefähr gleich oft A und B angekreuzt hast, musst du dir ebenfalls keine Sorgen machen. Du magst dir hin und wieder etwas zu viele Gedanken machen, lässt dich aber nicht von diesen vereinnahmen und gestaltest dein Denken ganz aktiv produktiv.

Überwiegend **B**

Wenn vor allem die B-Antworten zu dir passen, bist du ein kleiner Grübler. Aber ein ganz kleiner. Du grübelst und nimmst das auch wahr, die Grübeleien beeinträchtigen deinen Alltag oder dein Wohlbefinden aber kaum. Es kann nicht schaden, dich weiter mit dem Thema zu beschäftigen und Taktiken zu erlernen, die dir in der Zukunft helfen können, doch dein Grübeln bewegt sich in einem ganz normalen Rahmen.

Überwiegend **B und C**

Du grübelst viel, wahrscheinlich zu viel und weißt das auch. Manche Lebensbereiche werden davon beeinflusst, andere bleiben (noch) unberührt, doch das Grübeln hat eindeutig einen festen Platz in deinem Leben. Das sollte sich ändern! Wie gut, dass dieses Buch dir dabei hilft.

Überwiegend **C**

Überwiegen die C-Antworten, bist du ein Grübler wie er im Buche steht. Du grübelst häufig, lange und intensiv und hast das Gefühl, deine Gedanken dann nicht unter Kontrolle zu haben. Das Grübeln wirkt sich deutlich negativ auf deinen Alltag und dein Wohlbefinden aus und du würdest viel dafür tun, dem ein Ende setzen zu können. Wenn du bereit bist, daran zu arbeiten, ist der erste Schritt schon getan und die gute Nachricht lautet: Es kann nur besser werden.

Das Wichtigste in Kürze

- ✓ Grübeln zeichnet sich dadurch aus, dass die Gedanken unproduktiv sind, also zu keiner Lösung oder Erkenntnis führen.
- ✓ Grübeleien lassen sich in drei Kategorien einteilen: Rumination, Sich-Sorgen und selbstreflektierendes Grübeln.
- ✓ Die Gründe für das Grübeln sind vielfältig. Ängste, Zweifel oder das Fehlen von Informationen können beispielsweise Grübeleien auslösen.
- ✓ Es lassen sich sowohl körperliche als auch psychische Symptome beobachten. Dazu gehören mitunter Kopfschmerzen, Bauchweh, Schlafstörungen und Niedergeschlagenheit.
- ✓ Solange das Grübeln die Lebensqualität nicht beeinträchtigt, stellt es für gewöhnlich auch kein Problem dar. Problematisch wird es erst, wenn der Alltag und das allgemeine Wohlbefinden maßgeblich davon beeinflusst werden.

Kapitel 4: Das Grübeln begraben

Sofern der Selbsttest, den du im letzten Kapitel gemacht hast, ein entsprechendes Ergebnis zu Tage gebracht hast, bist du höchstwahrscheinlich sehr bestrebt, dem Grübeln endlich den Kampf anzusagen. Das ist gut so! In diesem Kapitel beschäftigen wir uns mit dem bewussten Lenken von Gedanken und damit, warum dies meist mehr bringt, als der Versuch, die Gedanken zu verdrängen. Zunächst steht dir aber ein weiterer Fragebogen bevor.

Bedürfnisfragebogen: Bist du dir selbst wichtig genug?

Indem du Wege suchst und gehst, die das Grübeln lindern und abstellen, tust du in erster Linie etwas *für dich* - du hilfst dir selbst. Das kann aber nur funktionieren, wenn du diese Hilfe annimmst und glaubst, dass du sie verdienst. Du musst dir selbst wichtig genug sein. Wenn du denkst, dass du es nicht wert bist oder das plagende Grübeln verdient hast, wirst du keinen Weg hinausfinden. Die folgenden Fragen sollen dich dabei unterstützen, herauszufinden, ob du dich selbst wichtig genug nimmst oder ob daran noch zu arbeiten ist.

1. Wenn ich grüble, dann...

A. ...ärgere ich mich über mich selbst. Warum muss ich auch immer nachdenken?

B. ...tue ich mir selbst leid. Warum muss das Grübeln gerade mich treffen?

C. ...spüre ich, wie schlecht es mir dabei geht und möchte das unbedingt ändern.

2. Das Grübeln ist für mich...

A. ...ein Zeichen meiner Schwäche. Ich habe einfach nicht genug Disziplin, um meine Gedanken unter Kontrolle zu bringen.

B. ...ein hartes Schicksal. Ich würde so gerne damit aufhören, aber anscheinend muss ich das alles durchmachen.

C. ...eine große Belastung. Ich weiß, dass es mir Steine in den Weg legt und bin bereit, diese Steine einzeln aufzuheben.

3. Wenn ich an mich selbst denke, fühle ich mich...

A. ...furchtbar. Ich schäme mich für mich selbst.

B. ...traurig. Es gibt so vieles, was ich gerne ändern würde.

C. ...motiviert. Ich habe viele Baustellen, aber ich bin ein Meisterwerk in Arbeit.

4. Mich selbst würde ich beschreiben als...

A. ...Versager. Ich habe so viele Chancen, aber ich ergreife sie nicht.

B. ...Opfer. Ich würde gerne mehr aus mir machen, aber meine Voraussetzungen sind zu schlecht.

C. ...Held. Mein Leben ist nicht einfach, aber ich habe mich immerhin bis hierher durchgekämpft und ich denke gar nicht daran, aufzugeben.

5. Ich sehne mich nach...

A. ...Erfolg. Wenn ich jetzt nicht mehr aus mir heraushole, werde ich es nie zu etwas bringen.

B. ...Erholung. Ich brauche einfach nur Ruhe und Frieden, aber das ist mir wohl nicht vergönnt.

C. ...Fortschritt. Ich möchte in meinem Leben vorankommen und bin bereit, einiges dafür zu tun.

6. Wenn ich scheitere, dann...

A. ...halte ich mir das ewig vor.

B. ...hat es wohl so kommen müssen.

C. ...bin ich es mir wert, einen neuen Anlauf zu starten.

7. Ich verdiene...

A. ...nichts. Außer das Grübeln, das verdiene ich.

B. ...vieles. Aber es wird mir nicht gegeben.

C. ...was ich gebe und mir erarbeite. Ich bin ein guter Mensch, der sich Gutes beschaffen wird.

Auswertung

Auch hier kannst du dir, nach der ehrlichen Beantwortung der Fragen, die Auswertung ansehen:

Überwiegend **A**

Wenn du überwiegend Antwort A gewählt hast, deutet dies darauf hin, dass du ein recht schlechtes Bild von dir selbst hast. Du hältst nicht viel von dir, gibst dir gerne selbst die Schuld und pflegst einen harten Umgang mit dir selbst. Deine Grübeleien hältst du für verdient und gehst davon aus, dass sie etwas sind, das du dir selbst zufügst. Es ist wichtig, dass du dir klar machst, dass dies nicht der Fall ist. Du musst dringend an deinem Selbstwert arbeiten und lernen, liebevoll und wertschätzend mit dir umzugehen, dir Fehler zu verzeihen und anzuerkennen, dass es Dinge gibt, für die du keine Verantwortung trägst. Solange du davon überzeugt bist, das Grübeln zu verdienen, wirst du höchstwahrscheinlich nichts dagegen tun können. Erst wenn du begreifst, dass du es wert bist, deine Probleme zu lösen, dich wohler zu fühlen und dich nicht mehr zu quälen, kannst du Fortschritte machen.

Überwiegend **B**

Antwortmöglichkeit B hat überwiegend am besten zu dir gepasst? Dann siehst du dich vermutlich vor allem als hilflose, verlorene und schwache Person. Du bist dir nicht im Klaren darüber, wie stark du sein kannst und nimmst daher ganz freiwillig die Opferrolle an. Genau das ist es aber, was dich daran hindert, dein Leben in die Hand zu nehmen und, in welcher Form auch immer, zu verändern. Du nimmst die Dinge als gegeben hin. Das ist in Ordnung, sofern es sich im Dinge handelt, auf die du keinen Einfluss hast. Doch es gibt eben auch Dinge, die du selbst - und nur du selbst - ändern kannst. Du aber hast das Gefühl, ein passiver Part in deinem Leben zu sein. Anstatt dein Leben aktiv zu leben und, sofern möglich, zu steuern, lässt du es häufig einfach passieren. Mache dir bewusst, dass das Grübeln etwas ist, das du selbst ändern kannst. Du bist stark genug und hast die Macht, deine Gedanken unter Kontrolle zu bringen und dir damit zu einem angenehmeren Leben zu verhelfen. Nutze sie!

Überwiegend **C**

Wenn du dich überwiegend für Antwort C entschieden hast, hast du die besten Voraussetzungen, das Grübeln in den Griff zu bekommen. Du erkennst deine Probleme, bist es dir wert, sie anzugehen und bist bereit, etwas dafür zu tun. Du weißt, dass du stark sein kannst und möchtest dein Leben selbst in die Hand nehmen. Behalte dir diese Einstellung bei! Schon bald wirst du, durch die Anleitung dieses Buches, die ersten Fortschritte bezüglich des Grübelns erleben können.

Der Schlüssel zum Erfolg - Lenkung statt Verbot

Was passiert, wenn man einem Kind verbietet, mit dem Ball zu spielen? Genau: Es hat plötzlich nur noch den Ball im Kopf und möchte diesen unbedingt haben. Erwachsene sind in diesem Punkt gar nicht so anders. Vielleicht hast du schon einmal eine Diät gemacht und bemerkt, dass du die Schokolade erst dann wirklich dringend essen wolltest, als du dir gesagt hast, dass du sie nicht essen darfst. Verbote führen in der Regel dazu, dass man das Verbotene umso mehr begehrt. Genauso ist das auch mit Gedanken. Wenn du dir einen Gedanken strikt verbietest, wird er dich vermutlich erst recht nicht loslassen. Mit Verboten kommst du hier also nicht weiter.

Dasselbe Phänomen lässt sich bei nahezu allen "Nicht"-Botschaften beobachten. Das klassische Beispiel: Denke NICHT an einen rosa Elefanten. Na, springen plötzlich rosa Elefanten durch deinen Kopf? Das kleine Wörtchen "nicht" wird von unserem Gehirn gerne überhört. Was hängen bleibt, sind die Worte drum herum. Es bedarf also einem Weg, ohne Verbote und "Nicht"-Botschaften auszukommen. Der Schlüssel zum Erfolg ist das bewusste Lenken der Gedanken. Anstatt einen Gedanken zu verbieten und dir zu sagen, dass du NICHT daran denken wirst, lenkst du deine Gedanken in eine andere Richtung, indem du sie quasi durch andere Gedanken ersetzt. Statt "Ich denke jetzt nicht mehr an meinen Partner", sagst du dir zum Beispiel "Ich denke jetzt an mein Lieblingsbuch".

Stop and Lead - Gedankenlenken leicht gemacht

Aber wie geht das mit dem Gedankenlenken überhaupt? Das Vorgehen in zwei übergeordneten Schritten hat sich hier bewährt. Zuerst werden die Gedanken abrupt gestoppt, um dann neu angesetzt, beziehungsweise in eine andere Richtung gelenkt zu werden. Das Stoppen hat hier nichts mit einem Verbot zu tun. Es dient lediglich dazu, die kreisenden, festhängenden Gedanken für einen kurzen Moment zu unterbrechen, um etwas Distanz zu gewinnen.

Schritt 1: Die Gedanken *stoppen*

Nachfolgend findest du mehrere Methoden, mit denen du kurzfristig aus deinen grüblerischen Gedanken ausbrechen kannst. Damit das zuverlässig klappt, musst du etwas Übung investieren. Wenn du eine Methode zum ersten Mal durchführst, werden deine Grübeleien womöglich nur für eine Sekunde oder gar nicht aufhören. Je öfter du übst, desto erfolgreicher wirst du deine Gedanken aber kurzzeitig zur Ruhe bringen können. Die Gedankenstopps stellen nicht nur die nötige Vorbereitung für das Lenken der Gedanken dar, sondern verschaffen dir auch einige Momente der Pause vom Gedankenkarussell, die du als sehr wohltuend empfinden wirst.

STOPP!

Besonders bekannt ist der klassische Gedankenstopp. Er setzt sich aus drei Komponenten zusammen: Du schreist laut Stopp, klatscht kräftig in die Hände und stellst dir dabei ein rotes Stoppschild vor. Es ist gut möglich, dass du dir dabei zunächst dezent lächerlich vorkommst. Die Erfahrungen zeigen aber, dass der Gedankenstopp bei vielen Menschen sehr gut funktioniert. Wenn es dir auf diese Weise regelmäßig gelingt, deine Gedanken zum Schweigen zu bringen, kannst du auf das laute Schreien und das Klatschen verzichten. Das hat den Vorteil, dass du die Methode dann auch in der Öffentlichkeit, zum Beispiel am Arbeitsplatz oder in der Bahn, anwenden kannst, ohne komische Blicke zu ernten. Du rufst dann nur noch innerlich und visualisierst das Stoppschild.

Der Ausstieg

Die zweite Option ist das bewusste Aussteigen aus den Gedanken. Stehe auf, mache einen großen Schritt und stelle dir dabei bewusst vor, aus dem Bereich, in dem sich deine grüblerischen Gedanken befinden, hinauszutreten. Auch diese Methode wirkt zunächst etwas befremdlich, hat sich aber ebenfalls bewährt.

Das Umkehren

In welche Richtung kreisen deine Gedanken? Zugegeben: Das ist eine seltsame Frage. Doch die meisten Grübler haben spontan eine Antwort darauf. Kreisen deine Gedanken linksherum, stehst du auf und drehst ein paar rechtsseitige Runden - und andersherum. Durch das Gehen in die entgegengesetzte Richtung bewegst du dich von den Gedanken weg. Du durchbrichst ihren Kreislauf und wirfst sie so aus der Bahn.

Erfahrungsgemäß kann es sich lohnen, zwei Methoden miteinander zu kombinieren. Du kannst zum Beispiel zuerst den Gedankenstopp durchführen und direkt im Anschluss aussteigen oder zuerst umkehren und dann aussteigen. Probiere einfach aus, was für dich besonders gut funktioniert.

Schritt 2: Die Gedanken *lenken*

Das Stoppen der Gedanken funktioniert in aller Regel nur kurzzeitig, sodass die quälenden Gedanken schon nach einigen, wenigen Minuten wieder einsetzen. Aus diesem Grund ist das anschließende bewusste Lenken so wichtig. Diese Tipps helfen dir dabei:

Themen **sammeln**

In dem Moment, in dem du deine Gedanken gestoppt hast, musst du bereits ein Thema parat haben, mit dem sich deine Gedanken stattdessen befassen sollen. Daher musst du dir im Vorhinein Zeit nehmen, um mögliche Themen zu sammeln. Das können tatsächlich wichtige oder total banale Themen sein. Wichtig ist, dass es Themen sind, über die du normalerweise nicht grübelst und die dich dennoch interessieren. Fertige eine Liste mit mindestens sieben und höchstens fünfzehn Themen an. Sie sollte Auswahlmöglichkeiten bereithalten, darf aber nicht zu unübersichtlich werden.

Themen **ausarbeiten**

Mache dir ruhig schon vorher einige Gedanken zu den einzelnen Themen und notiere Stichpunkte als Gedankenanstöße für später. So fällt es dir dann leichter, zügig gedanklich ins Thema zu finden.

Thema **wählen**

Zu welchem Thema du deine Gedanken nach dem Stoppen lenkst, kannst du ganz aus dem Bauch heraus und im jeweiligen Moment entscheiden. Stelle sicher, dass du deine Liste zur Hand hast und überlege nicht zu lange. Ansonsten haben deine Gedanken genug Zeit, um wieder ins Grübeln zu kommen. Wenn du dich für ein Thema entschieden hast, wird nicht mehr darüber nachgedacht, ob es das richtige war oder ob du dich vielleicht doch lieber für ein anderes hättest entscheiden sollen.

Thema **visualisieren**

Steht das Thema fest, gilt es, es so präsent wie möglich werden zu lassen. Rufe dir passende Bilder dazu ins Gedächtnis, schreibe das Thema erneut in großen Druckbuchstaben auf und sorge dafür, dass es auch wirklich bei dir ankommt.

Vom Handeln ins Denken

Alternativ kannst du auch versuchen, deine Gedanken vom Handeln aus zu lenken. Anstatt sie direkt zu einem Thema zu leiten, beschäftigst du dich mit einer spezifischen Tätigkeit und beobachtest, ob deine Gedanken folgen. Auch hier solltest du wieder eine Liste mit möglichen Tätigkeiten erstellen und so vorgehen, wie du es mit den Themen tust. Du kannst zum Beispiel Gartenarbeiten erledigen, einen Artikel lesen, dich kreativ betätigen oder Sport machen. Wichtig ist, dass es sich um eine Tätigkeit handelt, die du gerne tust und zu der du dich nicht zwingen musst. Ansonsten springt das Grübeln wieder als Aufschiebe-Taktik ein. Versuche dich nur auf die Tätigkeit zu konzentrieren, wenn du diese ausführst. Um dies zu bewerkstelligen, ist eine gute Achtsamkeitsfähigkeit nötig. Wie du die Achtsamkeit trainieren kannst, erfährst du in Kapitel 7.

Gedanken neutral zurückführen

Du hast es geschafft, deine Gedanken zu stoppen und dann zu lenken, dennoch kehren sie immer wieder zum Grübeln zurück? Das ist ganz normal und kein Grund zur Panik. Du musst nur lernen, dich nicht davon aus der Bahn werfen zu lassen und deine Gedanken möglichst neutral zum ausgewählten Thema oder der ausgeführten Tätigkeit zurückzuführen. Dabei gehst du folgendermaßen vor:

1. Grübeln erkennen

Zunächst ist es wichtig, überhaupt zu erkennen, dass deine Gedanken ins Grübeln abschweifen.

2. Neutral bleiben

Hast du es erkannt, solltest du dich nicht ärgern. Damit verleihst du den grüblerischen Gedanken nur zusätzliche Macht. Bleibe möglichst neutral.

3. Zurückführen

Je nachdem, wie tief du bereits im Grübeln steckst, kannst du erneut mit dem Gedankenstopp beginnen oder direkt mit dem Lenken fortfahren. Führe deine Gedanken ruhig aber zielgerichtet zu dem Thema oder zu der Tätigkeit zurück.

4. Geduldig bleiben

Bleibe auch dann geduldig, wenn du im Minutentakt abschweifst. Das ist natürlich viel verlangt, lässt sich aber nicht umgehen. Je öfter du deine Gedanken erfolgreich zurückführst - und sei es nur für eine halbe Minute - desto mehr wird das Zurückführen zur Routine und desto leichter wird es dir fallen.

Das Wichtigste in Kürze

- ✓ Die Grundvoraussetzung dafür, dass du erfolgreich an deinem Grübel-Problem arbeiten kannst, ist eine adäquate Einstellung. Du musst es dir selbst wert sein und begreifen, dass du in der Lage bist, dein Leben in die Hand zu nehmen und zu verändern.

- ✓ In aller Regel nützt es nichts, sich bestimmte Gedanke oder das Grübeln per se zu verbieten. Besser funktioniert das gezielte Umlenken der Gedanken.

- ✓ Dabei wird in zwei Schritten vorgegangen. Zunächst werden die Gedanken abrupt gestoppt, dann bewusst gelenkt.

- ✓ Sobald das Grübeln wieder eintritt, werden die Gedanken neutral zum gewählten Thema oder zur ausgeführten Tätigkeit zurückgeführt. Übung macht den Meister!

Kapitel 5: Die ersten Schritte - Beginne bei dir

Wenn du künftig weniger grübeln möchtest, musst du den Prozess dorthin zwingend bei dir selbst beginnen. Deine Grübeleien verändern sich vermutlich thematisch, inhaltlich, strukturell und in ihrer Ausprägung. Das Einzige, was ihnen allen gemeinsam ist, bist du. Dieses Kapitel zeigt dir die ersten Schritte auf dem Weg in ein grübelärmeres Leben.

Nimm dich ernst und wichtig

Wie bereits in **Kapitel 4** angesprochen, ist es ungemein wichtig, dass du dich selbst ernst nimmst und dir wichtig bist. Vor allem, wenn du eine Person mit niedrigem Selbstwertgefühl bist und deine Bedürfnisse gerne hinten anstellst, kann dieser Schritt eine große Herausforderung für dich sein. Diese Tipps können dir dabei helfen, dich ernster zu nehmen und dich selbst endlich als wichtig einzustufen:

Lerne dich kennen

Viele Menschen, die nicht viel von sich halten, vermeiden es konsequent, sich mit sich selbst auseinanderzusetzen und sich wirklich kennenzulernen. Sie befürchten, dass ihnen nicht gefällt, was sie sehen würden und schauen daher gar nicht erst genauer hin. Das ist aber ein elementarer Fehler. Denn nur wenn du dich selbst aufmerksam betrachtest und dir erlaubst, dich wirklich zu sehen, kannst du herausfinden, wer du eigentlich bist. In deinem Kopf gibt es ein Bild von dir, das möglicherweise schon seit Jahren unverändert besteht. Du selbst hast dich aber weiterentwickelt, weshalb dieses Bild nicht mehr der Wahrheit entspricht. Traue dich, dich mit dir selbst zu beschäftigen, nimm dir Zeit, um deine Stärken, Schwächen, Eigenschaften, Fähigkeiten und Ängste genau unter die Lupe zu nehmen und schaffe dir ein neues, flexibleres Bild deiner selbst.

Lehre deine innere Stimme einen wertschätzenden Umgang

Die innere Stimme ist normalerweise maßgeblich an einem niedrigen Selbstwertgefühl beteiligt. Denn die Art, wie du mit dir selbst sprichst, wirkt sich darauf aus, wie du dich selbst siehst. Ziehe einen Schlussstrich unter die nörgelnden Gedanken, die immer etwas an dir auszusetzen haben und denen du es ohnehin nie recht machen kannst, und erwarte einen wertschätzenden Umgang von deiner inneren Stimme. Höre auf, destruktiv kritisierende Sätze, wie "Ich kriege einfach nichts auf die Reihe", "Ich hab es nicht besser verdient", "Ich bin es nicht wert" oder "Ich mache alles falsch", zu dulden. Denn solange du sie einfach hinnimmst, suggerierst du dir selbst, dass sie der Wahrheit entsprechen. Lasse solche Sätze nicht einfach so stehen, sondern widerspreche ihnen vehement und fordere konstruktive, wertschätzendere Entsprechungen ein. Ein Beispiel: Aus "Ich bin es nicht wert" wird "Ich bin es definitiv wert" und aus "Ich mache alles falsch" wird "Ich habe einen Fehler gemacht. Das ist menschlich."

Wechsle die Perspektive

Oftmals wird einem erst durch einen Perspektivwechsel klar, wie mies und hart man eigentlich mit sich selbst umgeht. Würdest du das, was du dir selbst sagst, so auch zu deiner besten Freundin, deiner Mutter oder deinem Kind sagen? Nein? Dann sage es auch nicht zu dir! Überlege, wie du es stattdessen formulieren würdest und übernehme diesen Satz für dich selbst. Meistens gehen wir mit uns selbst nämlich viel härter ins Gericht als mit allen anderen.

Akzeptiere dich

Zugegeben: Sich selbst zu akzeptieren kann schwer sein. Wenn du dein Selbstwertgefühl verbessern möchtest, ist es aber unumgänglich. Mache dir bewusst, dass jeder Mensch Schwächen und Fehler hat. Es ist normal, nicht perfekt zu sein. Und es ist auch normal, gewisse Dinge an der eigenen Person nicht zu mögen. Hier gilt es klar zwischen Dingen, die du ändern kannst, und solchen, die du nicht ändern kannst, zu unterscheiden. Was du nicht ändern kannst musst du zwangsläufig akzeptieren. Es nützt nichts, immer wieder über Dinge nachzugrübeln, auf die du keinerlei Einfluss hast. Der Schlüssel zum Erfolg lautet hier somit radikale Akzeptanz. Mehr darüber erfährst du in Kapitel 7.

Nutze Autosuggestionen

Es kann helfen, gezielt mit Autosuggestionen zu arbeiten. Nimm Papier und einen Stift zur Hand und schreibe auf, was du dir sagen beziehungsweise wie du dich sehen möchtest. Schreibe zum Beispiel "Ich bin ein wertvoller Mensch", "Ich nehme mich ernst", "Ich bin wichtig" und "Ich akzeptiere mich" auf und lese die Worte mehrmals täglich laut vor. Je öfter du sie hörst, desto mehr wirst du sie fühlen.

Identifiziere und minimiere Stressoren

Wie du weißt, ist Stress oftmals ein Auslöser für das Grübeln. Um die Kraft dieses Auslösers zu reduzieren, musst du wissen, was genau dich unter Stress setzt. Dinge, Situationen, Gefühle und Aufgaben, die Stress hervorrufen, werden Stressoren genannt. Besonders häufig kommen diese Stressoren vor:

Beziehungsprobleme

Probleme in der Beziehung schlagen nicht nur auf den Magen, sondern vor allem auf die Nerven und lösen großen Stress aus. Sie sind häufig mit Unsicherheiten, Minderwertigkeitsgefühlen und Zweifeln verbunden.

Sorgen um Verwandte und Freunde

Wer sich große Sorgen macht, ist automatisch gestresst. Wenn Freunde oder Verwandte Probleme haben, überträgt sich der damit verbundene Stress gerne auf Angehörige, die mitfühlen und stellvertretend nach Lösungen suchen.

Zeitdruck

Bräuchte man einen 30-Stunden-Tag, um alles erledigen zu können, gerät man selbstverständlich unweigerlich in Stress.

Unschlüssigkeit/Unsicherheit

Bevorstehende Entscheidungen und damit verbundene Unsicherheiten können das Stresslevel ebenfalls stark erhöhen.

Leistungsdruck

In unserer heutigen Gesellschaft scheint Leistung alles zu sein. Wer selbst- oder fremdempfunden zu wenig leistet, gerät automatisch unter Stress.

Die genannten Stressoren sind natürlich nur Beispiele, sodass deine persönlichen Stressauslöser ganz anders aussehen können. Beobachte dich selbst und notiere deine Situation, wann immer du in Stress gerätst. Hierfür musst du zuerst lernen, Stress zu erkennen. Für gewöhnlich äußert sich dieser folgendermaßen:

- ✓ Schwitzige Hände
- ✓ Gedankenrasen
- ✓ Körperliche und geistige Anspannung
- ✓ Gefühle von Angst und/oder Überforderung
- ✓ Kreislaufprobleme
- ✓ Herzrasen
- ✓ Zuckungen und/oder Muskelkrämpfe
- ✓ Durchfall

Notiere jeden stressigen Moment und gehe dabei auf dessen Merkmale ein. Zu diesem Zweck kannst du die folgende Tabelle nutzen, in der bereits ein Beispiel eingetragen ist. Sollte dir der Platz der Tabelle zu klein sein, kannst du diese einfach für dich selbst, mit ausreichend Platz, erstellen.

Datum, Uhrzeit	Ort	Situation	Gedanken	Stressor
14.10.2020 10:30	*Küche*	*Kochen für die Kinder*	*Ich bin zu spät dran, ich werde nicht rechtzeitig fertig und muss mich beeilen.*	*Zeitdruck*

Auf Dauer wirst du anhand deiner Notizen erkennen können, welche Situationen dich besonders häufig unter Stress setzen, für welche Stressoren du anfällig bist und ob es vielleicht einen Ort oder eine Tageszeit gibt, in der sich besonders oft Stress einstellt. Außerdem kannst du so ganz leicht beobachten, wie sich deine Gedanken in Stresssituationen gestalten.

Hast du deine Hauptstressoren erst einmal ausfindig gemacht, gilt es, diese zu minimieren. Grundsätzlich ist es natürlich ganz normal, hin und wieder in Stress zu verfallen und dieser lässt sich auch niemals ganz vermeiden. Es geht also nicht darum, jeglichen Stress aus dem Leben zu radieren, sondern darum, unnötigen Stress zu vermeiden. Betrachte deine Stressoren und überlege, was du tun könntest, damit diese seltener auftreten. Wenn wir beim Beispiel aus der Tabelle bleiben, könntest du möglicherweise generell etwas früher zu kochen anfangen, dir einfachere Gerichte einplanen oder dich in Gelassenheit üben, um beim Gedanken daran, dass das Essen verspätet auf den Tisch kommen könnte, nicht mehr in Stress zu verfallen. Wie du gelassener werden kannst, lernst du in Kapitel 7. Folgendermaßen kannst du andere gängige Stressoren minimieren:

Beziehungsprobleme

Ganz egal, ob es sich um zwischenmenschliche Schwierigkeiten in Bezug auf den Partner, einen Kollegen oder einen lieben Freund handelt - der Stress verschwindet nur, wenn das Problem angegangen oder ihm gegenüber eine gelassene Haltung eingenommen wird. In der Regel hilft es, ein Gespräch zu suchen und sich gemeinsam auf die Suche nach einer Lösung zu machen, die die Sache aus der Welt schaffen kann.

Sorgen um Freunde und Verwandte

Mitgefühl zu haben ist an und für sich eine sehr positive und wertvolle Eigenschaft. Wenn die Sorgen der anderen aber zu den eigenen werden, fehlt es an Distanz. Dann ist es an der Zeit, sich der Grenze zwischen dem Leben der Betroffenen und dem eigenen Leben bewusst zu werden und einen Schritt zurückzutreten. Wer sich von den Sorgen der anderen so sehr stressen lässt, dass es ihm dadurch selbst schlecht geht, ist schließlich nicht mehr in der Lage, diese zu unterstützen. Mit einer gesunden emotionalen Distanz hilfst du also nicht nur dir selbst, sondern auch den Betroffenen.

Unschlüssigkeit/Unsicherheit

Wichtige Entscheidungen sind Stressoren, die jedem Menschen immer wieder im Leben begegnen. Hier kann es helfen, sämtliche Entscheidungsmöglichkeiten einmalig durchzugehen und darüber nachzudenken, wie sich diese auswirken würden. Bevor man ins Grübeln gerät, muss ein Schlussstrich gezogen und eine Entscheidung getroffen werden. Dabei gilt: Kein Mensch trifft absichtlich eine offensichtlich falsche Entscheidung. Stellt sich eine Entscheidung später als "falsch" heraus, liegt dies in der Regel daran, dass sich die Dinge anders entwickelt haben, als zu erwarten war. Die Beurteilung der Entscheidung als "falsch" ist nur mit dem Wissen, das im Verlauf der Zeit gewonnen wurde, zu treffen und daher unfair. Kapitel 7 hält verschiedene Entscheidungsstrategien bereit, die du dir unbedingt ansehen solltest.

Leistungsdruck

Im Falle von Leistungsdruck muss zwischen dem selbst- und fremdgemachten Druck unterschieden werden. Wenn dein Chef dir sagt, dass deine Leistungen zu wünschen übriglassen, handelt es sich um Letzteres. Dann kannst du dir einiges an Stress ersparen, indem du konkret nachfragst, inwiefern du dich verbessern kannst und solltest. Deutlich häufiger machen wir uns den Leistungsdruck aber selbst. Hier kann wieder ein Perspektivwechsel helfen. Würdest du die Leistungen auch dann als schlecht oder nicht ausreichend bezeichnen, wenn sie nicht deine eigenen, sondern die eines Freundes wären? Mache dir zudem bewusst, dass das Leben nicht nur aus Leistung besteht und dein Wert nicht von der Leistung, die du erbringst, abhängt. Auch in diesem Fall kann eine ordentliche Portion Gelassenheit Wunder bewirken.

Ernähre dich richtig

Keine Ernährungsweise der Welt kann das Grübeln im Alleingang stoppen. Dennoch ist der Satz "Du bist, was du isst" gar nicht so weit hergeholt. Denn natürlich wirkt sich die Ernährung auch auf geistiger Ebene auf den Zustand aus. Wer viele Sorgen hat, unter großem Stress steht und grübelt wie ein Weltmeister, neigt entweder dazu, keinen Appetit mehr zu haben und das Essen zu vergessen, oder dazu, deutlich zu viel, zu hastig und zu ungesund zu essen. In letzterem Falle ist auch von Frust- oder Stressessen die Rede. Beides wirkt sich negativ auf das Wohlbefinden aus. Ernährt man sich grundsätzlich unausgewogen und ungesund, fühlt man sich weniger fit, abgeschlagen und matt und hat weniger Energie, um gegen das Grübeln vorzugehen. Aus diesem Grund spielt die Ernährung eine indirekte Rolle in Bezug auf Grübeleien. Um optimal funktionieren zu können, benötigt der menschliche Körper eine Vielzahl an Nährstoffen, die ihm täglich zugeführt werden müssen. Die meisten Menschen essen aber eher das, was schmeckt, als das, was ihrem Körper guttun würde - auch wenn sich beides natürlich nicht zwingend gegenseitig ausschließt. Hier ist es sinnvoll, sich einer App zu bedienen, die eine Datenbank mit den Nährwertangaben verschiedener Lebensmittel beinhaltet. Dort kannst du eintragen, was du täglich zu dir nimmst und so herausfinden, ob dein Körper alles bekommt, was er braucht. Alternativ kannst du die Werte auch einzeln online nachschlagen, was allerdings mit deutlich mehr Aufwand verbunden ist.

Schlafe ausreichend

Genau wie die Ernährung, ist auch der Schlaf ein elementarer Baustein, der zum körperlichen und geistigen Wohlbefinden beiträgt. Wer dauerhaft zu viel oder zu wenig schläft, fühlt sich tagsüber müde und benebelt und kann somit nur begrenzt klar denken. Aber wie viel Schlaf ist eigentlich optimal? Auf diese Frage gibt es keine pauschale Antwort. Jeder Mensch hat seinen eigenen Biorhythmus und benötigt unterschiedlich viel Schlaf. Während der eine wunderbar mit sechs Schlafstunden pro Nacht auskommt, braucht der andere acht Stunden oder mehr. Um herauszufinden, wie viel Schlaf dir guttut, kannst du ein einfaches Experiment machen: Schlafe eine Nacht sechs Stunden, dann sieben, acht und schließlich neun und schreibe dir jeweils auf, wie du dich am Morgen danach und den folgenden Tag über fühlst. Was die besten Ergebnisse bringt, sollte weiterverfolgt werden. Zu wissen, wie viele Stunden Schlaf du brauchst, bringt dir aber wenig, wenn du nicht schlafen kannst. Leichte Schlafstörungen kannst du mit den folgenden Tipps selbst in den Griff bekommen:

▸ Schlafrhythmus

Versuche, immer zu derselben Zeit ins Bett zu gehen und zu derselben Zeit aufzustehen. So kann sich der Körper allmählich an einen verlässlichen Schlafrhythmus gewöhnen. Dadurch schläfst du abends leichter ein und kommst morgen leichter aus den Federn.

- **Routine**

Eigne dir eine Zubettgeh-Routine an. Du könntest zum Beispiel eine Tasse Tee trinken, ein Buch lesen, ein leichtes Sudoku lösen oder ein Bad nehmen. Die Hauptsache ist, dass deine Routine keine geistig oder körperlich anspruchsvollen Tätigkeiten beinhaltet, sondern dir erlaubt, herunterzufahren und zur Ruhe zu kommen. Dieser Routine gehst du jeden Abend direkt vor dem Zubettgehen nach. Mit der Zeit beginnt dein Körper, sich auf den Schlaf einzustellen, wann immer du deine Routine absolvierst.

- **Frische Luft**

Lasse frische Luft in dein Zimmer, bevor du dich schlafen legst. In stickigen und zu warmen Räumen fällt das Einschlafen einfach schwerer.

- **Auslastung**

Achte darauf, dich tagsüber körperlich und geistig auszulasten. Das Einschlafen klappt besser, wenn du dich ordentlich beschäftigt und ausgepowert hast.

- **Koffeinverbot**

Gewöhne dir an, nach 16 Uhr auf koffeinhaltige Getränke zu verzichten. Ansonsten wirken diese möglicherweise noch aufputschend, wenn du eigentlich schlafen willst.

- **Reizreduktion**

Spätestens eine Stunde vor dem Zubettgehen solltest du die Reize, die auf dich einströmen, reduzieren. Schalte den Fernseher aus, lege das Smartphone beiseite und widme dich reizärmeren Beschäftigungen.

- **Pflanzliche Helfer**

Es gibt verschiedene pflanzliche und rezeptfreie Mittel - meist in Kapsel- oder Tablettenform -, die beim Einschlafen helfen können. Diese enthalten oft Hopfenblüten, Kamille, Lavendel und andere natürliche Stoffe, die nachweislich beruhigend wirken. Solche Mittel machen, im Gegensatz zu so manchem verschreibungspflichtigen Medikament, nicht abhängig und können in der richtigen Dosierung bedenkenlos eingenommen werden. Kombiniert mit einem speziellen Schlaftee sorgen sie dafür, dass du sanft und sicher in den Schlaf gleitest.

Liegt bei dir eine mittlere oder schwere Schlafstörung vor, kommst du mit Schlafhygiene und Hausmittelchen vermutlich nicht weiter. Dann solltest du dir professionelle Hilfe holen, über eine psychotherapeutische Behandlung nachdenken und dich eventuell vorübergehend von Medikamenten unterstützen lassen.

Das Wichtigste in Kürze

✓ Wenn du das Grübeln in den Griff bekommen möchtest, musst du bei dir selbst beginnen. Im ersten Schritt musst du lernen, dich selbst zu akzeptieren und einen wertschätzenden Umgang mit dir zu pflegen.

✓ Stressoren sind Auslöser für Stress, zum Beispiel Beziehungsprobleme oder Leistungsdruck. Indem du Stressoren erkennst und minimierst, reduzierst du auch die möglichen Ursachen deines Grübelns.

✓ Indirekt wirken sich Ernährung und Schlaf auf den geistigen Zustand und somit auf das Grübeln beziehungsweise deine Fähigkeit, dagegen vorzugehen, aus. Um für eine gute Basis zu sorgen, solltest du also ausgewogen essen und ausreichend schlafen.

Kapitel 6: Langfristig weniger Grübeln

Wenn du die Tipps und Hinweise aus dem vorigen Kapitel beherzigst, bist du bereits auf einem guten Weg in ein grübelärmeres Leben. Eine wirkliche Strategie gegen das Grübeln hast du aber noch nicht an der Hand. Diese Lücke füllen wir nun. Nachfolgend findest du eine Schritt-für-Schritt Anleitung, die dich dabei unterstützt, das Grübeln langfristig hinter dir lassen zu können. Gegen Ende des Kapitels erfährst du außerdem, wie du den Grübeleien effektiv vorbeugen kannst.

9 Schritte gegen das Grübeln

In Kapitel 4 hast du gelernt, wie du akute Grübeleien stoppen und deine Gedanken umlenken kannst. Auf Dauer greift diese Methode aber nicht tief genug. Sie hilft dir, quälendes Grübeln kurzfristig zu beenden, schafft das Grübeln aber nicht langfristig aus der Welt. Das "Stop and Lead" kannst du dir wie ein Pflaster vorstellen, das du auf eine Wunde (deine Grübelei) klebst. Das Pflaster wird sich mit der Zeit aber lösen, ohne dass die Wunde darunter verschwindet. Um auf lange Sicht "geheilt" zu sein, musst du dir die Wunde genau ansehen, sie analysieren und adäquat behandeln. Genau das kannst du mit der folgenden Anleitung tun.

1. Grübeln neutral erkennen

Am Anfang musst du natürlich erkennen, dass du grübelst. Dabei kannst du dich an diesen Punkten orientieren, die ganz typisch für grübelnde Gedanken sind:

- ✓ **Unproduktivität** - Die Gedanken sind nicht zielführend und drehen sich zum Beispiel im Kreis

- ✓ **Präsenz** - Die Gedanken sind sehr präsent und nehmen deine ganze Aufmerksamkeit in Beschlag

- ✓ **Intensität** - Die Gedanken sind äußerst intensiv

- ✓ **Dauer** - Die Gedanken verschwinden nicht einfach, sondern dauern an

- ✓ **Qualität** - Die Gedanken wirken belastend, beschwerend, ermüdend oder quälend

Wenn du bemerkst, dass du grübelst, tust du dies möglichst neutral, also ohne dich zu ärgern. So vermeidest du es, der Grübelei von vorne herein eine unverhältnismäßig große Macht und Bedeutung zu verleihen.

2. Auslöser identifizieren

Es folgt die Suche nach dem Auslöser für das Grübeln. Sieh dir die gängigsten Ursachen in Kapitel 3 an und überlege, warum du wohl grübelst. Manchmal kommen auch zwei oder drei Auslöser infrage, die tatsächlich alle gleichzeitig zutreffen können. Sobald du weißt, aus welchem Grund du grübelst, kann es dir gelingen, das Grübeln als Symptom beziehungsweise als Folgereaktion zu erkennen, wodurch du es in einem neuen Licht betrachten kannst.

3. Stressoren minimieren

Minimiere deine Stressoren, wie in Kapitel 5 beschrieben. Nutze die Tabelle, die du dort findest, um Stressoren ausfindig zu machen und arbeite dann daran, den Stress aus den entsprechenden Situationen und Gegebenheiten zu nehmen.

4. Distanz

Das Erkennen des Auslösers alleine kann das Grübeln in aller Regel nicht beenden. Es ist an der Zeit, Distanz zu schaffen. Gefangen in der Grübelei fühlt es sich oftmals so an, als wäre sie ein Teil von dir und das stimmt natürlich auch. Schließlich stammen die grübelnden Gedanken aus deinem Gehirn. Wichtig ist folgende Erkenntnis: Du *erzeugst* die grübelnden Gedanken, du *bist* sie aber nicht. Sie sind ein Produkt deines Gehirns, das kein Bleiberecht genießt, wenn du es ihm nicht erteilst. Bewege dich aus der Opferrolle heraus und sieh das Grübeln nicht länger als etwas an, das dir *passiert*, sondern als etwas, das du geschehen lassen oder beenden kannst. Verändere deinen Blickwinkel. Wenn du erkennst, dass du nicht passiv bleiben musst, sondern die Wahl hast, das Grübeln aktiv anzugehen, sorgt das für die nötigen Millimeter Distanz.

5. Gedanken beobachten

Nimm dir die Zeit, deine Gedanken aufmerksam zu beobachten. Was sagen sie aus? Wie sind sie formuliert? Wie schnell bewegen sie sich? In welche Richtung bewegen sie sich? Sind sie freundlich, abwertend oder neutral? Stell dir vor, du würdest einen Zoo besuchen und den Tiger im Käfig bestaunen. Du nimmst jede seiner geschmeidigen Bewegungen wahr, bewunderst seine Streifen und kannst mehr Details, wie zum Beispiel seine zarten Schnurrhaare, sehen, je länger du ihn ansiehst. Versuche nicht, den Tiger zu beeinflussen und nimm keinen Kontakt zu ihm auf. Lasse ihn einfach seine Kreise ziehen und beobachte jeden seiner Schritte mit großem Interesse. Das wird eine ganz neue Erfahrung für dich sein. Für gewöhnlich befinden sich Grübler nämlich gefühlsmäßig mitten in den Gedanken. Sie sehen den Wald vor Bäumen nicht. Indem du dich in die Beobachterrolle begibst, kannst du wirklich begreifen, was du überhaupt denkst und wie es deinen Gedanken gelingt, von einem Aspekt zum nächsten zu kommen und sich dennoch im Kreis zu bewegen. Diese Vorgehensweise sorgt ganz nebenbei dafür, dass sich die Distanz zwischen dir und deinen Grübeleien weiter vergrößert und verstärkt die Gewissheit, dass du nicht untrennbar mit deinem Grübeln verbunden bist.

6. Gedanken aufschreiben

Nachdem du deinen Gedanken eine Weile lang unbeteiligt zugesehen hast, nimmst du ein Blatt Papier und einen Stift zur Hand und schreibst einfach mit. Wahrscheinlich wirst du nicht so schnell schreiben können, wie du denkst. Deine Gedanken werden deiner Hand davonlaufen. Dies kannst du reduzieren, indem du passende Abkürzungen verwendest und nicht jedes Wort einzeln und komplett ausschreibst. Kommst du dennoch nicht mehr hinterher, kannst du dir ein paar Sätze Pause gönnen und dann wieder mitschreiben, bis du erneut abgehängt wirst. Diesen Aufschrieb verfasst du nur für dich selbst. Kein anderer wird ihn je zu Gesicht bekommen, wenn du das nicht möchtest. Es gibt also keinen Grund, unschöne Gedanken, für die du dich vielleicht schämst, zu zensieren. Das Ganze ist nur sinnvoll, wenn du den Wortlaut und Inhalt deiner Gedanken so präzise wie möglich übernimmst.

7. Gedanken analysieren

Während du den Tiger in Schritt fünf nur beobachtet hast, nimmst du jetzt Gewebe- und Haarproben, misst die Länge seiner Schritte und versuchst herauszufinden, wie er es schafft, so geschmeidig zu laufen und warum er das tut. Du siehst dir deine Gedankenaufschriebe ganz genau an und beurteilst sie nach folgenden Kriterien:

- **Inhalt** - Was ist die Aussage des Gedankens?
- **Stimmung** - Welche Gefühle schwingen mit?
- **Bedeutung** - Was bedeutet der Gedanke für mich?
- **Zusammenhänge** - Wo finden sich Zusammenhänge zwischen Gedankensträngen?

8. Die Frage aller Fragen stellen

Nachdem du möglichst viel über deine grüblerischen Gedanken herausgefunden und diesen genügend Raum gegeben hast, gilt es, eine wichtige Frage zu stellen: Was kann ich tun, um die Gedanken zielführend zu Ende zu bringen? Führe ein Brainstorming durch und sammle Ideen.

9. Grübelei auflösen

Im neunten und letzten Schritt setzt du deine Ideen um. Du tust, was du tun musst, um ans Ziel deiner Grübelei zu gelangen. Die Maßnahmen können abschließende Gedanken oder aber Handlungen sein. Solltest du beispielsweise herausgefunden haben, dass deine Grübelei bedeutet, dass du unsicher bist, was die Treue deines Partners anbelangt, könntest du ein klärendes Gespräch führen, um die zugehörigen Gefühle und Gedanken aus der Welt zu schaffen.

7 Tipps - Grübeleien effektiv vorbeugen

Damit du erst gar nicht ins Grübeln gerätst oder das Grübeln zumindest ganz bewusst steuern kannst, kannst du auf folgende Vorgehensweisen zurückgreifen:

Aktives Grübeln

Grüble aktiv und ganz bewusst. Wenn du spürst, dass dich etwas umtreibt, gibst du diesen Gedanken Zeit und Raum, um an die Oberfläche zu kommen. Du legst einen Zeitrahmen fest und erlaubst dir in dieser Zeit, ordentlich zu grübeln. Am besten stellst du einen Wecker, damit ein klares Signal die Grübelei beendet. Der Zeitrahmen sollte so lange wie nötig und so kurz wie möglich ausfallen. Je nach Inhalt und Bedeutung der Grübelei, können zum Beispiel 15 oder 30 Minuten angemessen sein. Wichtig ist: Sobald der Wecker klingelt, ist das Grübeln beendet.

Der Grübelort

Immer wenn du aktiv grübelst, kannst du dazu einen bestimmten Ort aufsuchen. Das kann eine Ecke in deiner Wohnung sein, die du dir gemütlich einrichtest, oder aber die Bank im Garten oder der vorderste Stuhl im Esszimmer. Es sollte ein Ort sein, den du wirklich nur zum Grübeln besuchst, denn das Ziel ist es, das Grübeln mit diesem Ort zu verbinden, sodass du schließlich möglichst nur noch dort grübelst. Würdest du zum Beispiel den Fahrersitz deines Autos auswählen, würdest du über kurz oder lang ins Grübeln kommen, sobald du dich ins Auto setzt, was natürlich nicht Sinn der Sache ist. Hast du oft exakt mit Wecker und an deinem Grübelort gegrübelt, wirst du dich daran gewöhnen. Du wirst lernen, dass du grübeln darfst, aber eben nur, wenn du dir ganz bewusst die Erlaubnis erteilst. Mit etwas Übung wirst du nahezu nur noch aktiv an deinem Grübelort grübeln und die Grübelei mit dem Wecksignal loslassen können.

Die Kiste

Wenn du bemerkst, dass du in grüblerische Gedanken gerätst, dich aber gerade nicht an deinem Grübelort befindest und situationsbedingt auch nicht gerade jetzt grübeln kannst, stellst du dir vor, deine Gedanken in eine Kiste zu packen und diese zu verschließen. Wichtig ist, dass du die Kiste nicht beiseiteschiebst und vergisst, sondern zu einem geeigneten Zeitpunkt an deinem Grübelort öffnest.

Trennung von Innen und Außen

Dein Grübeln kannst du beeinflussen, doch es gibt auch Dinge, auf die du keinen Einfluss hast. Dazu gehört der größte Teil der Gefühls- und Gedankenwelt, sowie des Handelns anderer Personen. Gehörst du zu den Menschen, die gerne darüber nachgrübeln, was andere wohl denken, fühlen oder tun? Dann ist dieser Tipp besonders wichtig für dich. Lerne zu erkennen, was du beeinflussen kannst und was eben nicht - und beides voneinander zu unterscheiden. Du hast in der Hand, was du sagst und tust. Wie deine Worte oder Handlungen bei deinem Gegenüber ankommen und welche Gefühle und Gedanken sie bei ihm auslösen, liegt aber nicht in deiner Macht. Wenn du es schaffst, das Innen, also das, was von dir kommt, und das Außen, also die Reaktion anderer darauf, zu unterscheiden und zu akzeptieren, dass du keine Verantwortung für das Außen trägst, fallen viele Auslöser für Grübelattacken von selbst weg.

Durchbrechen von Reaktionsmustern

Beobachte, wie du normalerweise auf Stressoren und Auslöser für Grübelattacken reagierst. Was tust du, wenn sie eintreten? Entscheide dich dann dafür, beim nächsten Mal anders zu reagieren. So durchbrichst du das gewohnte Reaktionsmuster, das unausweichlich zum Grübeln führt.

Zielführende Gespräche

Manchmal kannst du Grübeleien nicht im Alleingang bearbeiten und auflösen. Du benötigst einen Gesprächspartner, der dir hilft, Distanz zu gewinnen, deine Möglichkeiten durchzugehen und nach einer Lösung zu suchen. Ein solcher Gesprächspartner kann ein Freund oder Verwandter sein, dem du nahe genug stehst, um ihm deine Gedanken anzuvertrauen. Je nach Intensität und Häufigkeit des Grübelns, kann es aber auch nötig sein, einen professionellen Gesprächspartner mit ins Boot zu holen. Gemeint ist hier ein Therapeut, der sich mit der Thematik auskennt und weiß, wo er ansetzen kann. Es kann Überwindung kosten, sich einzugestehen, dass man professionelle Hilfe braucht. Es ist ein großer Schritt, der aber in der Regel in die richtige Richtung führt und sich absolut auszahlt. Sei versichert, dass es kein Zeichen von Schwäche ist, sich an einen Therapeuten zu wenden und auch nicht bedeutet, dass du verrückt oder durchgeknallt bist. Es zeigt nur, dass du die Verantwortung für deine eigenen Probleme übernimmst, zugeben kannst, alleine damit überfordert zu sein und den Weitblick und Mut besitzt, dir die Hilfe zu suchen, die du brauchst. Informationen über geeignete Therapeuten in deiner Nähe findest du online. Alternativ kannst du dich auch an deinen Hausarzt wenden. Dieser kann dich mit einer lokalen Therapeutenliste versorgen und gegebenenfalls überweisen.

Humorvoller Umgang

Versuche, einen humorvollen Umgang mit dem Grübeln zu pflegen. Auf diese Weise nimmst du ihm die Macht und machst es deutlich erträglicher. Der Grat zwischen einem gesunden, humorvollen Umgang und dem Herunterspielen der Ernsthaftigkeit des möglicherweise bestehenden Problems ist dabei aber sehr schmal. Solltest du bemerken, dass du alleine nicht weiterkommst, egal wie locker, humorvoll oder souverän du die Sache handhabst, solltest du nicht zögern und dich in therapeutische Behandlung begeben. Du hast es verdient, deine eigenen Schwierigkeiten und Dinge, die dein Wohlbefinden negativ beeinträchtigen, ernst zu nehmen.

Das Wichtigste in Kürze

- ✓ Du kannst lernen, Schritt für Schritt aus dem Grübeln zu kommen. Wichtige Aspekte sind dabei mitunter das Identifizieren von Auslösern sowie das Aufschreiben und Analysieren der Gedanken.

- ✓ Außerdem kannst du Maßnahmen ergreifen, die dem Grübeln vorbeugen. So kannst du beispielsweise aktiv Grübeln, die einen Grübelort erschaffen und Reaktionsmuster gezielt durchbrechen.

Kapitel 7: Wichtige Skills - Von Achtsamkeit bis Social Detox

Es gibt eine Reihe von Fähigkeiten, die von essentieller Bedeutung für Menschen, die weniger grübeln wollen, sind. Abgesehen davon, wirken sich die meisten dieser Fähigkeiten auch anderweitig positiv auf das Leben aus. Es lohnt sich also, dir dieses Kapitel ganz genau anzusehen und zu überlegen, welche Skills du dir gerne aneignen würdest.

Achtsamkeit

Von der Achtsamkeit war in diesem Buch bereits mehrfach die Rede. Es ist also höchste Zeit, dass wir uns diese wertvolle und wichtige Fähigkeit genauer ansehen. Leider ist es gar nicht so leicht, zu erklären, was Achtsamkeit überhaupt ist. Vereinfacht gesagt ist die Achtsamkeit eine ganz spezielle Art der Aufmerksamkeit. Es geht dabei darum, den gegenwärtigen Moment möglichst intensiv und bewusst wahrzunehmen, ohne ihn zu beurteilen. Als Menschen sind wir daran gewöhnt, die Dinge schon in dem Augenblick, in dem sie uns widerfahren, einzuordnen und zu bewerten. Anstatt den Augenblick einfach auf uns wirken zu lassen, sind wir bereits damit beschäftigt, uns darüber Gedanken zu machen, was er wohl bedeutet, wohin er führt und was als Nächstes passiert. Diese Gewohnheit abzulegen ist alles andere als einfach. Achtsam zu sein, bedeutet, im Hier und Jetzt anzukommen, zu akzeptieren, bewusst zu erleben und nichts zu erzwingen. Wenn das gelingt, führt es zu zahlreichen Erkenntnissen und stößt verschiedene Entwicklungen an. Von diesen Vorteilen kannst du ganz konkret profitieren, wenn du mehr Achtsamkeit in dein Leben integrierst:

- ✓ Du kannst äußere Reize, Gefühle, Gedanken und Handlungen voneinander unterscheiden und Zusammenhänge und Muster erkennen
- ✓ Du lernst neue Facetten deiner selbst kennen und kannst dich folglich besser verstehen
- ✓ Du erfährst, welche Glaubenssätze hinter deinem Denken, Fühlen und Handeln stecken
- ✓ Du wirst dir bewusst, welche Auswirkungen Reize, Gefühle, Gedanken und Handlungen auf dein Wohlbefinden haben
- ✓ Du schaffst es, deine Gedanken bewusst zu steuern und auf den Moment zu fokussieren
- ✓ Du entwickelst eine neue Sicht auf die Dinge und nimmst Details wahr, die dir ohne Achtsamkeit entgangen wären
- ✓ Du erfährst eine Entschleunigung, die in unserer schnellen Welt Balsam für die Seele ist

✓ Du gewinnst Klarheit - nicht nur in Bezug auf deine Gedanken, sondern bezüglich sehr vieler Aspekte deines Lebens

---

Die Fähigkeit der Achtsamkeit kann glücklicherweise trainiert und von jedem erlernt werden. Die einzige Voraussetzung ist die Bereitschaft, sich darauf einzulassen. Wenn diese bei dir vorhanden ist, kannst du mit den folgenden Übungen damit beginnen, deine Achtsamkeit zu verbessern:

> Reise durch die Sinne

Die menschliche Wahrnehmung setzt sich aus den Reizen, die über die fünf Sinne - das Sehen, das Hören, das Tasten, das Riechen und das Schmecken - aufgenommen werden, zusammen. Über die Sinne erleben wir die Welt. Wirklich achtsam tun wir das aber nur selten. Ein Beispiel: Wenn dir ein Geruch in die Nase steigt, stufst du diesen für gewöhnlich noch im selben Moment als "gut" oder "schlecht" ein, anstatt ihn wirklich bewusst zu riechen. Diese Übung lädt dich dazu ein, dich einmal nur auf deine Sinne zu konzentrieren. Nimm einen einfachen Gegenstand zur Hand. Ein Stück Obst oder Gemüse eignet sich zum Beispiel gut. Zur weiteren Erläuterung gehen wir nun davon aus, du hättest dir einen Apfel ausgesucht. Betrachte ihn, als würdest du zum ersten Mal einen Apfel sehen und setze nacheinander deine fünf Sinne ein.

---------------Das Sehen---------------

Wie sieht der Apfel aus? Welche Farbe hat er? Welche Formen stechen dir ins Auge? Erinnere dich: Bewertungen sind nicht erlaubt. "Der Apfel ist rot" wäre zum Beispiel eine gute Wahrnehmung, während "Der Apfel ist schön" bereits urteilend ist.

---------------Das Hören---------------

Gehen Geräusche von dem Apfel aus? Oder ist er still? Wie sieht es aus, wenn du ihn schüttelst oder mit dem Finger dagegen pochst?

---------------Das Tasten---------------

Schließe die Augen und konzentriere dich vollkommen auf deinen Tastsinn. Wie fühlt sich der Apfel an? Ist seine Oberfläche glatt oder rau? Warm oder kalt? Eben oder unregelmäßig?

---------------Das Riechen---------------

Lasse die Augen weiterhin geschlossen und rieche an dem Apfel in deiner Hand. Wie riecht er? Bleibe wieder komplett wertungsfrei. Nehme den Geruch des Apfels wahr und beschreibe ihn - zum Beispiel als süß oder fruchtig - ohne darüber nachzudenken, ob dir der Geruch zusagt.

------------ Das Schmecken ------------

Schließlich beißt du in den Apfel, kaust ihn langsam und lässt deine Geschmacksknospen dabei ihre Arbeit tun. Wie schmeckt der Apfel? Ist er süß oder sauer? Ist der Geschmack eher mild oder intensiv?

Das Außen - Innehalten im Moment

Jeden Tag tust du unzählige Dinge. Angefangen beim Zurückschlagen der Decke am Morgen und endend mit dem Schließen der Augen am Abend, reiht sich eine Tätigkeit an die nächste, wobei du viele ganz automatisch auf Autopilot durchführst. Nimm dir im stressigen Alltag mindestens zwei Mal täglich kurz Zeit und halte inne. Atme einmal tief durch und besinne dich auf deine Sinne. Dabei ist es egal, ob du gerade in der Einkaufsstraße, im Büro oder in der Bahn bist. Wandere durch deine Sinne und widme dich jedem Sinn einige Sekunden lang. Was siehst du? Was hörst du? Was spürst du? Was riechst und schmeckst du? Zum Schluss atmest du noch einmal tief durch und führst fort, was auch immer du gerade getan hast. Die Übung nimmt lediglich ein bis drei Minuten in Anspruch und kann daher sehr einfach in den Alltag eingebaut werden.

Das Innen - Innehalten im Moment

Diese Übung funktioniert ganz ähnlich, wie die zuvor vorgestellte. Wieder hältst du mehrmals täglich kurz inne. Anstatt dich nun auf deine fünf Sinne zu konzentrieren, wirfst du einen Blick auf dein Inneres. Was fühlst du und welche Gedanken gehen dir durch den Kopf? Versuche, ein oder zwei vorherrschende Gefühle auszumachen und herauszufinden, welche Gedanken dich in diesem Moment bewegen.

▸ **Wachen statt warten**

Im Alltag gibt es immer wieder Situationen, die dich zum Warten zwingen. Das kann zum Beispiel in der Warteschleife einer Hotline, an der Kasse im Supermarkt oder an der Bushaltestelle sein. Du kannst diese Wartezeit nutzen, um deine Achtsamkeit zu trainieren. Anstatt das Warten mit sinnlosem Herumtippen am Handy zu verbringen, erlebst du die Wartezeit ganz bewusst. Du kannst die Zeit nutzen, um deine Umgebung mit allen fünf Sinnen wahrzunehmen oder dich auf dein Inneres, also auf deine Gefühle und Gedanken, zu konzentrieren. Letzteres kann besonders spannend sein. Auf diese Weise kannst du beobachten, wie sich Warten auf deinen Gefühlszustand und deine Gedanken auswirkt. Beim achtsamen Warten rückt der Aspekt des Wartens komplett in den Hintergrund. Sprich: Du wartest nicht mehr aktiv, sondern konzentrierst dich auf den aktuellen Moment, ohne ständig an den verspäteten Bus oder die langsame Kassiererin zu denken.

▶ Achtsames Gehen

Diese Übung kannst du durchführen, wann immer du eine Strecke zu Fuß zurücklegst. Die Achtsamkeit richtest du dabei auf deinen Körper. Wie fühlt es sich an, wenn dein Fuß auf den Boden aufsetzt? Wie stößt er sich ab? Wie schwingen deine Arme? Welche Muskelgruppen kannst du spüren? Und was macht deine Atmung? Nur wer achtsam gegangen ist, versteht, wie viel in seinem Körper passieren muss, damit er überhaupt vorwärts kommt.

▶ Nichts-Tun

Das Nichts-Tun kann eine wahre Herausforderung sein. Die schnelle Zeit, in der wir heute leben, zeichnet sich dadurch aus, dass wir eigentlich immer etwas zu tun haben. Mehr noch: Während wir das eine tun, haben wir oft das Gefühl, eigentlich schon längst etwas anderes tun zu sollen. Wir tun regelmäßig mehrere Dinge gleichzeitig, aber es ist selten, dass wir wirklich absolut gar nichts tun. Das Nichts-Tun steht im Zentrum dieser Übung. Nimm eine bequeme sitzende oder liegende Position ein, stelle einen Wecker auf 15 Minuten und mache rein gar nichts. Beobachte dabei, was mit deinem Körper und deinem Geist geschieht. Wenn deine Gedanken abschweifen, führst du sie neutral und konsequent zurück. Je öfter du dir erlaubst, nichts zu tun, desto mehr werden diese kostbaren Minuten zum Genuss für dich werden.

Bewegung

Ausreichend körperliche Betätigung trägt zu einem ausgeglichenen Geist bei. Beobachtungen zeigen, dass Menschen, die ihren Körper nicht auslasten, tendenziell häufiger ins Grübeln geraten. Fast so, als würde die fehlende körperliche Auslastung damit kompensiert, dass der Geist auf Hochtouren läuft. Wenn du genügend Bewegung in deinen Alltag integrierst, beugst du dem Grübeln also effektiv vor. Dabei ist es vorerst zweitrangig, welche Art von Bewegung du wählst. Du kannst auf dem Weg zur Arbeit etwas weiter weg parken und den Rest der Strecke zu Fuß zurücklegen, die Mittagspause im Fitnessstudio verbringen oder am Abend einer Teamsportart nachgehen. Vielleicht bist du beruflich bedingt aber auch schon so viel auf den Beinen, dass dein Körper bereits ausgelastet ist. Das kannst nur du selbst beurteilen. Generell empfiehlt es sich, eine Art der Bewegung zu finden, die Spaß macht und zu der man sich nicht zwingen muss. Wer das Joggen hasst, wird große innere Anstrengungen auf sich nehmen müssen, um sich täglich zum Joggen zu bewegen und es irgendwann ganz sein lassen. Zum Glück gibt es unglaublich viele verschiedene Sportarten. Manchen Menschen hilft es, einer Mannschaft beizutreten, die sie motiviert und dazu animiert, dranzubleiben. Andere fühlen sich dagegen wohler, wenn sie allein Sport machen. Beides ist vollkommen in Ordnung. Probiere ruhig Verschiedenes aus und setze dir zum Ziel, eine sportliche Betätigung zu finden, die dir Freude bereitet.

Entscheidungsstrategien

Wie du weißt, lösen schwierige Entscheidungen häufig Stress und damit verbunden Grübelattacken aus. Dem kannst du entgegenwirken, indem du dir wirksame Entscheidungsstrategien aneignest. Mit ihnen weißt du genau, wie du vorgehen kannst, wenn eine Entscheidung ansteht und behältst demzufolge die Kontrolle über den Entscheidungsprozess. Die folgenden Entscheidungsstrategien haben sich bewährt:

Entscheidung in zwei Schritten

Es kann hilfreich sein, jede Entscheidung in zwei Schritte zu gliedern. Diese sehen dann wie folgt aus:

1. Lage analysieren

Im ersten Schritt wird die Sachlage neutral betrachtet. Die zu treffende Entscheidung wird klar ausformuliert, sodass kein Zweifel daran besteht, worum es konkret geht. Dann werden die Entscheidungsoptionen aufgeführt und schließlich Pro- und Contra Argumente für jede einzelne Option gesammelt. Du gehst also so vor:

1.1. *Welche Entscheidung muss ich treffen?*

1.2. *Wie kann ich mich entscheiden?*

1.3. *Was spricht für und gegen meine Optionen?*

2. Endgültig entscheiden

Unter Berücksichtigung der analysierten Sachlage wird dann eine Entscheidung getroffen. Dabei muss dir bewusst sein, dass diese Entscheidung endgültig ist. Du hast die Sachlage analysiert und triffst deine Entscheidung, ohne sie danach noch einmal in Frage zu stellen.

Fokus auf die Graustufen

Schwarz-Weiß-Denken kann die Entscheidungsfindung behindern und dazu führen, dass Fehlentscheidungen getroffen werden. Daher kann es hilfreich sein, sich einmal gezielt auf die Graustufen - also auf die Nuancen zwischen Schwarz und Weiß - zu konzentrieren. Keine Entscheidung ist nur gut oder nur schlecht. In den allermeisten Fällen hat eine Entscheidung, die später als "schlecht" bewertet wird, Gutes mit sich gebracht - und eine "gute" Entscheidung hat die ein oder andere negative Konsequenz. Was im Schwarz-Weiß-Denken als gut und richtig erscheint, kann demnach potenziell falsch sein. Und zwar dann, wenn sich in den Graustufen so viele negative Auswirkungen finden, dass sie die eine eindeutig positive Konsequenz übertreffen. Um eine gut durchdachte, umfassende Entscheidung treffen zu können, durchläufst du diese Schritte:

1. Entscheidung formulieren

Am Anfang steht wieder die klare Formulierung der zu treffenden Entscheidung. Was genau hast du zu entscheiden?

2. Optionen bewerten

Im zweiten Schritt legst du die Optionen, die zur Auswahl stehen, fest und bewertest diese. Du bestimmst, wie gut oder schlecht es vermutlich wäre, die entsprechende Option zu wählen. Zur Bewertung bietet sich ein Punktesystem an. 5 Punkte stehen für absolut positiv, -5 Punkte für absolut negativ.

3. Graustufen integrieren und bewerten

Dann gehst du auf die individuellen Folgen der einzelnen Optionen ein und bewertest diese einzeln. Wie positiv oder negativ ist jede einzelne Folge? Auch hierfür verwendest du das Punktesystem.

4. Abschließende Bewertung

Schließlich rechnest du die Punktzahlen der einzelnen Optionen zusammen. Dabei lässt du deine erste Einschätzung (Schritt 2) bis zum Schluss außen vor und ziehst dann einen Vergleich. Ein Beispiel: Option A hast du ohne auf die Graustufen einzugehen mit 4 Punkten bewertet. Die Folgen von Option A wurden mit 2, -3, 4 und -2 bewertet. Du rechnest also 2 + 4 - 3 - 2 und kommst auf das Ergebnis 1. Deine erste Bewertung der Option muss also in Anbetracht aller Folgen nach unten korrigiert werden. Genauso verfährst du mit allen möglichen Optionen. Am Ende entscheidest du dich für die Option mit der besten Bewertung.

Portionierte Entscheidung

Es gibt große Entscheidungen, die sich eigentlich aus mehreren kleinen Entscheidungen zusammensetzen. Wenn das der Fall ist, kann es Sinn ergeben, die Entscheidung zu portionieren. Du triffst eine kleine Entscheidung nach der anderen, bis die Sache schließlich erledigt ist.

Faustregeln für die Entscheidung

Es kann sich auszahlen, grundlegende Regeln festzulegen, an die du dich immer dann hältst, wenn du eine Entscheidung treffen musst. An dieser Stelle findest du eine Liste möglicher Regeln. Welche davon du für sinnvoll erachtest und umsetzt, musst du selbst entscheiden. Eine Reihe fester Richtlinien unterstützt dich auf Dauer dabei, angesichts einer Entscheidung nicht in Stress zu geraten, sondern dich klar an deinen Regeln orientieren und entlang hangeln zu können.

- ✓ Ich formuliere jede zu treffende Entscheidung verständlich und eindeutig aus.
- ✓ Ich lasse mir immer 5 Minuten Zeit, um kleine Entscheidungen zu treffen. Für große Entscheidungen mit weitreichenden Konsequenzen genehmige ich mir eine Stunde.
- ✓ Ich nehme mir vor jeder Entscheidung Zeit, um tief durchzuatmen und einen klaren Kopf zu bekommen.
- ✓ Ich besinne mich auf meine Optionen und bewerte diese, zum Beispiel indem ich Pro- und Contra Listen anfertige.
- ✓ Ich vergegenwärtige, dass ich nicht hilflos oder ausgeliefert bin. Die Tatsache, dass ich eine Entscheidung treffen kann, bedeutet, dass ich die Kontrolle habe.
- ✓ Wenn ich eine Entscheidung getroffen habe, steht diese fest. Ich zweifle nicht mehr daran und blicke nicht zurück.

Entspannung

Wer grübelt, ist automatisch angespannt. Das äußert sich meist nicht nur auf geistiger, sondern auch auf körperlicher Ebene. Man verkrampft sich, knirscht mit den Zähnen oder ballt die Fäuste. Um Grübeleien entgegenzuwirken, muss entsprechend für regelmäßige Entspannung gesorgt werden. Du weißt, wie du dich entspannen kannst? Wunderbar! Dann musst du nur noch dafür sorgen, dass du dir diese Entspannung auch zukommen lässt. Oft reichen Kleinigkeiten, um die Entspannung zu fördern. Eine heiße, duftende Tasse Tee, ein warmes Bad oder ein kurzes Nickerchen können Wunder bewirken. Wenn du dich mit dem Entspannen aber schwertust, kannst du mit Entspannungsübungen daran arbeiten.

Progressive Muskelentspannung nach Jacobsen

Die progressive Muskelentspannung nach Jacobsen ist eine Technik, die heute in vielen Teilen der Welt Anwendung findet und von Reha- und Kur-Zentren therapiebegleitend eingesetzt wird. Es geht dabei um das bewusste An- und Entspannen von Muskelpartien. Die Ausgangsposition ist die bequeme Rückenlage.

1. Vorbereitung

Suche einen Ort auf, an dem du mindestens 15 Minuten lang ungestört sein kannst. Lege dich bequem auf den Rücken, nimm dir eine Decke, falls dir zu kalt sein sollte und dimme das Licht. Die Augen kannst du offen lassen, in der Regel bietet es sich aber an, sie zu schließen.

2. Anspannen - Spüren - Entspannen - Spüren

Die Übung folgt einem einfachen Prinzip: Anspannen - Spüren - Entspannen - Spüren. Du lenkst deine Aufmerksamkeit auf eine Muskelpartie, spannst diese an und hältst die Spannung. Du spürst, wie sich die Spannung anfühlt, löst sie dann und spürst nach. Dabei sorgst du bei den einzelnen Muskelpartien wie folgt für Anspannung:

Füße	Rolle die Zehen nach unten, also zum Boden hin, ein.
Unterschenkel	Strecke das Bein und den Fuß bis in die Zehen hinein lang aus und beuge das Sprunggelenk dann so weit wie möglich nach unten, also Richtung Boden.
Oberschenkel	Winkle das Bein an, lege den gleichseitigen Unterarm an die Außenseite des Knies und drücke mit dem Bein dagegen.
Po	Hebe den Po vom Boden ab und führe die Hüfte Richtung Decke. Dabei bleiben die Beine und Schultern fest am Boden.
Bauch	Ziehe den Bauch von der Mitte ausgehend kraftvoll ein.
Rücken	Mache ein Hohlkreuz.
Brust	Atme tief in die Brust hinein ein, sodass sich der Brustkorb aufwölbt und weitet.
Bizeps	Balle die Hand zur Faust und führe sie in einer kontrollierten, kraftvollen Bewegung Richtung Schulter.
Hand	Mache eine Faust und achte dabei darauf, dass die Kraft aus der Handfläche kommt.
Finger	Winkle das jeweils oberste Glied der Finger an, als würdest du die krallenbestückten Pranken eines Löwen nachahmen wollen.
Schultern	Ziehe die Schultern nach oben in Richtung der Ohren.
Nacken	Hebe den Kopf samt Nacken vom Boden ab.
Gesicht	Lege die Stirn in Falten, rümpfe die Nase, reiße den Mund auf und drücke mit der Zunge gegen den Gaumen.

Bei allen Muskelpartien, die du doppelt besitzt (links- und rechtsseitig), fängst du mit einer Seite an und gehst dann zur anderen über. Du widmest dich also zum Beispiel zunächst dem Fuß, dem Unter- und dem Oberschenkel rechts und springst dann nach links.

3. Übung beenden

Wenn du durch deinen gesamten Körper gewandert bist, beendest du die Übung, indem du alle Muskelparteien gleichzeitig anspannst, die Spannung spürst, dann entspannst und gründlich nachspürst. Kannst du noch Verspannungen wahrnehmen? Falls ja, bearbeitest du die betreffende Körperstelle nochmal einzeln. Setze dich dann langsam auf und lasse deinem Kreislauf Zeit, um in Schwung zu kommen, bevor du aufstehst.

Fantasiereise

Geführte Fantasiereisen können sich äußerst entspannend auswirken. Online, zum Beispiel auf YouTube, findest du eine Vielzahl kostenloser Angebote, mit denen du in deiner Fantasie einen Ausflug zum Strand, in den Dschungel oder auf eine einsame Insel machen kannst. Alternativ bieten auch Musikdienste, wie Amazon Music Unlimited, Podcasts mit Fantasiereisen an. Im Netz kannst du zudem CDs mit entsprechendem Inhalt erwerben. Du kannst dir aber auch deine ganz eigene Fantasiereise ausdenken und diese mit deinem Smartphone aufnehmen, sodass du sie dir immer wieder anhören kannst. Achte dabei auf einen ruhigen Tonfall, eine sanfte Stimme und ein gemütliches Sprechtempo.

Nackenmassage

Stressbedingte Verspannungen machen sich oft vor allem im Nacken bemerkbar. Dann bietet sich eine wohltuende Massage an, die du dir auch selbst verpassen kannst.

1. Vorbereitung

Falls du lange Haare hast, solltest du diese zu einem hohen Knoten binden, um sie aus dem Weg zu schaffen. Anschließend verreibst du etwas Bodylotion oder Massageöl zwischen den Fingern.

2. Position einnehmen

Du setzt dich in einer bequemen Position hin und lässt den Kopf nach vorne „runterfallen".

3. Kneten

Dann greifst du mit den Händen nach hinten und setzt innen an den Schultern an. Mit kreisenden Bewegungen und sanftem Druck massierst du von dort aus über den Nacken hinauf bis zum dortigen Haaransatz. Das machst du so lange, wie es dir beliebt.

4. Lockern

Zum Schluss lockerst du die Muskeln zusätzlich, indem du den Kopf langsam und nacheinander in beide Richtungen kreisen lässt.

Shake It

Stelle dich aufrecht hin, die Beine hüftbreit aufgestellt, die Arme hängen locker aus den Schultern und der Blick ist nach vorn gerichtet. Fang nun an, deine Beine abwechselnd vom Boden abzuheben und zu schütteln. Zuerst kannst du nur die Füße an den Gelenken kreisen lassen, dann wandert die Bewegung weiter nach oben, bis das ganze Bein munter zappelt. Stelle die Beine wieder ab und lasse deine Hüften kreisen. Schüttle deine Hände, nimm die Unterarme und schließlich die Oberarme hinzu. Wackle mit dem Kopf von einer Seite zur anderen. Zum Schluss führst du die Bewegungen gleichzeitig aus, sodass dein ganzer Körper einmal kräftig durchgeschüttelt wird. Diese Übung lockert die Muskeln auf spielerische Art und Weise und sorgt binnen weniger Minuten für Entspannung im Büroalltag.

Volle Pulle

Suche dir eine möglichst gerade oder leicht ansteigende Strecke und renne was das Zeug hält. Gib richtig Gas, stoße dich kraftvoll nach vorne ab und lasse die Arme kontrolliert mitschwingen. Laufe, bis du nicht mehr kannst, lege dich dann auf den Boden, schließe die Augen und lausche deinem Herzschlag.

▸ Zeichenmelodie

Nimm Stift und Papier zur Hand und suche dir einen möglichst ruhigen, aber nicht traurigen oder trübsinnigen Song aus. Spiele ihn ab und zeichne zur Musik. Du musst nichts bestimmtes zu Papier bringen. Lasse deine Hand von der Musik führen und beobachte einfach, welche Formen, Muster und Kritzeleien daraus entstehen.

▸ Lautes Lachen

Stelle oder setze dich aufrecht hin, sodass dein Atem frei fließen kann. Beginne dann aus dem Bauch heraus laut zu lachen. Das mag dir im wahrsten Sinne des Wortes lächerlich erscheinen. Du wirst aber feststellen, dass das grundlose Lachen entspannt und ganz nebenbei die Laune hebt.

Erinnerungskorrektur

Oft geraten wir über Dinge ins Grübeln, die vor langer Zeit geschehen sind. Dabei vergessen wir, dass eine Erinnerung niemals die absolute Realität widerspiegelt, sondern lediglich Teile der damaligen subjektiven Wahrnehmung. Je länger ein Ereignis zurückliegt, desto weniger zuverlässig ist die Erinnerung daran. Zumal nachfolgende Geschehnisse, die auf irgendeine Weise mit der Erinnerung zusammenhängen, diese nochmals verzerren können. Forscher haben zudem herausgefunden, dass eine Erinnerung sich verändert, je öfter man sich an sie erinnert. Wenn du also über Vergangenes nachgrübelst, solltest du dir unbedingt ins Bewusstsein rufen, dass Erinnerungen keine zuverlässige Dokumentation der Geschehnisse darstellen. Gibt es ein Geschehnis aus der Vergangenheit, das dich einfach nicht loslässt? Dann solltest du dich gezielt mit deiner diesbezüglichen Erinnerung auseinandersetzen und versuchen, diese so gut wie möglich geradezurücken. Denn vermutlich täuscht sie dich an der ein oder anderen Stelle. Eine Aufarbeitung kann jedoch nur stattfinden, wenn die Erinnerung größtenteils korrekt ist. Diese Tipps können dir dabei helfen, deine Erinnerungen zu korrigieren:

▸ Absolute Ehrlichkeit

Ist etwas anders abgelaufen, als man es sich gewünscht hätte, kann es passieren, dass die Rolle, die man selbst dabei eingenommen hat, in der Erinnerung nach und nach verschoben wird. Das geschieht zum größten Teil unterbewusst. Möchtest du die Erinnerung nun zurecht rücken, musst du mit absoluter Ehrlichkeit an die Sache herangehen. Jegliche Absicht, die Dinge zu beschönigen, sollte beiseitegelassen werden.

▸ Nützliche Gespräche

Gibt es Menschen, die die betreffende Situation miterlebt haben? Falls ja, solltest du ein Gespräch suchen und gezielt über das Ereignis sprechen. Aber Achtung: Auch andere beteiligte Personen können nur aus ihrer individuellen Erinnerung berichten.

▸ Fotos, Chatverläufe und Co.

Am einfachsten und endgültigsten lassen sich Erinnerungen mit handfesten Beweisen korrigieren. Fotos, Chatverläufe, Briefe und Ähnliches bieten dir klare Anhaltspunkte.

Gelassenheit

Wie bereits mehrfach angesprochen, kann dir eine ordentliche Portion Gelassenheit dabei helfen, weniger zu grübeln. Je gelassener du mit Dingen umgehen kannst, desto weniger werden sie dich zum Grübeln bringen. An dieser Stelle folgen daher einige Gelassenheitsübungen und Tipps, die du unbedingt ausprobieren beziehungsweise beherzigen solltest.

Vogelperspektive

Wann immer dich etwas aus dem Gleichgewicht bringt, nimmst du die Vogelperspektive ein. Das bedeutet, dass du die Situation nicht aus deiner Sicht, sondern aus der Sicht eines Unbeteiligten betrachtest. Denn je näher dir eine Situation geht, desto schwerer fällt es dir, gelassen zu bleiben. Indem du "von oben und weit weg" auf die Gegebenheiten blickst, schaffst du Distanz und kannst folglich gelassener und produktiver damit umgehen.

Körperlicher Ansatz

Du spürst, wie die Gelassenheit weicht und du dem Stress verfällst? Dann halte kurz inne und besinne dich auf deinen Körper. Welche Stresssymptome nimmst du wahr? Absolviere diese drei Schritte:

1. Durchatmen

Beginne in folgendem Rhythmus zu atmen: Einatmen (1 2 3 4) - Halten (1 2 3) - Ausatmen (1 2 3 4 5 6). Richte deine Aufmerksamkeit auf das Gefühl, wie die Luft in deinen Körper strömt und ihn wieder verlässt. Nimm mindestens fünf Atemzüge.

2. Muskeln an- und entspannen

Anschließend atmest du ganz normal weiter. Mit jedem Einatmen ballst du deine Hände zu Fäusten, mit jedem Ausatmen löst du die Spannung wieder. Auch hier machst du mindestens fünf Wiederholungen.

3. Lachen

Schließlich lachst du laut aus dem Bauch heraus und zwar mindestens 30 Sekunden lang.

Du wirst feststellen, dass sich dein Stresslevel nach dieser Übung gesenkt hat und es dir leichter fällt, zur Gelassenheit zurückzufinden.

Klein übt sich

In schwierigen Situationen gelassen zu bleiben, muss geübt werden. Am besten fängst du damit bei kleinen Nebensächlichkeiten an. Der Kollege hat dich angemotzt? Das Paket, das du so dringend erwartest, ist noch nicht da? Oder eine Freundin hat einen blöden Kommentar zu deinem Outfit abgelassen? Solche Kleinigkeiten, die dich aber dennoch wurmen können, bieten dir eine optimale Gelegenheit, dich in Gelassenheit zu üben. Sage dir, dass das Ereignis keine Rolle spielt und dich nicht weiter beeinträchtigen wird. Arbeite dabei mit klaren Autosuggestionen. Formuliere die Sätze also aus und sage sie laut oder schreibe sie sogar auf. Wenn es dir gelingt, in mehr oder minder unbedeutenden Alltagssituationen gelassen zu bleiben, kannst du dich nach und nach an schwierigere Ausgangslagen wagen.

Loslassen

Um weniger Anreize zum Grübeln zu haben, musst du lernen, Vergangenes loszulassen. Schaffst du das nicht, werden dir Ereignisse, die eigentlich längst nicht mehr von Bedeutung für dein Leben sind, immer wieder in die Quere kommen und Grübeleien verursachen. Aber wie genau funktioniert loslassen eigentlich? Zugegeben: Es ist alles andere als einfach. Folgendermaßen kannst du vorgehen:

1. Definieren

Definiere, was du gerne loslassen möchtest. Das kann zum Beispiel eine Person, ein ehemaliges Ziel oder eine vergangene Situation sein.

2. Analysieren

Welche Gefühle und Gedanken hängen mit dem, was du loslassen möchtest, zusammen? In der Regel sind es die Gefühle, die ein Loslassen schwierig machen. Indem du dir derer bewusst wirst, kannst du selbst entscheiden, inwiefern diese Gefühle noch angemessen und zweckdienlich sind. Stellst du fest, dass sie nach wie vor relevant sind, solltest du vielleicht noch gar nicht loslassen. Sind sie aber irrational, fährst du mit dem nächsten Schritt fort.

3. Vergegenwärtigen

Vergegenwärtige, warum du loslassen möchtest. Schreibe auf, inwiefern dich das Festhalten behindert und sich das Loslassen dagegen positiv auf dich und dein Leben auswirken würde. So entwickelst du einen starken Willen, loszulassen. Ist dieser Wille nicht vorhanden, wirst du nicht loslassen können.

4. Loslassen

Letztendlich ist das Loslassen eine Entscheidung. Diese kannst du mit suggestiven und visuellen Elementen untermauern. Sage dir klar und deutlich "Ich lasse X los". Schreibe X auf ein Blatt Papier und reiße es in Stücke, zünde es an oder schmeiße es bei vollem Tempo aus dem Autofenster.

Meditation

In vielen Kulturen gehört die Meditation zum Alltag und auch in Deutschland erfährt sie eine immer größer werdende Beliebtheit. Das kommt nicht von ungefähr! Regelmäßiges Meditieren reduziert Stress, fördert die Konzentration, steigert das allgemeine Wohlbefinden und wirkt sich ebenfalls positiv auf das Grübeln aus. Grund genug, dich selbst an die Meditation heranzutasten und ihr eine Chance zu geben. Dabei solltest du dir im Klaren darüber sein, dass es seine Zeit dauern kann, bis du dich an das Meditieren gewöhnt hast und es tatsächlich als wohltuend empfindest. Lasse dir diese Zeit und gehe in deinem eigenen Tempo vor. Wenn du merkst, dass dir die Meditation gut tut und du deine Fähigkeiten gerne vertiefen würdest, bietet es sich an, einen Meditationskurs zu besuchen oder umfassendes Begleitmaterial, in Form von Büchern, CDs und DVDs, anzuschaffen. Die nachfolgenden Übungen dienen lediglich als Einstieg und sollen dir ermöglichen, "Meditations-Luft" zu schnuppern. Für alle Übungen gelten diese Regeln:

✓ Kleide dich bequem

✓ Suche einen ruhigen Ort auf, an dem du ungestört bist

✓ Minimiere störende Einflüsse, wie zu grelles Licht oder Lärm

✓ Nimm dir mindestens 15 Minuten Zeit

Der Wohlfühlort

Nimm eine bequeme sitzende oder liegende Position ein und schließe die Augen. Nun geht es darum, an einen Ort zu reisen, an dem du dich rundum wohlfühlst. Das kann ein Ort sein, der tatsächlich existiert und den du kennst, oder aber ein Ort, den es nur in deiner Fantasie gibt und den du selbst kreierst. Wie sieht es dort aus? Was gibt es dort alles und was soll es dort ganz bewusst nicht geben? Gehe ruhig in die Details. Wenn es an deinem Wohlfühlort beispielsweise große Kissen gibt, kannst du diesen eine Form und eine Farbe geben und dir vorstellen, wie es sich anfühlt, sich darauf zu legen. Welche Geräusche kannst du an deinem Wohlfühlort hören? Ist es dort vollkommen still oder gibt es vielleicht Musik, Vogelgezwitscher oder plätscherndes Wasser? Erinnere dich: Dein Wohlfühlort ist genau so, wie du ihn haben möchtest und zwar ohne Einschränkungen. Nutze so viele Sinne wie möglich, um ihn dir auszumalen. Riecht es dort vielleicht blumig, erdig oder besonders sauber? Visualisiere den Ort, an dem du dich pudelwohl fühlst und stelle dir vor, dass du dort bist. Es ist dein Ort, deine Zeit, dein Gefühl. Du kannst diesen Ort immer dann aufsuchen, wenn du Ruhe und Entspannung brauchst und je öfter du ihn besuchst, desto mehr wird er sich "wie Zuhause" anfühlen. Dabei kann er sich natürlich ganz frei verändern, schließlich ändern sich auch deine Bedürfnisse.

Die Erdung

Die Erdungsmeditation empfiehlt sich vor allem dann, wenn du gestresst bist, deine innere Mitte suchst, dich nach Stabilität und Halt sehnst und Körper und Geist in Einklang bringen möchtest. Lege dich auf den Rücken und lasse deinen Atem fließen. Schließe die Augen und stelle dir vor, es würden Wurzeln aus deinem Hinterkopf, deinen Schulterblättern, deinem Rücken, deinem Po und deinen Beinen wachsen. Diese Wurzeln bahnen sich ihren Weg durch den Boden, auf dem du liegst, die Stockwerke hinunter bis zum Erdboden und verankern sich dort. Spüre die Energie, die durch die Wurzeln aus der Erde in deinen Körper strömt und dich mit Ruhe und Frieden erfüllt. Mit jedem Einatmen wird der Energiefluss stärker, mit jedem Ausatmen verteilt sich die Energie gleichmäßig in deinen Gliedern. Verweile in diesem Zustand, bis du dich vollkommen ruhig und friedlich fühlst. Wenn du bereit dazu bist, forderst du die Wurzeln gedanklich dazu auf, sich zu lösen. Du stellst dir vor, wie sie aus der Erde gleiten und sich zurückbilden, bis sie schließlich verschwunden sind. Die Energie, die sie dir gegeben haben, bleibt aber in deinem Körper und erfüllt dich von der Kopfhaut bis in die Zehenspitzen.

Atemmeditation

Bei der Atemmeditation dreht sich alles um deine Atmung. Nimm eine aufrecht sitzende Position ein, damit dein Brustkorb geöffnet ist und dein Atem frei fließen kann. Schließe die Augen und konzentriere dich auf deine Atmung. Nimm ganz bewusst wahr, wie die Luft durch deine Nase in deine Lungen fließt, dabei deinen Brustkorb weitet und deinen Körper schließlich wieder verlässt. Verlangsame deine Atemzüge nach und nach und bleibe mit deiner Aufmerksamkeit voll und ganz bei deiner Atmung.

Mantra Meditation

Bei der Mantra Meditation geht es darum, den Kopf auszuschalten, Gedankenleere zu erzielen und dadurch zu Klarheit und Entspannung zu finden. Im ersten Schritt wählst du ein Mantra aus. Das kann das klassische "Om", aber auch ein ganz anderes Wort sein. Wichtig ist, dass du möglichst wenig mit dem gewählten Wort in Verbindung bringst. "Auto" wäre demnach ein schlechtes Wort, denn immer wenn du "Auto" denkst, assoziierst du automatisch weiterführende Gedanken damit. Du denkst dann an dein Traumauto, deine letzte Fahrt in den Urlaub, die Werkstattrechnung, die noch beglichen werden muss, oder daran, dass du noch Winterreifen brauchst. Das ist das Gegenteil von dem, was mit der Mantra Meditation bewirkt werden soll. Suche dir also ein aussageschwaches Wort, zu dem keine Assoziationen bestehen und schon kannst du loslegen. Setze oder lege dich bequem hin und schließe die Augen. Lasse deinen Atem frei fließen und besinne dich auf den Moment. Beginne dann, dein Mantra zu sprechen. Das kannst du laut oder nur in deinem Inneren tun. Wiederhole das Mantra immer und immer wieder, ganz regelmäßig und ohne Eile. Bleibe gedanklich ganz bei diesem Mantra und führe deine Gedanken zu ihm zurück, wann immer sie abschweifen. Mit der Zeit füllt das Mantra deinen ganzen Geist aus. Dabei passiert Folgendes: Dein Geist langweilt sich, weil du ihm immer wieder ein und dasselbe bedeutungslose Wort servierst. Dadurch klinkt er sich nach und nach aus. Er ist unterfordert, merkt, dass es hier momentan nichts für ihn zu tun gibt und zieht sich zurück. Wenn das passiert, hast du die Gedankenleere erreicht. Ein Zustand, der sowohl befreiend als auch beruhigend und friedvoll ist.

Minimalismus

Minimalismus liegt voll im Trend. Die Menschen entrümpeln ihre gesamte Wohnung, ihre Kleiderschränke, ihre Bücherregale - was nicht gebraucht wird, fliegt raus. Und dann stellen sie fest: Weniger haben befreit. Den Ballast in Form von überflüssigen Gegenständen und Habseligkeiten loszuwerden, ist eine Art Befreiungsschlag und macht - ganz entgegen dessen, was uns der Kapitalismus lehrt - zufrieden. Wer alles hat, was er braucht, wird nicht glücklicher, indem er noch mehr kauft und über die Jahre ansammelt. Beschränkt man sich auf die Dinge, die man wirklich zum Leben und Überleben benötigt und die einem tatsächlich guttun, und trennt sich von dem Rest, hat man zwar weniger, ist aber zufriedener. In einer aufgeräumten und nicht überfüllten Wohnung, deren Inhalte sich auf das Wesentliche beschränken, fällt es leichter, durchzuatmen, klar zu denken und die eigenen Gedanken zu ordnen. Die Umsetzung der minimalistischen Lebensweise kann besitzorientierten Menschen schwerfallen. Mit unseren drei Anleitungen für Anfänger kannst du damit beginnen, "mehr vom Weniger" in dein Leben zu bringen.

Tatort Kleiderschrank

Im Schnitt hängen in jedem Kleiderschrank zu 80 % Klamotten, die nur selten, also an 20 % der Tage, getragen werden. Die übrigen 20 % der Klamotten werden hingegen an 80 % der Tage angezogen. Daraus folgt, dass 80 % der Kleidungsstücke entweder nicht wirklich gefallen, sich schlecht kombinieren lassen, angezogen auf der Haut kratzen oder nur zu ganz bestimmten Anlässen getragen werden können, die sehr selten stattfinden. Der Kleiderschrank eignet sich also hervorragend dazu, zur Tat zu schreiten und mit dem Projekt "Minimalismus" zu beginnen. Für das Ausmisten des Kleiderschranks benötigst du wahrscheinlich mindestens zwei Stunden, sodass du dir Zeit nehmen und die Sache bestenfalls am Wochenende in Angriff nehmen solltest.

1. Großer Karton, kleiner Karton

Besorge einen sehr großen und einen kleineren Karton und stelle beide Kartons neben deinen Kleiderschrank. In den großen Karton kommen später alle Teile, die du weggeben möchtest, in den kleinen jene, die bleiben dürfen.

2. Stück für Stück

Nimm jedes einzelne Kleidungsstück in die Hand und frage dich, wie oft du es in den letzten zwölf Monaten getragen hast. Natürlich kannst du dich unmöglich ganz genau daran erinnern. Es genügt, die Anzahl ehrlich zu schätzen. Lautet die Antwort "zehnmal oder mehr", landet das Teil im kleinen Karton. Ist die Anzahl geringer, gehört das Teil in den großen Karton. So gehst du vor, bis dein Kleiderschrank leer und beide Kartons voll sind. Wahrscheinlich ist, dass der kleine Karton nun überfüllt ist, während der große noch Kapazitäten übrig hat.

3. Runde 2

Im dritten Schritt nimmst du dir nochmals den kleinen Karton vor. Schaue dir die Kleidungsstücke einzeln an und überlege dir, ob du dich von einem oder einigen trennen könntest, wenn du dafür ein Teil aus dem großen Karton zurückbekommen würdest. Für je zwei Teile, die du aus dem kleinen Karton herausnimmst, darfst du eines aus dem großen Karton zurückholen.

4. Einräumen

Zum Schluss räumst du alle Kleidungsstücke, die sich im kleinen Karton befinden, zurück in den Kleiderschrank und betrachtest dein Werk. Die aussortierten Klamotten sollst du natürlich nicht wegschmeißen. Hochwertige Teile kannst du beispielsweise online verkaufen, den Rest verschenken oder spenden, was zusätzlich glücklich macht.

Glücklichmacher

Das Ziel ist es nicht nur, weniger zu haben, sondern auch, vor allem Dinge um sich zu haben, die einen glücklich machen. Nimm dir nach und nach Bücher, CDs und andere Lieblingsstücke vor. Nimm jeden Gegenstand einzeln in die Hand und achte darauf, welches Gefühl er in dir auslöst. Was dich auf Anhieb glücklich macht, bleibt. Was nur Neutralität oder gar negative Gefühle in dir auslöst, hat nicht länger etwas in deiner Wohnung zu suchen.

Tüte für Tüte

Nimm eine Tüte zur Hand und gehe durch deine Wohnung. Lasse den Blick schweifen, öffne Schubladen und Schränke und lege alles in die Tüte, was dir nicht mehr gefällt, was du nicht mehr brauchst oder was dich vielleicht sogar schon immer unbewusst gestört hat. Ist die Tüte voll, ist die Aufgabe für den Tag erledigt. Wiederhole diesen Vorgang täglich für mindestens eine Woche. Zum Ende dieser Woche wirst du wunderbar entrümpelt und einen großen Schritt in Richtung Minimalismus gemacht haben.

Naturverbundenheit

Viele Menschen finden Ruhe, Frieden und seelische Entlastung, wenn sie sich in der Natur befinden. Du musst nicht zwingend Bäume umarmen - auch wenn das tatsächlich sehr heilsam und schön sein kann - und du musst auch nicht vom überzeugten Stadtmenschen zum Waldkauz werden. Du solltest der Natur aber die Chance geben, dir etwas Gutes zu tun. Mache gelegentlich einen Spaziergang über freie Felder und Wiesen, setze dich auf eine Bank am Waldrand oder schlendere an einem plätschernden Fluss entlang. Umgeben von nichts als Natur, kannst du um einiges freier und klarer denken, als es inmitten einer belebten Stadt der Fall ist. Du kannst die Seele baumeln lassen, ganz natürlichen Geräuschen lauschen und für eine Weile einfach nur sein.

Proaktivität

Möglicherweise hast du nur eine vage Vorstellung davon, was Proaktivität bedeutet. Damit bist du nicht alleine. Der Begriff, der aus dem Englischen eingedeutscht wurde, kann einen schon mal ins Grübeln bringen: Aktivität ist klar, das Gegenteil, also die

Passivität, ebenfalls, aber was soll dann Proaktivität sein? Die Bedeutung des Wortes lässt sich recht einfach mittels dessen Gegenstück, der Reaktivität, erläutern. Wer reaktiv handelt, wird nicht aus eigener Initiative heraus aktiv, sondern erst, wenn gewisse Umstände eintreten, auf die er reagieren muss. Er reagiert also, anstatt zu agieren. Handelt man dagegen proaktiv, wartet man nicht darauf, dass etwas eintritt, das eine Reaktion nötig macht. Man packt die Dinge aktiv an, nimmt sie in die eigene Hand und agiert, anstatt zu reagieren. Wenn du es schaffst, das Prinzip der Proaktivität zu verinnerlichen und selbst überwiegend proaktiv zu handeln, fallen viele Situationen, die Grübelattacken auslösen könnten, von vorne herein weg. Du sitzt nicht auf dem Sofa und wartest grübelnd darauf, dass dein Partner dir von selbst beichtet, dass er fremdgegangen ist, damit du dann darauf reagieren kannst. Stattdessen sprichst du ihn konkret darauf an, erwartest eine Antwort und übernimmst somit die aktive, anstatt die passive Rolle. Du grübelst nicht stundenlang darüber nach, ob und wann wohl deine nächste Beförderung ansteht, sondern vereinbarst einen Termin mit deinem Vorgesetzten, bereitest dich darauf vor und versuchst die Informationen zu bekommen, die du brauchst. Durch proaktives Handeln kannst du viele Dinge, die dich zum Grübeln bringen und belasten könnten, schon klären, bevor sie dich tatsächlich negativ beeinflussen.

Problemlösungsstrategien

Genau wie Entscheidungen, triggern auch Probleme das Grübeln. Daher widmen wir uns an dieser Stelle einer Problemlösungsstrategie, die sich in der Vergangenheit bewähren konnte und auch im Kontext des therapeutischen Arbeitens hin und wieder zum Einsatz kommt.

1. Problem *definieren*

Zu aller erst muss das Problem klar definiert werden. Worum geht es überhaupt? Wie stellt sich das Problem konkret dar?

2. Problem *analysieren*

Es folgt die Analyse des Problems. Wodurch wird es verursacht? Wer oder was ist verantwortlich dafür, dass es dieses Problem gibt? Und was genau macht es überhaupt zu einem Problem?

3. Lösungswege *sammeln*

Anschließend machst du dich auf die Suche nach möglichen Lösungen. Wie könntest du das Problem lösen? Wessen Hilfe brauchst du dafür? Welche Wege kannst du gehen?

4. Lösungswege *bewerten*

Schließlich bewertest du die einzelnen Lösungsoptionen, wobei du die Kriterien Umsetzbarkeit, Höhe des Aufwands, Auswirkungen auf mich und Auswirkungen auf andere in deine Überlegungen mit einbeziehst, und vergleichst sie miteinander.

5. Problem *lösen*

Zu guter Letzt entscheidest du dich für eine Lösungsoption und löst das Problem auf diese Weise.

Radikale Akzeptanz

Radikale Akzeptanz ist eine Fähigkeit, von der du dein ganzes Leben lang und in den verschiedensten Situationen profitieren kannst. Ganz nebenbei reduziert sie Grübeln fast automatisch. Hierbei geht es darum, Dinge, die du nicht ändern kannst, voll und ganz zu akzeptieren.

Das klassische Beispiel ist der Regen: Stell dir vor, du hast einen Wochenendtrip mit Freunden geplant, auf den du dich schon seit Tagen freust. Am Tag der Abreise wachst du auf, siehst aus dem Fenster und erkennst, dass es sintflutartig schüttet. Eines ist klar: der Trip fällt ins Wasser. Im wahrsten Sinne des Wortes. Du ärgerst dich furchtbar, schimpfst über den Regen, fragst dich, womit du das verdient hast und welche Götter sich wohl gegen dich gewandt haben und hast augenblicklich absolut miese Laune. Nicht nur der Morgen oder der Tag, sondern das ganze Wochenende ist für dich gelaufen. Wärst du aber geübt in radikaler Akzeptanz, würdest du erkennen, dass der Regen etwas ist, auf das du keinen Einfluss hast. Es haben sich keine Götter gegen dich verschwören und du wirst auch nicht bestraft - es regnet ganz einfach. Und daran kannst du rein gar nichts ändern. Wenn es dir gelingt, diese Tatsache - also dass es regnet - zu akzeptieren, musst du dich nicht darüber aufregen und dir die Laune vermiesen lassen. Es regnet, du kannst es nicht ändern und du weißt, dass der Regen nicht absichtlich fällt, um dir dein Wochenende zu versauen. Indem du das nun akzeptieren kannst, kannst du andere Pläne machen. Du kannst deine Freunde in deiner Wohnung zusammentrommeln, ihr könnt euch Filme ansehen oder gemeinsam kochen. Und du hast das ganze Wochenende, das du dir wegen des Trips freigehalten hast, Zeit, um zu tun, was immer du tun willst. Das klingt doch deutlich besser, als weiter grimmig über den Regen zu fluchen oder?

Das Prinzip lässt sich auf sehr viele alltägliche Situationen übertragen. Wenn der Bus mal wieder zu spät kommt, du eine Absage für eine Stelle erhältst, im Supermarkt die Milch ausverkauft ist oder du dir beim Sport ein Bein verstauchst. Negative Dinge, die du nicht in der Hand hast, passieren, so ist das Leben. Und natürlich lässt sich nicht aus jeder negativen Situation etwas Positives machen. Aber indem du radikal akzeptierst, kannst du immerhin nach vorne sehen und das Beste daraus machen.

Setzen von Grenzen

Gehörst du zu den Menschen, die oft ins Grübeln geraten, weil sie es anderen immer recht machen wollen? Dann solltest du unbedingt lernen, Grenzen zu setzen. Ein Beispiel: Eine entfernte Freundin schreibt dir eine Nachricht und bittet dich darin darum, ihr am nächsten Tag beim Umzug zu helfen. Das würdest du wahrscheinlich auch tun, aber du hast schon etwas vor, das du eigentlich nicht verschieben möchtest. Jetzt fragst du dich, ob du eine schlechte Freundin bist, wenn du nicht hilfst, ob du den Termin, der dir wichtig ist, nicht doch verschieben solltest, wann du dann wohl wieder einen Termin ergattern wirst und ob deine Bekannte den Umzug überhaupt ohne dich schaffen kann - und Schwups bist du mitten in der Grübelei. Indem du lernst, Grenzen zu setzen und auch mal nein zu sagen, wenn du etwas einfach nicht tun möchtest oder kannst, wirkst du dem entgegen. Eine einfache Nachricht à la "Sorry, das ist jetzt zu spontan, ich hab leider schon etwas vor" würde genügen und die Sache wäre abgehakt. Mache dir klar, dass du nein sagen und Grenzen setzen darfst und dass du es sogar musst, wenn du deine eigenen Bedürfnisse ernstnehmen und - Stichwort Selbstfürsorge - auf dich achten möchtest. Üben kannst du das nur, indem du es tust. Fange an, nein zu sagen, wenn dir danach ist, setze eine Grenze nach der anderen und schon bald wird es dir nicht mehr so schrecklich schwerfallen, dich selbst einmal zur Priorität zu machen, ohne direkt ins Grübeln zu kommen.

Social Detox

Das Internet und insbesondere die sozialen Netzwerke, wie Facebook, Instagram, Twitter und Co., sind - besonders für Menschen der Generation Y und Z, aber durchaus auch für manche ältere Personen - ein Geschenk des Himmels und haben einen festen Platz im Leben eingenommen. Und das völlig zu Recht: Schließlich waren das Sammeln von Informationen, das Verbinden mit Gleichgesinnten, das Pflegen von Freundschaften und das Erfahren von Geschehnissen in der ganzen Welt noch nie so einfach wie heute - und das alles dank des Internets. Doch die sozialen Medien wirken sich nicht selten auch nachteilig auf die Menschen aus, die viel Zeit damit verbringen, das Leben anderer auf Instagram zu verfolgen, über ihr Mittagessen zu twittern und die Profile ihrer Ex-Partner auf Facebook zu stalken.

Durch Social Media sind wir einer konstanten Reizüberflutung ausgesetzt. Niedliche Katzenvideos, bestürzende Nachrichten aus Kriegsgebieten, unangebrachte Hetzbeiträge, Clips von beeindruckenden Stunts, Werbeeinblendungen und nervtötende Trump-Tweets reihen sich aneinander und zwar in Endlosschleife. Dazu kommen laufend Benachrichtigungen bezüglich Likes, Kommentaren und Anfragen rein und seit WhatsApp die blauen Häkchen eingeführt hat, kann man noch nicht mal mehr eine Nachricht zeitweise ignorieren, ohne direkt den Anflug eines schlechten Gewissens zu verspüren.

Das alles führt unweigerlich zu einer Überforderung, die wir noch nicht einmal mehr wahrnehmen. Schließlich sind wir es gewohnt.

Beim Social Detox geht es darum, sich bewusst eine Auszeit davon zu nehmen. Sich aus- und nicht mehr einzuloggen, WhatsApp Push-Benachrichtigungen zu deaktivieren und abseits des digitalen Wahnsinns durchzuatmen. Die viralen Trends zu verpassen, nicht liken, folgen, teilen oder antworten zu müssen und für einige Tage so zu leben, wie wir es uns schon gar nicht mehr vorstellen können. Ob du bereit dazu bist, das Social Detox durchzuziehen und wie lange du das tun willst, liegt natürlich ganz bei dir. Aber einen Versuch ist es doch wert, oder?

Das Wichtigste in Kürze

- ✓ **Achtsamkeit:** Die Achtsamkeit ist eine besondere Form der Aufmerksamkeit. Es geht darum, im Hier und Jetzt anzukommen, nicht zu werten und den Moment bewusst wahrzunehmen. Diese Fähigkeit kann von jedem erlernt und trainiert werden.

- ✓ **Bewegung:** Wenn der Körper ausgelastet ist, gerät man tendenziell weniger leicht ins Grübeln. Daher sollte man dafür sorgen, sich täglich ausreichend zu bewegen.

- ✓ **Entscheidungsstrategien:** Wichtige Entscheidungen gehören zu den Top-Stressoren. Entscheidungsstrategien helfen dabei, nicht in Panik zu verfallen, sondern klar strukturiert und möglichst stressfrei entscheiden zu können.

- ✓ **Entspannung:** Grübeln bringt automatisch Anspannung mit sich. Für Grübler ist es daher besonders wichtig, sich regelmäßig ganz bewusst Entspannung zu verschaffen.

- ✓ **Erinnerungskorrektur:** Oftmals wird über Vergangenes nachgegrübelt. Die Gedanken stützen sich dabei vollkommen auf die subjektive Erinnerung, die das vergangene Geschehnis nicht selten verzerrt. Um damit verbundene Grübeleien aufzulösen, kann es nützlich sein, sich an einer Erinnerungskorrektur zu versuchen.

- ✓ **Gelassenheit:** Je gelassener mit Dingen umgegangen wird, desto weniger lösen diese Grübeleien aus. Zum Glück lässt sich Gelassenheit üben.

- ✓ **Loslassen:** Wer es schafft, Vergangenes, das eigentlich keine Relevanz mehr besitzt, loszulassen, befreit sich damit von möglichen Auslösern.

- ✓ **Meditation:** Die Meditation kann zu mehr Entspannung, Wohlbefinden, Gelassenheit und Klarheit verhelfen. Mit den vorgestellten einfachen Übungen kann ein Einstieg gefunden und ausgelotet werden, inwiefern die Meditation einem persönlich zusagt.

- ✓ **Minimalismus:** Minimalismus funktioniert nach dem Motto "Weniger ist mehr". Es geht dabei darum, die eigene Zufriedenheit zu erhöhen, indem materieller Ballast reduziert wird.

- ✓ **Naturverbundenheit:** Ein Aufenthalt in der Natur ist oft Balsam für die Seele. Ausflüge "nach draußen" sind also sehr zu empfehlen.

- ✓ **Proaktivität:** Proaktiv zu handeln, bedeutet zu agieren, anstatt zu reagieren. Dadurch lassen sich viele Themen, über die man andernfalls nachgrübeln würde, ganz einfach angehen und klären, bevor sie zum Problem werden können.

- ✓ **Problemlösungsstrategien:** Probleme lassen sich schneller, leichter und ganz ohne Grübelei lösen, wenn man eine funktionierende Strategie zur Hand hat.

- ✓ **Radikale Akzeptanz:** Dinge, die man nicht ändern kann, sollte man am besten radikal akzeptieren. Auf diese Weise verschwendet man weniger Zeit damit, über Sachverhalte zu schimpfen und nachzugrübeln, auf die man ohnehin keinen Einfluss hat.

- ✓ **Setzen von Grenzen:** Um den eigenen Bedürfnissen gerecht zu werden, ist es von Zeit zu Zeit nötig, Grenzen zu setzen und auch mal "nein" zu sagen - und das ganz ohne schlechtes Gewissen.

- ✓ **Social Detox:** Beim Social Detox ist Abschalten angesagt. Es geht darum, sich ganz bewusst eine Auszeit von den sozialen Medien zu nehmen und der konstanten Reizüberflutung somit zeitweilig zu entgehen.

Kapitel 8: Wie Außenstehende Grübler unterstützen können

Du selbst bist nicht vom Grübeln betroffen, möchtest aber wissen, wie du dir nahestehende Betroffene unterstützen kannst? Dieses Kapitel widmet sich der Hilfe durch Angehörige und erklärt dir, was du tun kannst, um deinen grübelnden Lieben zu helfen.

Verständnis statt Vorwürfe

Grübler wissen ganz genau, dass sie grübeln. Und sie wissen auch, dass es eigentlich unhöflich ist, in Gesprächen abzuschweifen, seinem Gegenüber nicht zuzuhören und keinen Beitrag zum Gespräch zu leisten. Für Angehörige kann es manchmal ziemlich nervenaufreibend sein, mit einem Grübler umzugehen. Sie fühlen sich ignoriert, wenn der grübelnde Freund mal wieder nicht mitkriegt, was man sagt, und deuten seine Abwesenheit oftmals als Desinteresse. Frustriert werden dann schnell Anschuldigungen und Vorwürfe abgefeuert. "Hör mir doch endlich mal zu!", "Dich interessiert ja gar nicht, was ich sage" und "Mit dir kann man sowieso nicht reden" sind noch eher nette Formulierungen. Der Frust ist durchaus verständlich, doch die Vorwürfe an sich sind weder hilfreich noch fair. Hätte der Grübelnde die Wahl, würde er höchstwahrscheinlich deutlich lieber angeregt plaudern, als in seinen eigenen Gedanken festzustecken - er weiß nur nicht, wie er das anstellen soll. Als Angehöriger oder Freund solltest du dir Mühe geben, Verständnis aufzubringen und den Leidensdruck, den der Betroffene ohnehin schon spürt, nicht zusätzlich durch Vorwürfe verstärken. Wenn du dein Verständnis ausdrückst, solltest du auf die Formulierung achten. Tue nicht so, als wüsstest du genau, wie es ihm geht, wenn das nicht der Fall ist. Wenn du selbst nie Probleme mit quälenden grüblerischen Gedanken hattest, kannst du nicht wissen, wie es dem Betroffenen damit geht. Du kannst ihn aber wissen lassen, dass du ihn nicht verurteilst, dass du für ihn da bist und verstehst, dass er nicht freiwillig grübelt. Du kannst ihn auch bitten, dir seinen Zustand zu schildern, damit du dich besser in seine Situation hineinversetzen kannst.

Zuhören und Fragen stellen

Ist der Betroffene bereit dazu, mit dir über sein Grübeln zu reden, solltest du dies unbedingt zu schätzen wissen. Offenbar hat der Betroffene großes Vertrauen zu dir. Höre genau zu, unterbrich nicht und bleibe aufmerksam. Du kannst ruhig Fragen stellen, wenn du etwas genauer erklärt haben oder mehr über einen Aspekt erfahren möchtest. Gib deinem Gegenüber das Gefühl, dass seine Worte bei dir ankommen und gut aufgehoben sind. Lasse ihn spüren, dass er sich nicht umsonst mitteilt und versichere ihm, dass die Entscheidung, sich dir zu öffnen, richtig war.

Methoden und Herangehensweisen vorschlagen

Durch dieses Buch weißt du einiges darüber, wie man das Grübeln durchbrechen und Grübelattacken entgegenwirken kann. Du verfügst also möglicherweise über Wissen, das der Grübler selbst nicht hat, das ihm aber weiterhelfen könnte. Schlage ihm einzelne Methoden vor und verwende dabei ruhig dieses Buch, sodass er direkt nachlesen kann, was du meinst. Es ist gut möglich, dass der Betroffene zunächst abblockt und völlig dichtmacht. Vielleicht möchte er sich nicht eingestehen, dass er mit dem Grübeln ein Problem hat, vielleicht ist er aber auch einfach noch nicht bereit dazu, die Sache in Angriff zu nehmen. Nimm dir seine Reaktion nicht zu Herzen, sondern akzeptiere sie und lasse das Thema vorerst ruhen. Der Betroffene weiß nun immerhin, dass du möglicherweise hilfreiche Informationen besitzt und wird von selbst auf dich zukommen, wenn er soweit ist.

Sensibel bleiben und Hilfe anbieten

Irgendwann gewöhnt man sich als Angehöriger daran, dass der Betroffene ständig grübelt. Man stumpft quasi ab und nimmt das häufige Grübeln gar nicht mehr wirklich wahr. Versuche, sensibel und aufmerksam zu bleiben und die Grübelattacken deines Gegenübers nicht als "vollkommen normal" einzustufen. Denke daran, von Zeit zu Zeit deine Hilfe anzubieten und schlage ihm therapeutische Hilfe vor, wenn du dies für angemessen hältst.

Distanz wahren

Trotz allem Mitgefühl, musst du dir im Klaren darüber sein, dass es sich um das Problem deines Angehörigen oder Freundes handelt - nicht um dein eigenes. Du kannst zuhören, da sein, Hilfe anbieten, Verständnis zeigen und Vorschläge machen, aber du kannst den Kampf gegen das Grübeln nicht für dein Gegenüber führen. Das muss es schon selbst tun.

Das Wichtigste in Kürze

- ✓ Angehörige und Freunde von Grüblern sollten Geduld haben und die geistige Abwesenheit des Betroffenen nicht persönlich werten. Vorwürfe können die Situation keinesfalls verbessern.

- ✓ Sollte der Betroffene über sein Problem mit dem Grübeln sprechen wollen, gilt es, aufmerksam zuzuhören.

- ✓ Als Angehöriger oder Freund kann man seine Hilfe anbieten und Methoden aus diesem Buch vorschlagen. Den Kampf gegen das Grübeln muss der Betroffene letztendlich aber selbst führen.

Kapitel 9: Grübelfrei in 4 Wochen

Nun sind wir fast am Ende dieses Buches angelangt. Die letzten neun Kapitel haben dir viele wichtige Informationen rund um das Thema Grübeln geliefert und dir elementares Handwerkszeug vermittelt. In diesem letzten Kapitel findest du einen 4-Wochen-Plan, an dem du dich auf deinem Weg in ein grübelarmes Leben orientieren kannst. Natürlich musst du ihn nicht befolgen, sondern kannst auch auf deine eigene Weise vorgehen. Dennoch kann er dir als Struktur im - hoffentlich erfolgreichen - Kampf gegen das Grübeln dienen. Sollte dir diese Tabelle zu wenig Platz bieten, kannst du sie selbstverständlich auch übertragen, sodass du mit dem Platz auskommst.

Die drei goldenen Regeln

Damit der Plan übersichtlich bleibt, stellen wir zunächst einige goldenen Regeln auf, die tages- und wochenübergreifend gelten und an die du dich die komplette Zeit über halten solltest.

1. Ausreichend und gesund essen

Die Ernährung ist ein Grundbaustein, der sich sehr direkt auf dein Wohlbefinden, deine Fähigkeit zur Konzentration und viele weitere Aspekte auswirkt. Um die besten Voraussetzungen zu schaffen, ist es daher unerlässlich, dass du dich gesund und ausgewogen ernährst.

2. Ausreichend und regelmäßig schlafen

Für den Schlaf gilt dasselbe. Finde einen Schlafrhythmus, der zu dir passt (siehe **Kapitel 5**) und halte dich daran.

3. Du bist es dir wert!

Deine Grundeinstellung muss stimmen, damit du Erfolge verzeichnen kannst. Du musst es dir wert sein, das Grübeln aktiv anzugehen und dein Leben zu verbessern.

Woche 1

Willkommen in Woche 1 deines Anti-Grübel-Programms! Jede Woche wird von einer einfachen Tabelle begleitet. Sie unterstützt dich dabei, deine Grübeleien täglich zu dokumentieren und deine Vorgehensweisen zu bewerten. In der ersten Spalte vermerkst du, ob du an diesem Tag überhaupt gegrübelt hast. In die zweite Spalte trägst du den Auslöser ein, die dritte beherbergt das Thema, um das sich deine Grübeleien gedreht haben. Besonders spannend ist Spalte 4. Dort vermerkst du, wie genau du gegen das

Grübeln vorgegangen bist und fügst eine Bewertung deiner Methodik an. 0 steht dabei für absolut wirkungslos und 5 für absolut wirksam. In der letzten Spalte findest du jeweils eine Aufgabe, die du an diesem Tag erledigen sollst. Du wirst feststellen, dass jede Woche nur aus sechs Tagen besteht. Der siebte Tag ist ganz bewusst "frei" und gibt dir Zeit, eine Auszeit vom Thema Grübeln zu nehmen. Zusätzlich hält jede Woche eine Wochen-Challenge bereit, die dich dazu motivieren soll, wichtige Skills zu erlernen. Außerdem erwartet dich wöchentlich eine Zusatz-Challenge. Diese ist als eine Art Fleißaufgabe anzusehen, die du erledigen kannst oder auch nicht. Empfohlen wird natürlich, auch diese Aufgabe zu bewältigen. Viel Spaß!

Wochen-Challenge

In dieser Woche konzentrieren wir uns im Speziellen auf die Achtsamkeit. Führe jeden Tag mindestens eine der Achtsamkeitsübungen durch, die du in Kapitel 7 findest.

Zusatz-Challenge

Du hast noch Kapazitäten frei? Wunderbar! Hier kommt deine Zusatz-Challenge: Bestimme und/oder richte dir einen Grübelort ein. Genaueres dazu kannst du in Kapitel 6 nachschlagen.

TAG	Gegrübelt?	Auslöser/Stressor	Thema	Vorgehen und Bewertung	Tagesaufgabe
BEISPIEL	*Ja*	Angst/Sorgen	Führerscheinprüfung	Gedankenstopp, Perspektivwechsel, Gedanken umlenken (Kochen) - 4	...
1					Schreibe auf, warum du weniger grübeln möchtest. Nenne alle Gründe, die dir gegen das Grübeln einfallen.
2					Wenn du heute ins Grübeln gerätst, schreibst du die Gedanken auf (siehe Kapitel 6) und führst eine Analyse durch.

3						Schreibe auf, welche Dinge du loslassen möchtest - und tue es (siehe Kapitel 7).
4						Gönne dir ein heißes Bad und erlebe es ganz achtsam mit allen fünf Sinnen.
5						Arbeite heute mit Autosuggestionen. Sage dir mindestens 1x pro Stunde "Ich habe meine Gedanken unter Kontrolle."
6						Erstelle einen Notfallplan. Führe darin schrittweise auf, was du tun kannst, wenn dich eine Grübelattacke plagt.

Woche 2

Nachdem du den Einstieg gemeistert hast, geben wir in Woche 2 so richtig Gas. Also steig ein, schnall dich an und düse los in Richtung Grübelfreiheit!

Wochen-Challenge

Das Thema der Woche ist die Gelassenheit. Ergreife jede Gelegenheit, die sich dir in den nächsten sieben Tagen bietet, um einen gelassenen Umgang zu üben. Alle Infos, die du dazu benötigst, stehen in Kapitel 7 bereit.

Zusatz-Challenge

Erfahre am eigenen Leib, dass weniger manchmal einfach mehr ist. Sieh dir die Übungen zum Minimalismus in Kapitel 7 an und wage dich an den "Tatort Kleiderschrank".

TAG	Gegrübelt?	Auslöser/Stressor	Thema	Vorgehen	Tagesaufgabe
1					Begib dich in die Natur, tanke Kraft und versuche, eine Verbindung zwischen dir und deiner Umwelt herzustellen.
2					Kreiere deinen Wohlfühlort mit der zugehörigen Übung unter "Meditation" in *Kapitel 7*.
3					Mache einen Spaziergang und gehe dabei jeden einzelnen Schritt ganz bewusst.
4					Absolviere die "Glücklichmacher" Übung zum Thema Minimalismus aus *Kapitel 7*.
5					Heute darfst du aktiv grübeln (siehe *Kapitel 6*). Erlaube dir 15 Minuten lang, über ein Thema deiner Wahl nachzugrübeln.
6					Wenn du heute mit einer Entscheidung konfrontiert wirst, sollst du eine der Entscheidungsstrategien aus *Kapitel 7* anwenden.

Woche 3

Woche 3 wartet mit weiteren spannenden Aufgaben auf dich!

Wochen-Challenge

Nun dreht sich alles um die radikale Akzeptanz, die du in Kapitel 7 kennengelernt hast. Wann immer du diese Woche mit etwas konfrontiert wirst, das du nicht ändern kannst, sollst du dich bemühen, es radikal zu akzeptieren.

Zusatz-Challenge

Tausche dich aus! Sprich mit einem Angehörigen oder Freund über das Thema Grübeln und finde heraus, ob jemand, der dir nahesteht, eventuell ganz ähnliche Probleme hat. Gemeinsam kann das Nicht-Grübeln leichter fallen.

TAG	Gegrübelt?	Auslöser/Stressor	Thema	Vorgehen	Tagesaufgabe
1					Ziehe eine Zwischenbilanz. Welche Fortschritte hast du in den vergangenen zwei Wochen gemacht?
2					Erstelle eine Liste mit Dingen, die du nicht ändern kannst und mit denen du häufig konfrontiert wirst.
3					Besinne dich auf die gestern erstellte Liste und beschließe ganz bewusst, diese Dinge künftig zu akzeptieren.

4						Beschäftige dich mit verschiedenen Sportarten und überlege, welche für dich infrage kommen.
5						Entscheide dich für eine Sportart und probiere sie aus oder vereinbare einen diesbezüglichen Termin.
6						Arbeite mit Autosuggestionen und sage dir wiederholt "Ich lasse das Grübeln hinter mir."

Woche 4

Du hast bis hierhin durchgehalten und den Plan befolgt? Wunderbar! Durchlaufe Woche 4 und schließe das Programm erfolgreich ab.

Wochen-Challenge

Die letzte Woche steht ganz im Zeichen der Entspannung. Mache in dieser Woche mindestens drei Fantasiereisen und probieren mindestens zwei weitere Entspannungsübungen aus Kapitel 7 aus.

Zusatz-Challenge

Bist du Hardcore genug, um dich auf Social Detox (siehe Kapitel 7) einzulassen? Dann nimm diese Challenge an und trenne dich für mindestens drei Tage - besser aber noch für die ganze Woche - von WhatsApp, Twitter, Facebook und Co.

TAG	Gegrübelt?	Auslöser/Stressor	Thema	Vorgehen	Tagesaufgabe
1					Noch einmal ist aktives Grübeln angesagt. Grüble 15 Minuten - falls vorhanden, natürlich an deinem Grübelort.
2					Widme dich heute vor dem Einschlafen der progressiven Muskelentspannung aus Kapitel 7.
3					Lenke deine Gedanken gezielt auf ein Thema deiner Wahl und denke zielführend darüber nach.
4					Reflektiere: Spürst du den Unterschied zwischen Grübeln und dem zielführenden gestrigen Nachdenken?
5					Lege eine Liste mit Dingen an, mit denen du deine Zeit sinnvoller verbringen kannst als mit dem Grübeln.

6						Frage eine Person, mit der du viel Zeit verbringst, ob sie dich derzeit als präsenter/weniger abwesend wahrnimmt.

Dein Fazit

Vier Wochen sind geschafft! Es ist an der Zeit, stolz auf dich zu sein und dir einmal ordentlich auf die Schulter zu klopfen. Du hast dich entschieden, dich gegen das Grübeln zu wehren, dazuzulernen und dein Leben aktiv zu verbessern. Das ist eine tolle Leistung! Zum Schluss kannst du ein Fazit bezüglich der Erfahrungen, die du in den letzten vier Wochen gesammelt hast, ziehen. Verwende dafür die folgende Vorlage:

1. Für mich waren diese vier Wochen...

_____

_____

_____

2. Ich habe gelernt...

_____

_____

_____

3. Besonders geholfen hat mir...

_____

4. Folgendes hat weniger gut funktioniert...

_____

5. Folgendes möchte ich in Zukunft beibehalten...

_____

Positives Denken

Kapitel 1: Die Welt der negativen Gedanken

Gedanken kommen und gehen. Mal bleiben sie nur für Sekunden, mal verankern sie sich in unserem Kopf. Allerdings hat nicht jeder Gedanke denselben Effekt auf uns und unser Leben. So können Gedanken zu einer Verbesserung, aber im Umkehrschluss auch einer Verschlechterung unseres Lebens beitragen. Bevor wir tiefer in die Materie der negativen Gedanken eingehen, soll es an dieser Stelle erst einmal um Gedanken im Generellen gehen.

Was sind Gedanken?

Vom Prinzip her weiß sicherlich jeder von uns, was ein Gedanke ist. Allerdings möchte ich dir hier nochmal genau erläutern, was hinter einem Gedanken steckt. Zu Anfang ging man davon aus, dass es für jeden Gedanken ein Neuron im Gehirn gibt. Wenn man somit an ein Objekt oder eine Person denkt, wird das entsprechende Neuron aktiviert und los geht's. Mit der Zeit hat man jedoch festgestellt, dass diese ursprüngliche Annahme nicht hinkommt. Zum einen müsste es dann auch leere Neuronen geben, die irgendwann einem Objekt oder einer Person zugeordnet werden. Zum anderen wäre die Anzahl der dann bestehenden Neuronen so groß, dass die menschlichen Kapazitäten nicht ausreichen würden.

Des Weiteren ist bisher nicht eindeutig klar, wie die Verarbeitung verschiedener Areale am Ende zu einem Gedanken zusammengefasst wird. Wenn wir nämlich einen farbigen sich bewegenden Gegenstand sehen, sind mehrere Areale unseres Gehirns mit der Verarbeitung dieses Eindrucks beschäftigt. So werden Form, Farbe, und Bewegung von anderen Arealen verarbeitet. Die Erkenntnis, die daraus resultiert, bekommen wir in der Regel jedoch nicht gestückelt, sondern im Ganzen zugetragen. Über die Zusammenhänge kann nach wie vor weitestgehend spekuliert werden, da grobe Strukturen zwar bereits mehrfach bewiesen wurden, zum Beispiel, dass mehrere Neuronen einen Bund bilden, allerdings kann man dennoch nicht sagen, wie genau der komplette Prozess abläuft.

Wenn man es grob zusammenfassen möchte, damit es nachvollziehbarer wird, kann man sagen, dass es sich bei Gedanken um elektrische Ströme, die für das Auge nicht sichtbar sind, handelt. Dabei können die Neuronen, auch Nervenzellen, untereinander kommunizieren und somit Informationen aufschnappen, weiterleiten oder direkt verarbeiten. Im menschlichen Gehirn finden sich etwa 100 Milliarden Nervenzellen, die durch Synapsen miteinander verbunden sind. Dabei kann eine Nervenzelle mit bis zu 30.000 weiteren verbunden sein.

Da es keine Zentrale gibt, die die Verbindungen steuert und das Netz aus Nervenzellen kontrolliert, kommt ein Gedanke und wird dann im ganzen Gehirn verteilt. Währenddessen gibt es unglaublich viele elektrische Signale, die im Kopf ablaufen. Diese werden am Ende zu einer einzigen Erkenntnis zusammengeführt. Unsere Gehirnleistung wird dabei nicht von der Leistungsfähigkeit unserer Nervenzellen, sondern von ihrer Kommunikation bestimmt. Letztendlich schüttet jede Nervenzelle Stoffe aus, die von anderen Nervenzellen wahrgenommen werden, was wiederum bedeutet, dass unser Denkprozess nur dann einwandfrei möglich ist, wenn die Vernetzung unserer Nervenzellen stimmt.

Unser Denkprozess an sich und unsere Gedanken werden dabei von äußeren Faktoren geprägt. Dementsprechend haben unser Umfeld, unsere Erfahrungen und unsere Gefühle einen Einfluss auf unser Denken. Allerdings funktioniert dieser Zusammenhang auch andersherum. So kommt es auch, dass nicht alle Menschen gleiche Gedanken haben. Unser Denken hilft uns bei dem Zurechtfinden in der Welt und Erinnern an Erlebnisse und Objekte, damit diese dann den Umständen entsprechend, interpretiert werden können.

Woher kommen unsere Gedanken?

Gedanken kommen, Gedanken gehen. Woher sie konkret kommen und vor allem wohin sie gehen, wissen wir in der Regel nicht. Darüber hinaus sind sie unser ständiger Begleiter. Abgesehen von der Zeit, in der wir schlafen, gibt es nur wenige Momente, in denen keine Gedanken durch unseren Kopf gehen. Überwiegend wissen wir weder welcher Gedanke uns zuerst noch welcher uns zuletzt an einem Tag kommen wird. Außerdem sehen wir in unseren Gedanken nichts Beeinflussbares, sondern etwas Gegebenes. Wir sind der Meinung, dass unsere Gedanken nicht von uns selbst beeinflusst und bestimmt werden können. Andernfalls würden wir nur Gedanken zulassen, die positive Gefühle in uns wecken und uns gut fühlen lassen.

Gedanken kommen nicht unmittelbar von außen, sondern entstehen in unserem Inneren. Denn auch wenn der Input für die Gedanken von außerhalb kommt, kommen unsere Gedanken nicht ebenfalls daher. Häufig bedingt ein bestimmter Input einen Gedanken. Jedoch ist dieser Input nicht zwangsläufig erforderlich, da unser Gehirn auch dann arbeitet, wenn es keinerlei Umweltreizen ausgesetzt ist. Denn auch dann schießen permanent Neuronen durch deinen Kopf. Durch dieses Phänomen kommen auch Träume zustande – aufgrund dessen, dass wir im Schlaf nicht bewusst Informationen aufnehmen können, entstehen Träume. Somit entstehen Gedanken durch das aktive Interagieren des Gehirns mit unserem Körper und unserer Umwelt.

Ein Beispiel für die Entstehung von Gedanken aufgrund eines bestimmten Inputs kann die Erinnerung auf einem Zettel an einen bestimmten Geburtstag sein. Entweder greifst du umgehend zum Telefon oder du denkst, dass es momentan zeitlich nicht passt. Beide Möglichkeiten entstehen gedanklich durch den Input des Zettels. Währenddessen werden in der Großhirnrinde massenweise Neuronen abgefeuert und Signale von einer zur anderen Nervenzelle übermittelt. Bei entsprechenden Reizen von außen werden Neurotransmitter, also chemische Botenstoffe, freigesetzt. Der Gedanke entsteht.

Können wir unsere Gedanken beeinflussen?

Wie zu Anfang des letzten Abschnittes bereits erwähnt, gehen wir im Allgemeinen davon aus, dass Gedanken nicht beeinflussbar sind. Tatsächlich haben Gedanken eine große Macht über uns. Zusammenfassend kann man nämlich sagen, dass negative Gedanken negative Gefühle in uns auslösen und positive Gedanken positive Gefühle in uns hervorrufen. Allein anhand dessen kann man sehen, wie wichtig es wäre, dass wir unsere Gedanken beeinflussen können – damit wir nicht durch unsere Gedanken fremdbestimmt werden, sondern jederzeit selber bestimmen können, wie wir uns fühlen und alles, was daraus bedingt.

Der grundlegende Zusammenhang sieht so aus: es entsteht eine Situation, aus der sich unterschiedliche Gedanken entwickeln, indem du die Situation bewertest und interpretierst. Je nachdem zu welchem Ergebnis diese Bewertung und Interpretation führen, entstehen bestimmte Gefühle in dir. Bereits im Talmud gibt es eine weise Aussage, die diesen Zusammenhang noch erweitert und die Macht der Gedanken verdeutlicht: „Achte auf deine Gedanken, denn deine Gedanken werden zu Worten. Achte auf deine Worte, denn deine Worte werden zu Taten. Achte auf deine Taten, denn deine Taten werden zu Gewohnheiten. Achte auf deine Gewohnheiten, denn deine Gewohnheiten werden zum Schicksal."

Daraus wird deutlich, wie machtvoll unsere Gedanken sind und dass sie sich auf unser ganzes Dasein auswirken. Sicher ist dein Leben nicht immer einfach und du erlebst viele Enttäuschungen, Schicksalsschläge, Trauer, Ungerechtigkeit, Wut und Verzweiflung. In diesen Situationen fällt dir positives Denken natürlich unheimlich schwer. Den meisten Menschen ist gar nicht klar, dass sie ihre Gedanken ständig beeinflussen, wenn auch häufig unbewusst. Der Einfluss auf deine Gedankenwelt kann sowohl in die negative als auch in die positive Richtung gehen. Im Laufe des Lebens machst du immer wieder neue Erfahrungen und lernst ständig dazu. Darüber hinaus werden in deinem Gehirn neue Nervenzellen gebildet, die dann dem neuronalen Netzwerk zur Verfügung stehen. Das bedeutet, dass sich dein Gehirn in jeder Lebensphase verändert.

Du kannst dein Hirn im Prinzip mit einem Muskel vergleichen. Die am häufigsten benutzten Verbindungen werden zunehmend stärker, während andere verkümmern. In diesem Fall spricht man dann von der sogenannten Neuroplastizität. Die Strukturen des Gehirns gleichen einem Straßennetz, in welchem es immer irgendwelche Baustellen gibt. Dein ganzes Leben lang finden also irgendwelche Umbauprozesse statt, je nachdem, welche Erfahrungen dir deine Umwelt beschert.

Solche Veränderungen im Gehirn erfolgen stetig, ganz unabhängig davon, ob es sich um negative oder positive Erlebnisse handelt. Hast du also eine negative Einstellung zu irgendeinem Thema, dann wirst du wohl oder übel immer nur das wahrnehmen, was dieser Ansicht entspricht. Hast du öfter solche Gedanken, wird sich das in deinen Kopf einbrennen, sodass du fest davon überzeugt bist und dich kaum mehr davon abbringen lässt.

Selbstverständlich wirst du derartige Gedanken dann auch wesentlich häufiger hegen. Stellt sich dann nur eine leichte Frustration ein, spult dein Gehirn das komplette Programm ab. In der Folge legst du bestimmte Verhaltensmuster an den Tag, sodass es gar keine Möglichkeit gibt, die negativen Erfahrungen und Gedanken zu korrigieren. Höchstwahrscheinlich wirst du dich auch so verändern, dass es auf dein Umfeld abfärbt und sich einige Leute vielleicht sogar von dir abwenden. Da dies wiederum eine Bestätigung für dein verzerrtes Weltbild ist, gerätst du unweigerlich in einen Teufelskreis. Was du denkst wird letztendlich also auch zu deinem Schicksal, dazu später aber mehr.

Die Beeinflussung deiner Gedanken kann aber nicht nur auf negative Art und Weise erfolgen. Bist du positiv gestimmt und gehst entsprechend auf andere Menschen zu, wirst du auch positives Feedback erhalten. Diese schönen Erfahrungen und Erlebnisse setzen sich ebenfalls in deinem Gehirn fest. Hast du eine optimistische Lebenseinstellung, wird dein Kopf auch dementsprechend programmiert sein und dich auch resilienter machen. Egal, wie du es drehst und wendest, dein Gehirn ist immer lernfähig und kann von dir zu jeder Zeit umgepolt werden. Es liegt tatsächlich nur an dir und deiner Einstellung.

Wenn wir einen Einfluss auf unsere Gedanken haben wollen, gibt es mehrere Möglichkeiten. So kannst du dich bewusst dafür entscheiden, nicht mehr negativ zu denken und dich stattdessen positiven Dinge zuwenden. Darüber hinaus kannst du dich mit Dingen beschäftigen, von denen du weißt, dass sie positive Gefühle in dir bewirken. Damit einhergehend solltest du dich von negativen Dingen in deinem Leben abwenden. Damit zusammenhängend solltest du dich zum Beispiel weniger mit den überwiegend negativ geprägten Nachrichten beschäftigen und dich von toxischen Menschen fernhalten. Des Weiteren kannst du gewisse Situationen auch anders bewerten und uminterpretieren. So bekommst du einen neuen Blickwinkel auf die Situation und kannst dein bisher negativen Gefühle auflösen und durch positive ersetzen. Konkreter werden wir in Kapitel 7 auf das Lenken von Gedanken eingehen. Führe dir letztendlich immer vor Augen, dass deine Gedanken deine Realität maßgeblich beeinflussen und es letztendlich dein Leben ist, was du allein bestimmen und gestalten solltest.

Worauf wirken sich unsere Gedanken aus?

Du hast zuvor schon gesehen, dass unsere Gedanken unser komplettes Leben in allen Aspekten beeinflussen. Vor allem der Spruch aus dem Talmud fasst diese Zusammenhänge recht eindeutig zusammen. Um dir konkret zu verdeutlichen, inwiefern eine Beeinflussung besteht, soll dieser Abschnitt dienen.

Sicher kennst du selbsterfüllende Prophezeiungen. Du nimmst in deinem Umfeld nur das wahr, was deinen täglichen Gedanken entspricht. Folglich erlebst du immer wieder Situationen, welche diese Gedanken widerspiegeln. Mach dir also bewusst, dass du im Leben niemals das bekommen wirst, was du eigentlich willst. Vielmehr bekommst du das, worauf sich deine Konzentration richtet. Du kannst dich auf deine Sorgen, Ängste und Probleme fokussieren, was deine Lebensumstände aber sicher nicht positiv beeinflussen wird. Oftmals tritt sogar genau das ein, wovor man sich am meisten fürchtet. Du hast aber selbst die Chance, dich eher mit Lösungsmöglichkeiten zu befassen, was dich wesentlich weiterbringen wird.

Gedanken beeinflussen...

▸ ... deine Gefühle

Oftmals gehen wir davon aus, dass Situationen daran schuld sind, was wir empfinden – also welche Gefühle in uns hervorgerufen werden. Tatsächlich ist diese Annahme so nicht korrekt. Denn jegliches Ereignis, das uns widerfährt, ist zunächst weder gut noch schlecht. Es ist einfach neutral – es ist passiert und kennzeichnet den IST Zustand in diesem Moment. Die Gefühle, die diese Situation in uns erzeugt, folgen erst im nächsten Schritt, nämlich dann, wenn wir die Situation bewerten und interpretieren. Erst dann ordnen wir sie positiv oder negativ ein. Dementsprechend kann dieselbe Situation zwei Menschen passieren und dennoch von beiden, aufgrund ihrer individuellen Interpretation, komplett verschieden wahrgenommen werden. Zwei Menschen werden gekündigt, der eine sieht daraufhin seine Welt untergehen, der andere sieht es als Chance. Ein anderes Beispiel wäre das Anbieten eines Muffins. Eine Person bewertet das Anbieten als nette Geste und somit positiv. Eine andere Person bewertet die Situation jedoch negativ, da sie gerade eine Diät macht und dadurch in Versuchung geführt wird.

Davon abgesehen ist unser Bewertungskonzept oftmals von Konventionen und der Gesellschaft generell geprägt. Wir interpretieren die Situation nicht anhand unserer Maßstäbe, sondern anhand dessen, was die Gesellschaft vorgibt. So müsste der Verlust des Jobs, der einem seinen bisherigen Lebensstil ermöglicht hat, doch negativ konnotiert sein. Dadurch können auch negative Gefühle in uns hervorgerufen werden, weil wir den Erwartungen der Gesellschaft nicht entsprechen können oder wollen. Erwartet die Gesellschaft, dass wir uns auf eine bestimmte Art und Weise Verhalten, bedeutet jegliche Abweichung, dass automatisch negative Gefühle hervorgerufen werden.

▸ ... deine Wahrnehmung

Bei dem Einfluss der Gedanken auf die Wahrnehmung greift vor allem das Gesetz der Anziehung. Wenn du deinen Fokus negativ ausrichtest, dann wirst du in allem etwas Negatives sehen. Dir wird es vorkommen, als sei die Welt ausschließlich negativ und als sei kein Lichtblick vorhanden. Tagtäglich prasseln Milliarden an Informationen auf uns ein, die von unserem Gehirn verarbeitet werden müssen. Allerdings ist nur ein Bruchteil davon tatsächlich relevant und zu gebrauchen. Wäre dem nicht so, wären alle Dinge, die wir wahrnehmen – und seien sie auch noch so klein – wichtig. Das wiederum würde bedeuten, dass wir uns ausnahmslos an alles Wahrgenommene erinnern müssten, was ein Ding der Unmöglichkeit ist. Würden wir einkaufen fahren, müssten wir den Aufbau des Supermarktes, alle Produkte, Mitarbeiter, anderen Kunden und die Preise im Detail beschreiben können. Das würde eher früher als später zu einer vollständigen Überforderung unseres Gehirns führen, was zur Folge hätte, dass wir durchdrehen oder aufgeben würden.

Damit es dazu nicht kommt, ist unser Gehirn in der Lage zu filtern – es kann das relevante von dem nicht relevanten Wahrgenommenen unterscheiden. Die Grundlage für diese Einordnung bilden dabei deine Gedanken. Gedanken, die häufig auftauchen, werden von deinem Gehirn als sehr wichtig eingeordnet. Daraus resultiert dann das Phänomen, dass die ganze Welt auf einmal ausschließlich negativ zu sein scheint – du denkst negativ, also nimmst du auch nur noch negativ wahr.

Wenn du zum Beispiel Hunger verspürst, legst du deinen Fokus auf das Knurren deines Magens, du wirst auf einmal Essen riechen und überwiegend Menschen sehen, die essen. Ein weiteres Beispiel wäre, wenn du keine Lust mehr darauf hast alleine zu sein. Sobald dieser Gedanke öfter in dir auftaucht, wird es dir so vorkommen als gebe es ausschließlich glückliche Pärchen. Dabei spielt es nur eine untergeordnete Rolle, ob die Fakten das Gegenteil beweisen würden.

Bei deiner Wahrnehmung spielt es eine untergeordnete Rolle, was du möchtest und was nicht. Stattdessen ist dein Gehirn nach Möglichkeit faul und greift somit auf Gedanken zurück, die oft vorkommen, um alles andere in dieselbe Richtung auszurichten. Dieses Vorgehen ist für dein Gehirn einfach und erleichtert ihm seine Arbeit.

> ### ... deine Worte

Auf Basis deiner Gedanken und deiner Wahrnehmung bildest du deine Worte. Denn beides ist entscheidend dafür, was du sagst, welche Themen dich kommunikativ interessieren und dir überhaupt verbal zur Verfügung stehen. Jeder wird schon an sich selbst und auch an seinen Mitmenschen festgestellt haben, dass Menschen darüber reden, was sie gerade beschäftigt. Die Beschäftigung basiert natürlich auf den Gedanken und der Wahrnehmung. Somit hängt damit unmittelbar unser Gesprächsstoff zusammen. Wenn wir negativ ausgerichtet sind, wird auch unser Wortschatz negativ besetzt sein. Das drückt sich dann beispielsweise durch ständiges Beschweren oder Jammern aus. Durch die Gespräche, die man mit anderen Menschen führt, kann man sowohl diese als auch sich selber beeinflussen. Führt man negative Gespräche, zieht man entweder sein Gegenüber runter oder wird runtergezogen. Es sollte weder das eigene Ziel sein, anderen Menschen ein negatives Gefühl zu geben, noch sie ebenfalls runterzuziehen. Auf der anderen Seite sollte man Abstand zu Menschen halten, die einen mit ihren Worten runterziehen.

> ### ... dein Verhalten

Nachdem sich deine Gedanken bereits auf deine Gefühle und deine Wahrnehmung ausgewirkt haben, ist es nur logisch, dass sie auch dein Verhalten beeinflussen. Jeder Tag wird durch Entscheidungen beeinflusst. Überwiegend kleine, aber auch einige große Entscheidungen liegen immer an der Tagesordnung. Du entscheidest jedes Mal, wohin es gehen soll. Dabei nehmen logischerweise deine Gefühle und deine Wahrnehmung unmittelbar einen Einfluss darauf.

Wenn du Hunger hast, entscheidest du dich dazu etwas zu essen. Vielleicht machst du gerade eine Diät und solltest somit auf gesunde Lebensmittel zurückgreifen. Da jedoch nichts dergleichen verfügbar und der Aufwand zu groß ist, entscheidest du dich für etwas Ungesundes. Bei dieser Entscheidung können auch deine Gefühle beteiligt gewesen sein, es gibt schließlich genügend sogenannte Frustesser.

Zudem kann es sein, dass du durch deine negativen Gefühle und deine negative Wahrnehmung in jeder Situation etwas Negatives siehst und deswegen Situationen von Vornherein ablehnst, anstatt ihnen eine Chance zu geben, dich vom Gegenteil zu überzeugen. Du wirst auf eine Party eingeladen und gehst direkt davon aus, dass sie dir nur vor Augen führen wird, wie alleine du bist, anstatt dich darauf einzulassen und neue Menschen kennenzulernen.

▸ ... deine Gewohnheiten

Alle zuvor genannten Aspekte beeinflussen automatisch deine Gewohnheiten. Gewohnheiten machen den Großteil unserer täglichen Handlungen aus, da sie unserem Gehirn ermöglichen weniger Leistung bei dem Ausüben einer Tätigkeit aufzuwenden. Gewohnheiten sind eine Vereinfachung der Gehirntätigkeit und dementsprechend dem Gehirn sehr willkommen. Dadurch lässt sich auch erklären, warum das Angewöhnen einer Gewohnheit oftmals schnell wieder verworfen wird. Der Aufwand ist für unser Gehirn deutlich größer, der Verzicht auf diesen Prozess dementsprechend umso leichter. Sind unsere Gedanken, Gefühle, unsere Wahrnehmung und Worte und unser Verhalten negativ ausgerichtet, werden auch unsere Gewohnheiten negativ sein. Da sich alles bedingt, gibt es keine andere Möglichkeit. Denkst du, dass du dick bist, weil du mehr auf die Waage bringst als deine Freundinnen, wirst du das zu dir sagen und dich dementsprechend verhalten. In diesem Zusammenhang wird oft auf die Ausrede zurückgegriffen, dass das bisschen Essen auch nichts mehr ausmacht oder Sport sowieso nichts bringt und aufgrund des Übergewichts nicht ausführbar ist. Somit hat man die negative Angewohnheit keinen Sport zu machen und sich ungesund zu ernähren. Negativ ist hier zudem prinzipiell die individuelle Wahrnehmung. Allerdings ist alles, was unsere Gesundheit beeinträchtigt bewiesenermaßen negativ.

▸ ... dein ganzes Leben

Die Zusammenhänge klingen im ersten Moment etwas beängstigend und so als sei es viel Aufwand aus der negativen Abwärtsspirale jemals wieder herauszukommen. Tatsächlich sollte man dabei aber nicht vergessen, welche Chancen daraus resultieren. Wenn wir es schaffen am Anfang der Spirale eine Veränderung herbeizuführen, kann unser ganzes Leben sich verändern. Lasse deine Gedanken nicht länger einen Nachteil sein, sondern transformiere sie in deine Wunderwaffe. Denn letztendlich beginnt alles in deinem Kopf, sodass deine Gedanken dir dabei helfen können, über dich hinauszuwachsen.

Daraus wird deutlich, dass unsere Gedanken auf unser ganzes Leben Einfluss nehmen. Dabei spielt es keine Rolle, ob die Gedanken bewusst oder unbewusst sind. Positiv und negativ spielen an sich ebenfalls keine Rolle. Der einzige Unterschied besteht darin, dass dein Leben dementsprechend beeinflusst wird – wenn du positiv gestimmt bist, positiv, wenn du negativ gestimmt bist, negativ. Dabei hängt es damit zusammen, wie wir eine Situation, ein Gefühl oder eine Handlung bewerten. Diese Bewertung wiederum basiert auf unserer Absicht, die wir verfolgen.

Das Wichtigste in Kürze

- ✓ Gedanken sind elektrische Ströme, die für das Auge nicht sichtbar sind. Neuronen kommunizieren untereinander und schnappen dabei Informationen auf, die sie weiterleiten oder direkt verarbeiten.

- ✓ Da es keine Zentrale zur Steuerung der Nervenzellen gibt, wird ein aufkommender Gedanke im ganzen Gehirn verteilt. Dabei laufen unglaublich viele elektrische Signale im Kopf ab, die am Ende zu einer Erkenntnis zusammengeführt werden.

- ✓ Unsere Gehirnleistung wird nicht von der Leistungsfähigkeit unserer Nervenzellen, sondern von ihrer Kommunikation bestimmt, sodass unser Denkprozess nur dann einwandfrei möglich ist, wenn die Vernetzung unserer Nervenzellen stimmt.

- ✓ Unsere Gedanken werden von äußeren Faktoren geprägt wie unserem Umfeld, unseren Erfahrungen und unseren Gefühlen. Unser Denken hilft uns bei dem Zurechtfinden in der Welt und Erinnern an Erlebnisse und Objekte, damit diese dann den Umständen entsprechend, interpretiert werden können.

- ✓ Somit entstehen Gedanken durch das aktive Interagieren des Gehirns mit unserem Körper und unserer Umwelt.

- ✓ Jede Situation an sich ist neutral. Erst durch unsere Bewertung und Interpretation ordnen wir sie ein und bestimmte Gefühle und Gedanken entstehen.

- ✓ Die Macht der Gedanken wir im Talmud verdeutlicht: „Achte auf deine Gedanken, denn deine Gedanken werden zu Worten. Achte auf deine Worte, denn deine Worte werden zu Taten. Achte auf deine Taten, denn deine Taten werden zu Gewohnheiten. Achte auf deine Gewohnheiten, denn deine Gewohnheiten werden zum Schicksal."

Kapitel 2: Der negative Gedankenkosmos

Nachdem wir in dem vorherigen Kapitel einiges zum Thema Gedanken durchgegangen sind und somit eine gewisse Grundlage für dich geschaffen haben, möchte ich an dieser Stelle genauer auf die negativen Gedanken eingehen.

Was sind negative Gedanken?

Die Antwort auf diese Frage ist allgemein von deiner Bewertung abhängig. Wenn du einen Gedanken negativ bewertest, ist er negativ. Negative Gedanken sind oft anstrengend und destruktiv. Sie halten dich davon ab, dein bestmögliches Leben zu leben. Da sie sich sowohl auf deinen Körper als auch auf deinen Geist auswirken, lassen sie dich unter anderem kraft- und lustlos, müde und weniger belastbar werden. Darüber hinaus verstärken sich negative Gedanken je häufiger sie auftreten. So kommen sie zunächst vereinzelt und werden dann zu einem regelrechten Strudel, der dich mitreißt.

Zudem zeichnen sich negative Gedanken oft dadurch aus, dass man anstelle von wie, warum fragt. Ein Gedanke beherrscht dich so, dass du kaum noch Zeit hast, an etwas anderes zu denken und es dir zunehmend schwerfällt, anderen Themen Aufmerksamkeit zu schenken. Außerdem bist du häufig von Selbstzweifeln geplagt, die aus deinen Gedanken resultieren. Negative Gedanken bringen negative Gefühle mit sich. So bringen sie beispielsweise Komplexe, Wut, Ärger, Rachegelüste oder Hass mit sich. Letztendlich sind es alles Gefühle, die sich negativ auf dein Sein auswirken. So auch das Begehren von Dingen und Personen: Wenn du etwas begehrst, das du nicht haben kannst, wird es einen essentiellen Anteil an deinem Denken haben, was sich wiederum negativ auf dein gesamtes Leben auswirkt.

Eine negative Denkweise hindert Menschen daran, ihre Träume zu verwirklichen und ihre Ziele zu erreichen. Die Ursache dafür liegt vor allem darin, dass der Fokus auf dem Negativen liegt, anstatt dass an der Umsetzung der Ziele und Träume gearbeitet wird. Negative Denker sind regelrecht in dieser Denkweise gefangen, die an sich keinen Mehrwert bietet, sondern einfach eine Vergeudung der Lebensenergie darstellt. Wer sich ständig einredet, dass er etwas nicht kann, wird es auch nie können. Letztendlich drehen sich deine Gedanken in Bezug auf diese Thematik immer wieder im Kreis und du kommst keinen Millimeter voran. Dieses Phänomen wird auch gerne Gedankenkarussell genannt. Charakteristisch hierfür sind wiederkehrende Gedanken, die zu einer Grübelei werden und über Wochen oder Monate hinweg anhalten. Dabei dreht sich diese Grübelei wie ein Karussell im Kreis und es wird niemals eine Lösung gefunden. Das Ergebnis der Fahrt im Gedankenkarussell ist nämlich, dass es zu keinem Ergebnis führt.

Dennoch gibt es auch dafür eine gute Nachricht: Am Ende des Tages bist du der Herr/die Herrin über deine Gedanken und hast es in der Hand, zukünftig deinen negativen Gedanken den Kampf anzusagen. Du hast jederzeit die Möglichkeit aus dem Gedankenkarussell auszusteigen – mit einem festen Willen, der Portion Geduld und den richtigen Übungen sollte dir da absolut nichts im Weg stehen.

Negative vs. positive Gedanken

Positive Gedanken geben dir eine positive Einstellung, ein positives Denken und lassen dich alles und jedem in deinem Leben positiv begegnen. Positiv denkende Menschen werden oft als Optimisten bezeichnet und negativ denkende Menschen als Pessimisten. Dabei sind die meisten Menschen eher eine Mischung, bei der der Optimismus überwiegt.

▸ Entscheidung zwischen Erfolg und Misserfolg

Dein Erfolg oder Misserfolg im Leben hängt maßgeblich davon ab, worauf du dich konzentrierst. Wer überwiegend positiv denkt und mit einer positiven Lebenseinstellung an alles herangeht, wird eher seine Ziele erreichen. Denn damit einhergehend sind auch das Vertrauen in sich und seine Fähigkeiten – du wirst durch das positive Denken mit Selbstbewusstsein erfüllt und bekommst Energie. Dazu kommt, dass positive Denker offener auf andere Menschen zugehen und somit sympathischer wirken. Im Gegensatz dazu wirken negative Denker tendenzielle abweisend auf andere. Auch dieser Aspekt zeigt auf, dass eine positive Denkweise einem seinen Zielen näherbringen kann.

▸ Besser Umgang mit Hindernissen

Des Weiteren wird es positiv denkenden Menschen leichter fallen, durchzuhalten und nicht bei dem ersten Hindernis aufzugeben. Beim negativen Denken redet man sich in solchen Situationen ein, dass es eh nichts bringt und wohl nicht sein soll. Das gesteckte Ziel war einfach zu hoch und man selbst ist zu schlecht – das konnte ja nichts werden. Würdest du hingegen positiv denken, würde es dir einen Schub an Motivation und Durchhaltevermögen geben. Du bist bereit alles zu geben, um deine Ziele zu erreichen und deine Träume zu realisieren. Dabei spielt es keine Rolle, ob es um Hindernisse im Privat- oder Berufsleben geht.

▸ Einfluss auf den Körper

Positives Denken vermindert Stress, während negatives Denken dich auf Dauer sogar krank machen kann, sowohl körperlich als auch seelisch. Im Endeffekt beeinflusst dies nicht nur deine Lebensqualität, sondern auch deine Lebenserwartung. Wenn du positiv denkst, brauchst du nur wenig, um glücklich sein. Negativ denkende Menschen hingegen werden niemals wahres Glück verspüren. Darüber hinaus erkranken sie auch wesentlich häufiger an Depressionen und Angststörungen.

▸ Zwischenmenschliche Beziehungen

Positive Gedanken wirken sich auch positiv auf deine zwischenmenschlichen Beziehungen aus. Vermutlich werden sich andere Menschen gerne in deiner Nähe aufhalten. Negative Menschen werden eher gemieden und können irgendwann vereinsamen, weil sie sich total zurückgezogen haben. Zudem kann es damit zusammenhängen, dass andere Menschen sich abgewiesen und wenig willkommen fühlen. Allerdings ist es nicht zwangsläufig so, dass man ein negativ denkender Mensch sein muss, nur weil man den Kontakt mit anderen Menschen nicht sucht. Schließlich bestätigen Ausnahmen immer die Regel, sodass negative Denker viele Menschen um sich scharen können und positive Denker Menschen meiden. Dennoch trifft im Normalfall die Regel zu.

All diesen Unterschieden liegt eigentlich ein uraltes Gesetz zugrunde: Das Gesetz der Anziehung. Dieses Gesetz besagt kurz gesagt, dass Gleiches Gleiches anzieht. Wenn du einen negativen Gedanken zulässt, zieht dieser weitere negative Gedanken an. Hältst du diese Kette nicht auf, wirst du immer tiefer in den Strudel hinabgezogen und es wird dir immer schwer fallen wieder hinaus und in das positive Denken zu kommen. Da deine Gedanken in gewisser Weise bestimmen, was du in deinem Leben anziehst, bedeutet das, dass du nach den negativen Gedanken tendenziell negative Situationen, Gefühle und Verhaltensweisen anziehen wirst. Im Umkehrschluss bedeutet das also, dass die Konzentration auf positive Gedanken zu der Anziehung positiver Situationen führt.

Unser Universum und dementsprechend auch das Gesetz der Anziehung ist an sich neutral. Das liegt daran, dass alles zunächst neutral ist. Erst durch die Bewertung einer Situation durch uns Menschen wird eine Situation positiv oder negativ. Diese Wertung wird dann als persönliche Wahrheit und Realität angenommen, da diese durch die eingenommenen Einschätzungen und Beurteilungen einfach so sind.

Bei dem Gesetz geht es auch nicht darum, ob es sich um einen bewussten oder unbewussten Gedanken handelt. Du musst auch überhaupt nicht an dieses Gesetz glauben oder es verstehen. Das Gesetz ist Gesetz und hat immer seine Richtigkeit. Die meisten Menschen werden das Gesetz der Anziehung wahrscheinlich gar nicht kennen. Auch wenn sie es also nur unbewusst benutzen, erfolgt eine Reaktion auf ihre negativen Gedanken. Demnach muss man sich nicht wundern, dass negativ eingestellte Menschen meistens auch das Negative anziehen.

Im Zusammenhang damit sollte man auch die selbsterfüllende Prophezeiung berücksichtigen. Bei dieser geht es darum, dass man unterbewusst ein gewisses Ereignis in eine bestimmte Richtung beeinflusst. Aufgrund dessen kommt es auch immer wieder zu zutreffenden Horoskopen. Abgesehen davon, dass Horoskope so vage formuliert sind, dass es immer zutreffen kann, können auch selbsterfüllende Prophezeiungen dafür verantwortlich sein. Nehmen wir an, dass Petra in ihrem Horoskop liest, dass sie diese Woche ihren Traummann kennenlernen wird. Daraufhin kann Petra darauf achten, zurechtgemachter aus dem Haus zu gehen, vermehrt Orte aufsuchen, an denen viele Menschen anzutreffen sind oder generell offener und sympathischer auf ihre Mitmenschen wirken, sodass im besten Fall sogar ein Mann von sich aus auf Petra zukommt. Am Ende lernt Petra tatsächlich den Mann ihrer Träume kennen. Dieses Ergebnis hat aber nur Petra alleine herbeigeführt und kein Horoskop an sich.

Des Weiteren kann die selbsterfüllende Prophezeiung auch anders auftreten. Wenn wir eine bestimmte Erwartungshaltung anderen Menschen oder Situationen gegenüber haben, wird diese in der Regel auch bestätigt werden. Menschen verhalten sich und reagieren genauso, wie du es erwartet hast. Situationen verlaufen genauso, wie du im Voraus vermutet hast. Petra erwartet von einer ihrer Freundinnen, dass sie eh wieder das vereinbarte Treffen absagen wird, dementsprechend wird sie unterbewusst vielleicht kürzer angebunden oder generell komischer antworten, sodass sie ihrer Freundin vermittelt, dass sie keine Lust auf das Treffen hat. Sie löst bei ihrer Freundin ein komisches Gefühl aus, was diese letztendlich zur Absage des Termins bewegt und dazu, dass Petra sich in ihrer Erwartung bestätigt fühlt.

Geht es um eine Situation, erwartet Petra von der Geburtstagsparty ihrer Arbeitskollegin, dass sie langweilig sein wird und da sie niemanden kennt, wird sie gelangweilt in der Ecke sitzen und sich ihrem Getränk widmen. Öde. Am Ende des Abends wird Petra genau so ihren Abend verbracht haben. Das muss allerdings gar nicht damit zusammenhängen, dass es tatsächlich für alle langweilig war. Es wird viel mehr daran gelegen haben, dass Petra eine Abwehrhaltung den anderen Menschen gegenüber gezeigt hat, sodass diese keine Lust hatten Petra anzusprechen – sie wirkte schließlich durch ihre Körperhaltung und die ganze Art nicht so, als würde es Spaß machen, sich mit ihr auseinanderzusetzen. Das Resultat war eine gelangweilt in der Ecke sitzende Petra.

An beiden Situationen wird deutlich, dass die Erwartungshaltung zu dem Ergebnis geführt hat. Es gab eine Prophezeiung, die getroffen wurde und die bewusst oder unbewusst in genau diese Richtung gelenkt wurde. Das an sich kann auch zu unserem Vorteil funktionieren, allerdings ist es wichtig, dass man nicht zu tief in die Erwartungshaltung drinsteckt. Dann wirst du bei jeder menschlichen Interaktion und jeder Handlung in gewisser Weise fremdbestimmt und wirst die Menschen und Situationen nie so wahrnehmen, wie sie tatsächlich waren. Außerdem entsteht eine Wechselwirkung: Du erwartest ein bestimmtes Verhalten von deinem Gegenüber, darauf folgt deine Reaktion, dein Gegenüber passt sich zukünftig an dein Verhalten an und hat ebenfalls eine Erwartungshaltung an dich.

Die selbsterfüllende Prophezeiung kann sich grundsätzlich auf jeden Lebensbereich auswirken. Wenn du beim Arzt Angst vor einem zu hohen Blutdruck hast, dann wird genau diese Angst auch deinen Blutdruck ansteigen lassen. So hat sich auch vermehrt gezeigt, dass ältere Menschen mit der Angst vor dem Stürzen tatsächlich häufiger stürzen. Das liegt einfach daran, dass sie sehr verunsichert sind und ihre Beine deshalb weich werden.

Auch selbsterfüllende Prophezeiungen wirken nicht nur negativ, sondern können dich und dein Leben durchaus auch positiv beeinflussen. Hast du das Prinzip einmal verstanden, kannst du es in jeder Lebenslage zu deinen Gunsten nutzen und so dein volles Potenzial entfalten.

Produktives vs. unproduktives Denken

Neben der Unterscheidung zwischen positiven und negativen Gedanken, kann man diese auch in produktive und unproduktive Gedanken einteilen. Dabei sind unproduktive Gedanken solche, die dich zum Grübeln verleiten und dich am Ende des Tages nicht weiterbringen. Dabei werden diese Gedanken beispielsweise von Sorgen und Ängsten angestoßen oder bringen diese Empfindungen mit sich. So mindert sich deine Leistungsfähigkeit und jede Menge Energie und Kraft werden dir geraubt.

Im Gegensatz dazu befasst sich das produktive Denken damit, bei dem Anflug eines Gedankens, der zu einer Grübelei führen könnte, diesen zu lösen. Es wird aktiv nach Lösungen gesucht, um diesen Gedanken so schnell wie möglich wieder aus der Welt schaffen zu können. Das lässt uns unser Energielevel halten und kann sogar für einen zusätzlichen Energieschub sorgen.

Konvergentes vs. divergentes Denken

Bei diesen beiden Unterscheidungen des Denkens geht es um Lösungsmöglichkeiten, wenn man zum unproduktiven Denken neigt. Dabei hat das konvergente Denken das Ziel, lediglich eine einzige Lösung für einen Gedanken, der ein Problem zum Inhalt hat, zu finden. Im Vergleich dazu geht es bei dem divergenten Denken darum, möglichst viele Lösungsansätze zu finden. Dementsprechend ist der Vorteil dieser Denkweise, dass wir eine Wahl haben und für unsere Situation gucken können, was am besten passt und zur bestmöglichen Lösung führt. Doch so schön das in der Theorie klingt, desto schwieriger ist es in der Realität. Wir haben in unserem Alltag so wenig Zeit, dass wir froh sind, wenn wir überhaupt eine Lösung finden. Wie sollten wir dann auch noch mehrere finden?

Zum divergenten Denken sind wir somit eher in der Lage, wenn wir Zeit haben und uns in einer druckfreien Situation befinden. Sind wir entspannt, kommen meist die besten Lösungen – warum sonst kommen die besten Einfälle meist unter der Dusche? Zu Anfang solltest du somit ruhigere Situationen dafür nutzen, um mehrere Lösungen zu finden. Wenn die Lösung zeitnah vorhanden sein muss, solltest du einen kühlen Kopf bewahren und dem Ganzen gelassen gegenüberstehen. Das wird dir zu Anfang sicherlich schwerfallen, mit der Zeit wirst du allerdings immer geübter darin. Anstatt dich also von negativen und stressenden Situationen herunterziehen zu lassen, solltest du dich vermehrt Dingen und Personen zuwenden, die dir guttun und dir ein positives Gefühl geben. Auch stressigen Situationen kannst du positive Dinge abgewinnen, sodass du nicht länger in dem Stress zerfließen musst.

Auslöser negativer Gedanken

Negative Gedanken kommen nicht von ungefähr, sondern haben ihren Ursprung in verschiedenen Auslösern. Dabei kann man grob unterscheiden zwischen dem Ursprung des eigenen und des fremden Gedankenguts. Dabei kommen auch manche inneren Einflüsse durch einen Anstoß von außen, bilden sich letztendlich aber doch überwiegend in uns selbst, sodass negative Gedanken resultieren.

Einflüsse von außen

▸ Medien

Die Medien haben sich im Laufe der letzten Jahrzehnte gewandelt und vor allem erweitert. Wir bekommen von allen Seiten Einflüsse und werden permanent mit den unterschiedlichsten Dingen konfrontiert. Dabei setzen die meisten Medien auf Schlagzeilen. Und was liefert Schlagzeilen? Alles, was negativ ist und bei den Menschen Entsetzen und andere negative Gefühle wie Angst hervorruft. Wenn wir nun Tag ein Tag aus mit Negativität durch verschiedenste Medien konfrontiert werden – und dabei spielt es keine Rolle, ob es Fernsehen, Zeitung, Radio oder neuere Medien sind –, dann ist es nur die logische Konsequenz, dass man das Gefühl bekommt, dass alles negativ ist. Die Folge davon sind überwiegend negative Gedanken. Manche Menschen empfinden aufgrund dessen auch ein Gefühl, das sie mit Weltschmerz benennen. Menschen fühlen sich schlecht und sind traurig, weil sie nicht in der Lage, schlichtweg unzulänglich, sind und an einem Geschehen nichts ändern können.

▸ Vorbilder

Immer wieder spricht man davon, dass man sich ein Vorbild für sein ganzes Leben oder nur einige Aspekte suchen soll. Was viele dabei jedoch vergessen, ist die Tatsache, dass Vorbilder einen enormen Druck ausüben könne. Wenn man so sein oder aussehen möchte, wie jemand anderes, dann führt das automatisch zu Stress und Unzufriedenheit. Daraufhin folgen negative Gedanken, die ständig im Kopf herum kreisen. Denn letztendlich ist jeder Mensch individuell. Es bedeutet, dass niemand exakt gleich aussieht oder exakt auf genau die gleiche Art und Weise etwas erreichen wird, wie sein Vorbild. Selbstverständlich kann man sich durch Operationen optisch an einen anderen Menschen annähern, aber auch das wird einen letzten Endes nicht glücklich machen. Das permanente Streben nach dem Leben eines anderen Menschen, wird letztendlich ausschließlich negative Gedanken hervorrufen und dein Leben negativ beeinträchtigen. Dennoch möchte ich an dieser Stelle betonen, dass die Orientierung an dem Vorgehen und Lebensweg eines anderen Menschen bei dem Erreichen von Zielen hilfreich sein kann. Aber dabei sollte man sich stets bewusst machen, dass man eine eigenständige Person ist.

Auslöser negativer Gedanken

▸ Gesellschaftsdruck

Unsere Gesellschaft ist geprägt von Idealen. Zu jeder Sache gibt es Erwartungen von der Gesellschaft, die erfüllt sein sollten, um gesellschaftlich nicht aufzufallen. Diese Erwartungen ziehen sich durch jeden Lebensbereich und vor allem durch Social Media wächst der Druck, wenn man überall schlanke Menschen sieht, die viel Geld verdienen, Babys bekommen und heiraten. Dabei sind sie in demselben Alter wie du. Selbst wenn man es für sich zum momentanen Zeitpunkt ausschließt, kann es dennoch unterbewusst für Beschäftigung sorgen, sodass man Selbstzweifel bekommt und generell mehr Druck empfindet. Entspricht man der „Norm", den Erwartungen der Gesellschaft nicht – möchte man zum Beispiel keine Kinder haben, studiert man nicht nach der Schule oder ist zufrieden mit ein paar Kilos mehr auf der Hüfte, trifft man häufig auf Unglauben und wird bei jeder sich bietenden Gelegenheit danach gefragt, ob man noch auf den Pfad der gesellschaftlichen Erwartungen zurückkehren möchte.

▸ Negatives Umfeld/ toxische Menschen

Jim Rohn, zu seinen Lebzeiten ein US-amerikanischer Unternehmer und Autor, sagte einst: „Du bist der Durchschnitt der 5 Menschen, mit denen du die meiste Zeit verbringst." Geht man genau in sich, wird man feststellen, dass diese Aussage sehr wahr ist. Wie sollte es auch anders sein? Umgibt man sich viel mit einem bestimmten Menschen, übernimmt man automatisch gewisse Denk- und Verhaltensweisen. Darüber hinaus kann der Kontakt zu anderen Menschen uns entweder Energie und positive Gefühle geben oder sie uns rauben und negative Gefühle hinterlassen. Konkrete Gründe werde ich dir in einem folgenden Kapitel nennen. Umgibt man sich überwiegend mit negativ gestimmten Menschen oder befindet sich in toxischen Beziehungen, dann wird man ebenfalls mehr und mehr negativ werden. Zudem wird es bei genauerem Hinsehen auffällig, dass du nach jedem Kontakt zunehmend negative Gedanken haben wirst.

▸ Ärger mit Mitmenschen / Familie

Dieser Aspekt schließt in gewisser Weise an den vorherigen an. Negative Gedanken kommen auch oft dann auf, wenn man Ärger mit jemandem hat oder sich über jemanden ärgert. Dabei spielt es meistens auch nur sekundär eine Rolle, wie stark die Beziehung zu der Person ist, dennoch führt Ärger, zum Beispiel mit der Familie, zu tiefergehenden und langanhaltenderen negativen Gedanken. Auf der anderen Seite kann je nach Thema ein solcher Ärger auch schneller aus der Welt geschafft werden. Ärger erweckt negative Gefühle, die dann wiederum negative Gedanken in uns hervorrufen.

Einflüsse von innen

▸ Evolutionärer Einfluss

Die meisten folgenden Einflüsse basieren in gewisser Weise auf diesem Aspekt. Hierbei geht es um die evolutionäre Prägung unseres Verstandes. Dieser ist darauf konditioniert uns vor dem Tod zu schützen. Das bedeutet, dass er jegliches Verhalten, das unserer Komfortzone entspricht, begrüßt und alles, was darüber hinausgeht, zu vermeiden versucht. Dafür nutzt er jegliche Ausreden und negative Gedanken, um dich davon abzuhalten. Dementsprechend halten dich Sorgen, Selbstzweifel, Schuldgefühle, Vorwürfe, Unsicherheiten und Glaubenssätze davon ab, dein volles Potenzial zu entfalten, weil sie dich davon überzeugen, dass es besser ist, in seiner Komfortzone zu bleiben. Die Grundlage des Verstandes liegt in der Annahme, dass das Irren seinerseits zum Tod deinerseits führt. Diese Annahme war früher hilfreich, um das Überleben zu sichern, ist heute jedoch nicht mehr auf die gleiche Art und Weise notwendig.

▸ Sorgen

Wenn wir uns um etwas sorgen, dann haben wir häufig negative Gedanken, die diese Sorgen zum Gegenstand haben. Sie beschäftigen uns permanent oder zumindest bei jeder sich bietenden Gelegenheit. Dabei können die Sorgen die verschiedensten Themen zum Gegenstand haben. Seien es finanzielle Probleme, die Sorge um die Partnerschaft, die Kinder oder andere Familienmitglieder oder Probleme im Job. Schafft man es nicht, die Sorgen aus seinem Leben zu verbannen, indem man sie gelöst hat, werden sie sich in der Regel in einem negativen Gedankenkarussell manifestieren.

▸ Selbstzweifel

Selbstzweifel sind wohl die häufigste Ursache für negative Gedanken. Sobald einem etwas, in den eigenen Augen Negatives, widerfährt, neigen die meisten Menschen dazu, an sich selbst zu zweifeln. Dabei kommen einem Gedanken, wie „Warum bin ich nicht gut genug?", „Warum passiert mir sowas immer?" oder "Warum ich?". Selbstzweifel sind sehr hartnäckig, da sie meistens ausschließlich von uns selbst vollständig aufgelöst werden können. Denn selbst, wenn wir von außen die Bestätigung des Gegenteils erhalten, wird das die Zweifel nicht auflösen können. Selbstzweifel entstehen in der Regel dann, wenn die Vorstellung von dir selbst und dein Handeln nicht übereinstimmen. Jeder Mensch hat von sich selbst und anderen eine Idealvorstellung im Kopf. Dabei setzt sich das Selbstbild meist aus dem Charakter, den Fähigkeiten, der Intelligenz und dem Handeln zusammen. Diese Vorstellung kann entweder beflügeln und motivieren oder limitierend sein. Selbstzweifel können prinzipiell auch durch Einflüsse von außen kommen, jedoch kommt der Großteil aus uns selbst. Letztendlich ist bei Selbstzweifeln von außen wichtig, dass man sich vor Augen hält, dass man niemals jedem gefallen kann.

▸ Schuldgefühle

Empfinden wir einer Situation gegenüber Schuld, führt diese Empfindung zwangsläufig zu negativen Gedanken. In jeder Situation, die uns vergleichbar erscheint, wird die Schuld wieder deutlicher und auch sonst wird sie sich immer wieder in unsere Gedanken schleichen. Dabei spielt es auch keine Rolle, ob unsere Schuld „bewiesen" oder faktisch gar nicht vorhanden ist. Wir müssen also gar nicht wirklich an etwas schuld gewesen sein, ausschlaggebend für unsere Empfindungen ist nur das, was wir uns als Wahrheit ausgelegt haben und so interpretiert haben.

▸ Vorwürfe

Ähnlich wie bei den Schuldgefühlen, sind auch Vorwürfe sehr mächtig, was das Hervorbringen von negativen Gedanken anbelangt. Selbstvorwürfe an sich sind mächtig. Sie können uns nämlich dazu motivieren, das Verhalten, das die Vorwürfe in uns ausgelöst hat, zukünftig zu vermeiden und durch das Analysieren des Verhaltens beim nächsten Mal besser zu handeln. Allerdings sehen wir in Vorwürfen oft etwas Negatives. Wir haben eine Situation erlebt, von der wir der Meinung sind, dass unser Verhalten zu ihrem Ausgang beigetragen hat. Das einzige Problem daran ist, dass der Ausgang der Situation nicht zu unseren Gunsten ausgefallen ist. Wir sind unzufrieden und der Meinung, dass wir bei anderer Lösung durch unser Verhalten ein besseres Ergebnis bekommen hätten. Darauf folgen permanente Gedanken, die in Richtung "Warum habe ich nicht...?", „Hätte ich doch mal..." oder „Warum mache ich das nie?" gehen.

▸ Unsicherheiten

Jeder Mensch ist in neuen Situationen zunächst unsicher. Denn erst mit der Erfahrung kann unser Verstand sagen, ob etwas sicher ist oder nicht. Doch auch mit eigenen Erfahrungen in einem Bereich werden Unsicherheiten auftreten. Das hängt damit zusammen, dass wir häufig dazu neigen, uns mit anderen Menschen zu vergleichen. Wir hören, lesen oder sehen beispielsweise wie andere Menschen eine Sache anders und in unseren Augen vielleicht besser machen. Das Resultat ist, dass wir unsicher werden. Wenn wir denken, dass alle anderen Menschen in unserem Umfeld viel erfolgreicher und besser sind als wir, wird uns das dauerhaft runterziehen. Und das, obwohl diese Beobachtung lediglich in diese Richtung hin interpretiert wurde. Wir sehen uns schlechter als andere, obwohl es den anderen nicht anders ergehen wird und sie sicherlich das Gleiche über dich sagen würden. Letztendlich präsentiert jeder Mensch nach außen hin nur das, was er möchte. Wenn du einen Menschen nicht 24 Stunden am Tag, 7 Tage die Woche, 365 Tage im Jahr begleitest, wirst du niemals die Tatsachen und Hintergründe dieses Menschen kennenlernen. Dementsprechend entspringt jeder Gedanke von Unsicherheit, basierend auf einem anderen Menschen, nur auf deiner Wahrnehmung und Interpretation.

▸ Glaubenssätze

Glaubenssätze ist ein Begriff, der mal eben so in den Raum geworfen wird und von vielen Menschen belächelt und als unwichtig abgetan wird. Allerdings sind unsere Glaubenssätze sehr mächtig und können entscheidend dazu beitragen, was wir in unserem Leben bekommen und erreichen. Sie sind maßgeblich dafür verantwortlich, ob sie unser Unterbewusstsein unterstützen oder hemmen – also, ob sie uns voranbringen oder wir auf der Stelle treten. Glaubenssätze sind grundsätzlich dafür da, die Arbeit des Unterbewusstseins zu erleichtern, da wir durch sie viele Dinge in Schubladen packen können. So filtert das Unterbewusstsein nur die wichtigsten Informationen heraus und ruft Erfahrungen aus der Vergangenheit ab. Durch dieses Vorgehen ist dein Gehirn in der Lage, besser voraussagen zu können, welche Emotionen und welches Verhalten in gewissen Situationen am besten wären. Glaubenssätze nehmen die meisten Menschen nicht als solche wahr, stattdessen werden über gewisse Situationen Aussagen getroffen, ohne ihnen eine wirklich tiefere Bedeutung zu geben.

Jedoch sind Glaubenssätze meist seit langer Zeit, unter Umständen sogar der Kindheit, in uns verankert. Durch diese frühe Prägung hinterfragen wir gewisse Einstellungen nicht, da sie für uns schlicht und ergreifend zur alleinigen Wahrheit geworden sind. Tatsächlich sind viele Glaubenssätze nicht die Wahrheit und hindern dich durch dein Festhalten an ihnen daran, gewisse Dinge zu erreichen. Solange du an ihnen festhältst, schränkst du deine Möglichkeiten stark ein und minderst die Wahrscheinlichkeit jemals vollständig zufrieden sein zu können. Limitierende Glaubenssätze könnten sein, dass du dumm, unattraktiv, dick oder generell nicht gut genug bist. Die logische Folge davon sind negative Gedanken und ein Verstand, der bei jeder Gelegenheit nach Beweisen sucht, um dich in deinen Glaubenssätzen zu bestätigen, da sie ja wahr sind. Und wenn etwas wahr ist, kann es keine Gegenbeweise geben.

▸ Die Vergangenheit zur Zukunft machen

Viele Menschen neigen dazu, ihre Vergangenheit zu ihrer Zukunft zu machen. Bei jeder sich bietenden Gelegenheit nehmen sie ein Ereignis aus der Vergangenheit als Rechtfertigung für ein Ereignis in der Zukunft. Davon abgesehen gehen sie aufgrund von Vorerfahrungen an gewisse Situationen bereits mit einer bestimmten Erwartungshaltung heran. Die Folge davon ist, dass wenn man Negatives erwartet, man Negatives erhalten wird. Zudem kann die Scham über ein Ereignis der Vergangenheit die Zukunft beeinflussen. Allerdings wird oft vergessen, dass wir weder die Vergangenheit noch die Zukunft im Hier und Jetzt beeinflussen und vorhersagen können. Wir können zwar Dinge tun, die in der Zukunft Früchte tragen, aber mit absoluter Gewissheit können wir es nicht wissen.

▸ Innerer Kritiker

Der Innere Kritiker ist meist vorlaut und schwer unter Kontrolle zu bekommen. Er begleitet uns ständig überall und kritisiert, wann immer er kann. Dabei ist der innere Kritiker schadenfroh und erfreut sich an negativen Erfahrungen, Fehltritten und Problemen, denn nur dann kann dein Verstand dir Vorwürfe machen und dich schuldig fühlen lassen. Dadurch ruft unser innerer Kritiker permanent schlechte Gefühle und damit verbunden negative Gedanken in uns hervor. Denn aufgrund dessen werden Empfindungen wie Selbstzweifel und Unsicherheiten erst geschürt. In dem Moment, in dem unser innerer Schweinehund uns aus Bequemlichkeit von gewissen Dingen abhält, rügt uns der innere Kritiker dafür, wenn wir dem Schweinehund nachgehen und macht uns für unsere Entscheidung fertig. Die negativen Gedanken, die durch den inneren Kritiker in uns hervorgerufen werden, zielen selten auf die Lösung eines Problems ab, sondern fokussieren sich auf das Problem. Er zieht dich immer tiefer in den Sog hinein, sodass du irgendwann keine Chance mehr hast, dem so leicht zu entkommen und in ein Gedankenkarussell gelangst. So beginnt eine permanente Diskussion zwischen dir und deinem inneren Kritiker, in der du dich beispielsweise fragst, warum immer dir solche Dinge passieren. Da der Fokus bei dieser Diskussion allerdings auf dem Problem liegt, wird es dir nicht möglich sein, dieses jemals zufriedenstellend zu lösen.

Gefahren negativer Gedanken

Dass negative Gedanken Risiken und Gefahren bergen, steckt schon in der Bezeichnung an sich. Wer ständig negative Gedanken im Kopf herumschwirren hat und sich ständig Grübeleien hingibt, läuft Gefahr, langfristig Folgen davonzutragen. Abgesehen davon, dass negativ denkende Menschen, immer mehr Negativität anziehen werden, gibt es auch weitaus schlimmere Folgen, die daraus resultieren können. So beginnt es meist psychisch und kann sich auf deinen Körper ausweiten. Das hängt vor allem damit zusammen, dass dir negative Gedanken permanent Kraft rauben – seelisch und physisch. Es beginnt mit einer Lust- und Antriebslosigkeit bei jeder Alltagstätigkeit. Anschließend kann es sich psychisch ausweiten, bis auch dein Körper ernsthaft in Mitleidenschaft gezogen wird. Negative Gedanken führen zu...

▸ ...dem Leiden der Psyche

Die ersten Symptome werden oft nicht beachtet oder anderen Ursachen zugeschrieben. Das kann jedoch fatal sein, denn letztendlich kann es in Depressionen oder einem Burnout enden. In unserem Alltag, der überwiegend von Stress und Hektik geprägt ist, da viele Menschen unter der Doppelbelastung durch Arbeit und Familie leiden, ist es schwer, negativen Gedanken zu entgehen. Man bangt um den Abbau des eigenen Arbeitsplatzes oder muss aufgrund dessen die Arbeit von mehreren Mitarbeitern erledigen. Dazu kommen Überstunden und der Konkurrenzkampf unter den Kollegen. Auch Mobbing am Arbeitsplatz ist heutzutage keine Seltenheit mehr. Zudem führen Geldsorgen, Sorgen um die Familie und generell Spannungen innerhalb der Familie dazu, dass negatives Denken an der Tagesordnung liegt. Die Folge dieser Dauerbelastung ist, dass du abends nur schwer zur Ruhe kommst und eigentlich nicht abschalten kannst. Auch Schlafstörungen können daraufolgen.

▸ ...dem Leiden des Körpers

Wenn man unter seelischem Stress leidet, werden von deinem Körper vermehrt die Hormone Kortisol und Adrenalin produziert. Diese sorgen kurzzeitig dafür, dass man Energie bekommt, auf Dauer führt dieser Zustand jedoch dazu, dass die Organe und das Immunsystem belastet werden. Konkret führt der Stress zu schwächeren Abwehrkräften, schmerzhaften Muskelverspannungen und einer erhöhten Anfälligkeit für jegliche Art von Erkrankungen. Dazu können Schwindelgefühle, eine Gewichtszunahme, chronische Schmerzen und ein erhöhtes Risiko von Diabetes oder einem Herzinfarkt zählen. Auch Tumorerkrankungen sollen durch negative Gedanken und den daraus resultierenden Stress begünstigt werden.

▸ ...jammern, was das Leiden noch verstärkt

Allein durch die negativen Gedanken, nimmt unsere Psyche und unsere Physis Schaden. Darüber hinaus kann permanent anhaltendes negatives Denken zu ständigem

Jammern führen. Das Jammern in Kombination mit dem Zerfließen in Selbstmitleid wirkt sich dann wieder negativ auf Körper und Seele aus. Jeder Tag bringt viele Situationen mit sich, die zum Jammern einladen, schließlich kann man sich in jede Kleinigkeit hineinsteigern. Allerdings ist jammern niemals produktiv und wird dich nicht weiterbringen. Denn auch wenn du kurzzeitig deinen Frust über die Situation so zum Ausdruck bringen kannst, wird es dir langfristig ausschließlich schaden. Wer ständig jammert, kann sein Gehirn auf negatives Denken konditionieren, da so die Synapsen ständig miteinander verknüpft werden, die für Emotionen und negative Gedanken zuständig sind. Durch das ständige Aktivieren dieser Synapsen, fällt es deinem Gehirn leichter, negativ zu denken und zu fühlen.

Das Wichtigste in Kürze

- ✓ Wenn du einen Gedanken negativ bewertest, ist er negativ. Dabei sind negative Gedanken oft anstrengend und destruktiv und man fragt anstelle von „wie?" „warum?".

- ✓ Ob deine Gedanken positiv oder negativ sind, entscheidet unter anderem über Erfolg und Misserfolg, wie du mit Hindernissen umgehst, wie es deinem Körper geht und wie gut du in zwischenmenschlichen Beziehungen bist.

- ✓ Das Gesetz der Anziehung besagt grob, dass Gleiches Gleiches anzieht. In diesem Fall Positives Positives und Negatives Negatives.

- ✓ Die Selbsterfüllende Prophezeiung hat zur Folge, dass man sich seinen Erwartungen entsprechend verhält und somit das vorgestellte Szenario in jedem Fall eintritt.

- ✓ Wer produktiv denkt, sucht nach einer Lösung, um den Gedanken abzuhaken, wer unproduktiv denkt, gerät ins Grübeln.

- ✓ Beim konvergenten Denken wird eine Lösung gefunden, beim divergenten Denken mehrere.

- ✓ Auslöser negativer Gedanken von außen sind unter anderem die Medien, Vorbilder, die Gesellschaft oder toxische Menschen. Innere Auslöser sind zum Beispiel Sorgen, Selbstzweifel, Vorwürfe, Glaubenssätze oder das Festhalten an der Vergangenheit.

- ✓ Negative Gedanken bedeuten eine Gefahr für die Psyche und irgendwann auch den Körper und beeinträchtigen spätestens dann unser ganzes Leben.

Kapitel 3: Wenn Gedanken zum Zwang werden

Gedanken begleiten uns permanent. Dabei können sie positiv sowie negativ sein. Gedanken an sich sind absolut normal. Allerdings können sie sich mit der Zeit zu einem Zwang entwickeln, der uns immer und immer mehr beeinflussen wird.

Was versteht man unter Zwangsgedanken?

Negative Gedanken hat jeder Mensch von Zeit zu Zeit – auch der größte Optimist hat mal einen kurzen negativen Gedanken, der ihm unterkommt. Schließlich ist das Leben kein Schlaraffenland, in dem jeder Tag heiter keiter Sonnenschein ist. Der Unterschied besteht darin, wie man die Gefühlsreaktion bewertet, die man einer Situation entgegenbringt.

Bei Situationen, die zu negativen Gedanken führen, handelt es sich häufig um besonders belastende Situationen oder Ereignisse, wobei auch dies eine Bewertung ist – was den Einen belastet, darin kann der Nächste eine Chance sehen. Haben wir für diese Situation eine Lösung gefunden, beispielsweise ein Ventil, aus dem wir unsere Emotionen lassen können, lösen sich meistens auch die negativen Gedanken umgehend auf. Das ist jedoch nicht immer so. Es gibt Menschen, die über einen langen Zeitraum hinweg in einer Gedankenspirale feststecken und einfach keinen Ausweg finden, auch wenn sie zum tausendsten Mal darüber nachgrübeln.

Die Ursache für diese Hartnäckigkeit liegt meist darin, dass alte Überzeugungen und Glaubenssätze dafür die Verantwortung tragen. Diese sind über Jahre oder Jahrzehnte hinweg zu festen Ansichten geworden, die für wahr gehalten werden. Haben wir jemals etwas für wahr befunden, können wir diese Überzeugung nur sehr schwer loslassen und akzeptieren, dass wir uns geirrt haben. Man kann meistens davon ausgehen, dass es genauso lange dauert, einen Glaubenssatz abzuschütteln wie es gedauert hat, ihn zu validieren.

Das hängt zuerst mit dem Umstand zusammen, dass Glaubenssätze im Normalfall niemals hinterfragt werden. Denn warum sollte man etwas überprüfen, was doch längst als Wahrheit abgespeichert wurde? Dementsprechend ist dieser Glaubenssatz tief in unserem Unterbewusstsein verankert und dass darin die Ursache unserer jahrelangen Grübelei liegen könnte, kommt uns überhaupt nicht in den Sinn. Erst nachdem man sich darüber bewusst wird, hat man die Chance die Macht über seine Gedanken wieder zurück zu erlangen.

Ein weiterer Faktor, der zu Zwangsgedanken führen kann, ist, dass Gedanken erst nach der Bewertung einsortiert werden, dabei allerdings die negative Bewertung fünfmal stärker ins Gewicht fällt. Somit ist auch der Kraftaufwand des Umprogrammierens deines Gehirns deutlich höher.

Zwangsgedanken sind mehr als Grübelei

Bei manchen Menschen nimmt das Grübeln zwanghafte Züge an, wobei man dann nicht mehr von einem normalen Gedankenkarussell sprechen kann. In diesem Fall hat man es mit einer psychischen Störung zu tun, die den Alltag massiv einschränken kann. Diese Gedanken drängen sich den Betroffenen ständig auf und sind mit starken Ängsten verbunden. Sie können sich nicht willentlich dagegen wehren und müssen immer wieder an die gleichen Dinge denken. Es handelt sich weniger um alltägliche Gedanken oder normale Gedankengänge. Vielmehr sind die Gedanken sehr abwegig und für Außenstehende kaum nachvollziehbar.

Bei Zwangsgedanken kehrt ein bestimmtes Thema immer wieder. Es gibt ganz typische Themen, wie zum Beispiel die Angst vor Ansteckung, Vergiftung oder Verschmutzung, sodass man sich in der Folge schwere gesundheitliche Probleme zuzieht. Diese Befürchtung kann sich aber auch auf andere Personen beziehen, wenn man Angst hat, diese dadurch in Gefahr zu bringen. Zwangsgedanken können jedoch durchaus ganz anderer Natur sein.

Einige Menschen streben ständig nach Symmetrie und fühlen sich unwohl, wenn Dinge nicht symmetrisch angeordnet sind. Auch Ordnung an sich ist ein großes Thema, sodass übertrieben darauf geachtet wird und alle Gegenstände ihren festen Platz haben müssen. Andere Betroffene fürchten sich vor ihren Aggressionen und müssen verhindern, nahestehenden Menschen Gewalt anzutun. Einige verspüren bestimmte sexuelle Impulse, was sie zu obszönem Verhalten in der Öffentlichkeit verleiten kann. Unter Umständen beschäftigt man sich aber auch zwanghaft mit alltäglichen Befürchtungen. In diesem Fall ist die Intensität aber wesentlich stärker als bei einer normalen Grübelei.

Wie du siehst, sind die Themengebiete ganz weit gefächert. Doch egal, um was sich die Zwangsgedanken drehen, sie sind für die Betroffenen sehr beschämend und quälend. Je mehr sie sich um die Unterdrückung der belastenden Gedanken bemühen, desto hartnäckiger halten sich diese in ihrem Kopf. Der Drang, etwas gegen die schlimmen Gedanken zu unternehmen, ist allgegenwärtig. Oftmals wird versucht, die Zwangsgedanken mit Gewalt durch andere Gedanken zu ersetzen oder es werden Zwangshandlungen ausgeführt. Diese können beispielsweise im Zählen nach einem speziellen System bestehen. In der Psychologie ist dann vom so genannten Neutralisieren die Rede.

Manchmal treten Zwangsgedanken spontan auf, während sie andererseits auch durch bestimmte Situationen getriggert werden können. Auch wenn oftmals Handlungsimpulse vorhanden sind, werden diese fast nie in die Tat umgesetzt. Dennoch wirken sie auf die Betroffenen äußerst bedrohlich und sind mit großen Ängsten besetzt. Häufig entsteht eine solche Zwangsstörung auch auf der Basis einer bereits bestehenden Depression.

Wie werden Gedanken zum Zwang?

Zwangsgedanken gehören so wie Zwangshandlungen zu den Zwangsstörungen. Gedanken drängen sich auf, ohne dass wir wirklich etwas dagegen tun können und das immer wieder. Dabei sind das nicht etwa schöne Gedanken, sondern oftmals quälende und bedrohliche Themen, die bei uns immer wieder aufkommen. Oftmals ist das Eintreten dieser Geschehnisse recht unwahrscheinlich. Zwangsstörungen entstehen entweder durch **Vererbung**. Allerdings ist diese Ursache recht selten und meist nur, wenn ein Zwang auf Seite beider Elternteile bestand. Außerdem kann die Ursache **neurobiologischen** Ursprungs sein. Dabei sind gewisse Hirnareale hyperaktiv, sodass Informationsverarbeitungsfiltersysteme nicht mehr greifen und der Ausstoß von Serotoin nicht mehr richtig gesteuert werden kann. Darüber hinaus kann die **Erziehung** einen Einfluss auf die Bildung von Zwangsstörungen haben. So kann ein Erziehungsstil, der Fehler bestraft oder von zu viel Sorgen geprägt wird, dafür sorgen, dass Zwänge gebildet werden, um Fehler zu vermeiden oder weil die ständige Sorge auf das Kind übertragen wurde. Jedoch muss an dieser Stelle auch gesagt werden, dass die Erziehung allein selten eine Ursache darstellt, sondern wenn dann in Kombination auftritt. Wenn man in seinem Leben mit Situation konfrontiert wird, die sich der eigenen Kontrolle entziehen, kann die Bildung eines Zwangs einem Kontrolle zurückgeben. Dementsprechend können **Situationen der Vergangenheit** ebenfalls eine Ursache sein. Des Weiteren spielt die **Persönlichkeit** gegebenenfalls eine Rolle. Wer ständig darauf bedacht ist, die Kontrolle zu behalten, neigt dazu auch Zwangsgedanken zu entwickeln.

Welche Lösungsmöglichkeiten existieren?

Zunächst muss bei einer Zwangsstörung für Klärung und das Bewusstsein dafür gesorgt werden. Menschen mit Zwangsgedanken schämen sich häufig dafür und verbergen sie vor anderen Menschen. Sie denken häufig, dass es eine Persönlichkeitsschwäche darstellt. Dementsprechend muss zunächst das Bewusstsein geschaffen und anschließend über die Thematik aufgeklärt werden und wie es dazu kommt. Letztendlich leiden etwa 1 % der Bevölkerung an Zwangsgedanken - man ist also nicht allein. Im nächsten Schritt wird den Gedanken auf den Zahn gefühlt und geguckt, wie viel tatsächlich dahintersteckt. Zuerst findet eine kritische Überprüfung statt, gefolgt von einer Veränderung der Gedanken zu hilfreichen Gedanken. Außerdem gibt es die Expositionstherapie, bei der Betroffene sich dem Inhalt ihrer Zwangsgedanken stellen müssen, um ihnen die Kraft zu nehmen. Sie werden feststellen, dass der Gegenstand ihrer Gedanken nicht so schlimm ist wie bisher angenommen. Der Grund für diesen Ansatz liegt darin, dass ein Unterdrücken der Zwangsgedanken erst recht zum Auftreten dieser führt. Zu guter Letzt gibt es die Technik der Assoziationsspaltung. Viele Gedanken hängen mit anderen Dingen zusammen und beeinflussen sich gegenseitig. Wenn beispielsweise der Ast eines Baumes mit Tod assoziiert wird, wird bei der Assoziationsspaltung versucht, diese Assoziation aufzulösen und durch eine neutrale oder positive Assoziation zu ersetzen. Alternativ können Zwangsstörungen auch mithilfe von Medikamenten behandelt werden. Dabei entscheidet der Schweregrad der Störung über die Dosierung.

Das Wichtigste in Kürze

- ✓ Gedanken können zum Zwang werden und sich uns permanent aufdrängen und quälen. Dabei sind die Zwangsgedanken meistens unbegründet und für Außenstehende selten nachvollziehbar.

- ✓ Ursachen für Zwangsgedanken kann selten eine Vererbung sein, häufiger neurobiologischen Ursprungs sein, aufgrund von Erziehung entstehen, auf der Vergangenheit basieren oder durch die Persönlichkeit entstehen.

- ✓ Zwangsgedanken können mit einem Psychologen behandelt werden. Dafür wird zunächst für Klarheit und Bewusstsein gesorgt, gefolgt von der Prüfung, was tatsächlich dahintersteckt und einer Veränderung hin zum Positiven. Des Weiteren können Betroffene mit den Inhalten konfrontiert werden oder man verändert die Assoziation bestimmter Dinge.

Kapitel 4: Die Macht des Unterbewusstseins

Unser Unterbewusstsein ist eines der machtvollsten Instrumente unserer Seele. Es kann uns an der Durchführung von Dingen abhalten oder uns regelrecht beflügeln. Selbstverständlich lässt der Name bereits vermuten, dass ein Zugriff auf das Unterbewusstsein schwierig ist. Allerdings sind wir durchaus in der Lage unser Unterbewusstsein zu unseren Gunsten zu programmieren. Damit dir die Arbeit des Unterbewusstseins, der Zusammenhang mit negativen Gedanken und die Umprogrammierung klarer wird, soll dieses Kapitel Klärung bringen.

Was ist das Unterbewusstsein?

Ob das Unterbewusstsein tatsächlich existiert, ist bisher noch nicht eindeutig bewiesen. Dennoch wird gerne die Unterscheidung zwischen Unterbewusstsein und Bewusstsein gemacht. Außerdem muss zwischen Unterbewusstsein und dem Unbewussten unterschieden werden. Bei dem Unbewussten geht man davon aus, dass Dinge, die dort gespeichert sind, absichtlich dort sind. Wir haben absichtlich keinen Zugriff auf diese Dinge. Dabei handelt es sich jedoch weniger, um Dinge, die wir verdrängen wollen, sondern viel mehr um Prozesse in unserem Körper wie die Blutzirkulation oder unser Verdauungssystem. Das sind automatisch ablaufende Prozess, die in unserem Unbewussten ihren Platz haben. Im Gegensatz dazu beinhaltet unser Unterbewusstsein alle Elemente, die inaktiv sind. Dazu zählen beispielsweise Erinnerungen, Motive, Vorstellungen oder Handlungsbereitschaften. Unser Bewusstsein ist somit der aktive Part, der dennoch von unserem inaktiven unterbewussten Part täglich beeinflusst wird.

Die Arbeit des Unterbewusstseins

Etwa 70.000 Gedanken jagen dir jeden Tag durch den Kopf, wobei du den Großteil davon gar nicht bewusst wahrnimmst. Liest du zum Beispiel einen Text, verarbeitet dein Gehirn nicht nur dessen Inhalt. In deinem Unterbewusstsein kommen gleichzeitig viele Fragen auf, beispielsweise, ob dich das Gelesene interessiert, ob du diese Informationen bereits kennst oder ob der Inhalt für dein weiteres Leben irgendwie relevant sein könnte. Würden diese Fragen nicht unterbewusst, nahezu automatisch ablaufen, könnten wir lesen als Tätigkeit an sich überhaupt nicht ausführen. Dass diese Gedankengänge im Hintergrund ablaufen, liegt an deinen bisherigen Erfahrungen und dem, was du daraus gelernt hast. Sie haben maßgeblich dein Verhalten geprägt, sodass du in bestimmten Situationen eben auf deine ganz eigene Art und Weise reagierst.

Generell ist unser Unterbewusstsein wie eine Festplatte, auf der alle positiven und negativen Erfahrungen und Erlebnisse aus unserem Leben abgespeichert sind. Diese wiederum prägen unser Gedankengut und unser Verhalten. Deine Gedanken erzeugen Emotionen in dir und führen zur Einschätzung einer Situation – vollkommen unabhängig von der Realität. Dein Gehirn bewertet die Lage und schafft quasi seine eigene Realität. Alle Geschehnisse sind grundsätzlich neutral, erst deine Bewertung ordnet sie dann als positiv oder negativ ein.

Unser Unterbewusstsein hat eine enorme Macht und kann sich auf verschiedene Bereiche des Alltags auswirken. Es beeinflusst deine Reaktionen, Verhaltensweisen, Überzeugungen, Wahrnehmungen und Einstellungen. Darüber hinaus ist es auch mit für deine Gesundheit und dein allgemeines Wohlbefinden verantwortlich. Schließlich hat das Unterbewusstsein auch mit deinen Erfolgen und deiner Leistungsfähigkeit zu tun. Zudem hat es eine Schutzfunktion, sodass es dich beispielsweise durch eine Krankheit von etwas abhalten kann. Des Weiteren sorgt es auch dafür, dass wir Dinge sagen, die wir eigentlich nicht ausgesprochen hätten, dass wir Dinge vergessen oder spontan Entscheidungen treffen, die logisch nicht wirklich zu erklären sind.

Im ersten Moment mag das befremdlich und angsteinflößend klingen, allerdings solltest du dein Unterbewusstsein nicht als Bedrohung ansehen. Dein Unterbewusstsein will dich zum einen vor Negativem bewahren und zum anderen kann es von dir zu deinem Vorteil genutzt werden. So kann dir „dein Autopilot" sogar dabei helfen, deine Ziele zu erreichen. Erfolgreiche Menschen ziehen ihre Stärke im Grunde genommen aus ihrem Unterbewusstsein. Top-Sportler beispielsweise entwickeln eine große mentale Stärke, um so erfolgreich zu sein. Um dahin zu kommen programmieren sie ihr Unterbewusstsein auf Erfolg, sodass es keinen Weg daran vorbei gibt. Dabei kann dieses Vorgehen von jedem und in jedem Lebensbereich angewendet werden.

Wenn wir ein Vorhaben nicht umsetzen können, liegt das häufig daran, dass unser Unterbewusstsein uns im Weg steht. Das kann entweder einen Grund haben, der im Unterbewusstsein verborgen ist oder es weiß schlicht und ergreifend nicht, wo es hingehen soll, da deine Anweisungen bisher zu unpräzise und nicht eindeutig genug waren. Im ersten Fall müsstest du herausfinden, was die Ursache sein könnte, dass dein Unterbewusstsein dich zurückhält. Bei Letzterem musst du ebenfalls auf deine Gedanken achten und herausfinden, welche Gedanken deinem eigentlichen Ziel widersprechen, ohne dass du es bisher gemerkt hast. Durch aufmerksames Beobachten deiner Selbst, kannst du die Ursachen ausfindig machen und beseitigen. Diese Fähigkeit kannst du mit einigen Übungen verbessern, sodass es dir immer leichter fällt.

Der Einfluss des Unterbewusstseins auf unser ganzes Leben

Man sieht also, dass mit jeder neuen Bewertung unser Unterbewusstsein einen neuen Hinweis bekommt, wie auf bestimmte Situationen zu reagieren ist. Neigen wir dazu alles negativ zu bewerten, wird das irgendwann zum Dauerzustand. Alles, was du denkst, tust und fühlst, wird negativ eingeordnet, weil dein Unterbewusstsein es so gelernt hat. Darüber hinaus kann alles, was unterbewusst abgespeichert wurde, dazu führen, dass es auf deinen bewussten Teil Einfluss nimmt. Gibt es ein Ereignis aus der Vergangenheit, das du negativ bewertet hast, kann dein Unterbewusstsein das Szenario an sich auf aktuelle Situationen übertragen, ohne dass ein eigentlicher Zusammenhang besteht. Davon abgesehen können aus vergangenen Situationen Glaubenssätze gebildet worden sein, die dich im Hier und Jetzt beeinträchtigen.

Petra hat als kleines Kind in der Grundschule von der Lehrerin und ihren Eltern zu hören bekommen, dass sie mit der Note 3 in Mathe nicht den Sprung auf das Gymnasium schaffen wird. Die Lehrerin und die Eltern wollten mit dieser Aussage das Kind motivieren und anspornen. Allerdings versteht Petra aus ihrem Verhalten, dass sie nicht gut genug ist. Dieser Glaube führt im Laufe der Zeit zu einem festen Glaubenssatz, der sich durch alle Lebensbereiche durchzieht. Der Gedanke „ich bin nicht gut genug" hat sich in ihr manifestiert. Dabei wurde diese Aussage von niemandem getroffen und auch die Intention war bei den Absendern nicht gegeben. Die Ist Situation war, dass man mit einer 3 auf dem Zeugnis keine Empfehlung für das Gymnasium bekommen wird. Obwohl Petra es geschafft hat auf das Gymnasium zu kommen und mit dem Abitur die Schule zu beenden, wird sie dennoch an sich zweifeln. Nicht unbedingt bewusst, aber durchaus unterbewusst. So hat Petra im Berufsleben immer wieder Blockaden, die sie daran hindern, ihr volles Potenzial zu entfalten und die Karriereleiter hinaufzuklettern. Sie kann sich irgendwie nicht erklären, wie es dazu kommt, an sich weiß sie doch, was zu tun ist. Würde sie dem Ganzen weiter auf den Grund gehen, würde sie feststellen, dass ihr manifestierter Glaubenssatz „ich bin nicht gut genug" die Ursache dafür ist. Unterbewusst glaubt Petra nicht daran, gut genug für das Erklimmen der Karriereleiter zu sein. Das Resultat davon ist, dass sie nicht die Bedingungen einer Beförderung erfüllt.

Im Gegensatz dazu, kann das Programmieren unseres Unterbewusstseins uns positiv unterstützen. Dafür sind Techniken wie die Visualisierung oder Visionboards gedacht. Wir können unser Unterbewusstsein auf einen Zustand in der Zukunft konditionieren, den wir gerne erreichen würden. Wenn dem nichts im Wege steht und wir es wirklich erreichen wollen, wird unser Unterbewusstsein seine gesamte Kraft einsetzen, um uns zu unseren Zielen zu bringen.

Bei dem Unterbewusstsein bekommt der Satz „du bist, was du denkst" Relevanz. Einfach ausgedrückt, erzeugen positive Gedanken positive Reaktionen und Gefühle und negative Gedanken führen unweigerlich zu negativen Reaktionen und Gefühlen. Noch einfacher zusammengefasst programmierst du dein Gehirn durch deine Wahrnehmung auf das Unglücklichsein, wenn du immer nur negativ denkst. Irgendwann bist du durch deine permanent negativen Gedanken automatisch negativ.

Das Wichtigste in Kürze

✓ Der Unterschied zwischen dem Unterbewusstsein und dem Unbewussten liegt darin, dass bei Letzterem Dinge absichtlich verdrängt werden. Ein Beispiel wäre die Zirkulation unseres Blutes, da es sich dabei um einen „automatisierten" Vorgang in unserem Körper handelt, den wir nicht aktiv beeinflussen.

- ✓ Das Unterbewusstsein arbeitet, ohne dass wir es merken, permanent und ist eine Art Festplatte. Dabei hilft es zu entscheiden, wie in einer bestimmten Situation reagiert werden sollte.

- ✓ Unser Unterbewusstsein hat eine Schutzfunktion, mit der es uns vor gewissen Dingen schützt. Andererseits kann es aber auch für uns arbeiten und uns zu unseren Zielen bringen.

- ✓ Erreichen wir ein Ziel nicht, kann es daran liegen, dass das Unterbewusstsein uns schützt oder keine präzisen Anweisungen von uns bekommen hat. Beides kann durch aufmerksames Beobachten beseitigt werden.

- ✓ Je länger etwas in unserem Unterbewusstsein existiert und dort verankert ist, desto stärker wird es sich auf unser Leben auswirken und desto länger wird es dauern, bis es umgewandelt werden konnte.

Kapitel 5: Negative Gedanken stoppen

In diesem Kapitel soll es darum gehen, wie du negative Gedanken stoppen kannst – sie also nicht mehr zulässt oder vermeidest. Dabei bedeutet vermeiden nicht verdrängen, sondern grundlegend, wie negative Gedanken sich nur noch flüchtig und selten einen Weg durch deinen Kopf bahnen.

Negative Gedanken erkennen

Wenn man die Gewohnheit entwickelt hat, negativ zu denken, wird man diese gar nicht mehr wahrnehmen, schließlich ist das der Sinn von Gewohnheiten. Das ist an sich gut, in diesem Fall macht es das Unterfangen jedoch schwieriger. Denn im ersten Schritt, bevor du die negativen Gedanken stoppen kannst, musst du erstmal erkennen, dass negative Gedanken in deinem Verstand rumspuken.

Darüber hinaus musst du nicht nur den Gedanken als negativ erkennen, sondern auch merken, dass du in eine Gedankenspirale und somit in das Gedankenkarussell geraten kannst. Gerade zu Anfang wird dir diese Erkenntnis schwerfallen, allerdings brauchst du keine Angst zu haben, dass es bei dir nicht klappen wird. Mithilfe der Übungen und Tipps im nächsten Kapitel sollte es auch dir gelingen diese ersten Schritte zu bewältigen.

In der Regel fängt es mit einem schlechten Gedanken an. Man hat gerade Zeit für sich, kommt zur Ruhe, die Gedanken bekommen das Startsignal und bei dem Revue passieren lassen des Tages, fällt dir eine Sache ein, die dich irgendwie beschäftigt. Sie muss auch gar nicht zu Anfang bereits negativ gewesen sein, sondern kann erst durch dein erneutes daran Denken auch negativ ausgelegt werden. Dieser negative Gedanke tritt daraufhin eine ganze Lawine los und befördert dich schließlich in ein tiefes Loch, aus dem du dann nur schwer wieder herauskommst.

Stell dir vor, dass dich eine Kollegin am Arbeitsplatz wiederholt nicht gegrüßt hat. Daraufhin fragst du dich, ob es an dir liegt und ob du etwas falsch gemacht hast. Schnell kommt dir dann der Gedanke, dass sie dich wohl nicht leiden kann. Ab diesem Moment bist du im Gedankenkarussell gefangen, denn auch während der Arbeit denkst du die ganze Zeit über diesen Vorfall nach. Indem du dich nicht auf deine Aufgaben konzentrieren kannst, leidet deine Produktivität natürlich darunter. In diesem Karussell bleibst du so lange, bis du diesen Gedanken auflösen konntest. Das funktioniert nur, wenn du diesen Gedanken als Ursache für deinen Produktivitätseinbruch identifizieren und daraufhin eine Lösung herbeiführen kannst. Um diesen aufgeworfenen Gedanken zu lösen, müsstest du am besten mit deiner Kollegin selbst reden und sie fragen oder – falls das nicht möglich ist – durch Gespräche mit Kollegen eine Ursache herausbekommen. Alternativ kannst du auch Abstand zu der Situation gewinnen, indem es dir egal wird, ob dich deine Kollegen oder diese Kollegin im Speziellen, mögen oder nicht.

Das beste Vorgehen in dieser Situation wäre also: Die Gedanken analysieren, da man bemerkt, dass man unproduktiver ist als sonst – feststellen, dass das negative Grübeln über das Verhalten der Kollegin eine mögliche Ursache ist – daraufhin das Gespräch zu dieser suchen – in dem Gespräch herausfinden, ob die Kollegin tatsächlich ein Problem mit einem selbst oder mit sich selbst hat – das Problem aus der Welt schaffen, insofern das unkompliziert möglich ist.

Das ständige Wiederkäuen von immer den gleichen Gedanken bezeichnet man auch als Rumination. Dabei neigt nicht jeder Mensch gleichermaßen dazu. An manchen prallen solche Gegebenheiten einfach ab, ohne dass sie großartig Gedanken nach sich ziehen. Wenn du allerdings im Gedankenkarussell bist, kreisen deine Gedanken unaufhörlich um das gleiche Thema. Das Schlimmste daran ist, dass es dich kein Stück voranbringt.

In der Regel ist das Erarbeiten von Lösungen und die Vorbereitung konkreter Handlungen ein Ziel des Denkprozesses. In diesem Fall lautet die Frage nicht „warum?" sondern „wie?". Dabei ist die Frage nach dem „wie?" sinnvoll, da die Frage nach dem Grund in der Zukunft niemanden weiterbringt. So findet man oftmals keine Antwort und bereits Geschehenes kann auch nicht mehr rückgängig gemacht oder geändert werden. Somit ist eine Gedankenspirale immer abwertend und extrem selbstkritisch.

Der Zustand des Gefangenseins im Gedankenkarussell wird noch verstärkt, wenn man einen Hang zu Depressionen hat, da so das negative Denken diesen Zustand verschlimmern oder länger aufrechterhalten kann. Des Weiteren kann das Kreisen der Gedanken auch dazu führen, dass du deine Gefühle nicht mehr richtig ausdrücken kannst. Durch wissenschaftliche Studien wurde festgestellt, dass Frauen häufiger in ein Gedankenkarussell geraten und eher grübeln als Männer.

Negative Gedanken als Übeltäter entlarven

Es wird oftmals so sein, dass du gar nicht bemerkst, wie düster deine Gedanken eigentlich gerade sind. Wahrscheinlich fällt dir das erst auf, wenn dein Umfeld entsprechend auf dich reagiert. Häufig sprechen einen Mitmenschen darauf an, wie schlecht man eigentlich gelaunt ist. Natürlich bleibt ein negatives Gemüt anderen nicht verborgen, denn schließlich strahlst du das auch aus. Alleine schon deine Körperhaltung, deine Mimik und deine Gestik lassen erahnen, dass dich negative Gedanken plagen. Auch deine Aussagen lassen vermuten, wie es um deine Verfassung bestellt ist.

Da negative Gedanken deinen Alltag erschweren und dich sogar krank und depressiv machen können, musst du dir deinen Zustand bewusst machen. Fällt dir also auf, dass du übel gelaunt, gereizt, genervt und lustlos bist, dann frag dich, warum das so ist. Was macht dir gerade das Leben schwer, und welche belastenden Fragen gehen dir andauernd durch den Kopf? Dir deiner negativen Gedanken bewusst zu werden, ist der erste Schritt in die richtige Richtung.

Negative Gedanken als Übeltäter entlarven

Was macht dich gerade so unglücklich? Über welche Personen oder Erlebnisse denkst du vermehrt nach? Welche Möglichkeiten der Veränderung hast du? Achtsamkeit gegenüber deinen aktuellen Gedanken ist von enormer Bedeutung. Überlege im nächsten Schritt, durch welche positiven Gedanken du die negativen Gedanken ersetzen könntest. Das sollte aber keinesfalls krampfhaft erfolgen, denn du sollst dich leichter und besser damit fühlen. Davon abgesehen wird ein Zwang zu positiven Gedanken nicht wirklich langfristig zu eben diesen führen – bei jeder sich bietenden Gelegenheit werden so deine negativen Gedanken wieder durchkommen.

Stell dir vor, was die negativen Gedanken mit dir machen und was bei positiven Gedanken anders sein könnte. Um negative Gedanken loslassen zu können, musst du sie ganz bewusst und konsequent stoppen. Zur Not setzt du ein eindeutiges Zeichen, indem du innerlich oder auch laut „Stopp" sagst. Weitere Möglichkeiten, wie du negative Gedanken anhalten und loswerden kannst, erkläre ich dir in einem folgenden Kapitel.

Wenn du merkst, dass dich negative Gedanken gefangen nehmen, musst du so schnell wie möglich etwas dagegen unternehmen. Nur so kannst du verhindern, dass es dich immer weiter nach unten zieht. Je tiefer du sinkst, desto schwerer wird ein Ausstieg aus dem Gedankenkarussell. Um das zu verstehen, müssen wir zunächst einen Blick ins Gehirn werfen. Die Arbeit des Gehirns ist assoziativ, was bedeutet, dass unter den einzelnen Nervenzellen Verbindungen bestehen. Zellen, die ähnliche Informationen abgespeichert haben, sind wesentlich stärker miteinander verknüpft.

Sobald die Aktivierung einer dieser Zellen erfolgt, werden alle anderen mit angeknipst, die ebenfalls mit diesem Thema in Zusammenhang stehen. Denkst du beispielsweise an eine Orange, dann wird dein Gehirn alle Informationen dazu abrufen, die jemals dazu abgespeichert wurden. Diese betreffen dann nicht nur die Orange an sich, wie sie aussieht, wie sie riecht oder wie sie sich anfühlt. Du erinnerst dich vielleicht auch an Situationen, in denen du eine Orange verzehrt hast. Mit negativen Gedanken verhält es sich ganz ähnlich. Denkst du an etwas Negatives, dann werden dir mit Sicherheit noch viele weitere Erlebnisse einfallen, bei denen du dich genauso mies gefühlt hast. Ein negativer Gedanke ist also der Anstoß für viele weitere dieser Art, es erfolgt eine Art Kettenreaktion, die bald dein ganzes Gedächtnis vereinnahmt. Das ist der Grund, warum schnelles Handeln gefragt ist.

Frag dich am besten, was dir das negative Denken eigentlich bringt. Diese Frage kannst du dir ganz leicht selbst beantworten: nichts, es bringt dir rein gar nichts. Doch halt – es bringt dir tatsächlich etwas, nämlich noch mehr negative Gedanken und Gefühle. Du wirst dich miserabel fühlen und nur noch ein geringes Selbstbewusstsein haben. Zu deinem Ziel bringen dich solche Gedanken jedoch nicht, zu überhaupt keinem. Indem du diese Tatsachen erkennst, hast du bereits den ersten wichtigen Schritt unternommen, um deine negativen Gedanken loszuwerden.

Das Wichtigste in Kürze

✓ Negative Gedanken sind aufgrund der Gewohnheit schwer zu erkennen. Meist beginnt es mit einem negativen Gedanken, der eine Lawine lostritt. Dabei wirst du dich in einem Gedankenkarussell wiederfinden, was durch logisches Herangehen hätte vermieden werden können.

✓ Das Kreisen deiner Gedanken in einem gedanklichen Karussell bringt dich nicht weiter. Dabei wird der Prozess des ständigen Wiederkäuens Rumination genannt.

✓ Das Ziel des Denkprozesses ist eigentlich das Erarbeiten von Lösungen und die Vorbereitung konkreter Handlungen, weswegen wir eigentlich nach dem „wie?" fragen. Grübler fragen stattdessen nach dem „warum?".

✓ Um deine negativen Gedanken loszuwerden, musst du dich ihrer bewusstwerden, sie aktiv stoppen und sie dann durch positive Gedanken ersetzen. Mache dir dabei stets bewusst, dass dir negative Gedanken nichts bringen.

Kapitel 6: Entkomme dem Gedankenkarussell

Karussell fahren ist eigentlich etwas Tolles, für das Gedankenkarussell gilt dies jedoch sicherlich nicht. Wenn man in seinen eigenen Gedanken gefangen ist, raubt einem das jede Menge Energie und Lebensfreude. Diese Energie kann man dann nicht mehr in das Erreichen von Zielen, liebe Menschen oder die schönen Dinge des Lebens investieren. Falls du viel zu viel grübelst und nicht mehr zur Ruhe kommst, dann wird es höchste Zeit für einen Ausstieg aus dem Gedankenkarussell.

Viele Menschen denken, dass es vollkommen normal ist, über alles und jeden nachzudenken. Sie zermartern sich den ganzen Tag den Kopf und können nicht einmal nachts abschalten. Im Grunde genommen leben sie allerdings nur noch in der Vergangenheit oder in der Zukunft und vergessen dabei das Hier und Jetzt vollkommen. Wahrscheinlich kreisen die Gedanken nur noch darum, wie sich andere fühlen und wie man es allen recht machen. Dabei werden die eigenen Gedanken komplett außer Acht gelassen. Die Angst vor Konfrontationen und Konflikten ist zu groß, das Selbstvertrauen zu klein. Letztendlich redet man sich ein, für niemanden gut genug zu sein. Dabei vergisst man, dass man es selbst in der Hand hat, diesen Zustand zu ändern und endlich aus dem Gedankenkarussell auszusteigen.

Ursachen ausfindig machen und Stück für Stück eliminieren

Um entsprechend handeln und Gegenmaßnahmen ergreifen zu können, musst du erst einmal den Auslöser für deine negative Gedankenspirale finden. Häufig lässt sich gar keine einzelne Ursache ausmachen. Oftmals hat man es mit einer Kombination aus verschiedenen Ursachen zu tun, wobei auch eine einzelne eine Kettenreaktion auslösen kann. In den meisten Fällen handelt es sich um Situationen, die zu innerem Stress führen, wie zum Beispiel persönliches Versagen oder Niederlagen. In der Regel bringen diese dann noch bestimmte Ängste mit sich. Dabei liegen dem Gedankenkarussell immer bestimmte Emotionen zugrunde, die vom Auslöser in dir hervorgerufen werden. Meistens handelt es sich um Wut, Trauer, Ärger oder Angst. Der Grund für die anhaltende Grübelei ist dabei häufig in einer der folgenden Situationen zu suchen:

Bevorstehendes Ereignis verursacht Aufregung

Wenn ein ganz besonderer und wichtiger Tag immer näher rückt, dann ist es vollkommen normal, dass du dir darüber Gedanken machst. Meistens handelt es sich um außergewöhnliche Herausforderungen, wie zum Beispiel eine Prüfung. Natürlich kann das Ereignis auch freudiger Natur sein, wie beispielsweise eine Hochzeit. Dieses Gedankenkarussell ist also überhaupt kein Grund zur Sorge. Sobald der große Tag vorbei ist, wird sich die Grübelei auch von ganz alleine wieder legen. Versuche einfach die Ruhe zu bewahren und etwas für deine Entspannung zu tun.

Ein Ereignis aus der Vergangenheit kann nicht verarbeitet werden

Auch ein längst vergangenes Erlebnis kann dich noch lange Zeit beschäftigen und dich nicht mehr loslassen. Häufig erlebt man dies nach einer Trennung, die mit großem Schmerz, Wut und Trauer verbunden war. Es dauert oftmals sehr lange, bis man diesen Verlust überwunden hat. Kränkungen, Beleidigungen und ungerechtfertigte Kritik führen nicht selten in eine negative Gedankenspirale. Immer wieder fragst du dich, was du falsch gemacht hast und wieso die andere Person auf diese Weise reagiert hat. Auch Streit mit nahestehenden Personen kann uns stark zusetzen. Verstärkt wird es noch, wenn weder ein klärendes Gespräch noch eine Aussöhnung stattgefunden haben. Weitere negative Ereignisse, die uns in ein tiefes Loch ziehen können, sind unter anderem der Verlust des Jobs, der Tod eines geliebten Menschen oder eine schwere Erkrankung. Die Situation an sich liegt in der Vergangenheit und beeinflusst uns dennoch in der Gegenwart. Letztendlich ist es bei solchen Situationen wichtig, dass man sich klarmacht, dass mit negativen Gedanken niemandem geholfen ist. Sie werden deine Situation nicht verbessern. Siehst du die Situation stattdessen positiv, machst das Beste draus und fragst nach dem „wie?", wird dein Unterbewusstsein dir Lösungen aufzeigen. So wirst du aus der Situation herauskommen, auch wenn du gewisse Dinge nicht mehr ändern kannst. Aber auch das ist eine Tatsache, die du akzeptieren musst. Das klingt nicht nur in der Theorie einfach, sondern ist es auch in der Praxis, wenn du deine Emotionen hintanstellst und das Ganze rational betrachtest.

Angst vor einer wichtigen Entscheidung

Das Leben besteht aus ständigem Entscheidungentreffen. Dabei muss grundsätzlich zwischen konkreten und latenten Entscheidungssituationen unterschieden werden. Bei der konkreten Variante kannst du keine Entscheidung treffen, weil du nicht einschätzen kannst, was für dich richtig ist. So könnte es zum Beispiel sein, dass du einfach keine Wahl zwischen zwei guten Jobangeboten treffen kannst. Anders ist es bei einer latenten Entscheidungssituation, denn diese erfordert im Prinzip keinen konkreten Entschluss deinerseits. Es ist in diesem Fall dein Verstand, der dich zu einer Veränderung drängt, weil etwas in deinem Leben schiefläuft. Du merkst vielleicht eine große Unzufriedenheit in Bezug auf deine Partnerschaft oder deine berufliche Situation. Im Unterbewusstsein weißt du längst, dass es so nicht weitergehen kann. Allerdings bist du dir noch nicht bewusst, dass du tatsächlich etwas verändern musst. Bemerkst du also eine gewisse Unruhe, wenn es um einen bestimmten Aspekt deines Lebens geht, solltest du darauf hören, dem Ganzen auf den Grund gehen und diese Entscheidung treffen, um befreiter zu sein.

Grübeleien ohne konkreten Grund

Es muss nicht unbedingt einen bestimmten Auslöser für eine negative Gedankenspirale geben. So passiert es häufig abends, wenn du im Bett liegst, dass du den Tag noch einmal Revue passieren lässt und über deine Handlungen und Aussagen nachdenkst. Wahrscheinlich bleibst du eher bei falschen Verhaltensweisen hängen und fragst dich, wie andere sich dabei gefühlt oder was sie dabei gedacht haben. Eventuell grübelst du auch über deine Zukunft nach und weißt nicht so recht, wie es eigentlich weitergehen soll. Auch wenn dieses Gedankenkarussell zunächst vollkommen grundlos erscheint, steckt in Wirklichkeit doch etwas dahinter. Es ist wieder dein Unterbewusstsein, das dich auf Missstände in deinem Alltag hinweisen möchte. Oftmals ist es nur ein dezenter Tipp, dass du mehr Dinge tun solltest, die dich erfüllen und dir Freude bereiten. In diesem Fall ist es ebenfalls ratsam, darauf zu achten, wie häufig ein Gedanke auftritt oder auch eine Gedankenart, um dadurch herauszufinden, wie du die Gedanken auflösen kannst.

Die Ursachen für das Gedankenkarussell können demnach sehr vielfältig sein. Deshalb musst du sie auch auf ganz unterschiedliche Art und Weise angehen. In einigen Situationen ist auch abzusehen, dass es sich nur um einen vorübergehenden Zustand handelt. Wenn du aber ständig in der Gedankenspirale gefangen bist, musst du unbedingt handeln. Wie du das anstellen kannst, werde ich dir im Folgenden erläutern.

Psychische Erkrankungen als Ursache

Falls keine der oben genannten Situationen als Ursache für das permanente Gedankenkreisen infrage kommt, kann auch eine psychische Erkrankung dafür verantwortlich sein. Nicht selten ist das belastende Gedankenkarussell eine Begleiterscheinung einer Depression, eines Burnouts, einer Angststörung oder einer Zwangsstörung. Grübeln dient in der Regel dazu, dass das Unterbewusstsein uns auf eine Unzufriedenheit hinweist, der auf den Grund gegangen werden sollte. Dabei haben Psychotherapeuten herausgefunden, dass Grübeln auch zur Verschleierung der Angst vor aktivem Handeln dient. Durch das Passivbleiben während des Grübelns, hat man keinerlei Risiko zu scheitern, zurückgewiesen oder kritisiert zu werden.

Ein Trauma aus der Vergangenheit wird ohne adäquate Behandlung ebenfalls in einem Gedankenkarussell münden. Da frühere Verletzungen nicht mehr rückgängig gemacht werden können, fühlt man sich immer noch als Opfer. Aufgrund dessen gerät man immer weiter in die Abwärtsspirale durch ständiges Nachdenken und Vorwürfe machen. Bist du der Meinung, dass dein Grübeln psychische Ursachen haben könnte, solltest du dir die Hilfe eines Psychiaters oder Psychologen suchen, um professionell daran zu arbeiten.

Der Umgang mit negativen Gedanken

Wie du bereits erfahren hast, gibt es verschiedene Gründe für negatives Denken. Wenn Du die Ursache herausgefunden hast, geht es darum, wie du mit der entsprechenden Situation umgehen kannst. Du kannst negative Gedanken nur loswerden, wenn du sie auf die richtige Art und Weise behandelst.

Kritik

Kaum etwas kann uns so sehr nach unten ziehen wie Kritik. Kritisiert zu werden ist immer frustrierend, ganz unabhängig davon, wer etwas an uns oder unserem Handeln auszusetzen hat. Kunden, Arbeitskollegen, der Chef, Familienmitglieder oder Freunde – Kritik kann stets sehr verletzend sein und uns zum Grübeln verleiten. Häufig fühlen wir uns in die Defensive gedrängt oder greifen den anderen sogar persönlich an.

Bevor du überhaupt nur einen Gedanken an das Wieso und Weshalb verschwendest, solltest du zunächst überlegen, ob diese Kritik überhaupt gerechtfertigt war. Menschen haben ganz unterschiedliche Gründe, warum sie Kritik äußern. Hinterfrage einmal, was dein Gegenüber mit der Kritik eigentlich erreichen will. Du musst die Kritik auch nicht kommentarlos hinnehmen, sondern solltest ruhig deinen Standpunkt vertreten. Es ist wichtig, dass du Kritik niemals persönlich nimmst und sie nicht zu nah an dich herankommen lässt.

Oftmals haben Personen, die andere gerne kritisieren, ein Problem mit sich selbst. In der Psychologie ist bekannt, dass Menschen immer das an anderen bemängeln, was sie selbst vermissen oder nicht leisten können. Deshalb sehen sie an anderen nur die negativen Seiten, die ihre eigenen Unzulänglichkeiten widerspiegeln. Versuche, dir eine neutrale Sichtweise auf die Dinge anzueignen, sodass du vielleicht sogar etwas für die Zukunft daraus lernen kannst.

Frage die Person ruhig nach konkreten Beispielen, wenn dir die Vorwürfe oberflächlich und unspezifisch erscheinen. Erkundige dich auch nach bestimmten Wünschen oder Anliegen. Oftmals wird zwar kritisiert, welche Erwartungen aber eigentlich dahinterstecken, bleibt hingegen verborgen. Kritik kann jederzeit in Motivation umgewandelt werden, denn sie bringt dir immer eine neue Erkenntnis. Wenn sie nichts über dich selbst aussagt, so hast du zumindest etwas über den Kritiker gelernt. Kritik sollte auf jeden Fall immer konstruktiv sein.

Ablehnung

Der bekannte spirituelle Lehrer und Autor diverser Bestseller, Eckhart Tolle, hat einmal etwas sehr Wichtiges gesagt: „Gefühle sind die Reaktionen des Körpers auf den Verstand." Oft ist uns gar nicht klar, dass negative Gedanken fast immer von schmerzhaften Gefühlen begleitet werden. Die meisten Menschen haben Angst, von anderen abgelehnt zu werden. So gesehen wird diese Angst nur durch deine alten Glaubenssätze und negativen Gedanken heraufbeschworen. Vielleicht denkst du, dass du nicht gut oder hübsch genug bist und andere dich ohnehin nicht mögen.

Angst vor Ablehnung entsteht niemals nur aufgrund einer bestimmten Situation. Sie entsteht erst durch die Gedanken, die dir in diesen Augenblicken durch den Kopf gehen. Demnach entspringt die Angst vor Ablehnung einer Kombination aus einer Situation und deinem negativen Selbstbild. Der Grundstein für diese Angst wird schon früh in der Kindheit gelegt. Die Liebe und Zuneigung seiner Eltern sind für jedes Kind lebensnotwendig. Du hast deshalb als Kind alles darangesetzt, dir diese Liebe und Aufmerksamkeit zu verdienen. Dir war daran gelegen, dass deine Eltern dich beschützen und gut versorgen. Kinder tun also instinktiv alles, um nicht von den Eltern abgelehnt zu werden.

Sicher gab es auch damals schon Situationen, in denen du deinen eigenen Kopf durchgesetzt hast. In der Folge haben deine Eltern wahrscheinlich geschimpft und dich womöglich sogar mit Liebesentzug bestraft. Und genau diese Angst vor Ablehnung kommt auch in der Gegenwart noch hoch – eine kindliche Angst, die fest in dir verwurzelt ist. Du hast Angst, dass andere dich ebenso ablehnen könnten, wie du es damals erlebt hast. Natürlich bist du nun erwachsen und stehst auf eigenen Beinen. Dennoch möchtest du die Zuneigung und Anerkennung von anderen nicht riskieren, indem du nicht nach ihren Vorstellungen handelst.

Indem du es anderen Menschen immer recht machen willst, kannst du dein Leben nicht so leben, wie du es eigentlich möchtest. Folglich kann es passieren, dass du dich zurückziehst und gar nichts mehr wagst. Und schon bist du im Teufelskreis gelandet, sodass sich die Problematik nur weiter verstärkt. Um keinen Korb zu bekommen, sprichst du niemanden mehr an und wirst immer unsicherer und introvertierter. Durch dein Streben nach Perfektionismus lebst du ständig in der Angst, einen Fehler zu begehen. Du bist nicht mehr offen für Neues und verschiedene Herausforderungen, weil du keine Misserfolge erleben willst. Deinem Selbstbewusstsein tut das auf Dauer garantiert nicht gut.

Vermeide es unbedingt, immer perfekt sein zu wollen. Außerdem darfst du dich anderen niemals zu sehr anpassen. Indem du jetzt weißt woher diese Ängste kommen, kannst du vielleicht auch besser damit umgehen. Es ist ganz wichtig, dass du die Selbstliebe stärkst, was auch wiederum deinem Selbstvertrauen zugutekommt. Falls die Angst vor Ablehnung sehr extrem ausgeprägt ist, kann dir auch eine Verhaltenstherapie helfen.

Scheitern

Tagtäglich stehen wir vor neuen Herausforderungen und Aufgaben, die natürlich auch zum Scheitern verurteilt sein können. Wenn du im Training beispielsweise neun von zehn Elfmetern verwandelst, dann wirst du aus Angst zu versagen im Spiel wahrscheinlich den einen wichtigen Elfmeter verschießen. Das bedeutet aber noch lange nicht, dass dich die anderen Spieler deshalb hassen werden oder dass das Spiel dadurch verloren ist. Es gehört nunmal zum Leben dazu, dass du auch verlierst oder hinfällst. Es geht lediglich darum, nicht am Boden liegenzubleiben und wieder aufzustehen.

Denkst du immer wieder an diese negativen Erfahrungen, dann wirst du auch in Zukunft keine Erfolge verbuchen können. Indem du aber wieder aufstehst, nimmst du den Kampf auf und kannst deine Ängste überwinden. Es kommt immer darauf an, dass du nicht zurückschaust, sondern die Augen nach vorne richtest. Auch Niederlagen müssen akzeptiert werden, und aus Fehlern kannst du immer etwas lernen. Okay, vielleicht hast du gerade in einer Situation versagt, aber das bedeutet längst nicht, dass du ein Versager bist. Du bist gescheitert, aber das Leben geht weiter und nächstes Mal wirst du sicher Erfolg haben.

Es gibt verschiedene Möglichkeiten, wie du mit Versagensängsten umgehen und sie gleich im Keim ersticken kannst. Zunächst einmal musst du dir deiner Ängste bewusst werden. Ängste sind immer mit der Zukunft verbunden. Sie können also gar nicht real sein, weshalb du dich nicht von etwas Unwirklichem in der Gegenwart beeinflussen lassen solltest. Male dir in deiner Fantasie ruhig einmal aus, was im schlimmsten Fall passieren könnte. Wenn du diese Gedanken genauer betrachtest, wirst du wahrscheinlich merken, dass die Folgen gar nicht so schlimm wären. Deshalb kannst du davon ausgehen, dass du auch mit ihnen fertig werden wirst.

Befasse dich in Gedanken lieber mit deinen Zielen und nicht mit deinen Ängsten. Halte dir dein Ziel fest vor Augen und gehe die einzelnen Schritte durch, die du auf dem Weg dorthin unternehmen willst. Es ist ganz essenziell, dass du einen entspannten Körper hast. Aus diesem Grund kann es Sinn machen, dich mit Atemübungen oder Entspannungstechniken auseinanderzusetzen. Egal, ob es sich um einen Vortrag oder ein wichtiges Spiel handelt; Ruhe zu bewahren schützt dich auch vor Ängsten. Sich an Erfolge zu erinnern kann äußerst motivierend sein. Ein Tagebuch lässt diese Momente bei dir immer wieder Revue passieren, sodass du Kraft daraus ziehen kannst.

Neid

Es ist vollkommen normal, wenn du ab und zu auf andere neidisch bist. Forscher wollen herausgefunden haben, dass unsere Gene dafür verantwortlich sind. Früher war Neid noch nicht einmal eine schlechte, sondern sogar eine ganz wichtige Eigenschaft. Damals waren die Ressourcen ziemlich begrenzt, sodass immer eine Art Wettstreit stattfand. Menschen wollten seit jeher viel oder sogar wesentlich mehr als die anderen besitzen. Das sicherte eine gute Position in der Gesellschaft oder auch den Erfolg bei der Partnersuche.

Neid wurde von Wilhelm Busch als „die aufrichtigste Form der Anerkennung" bezeichnet. Dieses Gefühl ist zerstörerisch und äußerst komplex gleichermaßen. Immer sind Wut, Traurigkeit und Ärger mit dieser Emotion verbunden. Frauen erfahren diesen depressiv lähmenden und schädigenden Neid wesentlich häufiger als Männer. Es gibt aber auch eine Variante von Neid, bei der es eher um eine Forderung nach Gerechtigkeit geht. Schließlich wäre da noch der positive Neid, der sogar sehr produktiv sein kann. Schädigender Neid führt hingegen zum Rückzug und bringt stets Spannungen mit sich.

Auf Dauer kann Neid in die Einsamkeit führen und unter Umständen sogar krank machen. Menschen, die sehr oft neidisch auf andere sind, neigen eher zu Depressionen. Nach einer gewissen Zeit können auch Merkfähigkeit und Konzentration darunter leiden. Es hängt immer von der Sozialisation ab, wie schnell jemand zu Neid tendiert. Es gibt Menschen, die schon immer das Gefühl hatten, dass sie zu wenig haben. Demnach werden wir auch in Bezug auf dieses Gefühl schon in der Kindheit geprägt.

Wenn du ein starkes Selbstbewusstsein hast, wird dich dieses sicher vor ausgeprägtem Neid schützen. Sollte dich dennoch einmal Neid plagen, dann lass ihn ruhig zu. Allerdings solltest du auch herausfinden, wo er herkommt und was er über dich aussagt. Schließlich musst du dir immer vor Augen halten, dass das Gefühl von Neid komplett in deiner Hand liegt. Du kannst dich mit denen vergleichen, die mehr haben als du und darauf neidisch sein. Auf der anderen Seite könntest du aber auch die Menschen betrachten, die wesentlich weniger haben und glücklich über deinen „Reichtum" sein.

Verlust

Verlustängste kennen viele Menschen, meistens handelt es sich um die Angst, eine wichtige Person zu verlieren. Häufig beziehen sich die Ängste auf den Partner, können aber auch Familienangehörige oder Freunde betreffen. Die Angst muss sich aber nicht unbedingt nur auf Personen beschränken, sondern kann sich zum Beispiel auch auf den Arbeitsplatz beziehen. Verlustängste sind bis zu einem gewissen Grad vollkommen normal. Sie sind ein Zeichen dafür, dass uns andere wichtig sind. Außerdem haben wir alle in der Vergangenheit bereits Verluste erlebt und erinnern uns oftmals schmerzlich daran.

In der Regel solltest du derlei Ängste im Alltag gut bewältigen können und nicht darunter leiden. Es gibt aber durchaus Menschen, für die Verlustängste zur echten Belastung werden. Das liegt dann meistens daran, dass sie in der Kindheit bereits Verluste verkraften mussten oder sogar vernachlässigt wurden. Diese kindlichen Erfahrungen konnten nicht verarbeitet werden und beeinflussen deshalb noch das Leben als Erwachsener. Beziehungen können dadurch extrem beeinträchtigt werden. Nicht selten entwickelt sich sogar eine Depression daraus. Wenn du tatsächlich unter starken Verlustängsten leidest, dann ist es nicht ganz einfach, sie loszuwerden. Das bedeutet aber nicht, dass es dir nicht gelingen kann.

Vielleicht weißt du überhaupt nicht, warum du dich häufig schlecht fühlst und dich merkwürdig verhältst. Du kannst Verlustängste nur loswerden, wenn du dir ihrer bewusst wirst. Wahrscheinlich bemerkst du am ehesten Probleme im zwischenmenschlichen Bereich. Typischerweise bist du schnell eifersüchtig, misstraust anderen und kontrollierst deinen Partner. Menschen mit Verlustängsten klammern sich auch sehr stark an nahestehende Personen. Es gibt aber auch den entgegengesetzten Fall, dass sich Verlustängste in starken Bindungsängsten manifestieren. Weil man sich so sehr vor einem Verlust fürchtet, lässt man andere Menschen erst gar nicht so nahe an sich heran.

Wenn Verlustängste sehr tief in dir verwurzelt sind, wirst du es wahrscheinlich nur mit professioneller Hilfe schaffen. Da diese Ängste aber meistens auch auf einem mangelnden Selbstwertgefühl basieren, solltest du in diesem Bereich unbedingt an dir arbeiten. Du hast vermutlich sehr viele negative Glaubenssätze in Bezug auf deine Persönlichkeit. Es ist aber möglich, negative Gedanken umzulenken, indem du zunächst die entsprechenden Situationen oder Gefühle aus der Vergangenheit aufschreibst. Versuche dann, eine positive Haltung dazu einzunehmen, indem du nichts persönlich nimmst und nicht alles auf dich beziehst. Nimm dir ganz bewusst Auszeiten, um dir selbst etwas Gutes zu tun. Auch Achtsamkeitsübungen können dir helfen, dich von deinen Verlustängsten loszulösen.

Angst

In puncto Angst spielt dein Unterbewusstsein eine ganz entscheidende Rolle. Deine Ängste werden quasi vom Unterbewusstsein generiert, denn es bestimmt über deine Gedanken, dein Verhalten und die Reaktionen deines Körpers. Bestimmte Situationen werden jedoch durchaus falsch eingeschätzt und die Angst ist demnach vollkommen unangemessen. Doch auch, wenn keine Gefahr droht und du die Situation problemlos meistern könntest, wird die Angst nun vom Unterbewusstsein aufrechterhalten. Im Grunde dient dies nur deinem Schutz, den du in diesem Fall eigentlich gar nicht bräuchtest.

Deinem Unterbewusstsein ist nur daran gelegen, dass du den Ernst der Lage nicht aus den Augen verlierst und stets wachsam bist. In deinem Unterbewusstsein sind bedrohliche Situationen aus der Vergangenheit abgespeichert und werden bei ähnlichen Erlebnissen wie der abgerufen. Durch diese Maßnahme soll nur verhindert werden, dass die gleichen negativen Gefühle wie damals wieder hochkommen. Leider gelingt es deinem Unterbewusstsein nur selten, eine realistische Einschätzung der momentanen Situation vorzunehmen. Du hast dich inzwischen weiterentwickelt und die Voraussetzungen sind womöglich ganz andere als früher. Indem du aber bestimmte Dinge und Situationen vermeidest, weil du unbewusst davon abgehalten wirst, erfolgt eine Aufrechterhaltung deiner Ängste.

Dein Unterbewusstsein kann also leicht die Überhand gewinnen, aber du bist deiner Angst nicht hilflos ausgeliefert. Weil du natürlich keine Angst haben möchtest, wirst du sicher Situationen vermeiden, die für dich mit Angst behaftet sind. Dadurch hast du aber nicht mehr die Möglichkeit, die Realität auf ihre tatsächliche Gefahr hin zu überprüfen. Du kannst dich auch nicht an solche Momente gewöhnen, damit sie keine Macht mehr über dich haben. Folglich wirst du in deinem Leben sehr viele Einschränkungen in Kauf nehmen müssen. Schnell entsteht die sogenannte Angst vor der Angst.

Es ist deshalb enorm wichtig, dass du nicht die Vermeidung wählst und dich deinen Ängsten stellst. Es ist vollkommen in Ordnung, wenn du dich unsicher fühlst und ein mulmiges Gefühl hast. Dennoch kannst du gewisse Situationen gut meistern und danach feststellen, dass es doch nur halb so wild war. Nur so kannst du auf Dauer deine Ängste besiegen. Du musst quasi deine alten Überzeugungen und Glaubenssätze über Bord werfen und Dinge wieder neu erfahren, um deine Gedanken umzuprogrammieren. Du darfst Angst ruhig zulassen und wahrnehmen. Frage dich, warum diese Angst dich verfolgt und ob sie dir etwas mitteilen möchte. Du kannst dich dadurch besser kennenlernen und deine Angst künftig als wertvollen Wegweiser nutzen.

Der Einfluss toxischer Menschen

Bereits zu Anfang sind wir darauf eingegangen, dass jeder Mensch der Durchschnitt der fünf Menschen, mit denen er am meisten Zeit verbringt, ist. Tatsächlich ist dein Umfeld maßgeblich dafür verantwortlich, wer oder was du bist. Es gibt sogar eine eigene Bezeichnung für dieses Phänomen, nämlich „kollektives Bewusstsein". Du orientierst dich unbewusst an deinem Umfeld und an deinen Mitmenschen, das ist psychologisch gesehen völlig normal. Unser Verhalten und unsere Überzeugungen richten sich nach unserer Umgebung – manchmal mehr und manchmal weniger.

Negativ eingestellte Menschen in deiner Umgebung verursachen Stress. Befasst du dich andauernd mit den Problemen von anderen, bleiben deine eigenen Sorgen und Probleme garantiert irgendwann auf der Strecke. Permanenter Stress kann bei dir zu psychischen Beeinträchtigungen führen und für Schlafstörungen sorgen. Auf längere Sicht musst du sogar gesundheitliche Beeinträchtigungen befürchten. Der Umgang mit negativen Menschen kann dich also durchaus krank machen.

Sicher kennst du das aus deinem Alltag. Du gehst gut gelaunt auf eine Familienfeier, auf der sich viele über das Wetter, die Politik oder ihre Gesundheit beklagen. Nach einer gewissen Zeit färbt deren Negativität auf dich ab und du bist selbst nur noch am Meckern. Es kann aber auch in die andere Richtung gehen und du lässt dich von der positiven Einstellung anderer Menschen anstecken. Wenn andere ihr Leben selbstbewusst und nach ihren Wünschen gestalten, kann das auch dich inspirieren, in deinem Alltag einige Veränderungen vorzunehmen. Wenn andere träumen, dann schwelgst du ebenfalls gerne in Träumen. Wenn andere beherzt neue Situationen in Angriff nehmen, dann kann das neuen Mut in dir erwecken.

Wie du siehst, können andere Menschen sowohl einen positiven als auch einen negativen Einfluss auf dich haben. Sie können dich auf dem Weg zu einem erfüllten Leben unterstützen, oder dir Steine in den Weg legen. Selbstverständlich kann es einem Menschen nicht nur gut oder schlecht gehen, denn wir alle erleben Höhen und Tiefen. Es bedeutet auch nicht, dass du dich nur noch mit Menschen abgeben sollst, die sich nie beschweren und immer ihr Leben im Griff haben. Dennoch hat jede Person eine gewisse Grundstimmung in sich, also eine bestimmte Geisteshaltung. Deshalb kann man durchaus zwischen positiven und negativen Menschen unterscheiden. Es tut dir auf jeden Fall nicht gut, wenn Personen um dich herum ständig lästern, kritisieren und andere verurteilen. Dieses Verhalten hat definitiv einen toxischen Effekt auf deine Gedanken und Gefühle.

Es gibt ein paar typische Merkmale, an denen du Personen erkennen kannst, die dich negativ beeinflussen. Diese Menschen wollen sich und ihr Leben eigentlich gar nicht verändern. Sie sind grundsätzlich am Meckern und finden immer das Haar in der Suppe. Sie fühlen sich stets benachteiligt und ungerecht behandelt. Anscheinend gibt es in ihrem Alltag nur Probleme, was sie auch in jeder Unterhaltung durchklingen lassen. Selbst an offensichtlich positiven Dingen haben sie noch etwas auszusetzen. Aufgrund ihrer negativen Einstellung machen sie auch dir deine Träume und Ziele madig. In ihrer Gegenwart fühlst du dich klein, deprimiert und gelangweilt. Im Grunde demotivieren sie dich und rauben dir deine Zeit und Kraft.

Wenn du dein Umfeld einmal genauer analysierst, wirst du schnell feststellen, ob es dir gut tut. Du kannst eigentlich nicht übersehen, ob es deine Entwicklung fördert oder sie blockiert. Da du dein Umfeld ja nicht unbedingt aufgeben möchtest, könntest du dich um Veränderungen bemühen. Sicher ist es einen Versuch wert, du solltest dir allerdings keine falschen Hoffnungen machen.

Nimm dir zunächst vor, dich in Zukunft nicht mehr an negativen Themen zu beteiligen. Stattdessen könntest du die Gespräche in eine positive Richtung lenken. Unter Umständen ist es auch hilfreich, die Betroffenen auf ihre negative Sichtweise hinzuweisen. Oftmals sind diese sich gar nicht bewusst, dass sie nur alles schlecht machen. Vielleicht kannst du deinen Freunden und Bekannten ja dabei helfen, die Dinge positiver zu sehen. Versuch sie dazu zu bewegen, ihre ständige Opferrolle aufzugeben und ihr Leben wieder selbst in die Hand zu nehmen.

Sollte es dir tatsächlich gelingen, dein Umfeld und die Menschen darin positiv zu verändern, dann ist das ein riesiger Erfolg. Du hast nicht nur viel für deine Mitmenschen und deren Alltag erreicht, sondern auch für dich. Schließlich kannst du in einem gewohnten Umfeld bleiben und dort auch persönlich wachsen. Allerdings kommen viele Menschen nicht aus ihrer Opferrolle heraus und spielen weiterhin die Leidenden.

Du wirst schnell bemerken, ob sie offen für eine Veränderung sind. Falls nicht, werden sie den positiven Blickwinkel nicht lange beibehalten, sondern schnell wieder in ihre Negativität zurückfallen. Eine Veränderung kann nur erfolgen, wenn Menschen innerlich auch bereit dazu sind. Ansonsten werden all deine Bemühungen vollkommen umsonst sein. Du musst also selbst entscheiden, ob ein Versuch lohnenswert sein könnte oder ob du dir lieber ein anderes Umfeld suchst.

Toxische Menschen definiert

Wenn von toxischen Menschen die Rede ist, dann kann man nicht alle über einen Kamm scheren. Die Toxizität kann in verschiedenen Schweregraden auftreten und dann auch unterschiedliche Folgen haben. Manchmal ist es auch so, dass eine Beziehung nur deshalb toxisch ist, weil zwei bestimmte Personen aufeinandertreffen. Jede Person für sich gesehen wäre gar nicht toxisch, nur harmonieren sie einfach absolut nicht miteinander. In der heutigen Gesellschaft gibt es in allen Bereichen toxische Beziehungen, nicht nur in der Liebe. Auch unter Freunden, am Arbeitsplatz oder innerhalb der Familie kannst du damit konfrontiert werden. Einige machen dir vielleicht nur das Leben schwer, während andere dich regelrecht traumatisieren können. Manchmal kannst du dich leicht daraus lösen, doch häufig bist du jahrelang darin gefangen.

Zunächst einmal sollte man eine toxische Person aus psychologischer Sicht betrachten. Dieser Mensch wurde höchstwahrscheinlich in der Vergangenheit extrem verletzt. Diese Verletzung hat gewisse Gefühle ausgelöst, die niemals wirklich verarbeitet wurden. Der Betroffene entwickelt daraufhin ganz bestimmte Bedürfnisse. Selbstverständlich wird die einstige Verletzung auch viele weitere Probleme im Leben mit sich bringen. Da der- oder diejenige bisher keine Verantwortung für das Geschehen und die Folgen übernommen hat, konnte sich daraus eine toxische Person entwickeln. Im Grunde wurde also jeder toxische Mensch zutiefst verletzt und ist deshalb so geworden. Sie können dieser Negativität demnach nur entkommen, wenn sie sich dieser Verletzungen bewusstwerden und sie aufarbeiten.

Stell dir eine Freundin vor, mit der du viel Zeit verbringst und bei der sich fast alles nur um sie dreht. Sie ist relativ oberflächlich und redet überwiegend nur über sich. Gespräche mit ihr gestalten sich sehr schwierig, da sie andere Meinungen einfach nicht akzeptieren kann. Indem sie lügt und betrügt, kann sie eine Person gegen eine andere ausspielen. Eine Zeit lang wirst du wahrscheinlich der Ansicht sein, dass sie das mit dir niemals machen würde. Du wirst jedoch bald feststellen, dass hinter ihrer gemeinen Art eine große Unsicherheit steckt, die sie damit verdecken möchte.

Sie fühlt sich besser, indem sie andere Leute schlecht macht, denn sie ist dauernd eifersüchtig. Empathie ist für sie ein absolutes Fremdwort. Sollte sie jedoch gewisse Grenzen überschreiten, wirst du dich sicher von ihr abwenden. Das möchte sie freilich nicht hinnehmen und bemüht sich wieder redlich um eure Freundschaft. Das Spielchen läuft etliche Male so, schnell ist ihr Verhalten wieder vergessen. Toxische Menschen bedienen sich gerne Zuckerbrot und Peitsche, denn so haben sie jederzeit die Macht und können diese für sich nutzen. Es muss sich dabei auch nicht um einen Freund oder eine Freundin handeln. Auch deine Oma oder dein Chef könnten diese Verhaltensmuster an den Tag legen.

Einen toxischen Menschen rechtzeitig erkennen

Toxische Personen wollen um jeden Preis ihr eigenes Selbstwertgefühl steigern, dafür ist ihnen jedes Mittel recht. Ihnen geht es nur darum, ihre persönlichen Wünsche und Bedürfnisse erfüllt zu bekommen. Da sie sich nicht in andere hineinversetzen können, nehmen sie keinerlei Rücksicht. Im Grunde ist ihr Verhalten asozial und unmoralisch. Mit Hilfe von Lügen, Kontrolle und Manipulationen versuchen sie an ihre Ziele zu gelangen. Natürlich begehen sie nie einen Fehler und haben deshalb auch an nichts Schuld. Es ist immer das Umfeld, welches hinterlistig und gemein ist und sie somit zum armen Opfer macht.

Ein toxischer Mensch ist nicht in der Lage mit anderen ein klärendes Gespräch zu führen und deren Standpunkte zu verstehen. Es ist nicht außergewöhnlich, dass jeder Mensch manchmal einen schlechten Einfluss auf einen anderen hat. Das ist in der Regel dann der Fall, wenn man eine schwierige Phase durchlebt oder unter Ängsten und Depressionen leidet. Während solche Phasen aber wieder vorbei gehen, verhalten sich toxische Personen immer so. Im Grunde haben sie ein mangelndes Selbstbewusstsein, weil sie in der Kindheit Ablehnung, Traumata oder gar Gewalt erlebt haben.

Gerade in Beziehungen zeigen sich dann die ganz typischen Verhaltensmuster. Männer geben sich anfangs besonders viel Mühe, um einen guten Eindruck auf Frauen zu machen. Nachdem sie zu Beginn extrem charmant und humorvoll waren, werden sie zunehmend verletzend und werten ihre Partnerin ab. Sie spielen ihr Spielchen so, dass die Frau voller Selbstzweifel ist und sich klein fühlt. Es gibt natürlich auch toxische Frauen, die man vor allem an übermäßigen Lästereien erkennt. Sie verbreiten Gerüchte und machen ihre Kontrahentinnen bei anderen schlecht.

Hast du Kontakt zu einer toxischen Person, dann kannst du meistens gar nicht erklären, was eigentlich passiert. Fest steht nur, dass du immer ein komisches und schlechtes Gefühl hast. Du bemerkst immer wieder aufs Neue, dass dieser Mensch dir einfach nicht gut tut. Wenn statt der Klärung eines Problems stets ein Streit vom Zaun gebrochen wird, dann spricht das für einen toxischen Menschen. Diese Leute fühlen sich immer im Recht, sind unbelehrbar und haben keinerlei Einsicht. Sie machen sich auch gar nicht erst die Mühe, das Gegenüber zu verstehen.

Ihr Verhalten überschreitet nicht selten Grenzen. Sie haben hohe Erwartungen an ihre Mitmenschen, lassen diese aber im Unklaren darüber. Wenn diese Erwartungen nicht erfüllt werden, was auch fast nicht möglich ist, droht eine Bestrafung. Emotionaler Druck, Missgunst und Eifersucht sind bei toxischen Personen an der Tagesordnung. Sie sind Meister der Manipulation und wenden dazu auch unfaire Tricks an. Im Grunde rauben sie anderen nur Energie und geben ihnen nichts zurück. In ihrer egoistischen Welt dreht sich alles nur um sie.

Der richtige Umgang mit toxischen Beziehungen

Manche Menschen stecken dich dauernd mit ihrer negativen Art an und sollten deshalb eigentlich gar keinen Platz in deinem Leben haben. Natürlich kann ein Mensch sich jederzeit ändern, aber dafür bedarf es einen eisernen Willen. Zuerst muss jemand überhaupt erkennen, dass etwas gewaltig schiefläuft. Du kannst das Gespräch mit einer toxischen Person suchen und versuchen, ihr übles Verhalten aufzudecken. Sie hat dann die Chance, aus eigenem Ehrgeiz heraus, Veränderungen vorzunehmen. Falls ihr die Beziehung wichtig ist, sei sie freundschaftlicher oder romantischer Natur, sollte sie sich eigentlich Mühe geben. Macht sie jedoch weiter wie gewohnt, dann spricht das für ihren Egoismus und sollte dich dazu bringen, auf Distanz zu gehen.

Die Trennung von einem toxischen Menschen ist nicht einfach. Gerade wenn man sich in einer Partnerschaft befindet, dauert es nicht selten Jahre, bis man sich endgültig lösen kann. Vor allem Frauen haben oftmals nicht die Kraft und den Mut dazu. Auf lange Sicht betrachtet, kann eine Beziehung zu einem toxischen Menschen aber niemals gutgehen. Ob auf privater oder beruflicher Ebene, du hast es nicht verdient, dass dich jemand andauernd schlecht behandelt und klein hält.

Zunächst musst du erkennen, dass du es mit einer toxischen Person zu tun hast, die dir nur schadet. Sie wird sich jedoch gut verstellen, dir deine Fehler aufzeigen und geschickt von sich ablenken. Vielleicht denkst du auch, dass sie Hilfe braucht, weil sie gerade eine schlimme Zeit durchlebt. Toxische Menschen erkennen gar nicht, dass sie das eigentliche Problem sind, denn sie begeben sich mit Vorliebe in die Opferrolle. Du darfst das Verhalten von toxischen Menschen deshalb niemals persönlich nehmen. Sie müssen bei anderen Menschen gewisse Emotionen erzeugen, um ihr geringes Selbstbewusstsein zu stärken.

Es ist ungeheuer wichtig, dass du dich nicht auf ihre Spielchen einlässt und rechtzeitig Grenzen setzt. Unangemessenes Verhalten darfst du nicht tolerieren, weshalb du es offen ansprechen musst. Versuch dabei möglichst sachlich und ruhig zu bleiben, Wut und wilde Beschimpfungen helfen in diesem Fall nicht. Schildere deine aktuellen Gefühle und zeige mögliche Lösungswege für die Zukunft auf. Drohe dabei auch ruhig Konsequenzen an, falls sich nichts ändern sollte.

Leider ändern sich toxische Menschen nur selten, sodass du nicht um einen Kontaktabbruch herumkommen wirst. Bei Arbeitskollegen, deinem Chef oder Familienangehörigen ist das natürlich nicht so einfach. Dann solltest du dich einfach etwas zurückziehen und nur den nötigsten Kontakt pflegen. Bleibe bei den Gesprächen eher sachlich und gehe nicht auf private Dinge ein. Auf diese Weise bietest du diesen Personen keine große Angriffsfläche mehr.

Der Einfluss innerer Blockaden

Bei inneren Blockaden handelt es sich um Emotionen, mit deren Hilfe deine Seele mit dir spricht. Immer wieder sind wir in unserem Alltag zu stark angepasst und sind Meister im Verdrängen von Gefühlen. Wir lassen weder Freude noch Schmerz, Trauer oder Wut zu. Oftmals ist uns gar nicht klar, dass wir auf diese Weise seelische Blockaden errichten. In diesem Fall arbeitet dein Unterbewusstsein gegen deinen Verstand. Innere Blockaden sind wahre Räuber, denn sie berauben dich auf Dauer deiner Lebensfreude und Kraft. Wenn deine persönliche Kraftquelle aber blockiert ist, dann plagen dich Sorgen und Ängste, im schlimmsten Fall endet es in vollkommener Erschöpfung. Diese inneren Blockaden schränken deine Handlungen und deine Gefühle total ein. Selbst wenn du dich ganz auf ein Ziel konzentrierst, wirst du niemals dein ganzes Potenzial ausschöpfen können. Allerdings entstehen solche Blockaden nicht ohne Grund, sondern sollen dir tatsächlich etwas sagen.

Seelische Blockaden rechtzeitig erkennen

Eine innere Blockade ist immer die Folge von Emotionen, die du in der Vergangenheit verdrängt hast. Hast du ein früheres Trauma nicht verarbeitet, dann macht sich das in einer inneren Blockade bemerkbar. In deinem Unterbewusstsein sind diese unterdrückten Gefühle so fest verankert, dass sie später wieder auf andere Art und Weise an die Oberfläche kommen. Manchmal verhältst du dich irrational, indem du scheinbar grundlos traurig bist, eine unbändige Wut verspürst oder dich eine übertriebene Eifersucht plagt. Selbstverständlich können derlei Emotionen deine Lebensqualität extrem beeinträchtigen.

Wenn dir in deiner Kindheit und Jugend Eltern oder Erzieher ständig etwas eingeredet haben, dann könntest du das auch verinnerlicht haben. Vielleicht hast du öfter zu hören bekommen, dass aus dir eh nie etwas werden wird. Unter Umständen hast du aber gewisse Aussagen auch falsch interpretiert und in deinem Unterbewusstsein abgespeichert. Auch solche „Falschaussagen" können dir im Leben jede Menge Steine in den Weg legen und dich weit hinter deinen Möglichkeiten bleiben lassen.

Normalerweise gibt es sehr eindeutige Hinweise auf seelische Blockaden, denn sie verursachen körperlichen Stress. So können Schlafstörungen, Unruhe, ein Gefühl der Überforderung, Rücken- und Kopfschmerzen sowie Herzrasen Symptome dafür sein. Nicht selten schlagen Ängste und Sorgen auch auf den Magen, sodass sich vielleicht Magen- und Darmbeschwerden bemerkbar machen. Bestehen solche inneren Blockaden über einen sehr langen Zeitraum, können sich daraus auch Depressionen oder eine Angststörung entwickeln. Manche Menschen haben aufgrund der geistigen Überforderung häufiger ein Blackout oder bemerken deutliche Einbußen bezüglich ihrer Leistungsfähigkeit. Du wirst in gewissen Situationen wesentlich schneller überreagieren und schlecht mit Kritik umgehen können.

Möglichkeiten zur Auflösung innerer Blockaden

Falls du unter seelischen Blockaden leidest, dann kannst du diese möglicherweise selbst auflösen. Solltest du in deinem Leben also irgendwie in einer Sackgasse stecken und nicht vorankommen, dann muss der Grund nicht unbedingt in einer psychischen Störung liegen. Meistens gibt es nur einfache Störfaktoren oder einen Mangel an Informationen in einer bestimmten Situation. Eventuell bist du nur erschöpft und solltest darauf achten, wieder mehr Schlaf abzubekommen. Solltest du bei der Arbeit unproduktiv sein, dann bitte Kollegen oder Vorgesetzte ruhig um einen kleinen Anstoß in Form einer zweiten Meinung.

Kommst du irgendwo nicht weiter, dann löse dich zunächst von dieser Beschäftigung. Widme dich erst angenehmeren Aufgaben und lenke dich vom Problem ab. Häufig erholt sich der Geist dann, sodass du später wieder mit frischer Kraft neu durchstarten kannst. Störungen von außen können ebenfalls zu inneren Blockaden führen. Finde die Störfaktoren und schalte sie nach Möglichkeit aus.

Sehr nützlich können auch diverse Kreativitätstechniken wie Brainstorming, Mind-Mapping oder kreatives Schreiben sein. Sollten die Blockaden dich länger belasten, dann gönne dir ruhig eine Auszeit in Form eines Wochenendausflugs oder Urlaubs. Es kann sein, dass du die inneren Blockaden nicht selbst loswerden kannst. Scheue dich dann nicht, einen Therapeuten zu Rate zu ziehen. Er kann dir durch eine Gesprächstherapie oder das Erlernen von Entspannungstechniken hilfreich zur Seite stehen.

Das Finden innerer Ruhe

Unser Alltag ist geprägt von Stress, Lärm und Hektik. Da ist es nicht weiter verwunderlich, dass wir uns nach Ruhe sehnen. Allerdings ist damit nicht nur äußerliche Ruhe gemeint, sondern vielmehr auch die innere Ruhe. Ist es dann tatsächlich einmal still, dann können wir mit dieser Ruhe gar nichts anfangen und sind innerlich trotzdem aufgewühlt. Vielleicht fühlst du dich innerlich oftmals wie getrieben und kannst einfach nicht still sitzen. Du denkst, du müsstest ständig in Bewegung sein und etwas tun, ansonsten kommt es dir vor wie reine Zeitverschwendung. Auch in unserer schnelllebigen Zeit sollten wir uns immer wieder Momente der Ruhe gönnen. Für einige Augenblicke solltest du dich von den Anforderungen des täglichen Lebens abwenden können. Du hast es selbst in der Hand, gelassener zu werden und dich darin zu bestärken, dass alles gut ist.

Was ist innere Ruhe eigentlich?

Um innerlich tatsächlich zur Ruhe kommen zu können, musst du zuerst verstehen, was innere Ruhe überhaupt bedeutet. Dazu klären wir erst einmal, wodurch äußere Ruhe gekennzeichnet ist. Wir stellen uns darunter die Abwesenheit von Geräuschen in unserem Umfeld vor. Geräusche die laut sind, uns stören und schließlich Stress auslösen.

Wenn es um dich herum still ist, dann kannst du den Moment wahrnehmen und dich selbst spüren. Es geht in diesem Augenblick nur um dich und deine Präsenz. Du bist ganz still und ruhst in diesem einen Moment.

Würde man diese Ruhe jetzt auf dein Inneres übertragen, dann wärst du vollkommen gelassen und ausgeglichen. Du wärst überhaupt nicht nervös oder angespannt und hättest auch keinerlei Angst. Die Realität sieht leider meistens anders aus, denn diese Gefühle lassen wir nur selten zu. Da ist doch immer diese innere Stimme, die uns dazu aufruft, nicht faul und untätig zu sein. Es wäre doch wirklich toll, wenn du dich öfter der inneren Ruhe hingeben könntest, ohne dabei ein schlechtes Gewissen zu haben.

▸ Wir können und müssen nicht alles kontrollieren

Willst du zu innerer Ruhe finden, dann geht es zunächst darum, die Kontrolle loslassen zu können. Ein erster Schritt ist die Erkenntnis, dass du manche Dinge in deinem Leben kontrollieren kannst, andere aber wiederum nicht. Vielen Menschen ist Kontrolle äußerst wichtig, sie haben sogar regelrecht Angst vor Kontrollverlust. Es gibt aber Bereiche, auf die du keinerlei Einfluss hast, sodass du sie auch nicht kontrollieren kannst.

Sicher fallen auch dir Bereiche ein, die du immer wieder mit aller Macht kontrollieren willst. Doch du musst leider feststellen, dass es nicht in deiner Hand liegt. In diesem Fall kann es sehr hilfreich sein, wenn du diese Tatsache einfach akzeptierst. Kannst du die Kontrolle jedoch nicht abgeben, dann wird das immer wieder aufs Neue schlechte Gefühle in dir hervorrufen. Diese wiederum blockieren deinen Weg zur inneren Ruhe.

▸ Körper und Seele müssen in Einklang sein

In der heutigen Zeit ist immer öfter die Rede davon, dass Körper und Geist in Einklang sein müssen. Vielleicht kannst du dir darunter gar nicht so richtig etwas vorstellen. In der Tat haben zahlreiche Studien aufgedeckt, dass Körper und Geist sich gegenseitig stark beeinflussen. Wenn es deiner Seele nicht gut geht, dann kann darunter auch deine Gesundheit leiden. Dieser Zusammenhang kann sich aber auch andersherum auswirken. Bist du körperlich krank, dann wird auch deine Gemütslage eher negativ sein. Aufgrund dieser Verbindung zwischen Körper und Seele kannst du nur Stärke entwickeln, wenn beide Seiten miteinander in Einklang sein. Das bedeutet, dass keine davon schwächeln darf.

Deshalb musst du immer auf Körper und Geist achten und das tun, was dir gut tut. Was das ist, das hängt ganz von dir ab. Manche Menschen lieben ausgedehnte Spaziergänge oder powern sich gerne beim Sport aus. Andere wiederum bevorzugen die Stille und konzentrieren sich auf Meditationen und Yoga. Natürlich kannst du dir auch ein schönes Hobby suchen, in dem du so richtig aufgehst. Wichtig ist nur, dass es dir dabei hilft, ein inneres Gleichgewicht zu finden und zu erhalten. Probiere ruhig verschiedene Sachen aus und finde heraus, womit es dir am besten geht.

▸ Schwächen und Gefühle akzeptieren

Du wirst vielleicht feststellen, dass es nicht immer ganz einfach ist, Ruhe zu bewahren. Viel zu schnell werden wir ungeduldig und verfallen in alte Verhaltensmuster zurück. Das kann natürlich Frustration verursachen und zu Vorwürfen gegenüber uns selbst führen. Du fühlst dich schwach und gerätst in die negative Gedankenspirale. Indem wir nur unsere Schwächen wahrnehmen, öffnen wir der Kritik Tür und Tor. Du könntest aber auch einfach deine Mängel akzeptieren, was natürlich nicht unbedingt leichtfällt. Du kannst die negativen Gedanken ruhig annehmen und sie dann beiseiteschieben. Ärgere dich nicht darüber, und bleibe ganz ruhig. Du schenkst ihnen nur ganz kurz deine Aufmerksamkeit und widmest dich dann wieder dem Moment. Akzeptanz führt dazu, dass diese Gefühle künftig keine Macht mehr über dich haben.

Wenn dich gewisse Dinge belasten, dann sind sie meistens mit Gefühlen verbunden, die du nicht zulassen willst. Es kann zwar eine ganze Weile gut gehen, Emotionen zu verdrängen, aber langfristig wird es dir nur schaden. Du musst ungeheuer viel Energie aufbringen, damit dieser Mechanismus funktioniert. Letzteres wird dich zugrunde richten und Krankheiten fördern. Du darfst Gefühle keinesfalls unterdrücken, denn du kannst dich an ihnen orientieren und sie weisen dir oftmals die Richtung im Leben. Nur wenn du sie wahrnimmst und akzeptierst, kommt dies deinem Wohlbefinden zugute.

▸ Störfaktoren müssen beseitigt werden

Willst du im Inneren zur Ruhe kommen, musst du auch dein Umfeld analysieren. Dort können viele Störfaktoren lauern, die dich nicht zur Ruhe kommen lassen und ständig innerlich aufwühlen. Zunächst einmal solltest du deine nähere Umgebung betrachten, also dein Zuhause. Herrscht hier das Chaos, dann wird es dir kaum möglich sein, in dir drinnen Ordnung zu finden. Auch hier wird dir sicher Chaos begegnen, und deshalb wirst du ständig unruhig sein. Hältst du deine Wohnung jedoch stets in Ordnung, dann hast du auch Raum zum Ausruhen. Nimm dir täglich etwas Zeit für den Haushalt, damit du dich so richtig wohlfühlen kannst.

Der nächste Punkt betrifft deine sozialen Kontakte, denn auch deine Mitmenschen können durchaus Störfaktoren darstellen. Einige Menschen werden dir vielleicht nicht guttun, dann solltest du etwas auf Distanz gehen. Eventuell bist du aber auch zu viel in sozialen Medien wie Facebook oder Instagram unterwegs – auch das kann in Stress ausarten – oder es prasseln zu viele Nachrichten bei WhatsApp auf dich ein. Manchmal kann es auch hilfreich sein, das Handy lautlos zu stellen, denn man muss nicht immer erreichbar sein. Schnell wirst du merken, dass ein leichter Rückzug mehr Ruhe in dein Leben bringt und somit auch die innere Ruhe fördert.

Oftmals sind es die kleinen Dinge, die eine große Wirkung haben. Deshalb kannst du auch mit wenig Aufwand und kleinen Veränderungen zu mehr innerer Ruhe und Gelassenheit finden. Schiebe Angelegenheiten, wie das Bezahlen von offenen Rechnungen, nicht lange vor dir her. Du kannst nicht ruhig bleiben, wenn solche Sachen unerledigt sind und dir dauernd im Kopf herumgeistern. Ganz wichtig ist auch ein geregelter Tagesablauf mit einer gewissen Routine. Plane regelmäßige Aktivitäten, wie zum Beispiel Sport an festen Tagen und immer zur gleichen Uhrzeit ein. Schaffe dir dann ganz bewusst Freiräume für dich, in denen du Stille genießen kannst.

Stressbewältigung im hektischen Alltag

In unserer modernen Gesellschaft ist Stress ein ganz wichtiges Thema. Stress ist vollkommen normal, er kann jedoch von Mensch zu Mensch ganz unterschiedlich ausgeprägt sein. Natürlich ist auch die Stressresistenz nicht bei jeder Person gleich hoch. Kürzere Stressperioden erleben wir alle – und sie werden von den meisten ganz gut weggesteckt. Bei einigen besteht der Stress aber über einen sehr langen Zeitraum und ist quasi dauernd präsent.

Studien haben ergeben, dass die größten Stressoren die Arbeit und das Studium sind. Dicht dahinter folgen die extrem hohen Ansprüche an sich selbst. Wie du siehst, können äußere Faktoren für Stress verantwortlich sein. Du kannst ihn dir aber auch größtenteils selbst machen. Schnell findest du dich in einem Hamsterrad wieder, aus dem du nicht so leicht wieder herausfindest. Es gibt jedoch zahlreiche Möglichkeiten der Stressbewältigung, bevor dich der Stress körperlich und psychisch krank macht.

Mit Hilfe von aktiver Stressbewältigung kannst du Stress abbauen und dich künftig auch weniger gestresst fühlen. Eine andere Bezeichnung für diese Strategien ist auch Stressmanagement. Im Endeffekt geht es dabei darum, deine Leistungsfähigkeit aufrechtzuerhalten und deine Gesundheit zu schützen. Dazu musst du lernen, wie du richtig mit Stress umgehst, denn ganz vermeiden lässt er sich ja leider nicht. Du musst eine gewisse Widerstandsfähigkeit aufbauen, indem du deine Selbstheilungskräfte aktivierst.

Hilfreiche Tipps zur Stressbewältigung

Zunächst einmal musst du einfach akzeptieren, dass du dich in einem Stresszustand befindest. Nicht selten reden sich einige Menschen ständig ein, dass doch alles in Ordnung sei, obwohl sie sich dauernd überbelastet fühlen. Es muss dir nicht peinlich oder unangenehm sein, wenn du zugibst, dass du überfordert bist. Die Arbeit, Familie, soziale Verpflichtungen und viele weitere Dinge können durchaus zur starken Belastung werden. Vielleicht kann es dir helfen, wenn du deine Gedanken einmal zu Papier bringst. Wenn du jeden Tag im Gedankenkarussell festhängst, bringt dich das in der Regel kein Stück weiter. Werden deine Ängste und Sorgen jedoch einmal richtig benannt, dann kannst du sie konkret angehen.

Im zweiten Schritt solltest du nicht alles mit dir selbst ausmachen, sondern dich jemandem anvertrauen. Überlege dir genau, welche Person dir nahe genug steht, um mit ihr über alle Probleme sprechen zu können. Meistens ist es ohnehin der Partner, der die momentane Anspannung tagtäglich hautnah miterlebt. Lass ihn ruhig wissen, dass du dich aktuell sehr unter Druck fühlst. Sicher wird er dir gerne mit Rat und Tat zur Seite stehen und dich unterstützen.

Letztendlich musst du auch deine Einstellung zum Stress verändern. Nachdem du den Stresszustand angenommen und akzeptiert hast, musst du auch davon überzeugt sein, dass es in deiner Hand liegt, etwas an der Situation zu verändern. Du bist nicht das hilflose Opfer und kannst dich mit eigener Kraft daraus befreien. Schmeiß alte Denkmuster über Bord, die dir einreden, dass du etwas tun musst, dass du etwas nicht kannst oder dass es einfach nicht geht. Formuliere diese einfach um und handle nach dem Leitsatz „ich kann, ich will und ich werde". Du bist ganz alleine für dich und deine momentane Situation verantwortlich. Du bist nicht in einer Zwangslage, die sich nicht verändern lässt, sondern du kannst dich selbst wieder herauskatapultieren.

Stress betrifft Körper und Geist gleichermaßen, weshalb Momente der Entspannung so wichtig sind. Sport ist eine gute Methode der Stressbewältigung, denn er wirkt gleich auf zweierlei Art und Weise. Durch die Bewegungen bist du abgelenkt, so dass dein Kopf abschalten kann. Darüber hinaus werden aber durch Sport auch Stresshormone abgebaut. Vielleicht denkst du, dass regelmäßiger Sport noch zusätzlichen Stress darstellt, da dir ja wertvolle Freizeit verloren geht. Du wirst aber schnell bemerken, dass du im Alltag wesentlich belastbarer und gelassener bist. Du musst auch nicht unbedingt ins Fitnessstudio gehen oder in einem Verein trainieren. Schon die täglichen Spaziergänge können sehr hilfreich sein. Für mehr Entspannung im Alltag kannst du auch durch Yoga, Meditationen oder autogenes Training sorgen. Außerdem solltest du immer wieder ganz bewusst Ruhezeiten und Pausen in den Tagesablauf einbauen.

Zeitmanagement ist ein ganz wichtiger Aspekt in Bezug auf Stressbewältigung, das gilt vor allem für den Arbeitsplatz. Um Stress zu vermeiden, schiebst Du vielleicht gewisse Aufgaben auf oder setzt die Prioritäten falsch. Am besten erstellst du eine To-do-Liste mit allen wichtigen Aufgaben und Arbeiten. Auf dieser Liste kannst du dann auch Prioritäten und exakte Zeiten festlegen. Halte Störreize weitgehend fern, indem du zum Beispiel das Telefon stumm schaltest oder dich von den sozialen Medien fernhältst.

Wenn du sehr unter Stress stehst, dann wirst du wahrscheinlich am ehesten alles in dich hineinfressen. Allerdings wäre das komplette Gegenteil wesentlich sinnvoller, denn es ist sehr befreiend, seinen Gefühlen freien Lauf zu lassen. In Situationen der Überforderung kannst du zum Beispiel eine Treppe mehrmals hinauf und wieder herunterrennen oder in ein Kissen oder einen Sandsack boxen. Auf diese Weise wird in deinem Körper das Stresshormon Cortisol wieder abgebaut, so dass dein Gehirn nicht mehr blockiert ist. Lass in deinem beruflichen und privaten Umfeld ruhig verlauten, dass du dich gestresst fühlst. Sieh es nicht als Zeichen von Schwäche an, denn schließlich kostet es einiges an Überwindung, den Stress zu kommunizieren. Dies zeugt eher von großem Selbstbewusstsein und nur so kann sich etwas verändern.

Mach dich nicht mehr zu einem Opfer

Wir alle fühlen uns von Zeit zu Zeit als Opfer, das dem Schicksal ausgeliefert ist und daran nichts ändern kann. Wahrscheinlich findest du auch häufiger Ausreden, dass du etwas einfach nicht kannst. Die Ansicht bedeutet jedoch noch lange nicht, dass es nicht doch geht. Was wäre, wenn du dein Leben ab sofort ändern und deine Träume leben könntest? Und genau das ist auch möglich, denn du führst ein selbstbestimmtes Leben und kannst es nach deinen Wünschen gestalten und verändern. Um das erreichen zu können, darfst du jedoch nicht länger die Opferrolle annehmen und musst selbst aktiv werden. Nicht das Schicksal, die Umstände oder andere Menschen sind schuld an deiner momentanen Situation. Du kannst selbst etwas daran ändern, aber du musst deinen Hintern hochbekommen. Befindest du dich in der Opferrolle, siehst du nur das Negative und keinen Ausweg aus deiner Misere.

Die Opferrolle hat entscheidende Vorteile

Es hat durchaus einige Vorteile, sich als Opfer zu fühlen, weshalb auch viele gerne in dieser Rolle verharren. Willst du dein Leben in die eigene Hand nehmen, musst du aktiv werden und deine Komfortzone verlassen. Das könnte natürlich alles andere als bequem sein, denn es ist mit Anstrengungen verbunden. Sollte bei dir so einiges schieflaufen, dann gibt es bestimmt Menschen, die Mitleid mit dir haben und dir Trost spenden. Wenn sie dir Mut machen, geht es dir normalerweise augenblicklich wieder besser. Auch dieser Wunsch nach Trost und Fürsorge, der eigentlich nur unbewusst ist, entstammt deiner Kindheit. Damals waren deine Eltern wahrscheinlich immer zur Stelle, wenn es dir nicht gut ging. Und genau das hält dich heute in der Opferhaltung, das Verlangen nach Zuwendung und Trost.

Es ist auch immer leicht, anderen die Schuld zuzuweisen. Wenn du das tust, liegt die Verantwortung für dein Leben nicht in deinen Händen. Eigenverantwortung ist ein schweres Thema, mit dem du dich womöglich sehr schwertust. Die Angst davor ist ebenfalls in deiner Kindheit verwurzelt. Wahrscheinlich hast du es früher einfach nicht gelernt, weil deine Eltern dir vieles abgenommen haben. Meistens hast du dann auch Schwierigkeiten damit, eigene Entscheidungen zu treffen. Entscheidungen sind das Stichwort, denn viele Menschen tun sich äußerst schwer damit. Keiner will für seine Fehlentscheidungen angeprangert und zur Verantwortung gezogen werden. Deshalb überlassen wir Entscheidungen gerne anderen, dann tragen sie letzten Endes die Schuld, falls etwas schief geht. Es gibt ein paar Verhaltensweisen, die eine dauernde Opferhaltung begünstigen. Du findest immer Ausreden, du versinkst in Selbstmitleid und ärgerst dich über alles und jeden.

Sich bewusst gegen die Opferrolle entscheiden

Viele bemerken gar nicht, dass sie sich selbst immer wieder in die Opferrolle manövrieren. Du musst dir dessen aber unbedingt bewusstwerden, denn nur so kannst du dich daraus befreien. Allerdings musst du daran denken, dass es keine Absicht war, in diese Rolle zu schlüpfen. Verurteile dich deshalb also nicht dafür. Du musst dich selbst akzeptieren, dann gelingt dir auch der Ausstieg. Entscheide dich für eine Veränderung, lass das Jammern, die Schuldzuweisungen, die ständigen Ausreden und das Selbstmitleid sein. Es ist deine Entscheidung, die du ab heute durchziehen kannst, erinnere dich jeden Morgen wieder neu daran. Vielleicht denkst du, dass alles vom Schicksal vorbestimmt ist und du keine Wahl hast? Damit liegst du absolut falsch, denn du kannst immer wählen, jeden Tag – ob du dich von deinem Partner trennen oder deinen Arbeitsplatz wechseln willst, es liegt ganz in deiner Hand.

Falls du es nicht tust, dann liegt es nicht daran, dass du es nicht kannst. Du willst es nur einfach nicht stark genug und verharrst lieber in der bequemen Opferrolle. Immer, wenn wir eine Entscheidung treffen, dann wissen wir, dass wir mit den Konsequenzen leben müssen. Ohne zu wissen, ob diese positiv oder negativ sein werden. Wenn du nicht handelst, dann zeigt das nur, dass du diese nicht tragen willst. Manchmal ist es ganz hilfreich, dein Leben mal aus einer anderen Perspektive zu betrachten. Befreie dich für einen Moment aus der Opferrolle und schau dann auf die Situation. Wenn du gekündigt wirst, dann wirst du höchstwahrscheinlich deinen Chef und das Unternehmen verfluchen. Du jammerst, dass du jetzt kein Geld mehr hast und nicht weißt, wie du deine Wohnung halten sollst. Jetzt betrachte das Ganze einmal von der anderen Seite. Ja, die Kündigung ist Mist, aber im Grunde machte dir die Arbeit doch eh keinen Spaß mehr und hat dich belastet. Demnach könnte ja das Schicksal eingegriffen und dich auf den richtigen Weg gebracht haben. Wenn du positiv denkst, wird es dir definitiv besser gehen.

Du musst endlich Verantwortung für dein Leben übernehmen und dich immer fragen, was du aktuell verändern kannst. Sicher wirst du anfangs noch viele Momente haben, in denen du dich hilflos fühlst und aufgeben möchtest. Vergiss dann nicht, dass du etliche Jahre in der Opferrolle warst. Deshalb braucht es auch viel Zeit und Geduld, dich wieder daraus zu befreien. Es wird im Leben immer Dinge geben, die du einfach nicht ändern kannst. Doch auch das darf dich nicht dazu verleiten, dich als Opfer zu fühlen. Es liegt ganz allein an dir, wie du eine Situation bewertest und was du darüber denkst. Also sieh es doch einfach positiv! Schließlich hängt die Opferrolle stark mit deinem Selbstbild zusammen. Hast du ein geringes Selbstbewusstsein, wirst du eher in die Opferrolle schlüpfen. Demnach kann es ein guter Weg sein, dein Selbstbewusstsein aufzubauen. Nur so kannst du dein Leben dauerhaft in den Griff bekommen.

Das Wichtigste in Kürze

- ✓ Grübeln ist nicht normal, da man dabei nur noch in der Vergangenheit oder in der Zukunft ist und das Hier und Jetzt vollkommen vergisst.
- ✓ Das Gedankenkarussell kann entstehen, wenn man aufgeregt ist, unverarbeitete Erlebnisse in sich trägt, Angst vor dem Treffen von Entscheidungen hat oder abends den Tag Revue passieren lässt. Trifft nichts davon zu, können psychische Erkrankungen ursächlich sein.
- ✓ Kritik sollte niemals persönlich genommen werden, sondern stattdessen sollte konkret nach Wünschen und Verbesserungsvorschlägen gefragt werden, da Kritik in Motivation gewandelt werden kann.
- ✓ Ablehnung kann nicht vermieden werden, da man nicht jedem gefallen kann. Allerdings hast du die Wahl zu entscheiden für was du abgelehnt werden möchtest.
- ✓ Scheitern ist menschlich. Die Ängste, die dahinterstecken, sind meist unbegründet, sodass der Fokus auf das Ziel gerichtet werden sollte.
- ✓ Vergleichen ist in Ordnung, aber Neid ist ein Gefühl, das dich eher behindern wird, als dass es dich beflügelt.
- ✓ Der Angst vor Verlusten ist meistens in einem geringen Selbstbewusstsein begründet. Dabei sollte man an sich selbst arbeiten und einen Verlust nicht persönlich nehmen.
- ✓ Angst an sich ist lähmend und kann meist mithilfe von Konfrontation aus der Welt geschafft werden. Toxische Menschen geben dir ein schlechtes Gefühl und machen dich nieder, um sich selber besser zu fühlen. Dementsprechend sollte man toxische Menschen meiden.
- ✓ Innere Blockaden schränken dich stark ein, sodass du sie aus der Welt schaffen solltest.
- ✓ Zu innerer Ruhe kann jeder Mensch gelangen, wenn wir Dinge und mehr mit uns selbst auseinandersetzen, uns in Gelassenheit üben und gewisse Dinge einfach akzeptieren.
- ✓ Stressvermeidung ist nahezu unmöglich, dementsprechend sollten wir Methoden lernen, mithilfe derer wir den Umgang mit Stress bestmöglich lernen können.
- ✓ Weder das Schicksal, äußere Umstände oder andere Menschen sind schuld an deiner Situation. Entscheide dich aktiv gegen die Opferrolle und werde zu dem eigenen Herr über dich selbst.

Kapitel 7: Lasse die positiven Gedanken kommen

Deine Gedanken haben eine enorme Macht und können dein körperliches und seelisches Wohlbefinden stark beeinflussen. Das gibt dir aber auch die Chance, diese Macht der Gedanken zu deinem Vorteil zu nutzen. Nicht die äußeren Umstände oder andere Menschen sind verantwortlich dafür, wie glücklich oder unglücklich du bist. Ganz alleine dein Denken bestimmt über den Verlauf deines Lebens.

Wenn du dich für das positive Denken entscheidest, dann wird das Glas nicht halb leer, sondern halb voll sein. Du nimmst also die positiven Aspekte wahr und fokussierst dich nicht auf das Negative. Auf diese Weise wirst du dir viel mehr zutrauen, sodass du deine Ziele erreichen und Träume verwirklichen kannst. Auch wenn andere etwas nicht für machbar halten, kann es dir gelingen. Große Erfolge in der Geschichte der Menschheit basieren immer auf positiven Gedanken. Nutze auch du diese Chancen und Möglichkeiten in deinem Leben.

Du darfst vom positiven Denken aber keine falsche Vorstellung haben. Es bedeutet keineswegs, dass du fortan alles Negative komplett ausblendest. Du musst auch nicht ständig mit einem breiten Grinsen durch die Gegend laufen. Optimismus ist schön und gut, muss aber auch realistisch betrachtet werden. Nichts auf der Welt ist nur positiv oder nur negativ, es gibt immer zwei Seiten. Du kannst selbst entscheiden, auf was du deine Aufmerksamkeit richtest. Es wird aber immer Phasen in deinem Leben geben, in denen dir positives Denken schwerfällt, das ist vollkommen normal.

Gedanken richtig lenken

Du kannst durchaus lernen, deine Gedanken in die gewünschte Richtung zu lenken. Das hilft dir dabei, deine Ziele im Leben zu erreichen. Dabei darfst du aber nicht einen entscheidenden Fehler machen. Du darfst deine Gedanken niemals auf das richten, was du auf deinem Weg unbedingt vermeiden willst. Sehr anschaulich sind in diesem Fall Beispiele aus dem Sport. Beim Tennis würdest du vielleicht denken, den Ball bloß nicht ins Aus zu spielen, um den Sieg nicht aus den Augen zu verlieren. Soll ein Elfmeter beim Fußball verwandelt werden, dann denkst du sicher, dass du auf keinen Fall vorbeischießen darfst. Falsch gedacht! Du musst deine Gedanken auf das ausrichten, was du erreichen möchtest. Dass du dich immer auf dein Ziel fokussieren musst, hat einen bestimmten Grund: Negationen gibt es in deinem Unterbewusstsein nicht. Wenn dir jemand sagt, dass du an etwas nicht denken sollst, kommt in demselben Moment genau dieses Bild in deinem Kopf auf.

Emotionen entstehen in dir durch negativ behaftete Gedanken. Bleiben wir bei dem Tennisbeispiel. Wenn du daran denkst, dass der Ball auf keinen Fall im Aus landen darf, dann erzeugt das ungute Gefühle und vielleicht sogar eine gewisse Angst. So hast du normalerweise Freude daran, Bälle übers Netz zu schlagen, allerdings machen deine negativen Gedanken diese Empfindung kaputt. Deine Angst führt dazu, dass du verkrampfst und fast wie gelähmt bist. Selbstverständlich kann es immer passieren, dass der Ball ins Aus geht, jedoch passiert das, während du keine Freude am Spiel hast. Dieses Beispiel lässt sich auf alle anderen Lebensbereiche übertragen. Im Alltag sollten negativen Gedanken nicht zu viel Raum gegeben werden. Sie führen nur zu Stress und verhindern Ruhe und Gelassenheit. Natürlich musst du dennoch achtsam sein und darfst mögliche Gefahren nicht dadurch ausblenden, dass du auf naive Weise immer positiv denkst.

Veränderung der Gedanken verändert auch das Verhalten

Wir sind also tatsächlich in der Lage, unsere Gedanken in die gewünschte Richtung zu lenken, wenn wir das nur wollen. Dazu ist es aber notwendig, dass du deine negativen Gedanken überhaupt erkennst. Oftmals ist es uns doch gar nicht bewusst, dass wir ständig in unseren negativen Gedanken festhängen und uns permanent Sorgen machen. Durch positive Gedanken kannst du auch positive Emotionen erzeugen und deine bisherigen Verhaltensweisen positiv verändern. Durch das positive Denken hast du eine wesentlich angenehmere Grundhaltung. Das lässt dich innerlich viel ruhiger, entspannter und ausgeglichener sein. Auf lange Sicht wird sich das in einer gesundheitlichen und seelischen Vitalität und Stabilität bemerkbar machen. Dein Glück und dein Wohlbefinden hängen maßgeblich mit deinen Gedanken zusammen. Indem du deine Gedanken ins Positive lenkst, kannst du deinen Blickwinkel verändern. Somit mobilisierst du auch deine Reserven und kannst lösungsorientiert und zielführend agieren.

Künftig wird deine Denkweise nicht mehr stupide und starr sein, sondern wesentlich lockerer. Indem du Dinge auch von anderen Seiten beleuchtest, durchbrichst du alte Glaubenssätze und Überzeugungen. Wenn du positives Denken regelmäßig im Alltag übst, dann kannst du diese alten Denkmuster schon bald ablegen. Du alleine bestimmst dabei das Tempo, in dem positivere Gedanken Einzug in dein Leben halten. Es ist egal, wie schnell du vorankommst, wichtig ist nur, dass du dich endlich auf den Weg machst.

So wirst du zum Optimisten

Es kann in der Tat sehr lohnenswert sein, wenn du mehr Optimismus in dein Leben bringst. Viele sind jedoch aus voller Überzeugung eher pessimistisch eingestellt. Sie sagen sich, dass sie lieber vom Schlimmsten ausgehen, um dann später nicht allzu sehr enttäuscht zu sein. Natürlich geht diese Rechnung auch häufig auf. Wahrscheinlich wirst du viele angenehme Überraschungen erleben, weil die Befürchtungen dann doch nicht eingetreten sind. Kommt es aber tatsächlich dicke, dann warst du ja immerhin schon darauf vorbereitet.

Ein weit verbreitetes Verhaltensmuster – aber macht es dich auch glücklich? Diese Frage kannst du garantiert mit „nein" beantworten, denn Optimisten leben eindeutig glücklicher. Ein Optimist unterstellt dem Umfeld und den Mitmenschen grundsätzlich gute Absichten. Er hat Hoffnung, dass alles einen Sinn hat und dass am Ende ohnehin alles gut wird. Du bestimmst durch deine Gedanken, wie du dich fühlst. Schaust du auf die positiven Aspekte, wirst du dich deshalb besser fühlen, als wenn du immer das Schlimmste befürchtest. Optimismus führt also zu einem zufriedeneren und entspannteren Leben. Schließlich kommt Optimismus nicht nur deiner Psyche, sondern auch deinem Körper zugute.

Optimismus kann man tatsächlich erlernen

Es ist übrigens kein Merkmal deiner Persönlichkeit, ob du optimistisch oder pessimistisch bist. Es geht dabei lediglich um deine Denkweise. Da du deine Denkweise aber beeinflussen kannst, hast du auch die Möglichkeit, optimistischer zu werden. Ein Pessimist wird immer das bemerken, was nicht gut ist und woran es in seinem Leben mangelt. Optimisten sehen hingegen überwiegend das Gute, wobei sie die negativen Dinge natürlich nicht total vernachlässigen. Nachfolgend zeigen wir dir ein paar Strategien auf, mit deren Hilfe du in Zukunft eher auf die positiven Dinge achten kannst.

Ein Tagebuch ist ein ideales Hilfsmittel, um sich positive Erlebnisse immer wieder vor Augen führen zu können. Oftmals richten wir unsere Aufmerksamkeit nämlich auf die negativen Aspekte und vergessen darüber vollkommen das Gute. In einem Dankbarkeits-Tagebuch kannst du abends immer notieren, welche guten Dinge dir an diesem Tag widerfahren sind und wofür du dankbar bist. Es ist sinnvoll, dass du morgens gleich positiv in den Tag startest. Mach dir keinen Stress, indem du an lästige Termine denkst, sondern richte dein Augenmerk auf das, worauf du dich an diesem Tag freust.

Selbstverständlich gibt es in deinem Alltag immer wieder unangenehme Situationen und doofe Mitmenschen. Vielleicht gibt es aber auch dann noch immer ein positives Fünkchen, das dir Hoffnung geben kann und dich positiv stimmt. Betrachte es einfach aus einem anderen Blickwinkel und versuche, das Positive darin zu finden. Wenn du merkst, dass sich jemand aus deinem Umfeld ständig nur beschwert und am Meckern ist, dann solltest du lieber auf Distanz gehen. Negative Menschen sind Energieräuber und ziehen dich in ihre Negativität mit hinein. Mach dir immer wieder bewusst, was du im Leben schon alles erreicht und geschafft hast.

Kopfkino läuft eigentlich täglich, jedoch bist du der Regisseur. Wenn du die Katastrophen schon nahen siehst, dann werden sie mit Sicherheit auch eintreffen. Du hast aber die Chance, ein Happy End für deine Geschichte zu schreiben. Was du dir vorstellen kannst, das kann auch geschehen. Wenn eine nahestehende Person pessimistisch in die Zukunft blickt, dann hast du sicher schon versucht, sie zu beruhigen und aufzumuntern. Warum machst du das dann nicht auch mit dir selbst? Das, was du anderen gut zureden kannst, das funktioniert auch bei dir selbst. Das, was du dir vorstellst, ist oftmals gar nicht realistisch. Deshalb hinterfrage deine Gedanken und bleibe immer bei der Realität.

Positives Denken

Beim positiven Denken geht es schlichtweg darum, in allem Wahrgenommenen das Positive zu sehen. Im Grunde ist positives Denken auch ein Synonym für Optimismus. Zum positiven Denken gehört auch eine gewisse Menschenliebe, denn schließlich glaubt man ja auch an das Gute im Menschen und vertraut auf diese Eigenschaft. Was positives Denken aber nicht ist, ist Schönmalerei. Es geht nicht darum, dass du alles nur aus einem positiven Blickwinkel siehst, ganz egal was es kostet. Man kann nicht jeden Tag positiv gestimmt sein, denn zu unserem Leben gehören auch Enttäuschungen, Trauer und Unglück. In solchen Lebensphasen kann keiner von dir erwarten, dass du fröhlich und freudestrahlend durchs Leben gehst. Damit würdest du dir und anderen nur etwas vormachen.

Es gibt also zahlreiche unangenehme Situationen und schwere Zeiten in unserem Alltag. Diesen kannst du aber meistens sowohl negative als auch positive Aspekte abgewinnen. Und genau darum geht es beim positiven Denken. Du kannst Dinge immer von verschiedenen Seiten betrachten, wobei beide Seiten ihre Richtigkeit haben. Du alleine bestimmst, welche für dich die Realität darstellt. Du kannst positives Denken erlernen, es kommt aber darauf an, dass du es auch wirklich aus voller Überzeugung willst. Bist du nicht komplett davon überzeugt, deine Denkweise zu verändern, wird es dir auch sicher nicht gelingen. Du kannst natürlich weiterhin immer vom Schlimmsten ausgehen und eine kleine Hoffnung haben, dass es doch nicht so sein wird. Das wird dich aber keinesfalls vor negativen Erfahrungen oder Erlebnissen schützen. Eher im Gegenteil: Durch den Pessimismus wirst du tatsächlich Misserfolge und Enttäuschungen regelrecht anziehen. Indem du eine positive Einstellung hast, wirst du viel eher Erfolg haben und deinen Vorhaben nicht selbst im Weg stehen.

Positives Denken gelingt nicht von heute auf morgen. Es braucht viel Zeit und Geduld, um deine komplette Denkweise umzuprogrammieren. Schließlich hast du dein halbes Leben dem Pessimismus gefrönt. Du fragst dich vielleicht, warum einige Menschen positiver eingestellt sind als andere? Das liegt einfach daran, dass sie es so gelernt haben. Kein Mensch wird schon als Pessimist geboren, es handelt sich vielmehr um eine Konditionierung. Durch Lernen und Üben kannst du diese aber auch wieder auflösen und ins Gegenteil umkehren. Üben klingt jetzt vielleicht sehr zeitaufwändig und kompliziert. Aber im Prinzip sind es kleine Veränderungen im Alltag, die dir schon bald ins Blut übergehen werden. Du kannst lernen, deine Wahrnehmung zu schulen und das Positive um dich herum zu erkennen. Positives Denken erhöht deine Leistungsfähigkeit, macht dich resistenter gegenüber Stress und fördert dein körperliches und geistiges Wohlbefinden.

In 7 Schritten zum positiven Denken

Der Fehler, den viele Leute machen, ist, dass sie zwanghaft versuchen positiv zu denken, erreichen dadurch aber genau das Gegenteil. Selbstverständlich musst du den eisernen Willen zum positiven Denken haben, aber nicht mit aller Gewalt. Gedanken, die von dir immer unterdrückt werden, kehren immer wieder zurück. Negative Gedanken lassen sich demnach nicht verdrängen, denn sonst tauchen sie sogar vermehrt auf. Das zweite Problem ist die Tatsache, dass du dich für die negativen Gedanken anklagst. Das führt zwangsläufig dazu, dass du dich noch schlechter fühlst, und schon bist du in die Falle getappt – nämlich ins Gedankenkarussell. Mit Hilfe der folgenden Schritte kannst du dein Leben jedoch zum Positiven wenden.

In 7 Schritten zum positiven Denken

(1) Die innere Einstellung verändern

Deine Grundhaltung ist maßgeblich für deine Gedanken verantwortlich. Diese Einstellung ist quasi deine Sichtweise auf die Dinge. Sie prägt und bestimmt deinen Alltag – und genau diese Einstellung solltest du einmal genauer unter die Lupe nehmen. Bist du häufig neidisch, ängstlich, gleichgültig, spöttisch, launisch, verachtend und lästerst gerne über andere? In diesem Fall wäre deine Lebenseinstellung negativ und bedarf einer Veränderung.

(2) Respektvoller Umgang mit Menschen

Um positiv denken zu können, musst du jeden Mitmenschen wertschätzen und freundlich behandeln. Du musst lernen, dass jeder Mensch seine eigenen Gefühle hat und mit seiner eigenen Sichtweise die Welt betrachtet. Auch wenn diese Faktoren wesentlich von deinen Vorstellungen abweichen, sind sie nicht verkehrt. Indem du anderen Respekt entgegenbringst, wird auch dein Selbstwertgefühl gesteigert.

(3) Keinen Vergleich mit anderen anstellen

Das Vergleichen mit anderen Personen macht überhaupt keinen Sinn. Und dabei ist es vollkommen egal, ob du zu jemandem aufschaust oder von oben auf jemanden herabblickst. Wenn du dich ständig mit anderen vergleichst, dann bist du auf das Außen fokussiert und kannst dich nicht mehr auf deine persönlichen Stärken und Ziele konzentrieren. Vermeide aber auch, Leute aus deinem Umfeld mit anderen zu vergleichen. Es geht nur um dich – was andere tun, bleibt denen überlassen.

(4) Einfach öfter „nein" sagen

Du selbst bestimmst, was du eigentlich wert bist. Kein Mensch darf deine Grenzen überschreiten oder dich herabwürdigen. Deine inneren Werte sind unveränderlich und nur mit deiner Zustimmung können sie in Frage gestellt werden. Deshalb musst du lernen, anderen gegenüber auch häufiger „nein" zu sagen, damit keiner respektlos mit dir umgeht. Genauso wichtig ist es jedoch, dass du auch die Grenzen deiner Mitmenschen akzeptierst. Auch wenn jemand einen schlechten Tag hat und verunsichert ist, darfst du das nicht ausnutzen.

(5) Kleinigkeiten sind ein Grund zur Freude

Im Leben zählen nicht immer die großen Dinge – meistens sind die kleinen sogar viel wichtiger. Das Problem ist allerdings, dass wir sie häufig nicht sehen. Oftmals ist es nur ein Lächeln, das uns aber unheimlich guttun kann. Oder du bekommst ein nettes Kompliment von einem Mitmenschen oder ein Lob von deinem Chef. All das sind nur Kleinigkeiten, lassen dich aber an das Gute glauben und ermöglichen dir somit eine positivere Sichtweise.

(6) Das Unveränderliche annehmen

Die Vergangenheit ist vergangen und lässt sich nicht mehr verändern. Auch wenn du vielleicht wehmütig auf einige Momente zurückblickst – du kannst nichts wieder rückgängig machen. Diese Gedanken an längst Geschehenes wird dir nur Sorgen und Kummer bereiten und dich tief nach unten ziehen. Du musst im Hier und Jetzt leben und die Vergangenheit einfach ruhen lassen. Richte deinen Blick nach vorne, du kannst höchstens aus der Vergangenheit lernen.

(7) Den Glauben an sich selbst stärken

Jeder Mensch hat seelische, emotionale und körperliche Bedürfnisse, die du auch stillen solltest. Hör auf deine innere Stimme und deine Intuition, das fördert den Glauben an dich selbst. Du musst dir deiner Fähigkeiten und Möglichkeiten bewusst werden. Dank der Selbsterkenntnis kannst du deine Lebenseinstellung, Werte und Stärken beurteilen und dadurch deinen Weg zum positiven Denken ebnen. Dazu gehört auch, dass du alle erledigten Interaktionen und Aufgaben als gelungene Leistung anerkennst.

Das Wichtigste in Kürze

- ✓ Dein seelisches und körperliches Wohlbefinden wird durch deine Gedanken stark beeinflusst. Keine äußeren Umstände sind dafür verantwortlich.

- ✓ Positives Denken bedeutet nicht, dass fortan alles ausschließlich positiv ist, denn es gibt bei allem eine negative und positive Seite. Deine Aufmerksamkeit ist entscheidend. Dabei darfst du deine Gedanken niemals auf das richten, was du auf deinem Weg unbedingt vermeiden willst.

- ✓ Jede Situation kann negativ ausgehen, das lässt sich nicht vermeiden. Allerdings kannst du entscheiden mit welchem Gefühl du in der Situation bist.

- ✓ Durch positives Denken bekommst du eine angenehmere Grundhaltung - du wirst innerlich ruhiger, entspannter und ausgeglichener sein, sodass du langfristig mehr gesundheitliche und seelische Vitalität und Stabilität haben wirst.

- ✓ Künftig wird deine Denkweise nicht mehr stupide und starr sein, sondern wesentlich lockerer. Indem du Dinge auch von anderen Seiten beleuchtest, durchbrichst du alte Glaubenssätze und Überzeugungen.

- ✓ Viele Menschen gehen immer von dem Schlimmsten aus, um nicht enttäuscht zu werden. Die Strategie wird auch funktionieren, langfristig aber nicht glücklich machen, wenn man in allem das Schlechte sieht.

- ✓ Pessimist oder Optimist entscheidet sich anhand der Denkweise. In jeder Situation kann man den Blickwinkel ändern und das Positive herauskehren.

- ✓ Positives Denken gelingt nicht von heute auf morgen. Du brauchst viel Zeit und Geduld, um deine komplette Denkweise umzuprogrammieren. Dabei solltest du es vermeiden, dich zu positivem Denken zu zwingen.

Kapitel 8: Mit praktischen Übungen ins positive Denken starten

Du hast negative Gedanken und kennst den Grund dafür gar nicht? Du fühlst dich traurig und kraftlos und weißt nicht, wie du aus diesem Dilemma wieder herauskommen kannst? Du bist ständig am Grübeln und kannst aus diesem Hamsterrad nicht aussteigen? Wenn du negative Gedanken loswerden und bewusst dagegen angehen willst, dann brauchst du effektive Methoden dafür. Negative Gedanken dominieren den Alltag vieler Menschen, oftmals bemerken sie es gar nicht. Grübelzwang und Ängste sind ein weit verbreitetes Phänomen, das Menschen das Leben schwer macht. Mit Hilfe der folgenden Methoden, kannst du negative Gedanken loswerden und fortan von einer höheren Lebensqualität profitieren.

„The Work" - Methode von Byron Katie

Die amerikanische Lehrerin Byron Kathleen Mitchell stellte vor Jahren fest, dass sie darunter zu leiden hatte, wenn sie ihren Gedanken glaubte. Von da an war ihr klar, dass es nur auf unsere Überzeugungen ankommt und nicht auf die Realität. Deshalb müssen wir im Grunde nur die Realität annehmen und nicht versuchen sie zu ändern. Bei „The Work" werden deine Gedanken analysiert und gestoppt, sodass du gelassener und zufriedener wirst. Basis für diese Methode ist die Beantwortung von vier Standardfragen. Wenn dich ein Gedanke belastet, schreibst du die Antworten zu den folgenden Fragen auf:

✓ Ist dieser Gedanke wirklich wahr?

✓ Kannst du mit absoluter Sicherheit wissen, dass dieser Gedanke wirklich wahr ist?

✓ Wie reagierst du und wie fühlst du dich, wenn du diesen Gedanken glaubst? Wie behandelst du dich und andere Personen, wenn du diesen Gedanken glaubst?

✓ Wer wärst du ohne diesen negativen Gedanken? Wie würdest du dich fühlen?

Nach dem Beantworten dieser Fragen, denkst du dir dazu ein paar Umkehrungs-Sätze aus. Drehe die Aussagen einfach um und überprüfe dann deren Wahrheit. Meistens werden dir diese Umkehrungen dann wesentlich plausibler vorkommen als die vorherigen Annahmen.

Positive Gedanken durch Meditation

Wenn du an das Meditieren denkst, dann kommen dir vielleicht zunächst Mönche in einem Kloster in den Sinn. So kompliziert und abwegig sind Meditationen aber eigentlich gar nicht. Im Prinzip geht es nur darum, dass du dir deiner Gedanken bewusst wirst und den Lärm etwas reduzierst, den sie in deinem Kopf erzeugen. Das Gute daran ist, dass jeder das Meditieren erlernen kann und dass du es fast überall durchführen kannst. Meditationen können ganz unterschiedlich aussehen, sodass du sie perfekt in deinen Alltag einbauen kannst. Manchmal reicht auch ein ganz einfaches Wort, das du in Gedanken immer wieder laut sagst, wie zum Beispiel „Frieden" oder „Stille". Was aber bei jeder Meditation von Bedeutung ist, ist die Konzentration auf den Rhythmus deines Atems. Auch wenn deine Gedanken abdriften, schenkst du deiner Atmung weiterhin volle Aufmerksamkeit und kehrst auch immer wieder zu ihr zurück. Das hat den großen Vorteil, dass du nicht sehr lange in deinen Gedanken hängen bleibst. Da du sie aber auch nicht verdrängst oder unterdrückst, werden sie sich dir nicht ständig aufdrängen. Das Meditieren ist quasi nichts anderes als ein Hineinhorchen in deinen Geist und deinen Körper. Du bekommst natürlich Antworten, die du aber nur zur Kenntnis nimmst und dich nicht länger damit aufhältst. Loslassen ist das, was du durch Meditationen erlernen kannst.

Negative Gedanken aufschreiben

Um negatives Denken zu stoppen, kannst du dich einer ganz simplen Methode bedienen. Schreibe deine Gedanken, Sorgen und Ängste einfach auf, und du wirst umgehend eine große Erleichterung verspüren. Du kannst diese Gedanken immer und immer wieder in deinem Kopf durchkauen. Eine Alternative ist aber die Verlagerung des Prozesses auf ein Blatt Papier. Das freie Schreiben hilft dir beim Loslassen von negativen Gedanken und kann zudem eine hervorragende Entspannungstechnik darstellen. Nimm ein Blatt Papier und notiere alles, was dich gerade belastet. Dann führst du diese Probleme etwas präziser aus. Notiere auch die vermeintlichen Gründe für dieses Denken und wie du die Problematik lösen könntest. Schau dir nach einer Woche ruhig noch einmal das Niedergeschriebene an. Oftmals erscheinen dir die Dinge dann nicht mehr so bedrohlich. Oder du hast inzwischen neue Herangehensweisen und Perspektiven entdeckt.

Achtsamkeit für Entschleunigung im Alltag

Wir leben in einer Gesellschaft, die von Stress und Hektik geprägt ist. Daran lässt sich kaum etwas ändern, sodass du nur für mehr innere Ruhe und Gelassenheit sorgen kannst. Indem du deinen Verstand entschleunigst, wirst du wieder mehr Lebensfreude verspüren. Achtsamkeit bedeutet, dass du deine Umwelt viel bewusster wahrnimmst und den Fokus auf die kleinen und schönen Dinge des Lebens richtest. Achtsamkeit ist die Konzentration auf den Moment und die Gegenwart. Du kannst weder die Vergangenheit verändern, noch kannst du die Zukunft in allen Bereichen beeinflussen. Achte einmal auf die Geräusche und Gerüche um dich herum. Oder lege morgens eine bestimmte Farbe fest, auf die du den ganzen Tag über besonders achten wirst. Auch das Spüren und Fühlen ist ein wichtiger Aspekt der Achtsamkeit. Vielleicht läufst du einfach barfuß durch die Wohnung und nimmst den Untergrund ganz bewusst wahr. Auf den ersten Moment mag das alles etwas lächerlich oder banal klingen. Du wirst aber schnell feststellen, dass solche kleinen Übungen sehr gut funktionieren.

Sport als Ventil für negatives Gedankengut

Angesichts der Tatsache, dass Menschen biologische Wesen sind, wird das Gehirn auch biochemisch beeinflusst. Lange Zeit hat sich die Hirnforschung mit den Neurotransmittern Serotonin und Dopamin beschäftigt. Dabei hat sich gezeigt, dass sie maßgeblich für unsere Zufriedenheit und das Empfinden von Glück verantwortlich sind. Psychische Erkrankungen entstehen nicht selten aus einem Mangel an diesen Botenstoffen. Im Grunde müsstest du nur die Aktivität dieser beiden Hormone steigern und könntest dadurch dem Gedankenkarussell entkommen. Nichts leichter als das! Die Konzentration von Dopamin und Serotonin in deinem Blutkreislauf lässt sich auf ganz einfache Art und Weise steigern. Du musst dich nur körperlich mehr bewegen und Sport treiben. Bereits während der sportlichen Aktivitäten werden in deinem Gehirn mehr von diesen Botenstoffen ausgeschüttet. Schlagartig wirst du dich besser fühlen und auch positivere Gedanken haben. Du solltest also unbedingt Sport treiben, um deinen Kopf häufiger frei zu bekommen. Probiere es einfach aus.

Reframing ersetzt negative durch positive Gedanken

Wie einfach und schön wäre es doch, wenn wir statt negativ nur noch positiv denken würden. Im Prinzip ist dies problemlos möglich, wenn du dich des so genannten Reframings bedienst. Diese Technik zum Gedankenstopp stammt ursprünglich aus der NLP, also der Neuro-Linguistischen Programmierung. Sie kann dir dabei helfen, negative Gedanken umgehend wahrzunehmen und sie dann gezielt umzulenken. Auf längere Sicht werden sich die positiven Gedanken dann in deinem Unterbewusstsein verankern. Durch diese Technik sollen negative Gedanken allerdings nicht unterdrückt und positives Denken erzwungen werden. Es gehört zum Leben dazu, dass du auch mal traurig oder enttäuscht bist, das solltest du unbedingt annehmen. Das Reframing soll dir lediglich bei irrationalen negativen Gedanken helfen, damit sie dich nicht in eine Abwärtsspirale ziehen. Zunächst musst du dir deiner einschränkenden Gedanken und Glaubenssätze erst einmal bewusst werden. Dann solltest du sorgfältig überprüfen, ob diese hilfreich sind oder ob sie dich ausbremsen. Zu diesem Zweck kannst du dich fragen, wie du wärst, wenn du diese Gedanken nicht hättest. Um dich zu motivieren und dir Energie zu verleihen, kannst du jetzt nach alternativen Gedanken suchen. Natürlich solltest du diese Ersatzgedanken dann auch im Alltag umsetzen.

Mit der richtigen Atmung gegen negative Gedanken

Sobald du merkst, dass negative Gedanken die Überhand gewinnen, musst du einschreiten, um nicht in das gefürchtete Gedankenkarussell zu geraten. Es ist hilfreich, dir zu diesem Zweck ein festes Ritual anzueignen. So kannst du im Notfall immer schnell reagieren. Wenn du bemerkst, dass ein schlechter Gedanke kommt, dann schließe die Augen und atme fünf Mal ganz tief durch. Es ist wichtig, dass du dich dabei ausschließlich auf deine Atmung konzentrierst. Die Atmung erfolgt tief in den

Bauch, dann atmest du langsam wieder aus. Auch hierbei handelt es sich streng genommen um eine Achtsamkeitsübung, die du jederzeit und überall durchführen kannst.

Reduzierung äußerer Reize

Du bist nicht nur, was du isst, sondern du bist auch deine Gedanken. Von überall her strömen Reize auf dich ein, von morgens bis abends. Egal, ob es sich um die Zeitung, das Fernsehen oder soziale Medien handelt. Wir werden mit einer Flut von Informationen überhäuft, die sich nur schwer geistig bewältigen lässt. Zwangsläufig haben diese Reize auch einen Einfluss auf unsere persönlichen Werte, unsere Wünsche und unsere Bedürfnisse. Letztendlich wirken sie sich auch auf deine Gedanken aus.

Der Gedankenstopp hilft bei kreisenden Gedanken

Wenn dir ein Gedanke nicht mehr aus dem Kopf geht, und sich alles nur noch darum dreht, dann bist du im Gedankenkarussell. Das kannst du dir wie eine Spirale vorstellen, in der es dich immer weiter nach unten befördert. Je länger du in der Grübelei gefangen bleibst, desto schlechter wird deine Stimmung und desto verzweifelter wirst du. Von alleine hört dieser Zustand nicht auf, du muss ihn schon willentlich beenden. Hier kann dir der Gedankenstopp jederzeit gut helfen. Stelle dich fest mit beiden Füßen auf den Boden. Alternativ kannst du dich auch aufrecht hinsetzen. Es ist essenziell, dass du dich jetzt voll auf deinen Körper und deinen Atem konzentrierst. Atme jetzt ganz bewusst kurz ein und lasse den Atem wieder ganz langsam ausströmen. Jetzt stellst du dir vor deinem inneren Auge ein riesiges Schild mit der Aufschrift „Stop" vor. Es sollte genau so ein Schild sein, wie du es aus dem Straßenverkehr kennst. Alternativ kannst du innerlich aber auch ganz laut „Stop" zu dir sagen. Wende dich dann gedanklich oder auch physisch etwas anderem zu. Das löst zwar nicht das Problem, aber du gerätst nicht in die gefährliche Gedankenspirale.

Der Löffeltrick ist psychologisch sinnvoll

Negative Gedanken begegnen uns jeden Tag, doch in der Regel sind sie vollkommen übertrieben und unbegründet. In der Psychologie kennt man einen nützlichen Trick, der normalerweise mit einem Löffel durchgeführt wird. Falls du keinen Teelöffel griffbereit hast, kannst du aber auch einen anderen Gegenstand verwenden. Wichtig ist, dass du ihn tagsüber immer in der rechten Hosentasche bei dir trägst. Sobald sich ein negativer Gedanke in deinem Kopf breit macht, nimmst du den Löffel und verstaust ihn in der linken Hosentasche. Kommt wieder ein schlechter Gedanke, wandert der Löffel wieder auf die andere Seite, und so weiter. Das mag vielleicht etwas doof klingen, aber du wirst merken, dass es funktioniert. Es geht darum, dir bewusst zu machen, wann du einen negativen Gedanken hegst. Wahrscheinlich wirst du auch feststellen, dass dies häufiger am Tag der Fall ist. Sicher wird der ständige Seitenwechsel des Löffels irgendwann nervig, sodass du dich eher auf positive Gedanken fokussierst.

Nachrichten auf ein Minimum beschränken

Tagtäglich prasseln Nachrichten auf uns sein – sei es im Fernsehen, in der Zeitung oder in den sozialen Medien. Das ist so viel, dass es unser Geist kaum verarbeiten kann. Dies liegt vor allem daran, dass es sich häufig um schlechte News handelt, die den Eindruck erwecken, als gäbe es auf der Welt nur noch das Schlechte. Positive Nachrichten sickern hingegen eher selten durch, weil sie einfach nicht so gut zu vermarkten sind und nicht so viel Aufsehen erregen. Damit du nicht ständig damit bombardiert wirst und nicht auf schlechte Gedanken kommst, solltest du Nachrichten dosieren. Lass die Medien und die sozialen Netzwerke ruhig mal ein paar Tage auf der Seite liegen, das wird deinem Geist guttun.

Ein Tagebuch für mehr Dankbarkeit im Alltag

Es gibt Tage, da scheint irgendwie alles schief zu gehen. Du bist niedergeschlagen, traurig und enttäuscht. Oftmals sehen wir nur noch, was wir nicht erreichen können und was wir nicht haben. Dabei gibt es täglich so viele Kleinigkeiten, für die man dankbar sein sollte. Aus diesem Grund kann es sinnvoll sein, ein Dankbarkeits-Tagebuch zu führen. Schreibe abends vor dem Zubettgehen ein paar Dinge auf, für die du dankbar bist. Notiere die positiven Sachen, die du dem vergangenen Tag abgewinnen konntest. Es ist auch wichtig, dass du alle erreichten Ziele aufschreibst. An Tagen, an denen du dich wie ein Versager fühlst, kannst du dann auf deine Erfolge zurückblicken.

Mit Buntstiften gegen Trübsinn und Grübelei

Bei der folgenden Übung handelt es sich um eine klassische Coaching-Übung, bei der man sich an Pippi Langstrumpf orientiert. Sie sang einst in den weltberühmten Romanen von Astrid Lindgren: „Ich mach mir die Welt, wie sie mir gefällt". Mit Hilfe dieses Mottos kannst du unter Umständen auch die Gedankenspirale durchbrechen. Hole die Buntstifte heraus und male auf ein Blatt Papier. Du kannst entweder malen, wie dein Leben im Moment aussieht, oder wie du dir dein ideales Leben vorstellst. Auf diese Weise kannst du positive Gedanken aktivieren und dich gleichzeitig entspannen. Diese Übung ist optimal für dich, wenn du Gedanken nur schwer aussprechen oder zu Papier bringen kannst.

Die Zehen-Wackel-Methode

Wenn sich negative Gedanken mal wieder im Kreis drehen, dann können deine beiden großen Zehen ins Spiel kommen. Das mag sich jetzt im ersten Moment unglaublich und lustig anhören, klappt aber wunderbar. Um die Grübelei zu stoppen, musst du nur mit beiden großen Zehen wackeln. Der Trick dahinter ist eigentlich ganz simpel aber effektiv. Damit du deine Zehen überhaupt bewegen kannst, ist dein Gehirn gezwungen, etwas von der Energie abzuzwacken, die für das Gedankenkarussell aufgebracht wird. Darüber hinaus wirkt das Wackeln mit den Zehen auch körperlich entspannend.

Die Countdown-Methode

Grübeln lässt sich manchmal nicht vermeiden, du solltest es aber zumindest zeitlich begrenzen. Wenn du feststellst, dass du ins Grübeln kommst, dann lass diesen Prozess ruhig zu und bremse ihn nicht aus. Allerdings stellst du dir einen Wecker auf genau fünf Minuten. Diese fünf Minuten nutzt du dann intensiv für die Beschäftigung mit diesem einen Thema. Wenn die Zeit um ist, dann solltest du dir ein paar wichtige Fragen stellen. Hast du neue Erkenntnisse gewonnen? Ist dir etwas klarer geworden? Geht es dir jetzt besser? Dieses Grübeln innerhalb eines begrenzten Zeitraums kann dir einen ganz neuen Zugang zu deinen negativen Gedanken verschaffen. Oftmals kannst du dich auch von diesem negativen Grübeln lösen.

Mit Yoga negative Gedanken vertreiben

Solltest du häufiger in der negativen Gedankenspirale festhängen, dann könnte Yoga für dich vielleicht eine gute Methode sein. Indem du jeden Tag ein paar Übungen ausübst, kannst du das positive Denken nach und nach erlernen und verinnerlichen. Yoga wirkt nämlich nicht nur auf unseren Körper, sondern auch auf das Energiesystem. Ganz automatisch erlebst du Gefühle wie Liebe, Wohlwollen und Gelassenheit, wenn du regelmäßig übst. Yoga ist ja auch ganz eng mit der Meditation verknüpft, sodass du hier gleich von zwei Seiten her ansetzen kannst.

Das Unterbewusstsein durch Affirmationen neu programmieren

Bei der Affirmation handelt es sich um eine sehr effektive Technik aus dem Mentaltraining. Dein Denken und Handeln wird zu mindestens 90 Prozent von deinem Unterbewusstsein bestimmt. Deshalb lohnt es sich, direkt hier anzusetzen, um negative Gedanken loszuwerden. Das Unterbewusstsein wurde quasi dein ganzes Leben lang mit Informationen gefüttert und programmiert.

Jetzt kannst du den Spieß umdrehen und die Möglichkeit der Programmierung für dich nutzen. Wenn du etwas regelmäßig sagst, liest, hörst oder schreibst, dann prägt sich das im Unterbewusstsein ein. Indem du dir jetzt ein paar Affirmationen, also Aussagen, aussuchst und diese immer wiederholst, wird sich dein Denken neu ausrichten. Schreibe sie dir auf Zettel und sprich sie mehrmals am Tag laut aus. Versuche beim Aussprechen nachdrücklich und überzeugt zu sein. Mögliche Affirmationen könnten die folgenden sein:

- ✓ Ich atme tief und ruhig.
- ✓ Ich lasse meine Anspannung nun los.
- ✓ Ruhe und Wohlbefinden breiten sich in mir aus.
- ✓ Ich bleibe in jeder Situation ruhig und gelassen.
- ✓ Ich denke immer positiv.

Kapitel 9: Fragen und Antworten

Zum Abschluss dieses Buches liefere ich nun Antworten auf Fragen, die du dir vielleicht beim Lesen der vorhergegangenen Kapitel gestellt hast. So können auch hier nochmal Dinge geklärt werden, sodass du direkt mit dem positiven Denken durchstarten kannst.

Ist es möglich, ein Leben ohne negative Gedanken zu führen?

Ein Leben ganz ohne negative Gedanken zu führen ist ein Ding der Unmöglichkeit. Allerdings kannst du mithilfe der Übungen lernen, wie du bestmöglich mit negativen Gedanken umgehen kannst. Jede Situation in deinem Leben ist an sich neutral. Erst deine Bewertung und Interpretation machen sie negativ oder positiv. Dabei ist es so, dass viele Situationen durch einen anderen Blickwinkel anders wahrgenommen werden können. Das Einzige, was du also machen kannst, ist, dich genauer zu beobachten und an dir und deiner Wahrnehmung zu arbeiten. So kannst du es schaffen, negative Gedanken weitestgehend aus deinem Leben zu verbannen. Dennoch sind negative Gedanken menschlich, nur die Intensität variiert.

Ist grübeln typisch weiblich?

Wie bei allen Sachen kann man pauschal nichts einem Geschlecht zuordnen, da sowohl Frauen als auch Männer grübeln können. Der Hang zum Grübeln hängt letztendlich mit der inneren Einstellung und der Art, mit der man durch sein Leben geht, zusammen. Dennoch gibt es von Zeit zu Zeit bei Frauen und Männern Situationen, die ein Grübeln nahezu nicht vermeiden lassen. Entscheidend ist am Ende, wie schnell man diese Handlung durchbricht. Letztendlich kann man dennoch sagen, dass Frauen eher dazu neigen zu grübeln als Männer.

Was mache ich, wenn keine Übung so richtig hilft?

Hast du zu Anfang das Gefühl, dass die Übungen nicht so wirklich Erfolge bringen, ist das noch lange kein Grund zum Aufgeben. Gerade zu Beginn wird es schwierig sein, alte Gewohnheiten vollständig hinter sich zu lassen. Dementsprechend solltest du am Ball bleiben und so viel wie möglich ausprobieren. Wenn du zum Beispiel an sich Übungen für dich ausschließt, solltest du auch diesen eine Chance geben, dir zu helfen. Merkst du nach einer längeren Zeit nicht die kleinste Veränderung, kann zunächst das Gespräch mit Außenstehenden sinnvoll sein, da diese oftmals Veränderungen schneller wahrnehmen als wir selbst. Bringt auch das nichts, kann das Aufsuchen eines Profis sicherlich nicht schaden.

Selbstliebe lernen | Grübeln stoppen | Positives Denken | Innere Blockaden lösen

Gibt es einige Schnell-Starter-Tipps?

Um ab sofort in jeder Situation negative Gedanken zu reduzieren, gebe ich dir an dieser Stelle einige Schnell-Starter-Tipps.

(A) Akzeptiere Dinge, die du nicht mehr ändern kannst.

(B) Schreibe dir abends mindestens 3 positive Ereignisse auf.

(C) Mache jeden Tag mindestens eine Sache, die dir ein gutes Gefühl gibt.

(D) Eliminiere Dinge, die dir ein schlechtes Gefühl geben.

(E) Mache dir bei jeder Situation, die du negativ bewerten würdest, bewusst, was daran positiv sein kann.

(F) Plane dir jeden Tag Zeit ein, die du ohne Handy oder andere technische Geräte verbringst und komme zur Ruhe.

(G) Reflektiere jeden Tag, damit du feststellen kannst, ob du dich auf deine Ziele oder Hindernisse fokussiert hast.

(H) Entwickle Routinen. Vor allem eine Morgenroutine sorgt dafür, dass du einen besseren Tag verbringen wirst. Aber auch eine Routine bei dem Aufkommen negativer Gedanken kann hilfreich sein.

Innere Blockaden lösen

Kapitel 1: Die Welt innerer Blockaden

Die meisten Menschen arbeiten daran, ein zielgerichtetes Leben zu führen. Dabei hindern uns jedoch oftmals unbewusste Hindernisse und innere Blockaden daran, uns zu öffnen, um unser volles Potenzial zu entfalten und die Welt zu verändern. Damit du zukünftig befreit durchs Leben gehen kannst, werde ich dir in diesem Buch Stück für Stück aufzeigen, wie du deine inneren Blockaden auflösen und beseitigen kannst. Dabei fangen wir mit der Theorie und den Grundlagen an, bevor wir in die konkrete Auflösung gehen.

Was sind innere Blockaden?

Innere Blockaden sind Gedanken und Gefühle, die dich daran hindern, zu handeln oder bereits begonnene Vorgänge zu beenden. Generell sind deine Gedanken und Überzeugungen die Grundlage, auf denen du deinen Erfolg aufbaust. Sind deine Gedanken und Überzeugungen beispielsweise unsicher, halten sich dich wie ein Hindernis zurück, wenn du sie nicht beseitigst.

Diese Unsicherheit kann durch unsere Freunde, Kollegen und Familienmitglieder entstehen, die den Samen der Zweifel säen, indem sie versuchen, dich davon abzubringen, deinen Weg zu ändern. Entscheidest du dich zum Beispiel dazu, ein besseres Leben zu führen, wird deine Entscheidung durch alle möglichen Warnungen kritisiert. Dein Umfeld sagt Dinge wie: „Das klingt großartig, aber hast du eine Vorstellung davon, wie viel dich das kosten wird oder wie lange es dauern wird, bis du das gewünschte Ergebnis erzielst?", „Und was wirst du tun, wenn es nicht klappt?", „Was passiert, wenn ...?" oder „Du solltest besser bei dem bleiben, was du jetzt hast, zumindest weißt du da, was du hast". Unabhängig von der Intention der ausgesprochenen Warnungen erhöht sich dadurch deine Unsicherheit.

Das Erlernen des Umgangs mit Blockaden ist der beste Weg, erfolgreich zu sein. Wenn du davonläufst, untergräbst du nur dein Selbstwertgefühl. Dir wird es schwer fallen selbstsicher deinen Weg zu gehen und deine Ziele zu erreichen. Dementsprechend ist es wichtig, innere Blockaden zu lösen.

Welche Arten von Blockaden gibt es?

Die größte Blockade, die uns oft davon abhält, glücklich, erfolgreich und selbstbewusst zu sein, ist unser eigenes Ich! In den meisten Fällen sind wir es, die uns davon abhalten, uns vorwärts zu bewegen, wild und frei zu sein, unseren Träumen zu folgen und unser volles Potenzial auszuschöpfen. Wir begrenzen ständig unser eigenes Potenzial, indem wir uns sagen, dass wir nicht gut genug sind oder nicht das Zeug zu etwas haben. Das heißt, wir sind der Hauptgrund für unser eigenes Versagen und wir sind in der Tat oft die Person, die uns unglücklich macht. Dabei sind Angst, Zweifel, Unsicherheit und das Streben nach Zustimmung einige der inneren Blockaden, die uns daran hindern, unser volles Potenzial auszuschöpfen. Dabei hat jeder die Kraft und Fähigkeit, um zu fliegen, zu gedeihen, glücklich zu sein und seine Träume zu erreichen. Aber das passiert erst, wenn wir die Gedanken loslassen, die uns zurückziehen. Mit anderen Worten; um zufrieden und glücklich zu sein, müssen wir die Dinge aus unserem Leben subtrahieren, die uns schaden.

Du bist deine eigene Einschränkung. Wenn du denkst, dass etwas nicht möglich ist, kannst du es nicht tun. Andersherum: Wenn du glaubst, dass es möglich ist, ist es auch möglich. Wir haben immer die Wahl, das Leben anzunehmen oder uns davor zu verstecken. Das Leben zu genießen oder es als Qual anzusehen. Das Leben würde so viel einfacher und glücklicher werden, wenn wir einfach damit aufhören würden, es zu verkomplizieren, indem wir selbstlimitierende Gedanken und Verhaltensweisen loslassen. Werfen wir einen Blick auf einige der Blockaden, die uns ständig zurückhalten:

Auf der Suche nach der Zustimmung anderer

Wir sind der beste Richter für unser eigenes Leben, Handeln und Verhalten. Wir brauchen nicht die Zustimmung anderer, um zu wissen, ob etwas richtig oder falsch ist. Wenn wir uns immer darum sorgen, was andere über uns denken und sagen, werden wir unser Leben niemals in vollen Zügen genießen.

Das zu tun, was andere Leute erwarten, könnte uns vorübergehend dazu bringen, uns zu mögen, wird uns jedoch niemals glücklich machen. Es wird uns niemals die Leidenschaft und den Antrieb geben, zu fliegen und unser volles Potenzial auszuschöpfen. Und irgendwann werden wir enttäuscht oder fühlen uns niedergeschlagen, weil wir unsere Träume nicht verfolgen. Wir müssen den Mut haben, dem zu folgen, was wir für richtig halten und wofür wir eine Leidenschaft haben.

Deine Zeit ist begrenzt. Verschwende sie nicht, indem du das Leben eines anderen Menschen führst. Lass dich nicht von Dogmen fangen, die das Ergebnis des Denkens anderer Menschen sind. Lass nicht zu, dass der Lärm anderer Meinungen deine eigene innere Stimme übertönt. Und vor allem; habe den Mut, deinem Herzen und deiner Intuition zu folgen.

Zweifel, Angst und Unsicherheit

Eines der größten inneren Hindernisse ist der Zweifel. Wir müssen den Mut haben, zu riskieren, anzufangen und die Herausforderungen des Lebens zu meistern. Das Gefühl von Unsicherheit, Angst und Zweifel lässt uns nicht klar und objektiv denken. Solche negativen Emotionen trüben unsere Wahrnehmung und führen oft zu Fehlentscheidungen - Entscheidungen, die aus Schwäche und Unsicherheit resultieren.

Manchmal, wenn wir eine große Herausforderung vor uns sehen, frieren wir ein. Wir kämpfen nicht, wir halten nicht durch und rennen weg. Manchmal, wenn uns eine große Chance geboten wird, uns zu übertreffen und zu wachsen, zweifeln wir - und die Gelegenheit entgeht uns. Es ist in Ordnung Angst zu haben, zu zweifeln und die Risiken zu analysieren, aber wenn unser objektiver Verstand sagt, dass es sich lohnt, es zu versuchen, brauchen wir Mut, um die Angst zu überwinden. Wer nicht mutig genug ist, Risiken einzugehen, wird im Leben nicht vorankommen und nichts erreichen.

An der Vergangenheit festhalten

Ich wünschte, ich hätte nicht... Ich wünschte, ich hätte... Diese Worte halten uns nur zurück! Die Vergangenheit ist die Vergangenheit. Wir können es sowieso nicht ändern, also ist es besser, nicht zwanghaft darüber nachzudenken.

Oft können wir uns nicht vorwärts bewegen, um unsere Größe zu manifestieren und unser volles Potenzial auszuschöpfen, weil wir eine starke Bindung an die Vergangenheit haben. Wir bedauern die Dinge, die wir nicht getan haben, die Chancen, die wir nicht ergriffen haben und konzentrieren uns auf die Fehler, die wir gemacht haben. Solch ein negatives Denken saugt unsere Energie auf und lässt keinen Treibstoff für uns übrig, um voranzukommen. Dafür bringt es viel Unzufriedenheit, Trauer und Groll mit sich. Übermäßiges Nachdenken über die Vergangenheit zieht uns zurück. Vergiss nicht, dass jeder Fehler macht. Fehler sind Teil des Lebens. Es ist besser, die Lektion zu lernen und loszulassen. Verweile nicht bei dem, was schief gelaufen ist. Konzentriere dich stattdessen auf das, was als Nächstes zu tun ist. Setz die Energie dafür ein, die Antwort darauf zu finden.

Pessimismus

Durch Pessimismus fühlen wir uns depressiv. Depressionen senken unser Energieniveau und verringern unsere Produktivität. Dabei ist die Sorge eine Manifestation von Pessimismus, die unsere Energie erschöpft und sogar unseren Geist trübt. Beginne nun am besten damit, deinen Geist zu kontrollieren und sorge dich nicht übermäßig um die Zukunft. Wenn du alles getan hast, was getan werden muss, wird die Zukunft für sich selbst sorgen. Dabei erzeugt Kritik nur negative Gedanken und Gefühle. Halte deine Energie jedoch hoch und positiv. Jeder Gedanke ist Energie, jedes Gefühl ist Energie und kann uns daher positiv oder negativ beeinflussen. Positives Denken kann uns eine enorme Menge an positiver Energie geben, um erfolgreich zu sein und unser volles Potenzial auszuschöpfen. Bemühen wir uns nun also bewusst darum, unsere Denkmuster von übermäßig besorgniserregender Kritik und von Pessimismus zu positivem Denken zu ändern.

Niedriges Selbstbewusstsein

Wir müssen an uns glauben, um zu wachsen und zu glänzen. Wie können wir erwarten, dass andere Menschen an uns glauben, wenn wir nicht glauben, dass wir es verdienen? Aussehen, Status und Familie können dabei einen Einfluss auf das Selbstbewusstsein haben, sind aber nicht maßgeblich dafür verantwortlich. Es hängt eher mit dem zusammen, was wir über uns und unserem Selbstbild denken. Es gibt viele Menschen, die ohne Bildung, ohne familiären Hintergrund und ohne Wohlstand sehr erfolgreich geworden sind, nur weil sie an sich selbst geglaubt haben. Sie glaubten daran, dass sie es verdient hätten, erfolgreich und glücklich zu sein, genau wie jeder andere von uns. Selbstvertrauen hat nichts mit äußeren Umständen, sondern deiner inneren

Einstellung zu tun. Wenn du daran festhältst, dass es an äußeren Umständen liegt, wirst du permanent enttäuscht und irgendwann frustriert sein. Stattdessen kommt ein hohes Selbstwertgefühl daher, wie du dich in jedem Moment fühlst. Das ist es, was du dir jeden Tag neu ins Gedächtnis rufen solltest.

So erkennst du, dass du innerlich blockiert bist

Innere Blockaden können dich in verschiedenen Lebensbereichen oder sogar in deinem kompletten alltäglichen Leben beeinflussen. Entweder nur unterschwellig oder so stark, dass du dich vollständig unfähig fühlst zu handeln. Dabei können innere Blockaden zu körperlichen Manifestationen wie chronischen Schmerzen, Angstzuständen, Migräne, Geschwüren und anderen Formen von Krankheiten führen. Darüber hinaus können sie jegliche Bereiche des Lebens beeinflussen, wie zum Beispiel Beziehungen, Finanzen, Karriere und die Gesundheit. Letztendlich variieren die Symptome einer Blockade stark in Abhängigkeit von der Art der Blockade und dem unbewussten Zweck, für den diese Blockade auftritt. Die Person, die eine innere Blockade hat, kann Anzeichen eines Energieverlusts zeigen. Sie klagt möglicherweise über innere Anspannung, übermäßige Emotionen, psychisches Leiden oder unbefriedigende Sexualität.

Das Wichtigste in Kürze

- ✓ Innere Blockaden sind Gedanken und Gefühle, die dich daran hindern, zu handeln oder bereits begonnene Vorgänge zu beenden.

- ✓ Der Hauptgrund für dein eigenes Versagen bist oftmals du selbst. Dabei sind Angst, Zweifel, Unsicherheit und das Streben nach Zustimmung häufige innere Blockaden. Denke nicht länger, dass etwas nicht möglich ist, sondern glaube daran, dass es möglich ist.

- ✓ Wir brauchen nicht die Zustimmung anderer, um zu wissen, ob etwas richtig oder falsch ist. Verschwende deine Zeit nicht damit, das Leben eines anderen Menschen zu führen, denn deine Zeit ist begrenzt.

- ✓ Die Vergangenheit ist die Vergangenheit. Da wir sie nicht mehr ändern können, ist es besser, nicht zwanghaft darüber nachzudenken. Das negative Denken saugt unsere Energie auf und lässt keinen Treibstoff für uns übrig, um voranzukommen.

- ✓ Positives Denken kann uns eine enorme Menge an positiver Energie geben, um erfolgreich zu sein und unser volles Potenzial auszuschöpfen. Erfolg und Misserfolg haben nichts mit deinen äußeren Umständen zu tun. Letztendlich ist das Wichtigste, um sein Potenzial zu entfalten, das Vertrauen in sich selbst, dass man alles kann. Dabei begründet sich dein Selbstwertgefühl darin, wie du dich in jedem Moment deines Lebens fühlst.

Kapitel 2: Wie entstehen Blockaden?

Zweifel, Angst, Unsicherheit, Pessimismus, ein niedriges Selbstbewusstsein – all das ist eng mit unserem Glauben und unseren Überzeugungen verbunden. Wenn wir früher eine schlechte Erfahrung mit etwas gemacht haben, dann stärken wir die Überzeugung, dass wir es beim nächsten Mal wieder vermasseln werden. Diese Überzeugungen und Glauben formen wir unser ganzes Leben lang. Wenn wir dann an einem Ereignis festhalten und immer wieder negativ darüber nachdenken, entstehen mit der Zeit innere Blockaden.

Jeder von uns hat eigene Überzeugungen, die unser Leben prägen. Diese Überzeugungen beeinflussen, was wir über uns selbst, andere und die Welt insgesamt denken, aber auch unsere Emotionen und Handlungen werden dadurch stark beeinflusst, was wiederum einen Einfluss darauf hat, wie erfolgreich und glücklich wir sind. Deshalb ist es wichtig, unsere Überzeugungen zu untersuchen und zu verstehen.

Was ist eine Überzeugung?

Eine Überzeugung entsteht dann, wenn wir etwas als wahr befinden und es somit als Tatsache einstufen. Unsere Überzeugungen nutzen wir dafür, um diese Welt zu verstehen und uns durch sie hindurch zu navigieren. Wir nutzen sie auch, um uns zu schützen, sodass wir im Allgemeinen versuchen, unsere Überzeugungen zu bewahren, nachdem sie sich gebildet haben. Unsere Überzeugungen dienen uns als unbewusster Autopilot. Einmal gebildet, werden sie in uns verwurzelt. Wir halten sie für selbstverständlich und gehen auch davon aus, dass sie sachlich sind, unabhängig davon, ob sie tatsächlich wahr sind oder nicht. Unsere Überzeugungen bestimmen, ob wir etwas oder jemanden für gut oder schlecht, richtig oder falsch, schön oder hässlich, wünschenswert oder unerwünscht, sicher oder gefährlich, würdig oder unwürdig, akzeptabel oder inakzeptabel halten. Unsere Überzeugungen bestimmen auch, was wir für möglich oder erreichbar halten.

Überzeugungen entstehen generell auf zwei Arten: durch unsere Erfahrungen, Folgerungen oder durch Akzeptieren dessen, was andere uns sagen. Die meisten unserer Grundüberzeugungen entstehen als Kind, sodass auch die inneren Blockaden gerade dann entstehen, wenn wir alles um uns herum wie ein Schwamm aufsaugen. Wenn wir geboren werden, betreten wir diese Welt ohne vorgefasste Überzeugungen oder Blockaden. Wir suchen in fast allem nach Sinn, weil wir von Natur aus neugierig sind. Unsere Eltern und unsere Umwelt, beispielsweise das schulische Umfeld oder unsere Freunde, spielen bei der Gestaltung unserer Überzeugungen eine große Rolle. Da wir in jungen Jahren nicht in der Lage sind, zwischen Wahrheit und Lüge zu unterscheiden, akzeptieren wir häufig, was uns als Wahrheit genannt wird.

Eine innere Blockade, die bei vielen Kindern entstehen kann, ist die ständige Suche nach Zustimmung. Diese Zustimmung suchen sie erst bei den Eltern, dann den Lehrern oder anderen Autoritäten und auch bei den Freunden. Außerdem wird auch hier Angst oder Unsicherheit geformt, da man oft das befolgt, was die Eltern für richtig halten. Wenn wir älter werden, in die Schule gehen und neue Freunde treffen, wird unsere Überzeugung von einer völlig neuen Umgebung und einer neuen Gruppe von Menschen beeinflusst. Unsere Lehrer erzählen uns Dinge, die wir als Tatsache akzeptieren. Nehmen wir zum Beispiel an, dass wir im Matheunterricht schlecht abschneiden. Unser Lehrer könnte uns sagen, dass wir nicht sehr gut in Mathe sind oder dass wir faul sind. Wir fangen dann an zu glauben, was uns gesagt wird, besonders wenn sich die Erfahrung mehr als einmal wiederholt. So dauert es nicht lange, bis wir glauben, dass wir wirklich schlecht in Mathe oder von Natur aus faul sind. Neben den Lehrern werden wir auch stark von unseren Klassenkameraden beeinflusst. Nehmen wir an, ein Kind wird von seinen Mitschülern gemobbt. Sie sagen diesem Kind ständig, dass es fett, hässlich oder uncool ist. Dadurch kommt es mit der Zeit dazu, dass das Kind anfängt, daran zu glauben und sich als fett, hässlich und uncool wahrzunehmen.

Wenn wir für uns festlegen, dass etwas richtig ist und der Realität entspricht, wird es in unserem Unterbewusstsein als Überzeugung gespeichert. Unser Unterbewusstsein kümmert sich nicht darum, ob diese Überzeugung tatsächlich wahr oder falsch ist. Es speichert sie einfach als Tatsache für die spätere Verwendung. So fungiert unser Unterbewusstsein als Speicher unserer Überzeugungen, die uns unser Leben erleichtern und uns schützen sollen, sodass unsere Aktionen und Reaktionen auf bestimmte Situationen automatisiert werden.

Im Allgemeinen können Überzeugungen von Natur aus befähigend oder einschränkend sein. Begrenzende oder negative Überzeugungen hindern uns daran, unser wahres Potenzial auszuschöpfen. Positive Überzeugungen hingegen ermöglichen es uns, belastbar zu handeln, an uns selbst zu glauben und positive Gedanken und Emotionen hervorzurufen. In gewisser Hinsicht schaffen unsere Überzeugungen unseren Realitätssinn. Dennoch sind sich die meisten Menschen ihrer eigenen Überzeugungen nicht bewusst, weil sie sich nie die Zeit genommen haben, sie sorgfältig zu analysieren. Dies erklärt, warum manche Menschen trotz der schwierigsten Umstände gedeihen und Erfolg haben, während andere scheitern. Es läuft alles auf unsere Überzeugungen hinaus.

Anzeichen innerer Blockaden

Im Folgenden nenne ich dir einige Anzeichen dafür, dass du möglicherweise innere Blockaden hast und dich selbst „sabotierst", bevor du dir anschließend selbst Gedanken machen sollst, welche Bereiche in deinem Leben möglicherweise blockiert sind.

▸ Du lebst in einer „Blase"

> In der Komfortzone zu bleiben ist bequem und angenehm. Man kennt alles und kommt nicht in Situationen, die einen überfordern. Wenn du jedoch deine Komfortzone nie verlässt, hältst du dich vollständig zurück und wirst immer mehr vom

Gleichen bekommen. Um zu wachsen und die Art von Leben zu leben, von der du träumst, musst du mutig sein und dich manchmal unwohl fühlen. Denn nur so wird es dir gelingen, dein vollständiges Potenzial zu entfalten.

▸ Du denkst nur an das Schlimmste

Über andere, über deine Zukunft, über dich. Wenn du das Schlimmste erwartest, wirst du wahrscheinlich das Schlimmste finden. Du filterst im Grunde genommen alles, was dir passiert, negativ. Sind deine Gedanken ausschließlich negativ, ist es unvermeidbar, dass du in deinem Leben Negatives anziehst.

▸ Du leidest an Aufschieberitis

Egal um welche Aufgabe oder Lebensbereich es sich handelt, du neigst dazu grundsätzlich alles aufzuschieben. Du suchst immer neue Ausreden und Ausweichmöglichkeiten, um zu prokrastinieren. Indem du Dinge auf einen anderen Tag oder eine andere Zeit verschiebst, machst du dir das Leben für dein zukünftiges Selbst allerdings zu 100 % schwerer. Denn allein durch das Verschieben einer Aufgabe, wird sie sich nicht erledigen. Dementsprechend frage dich lieber: Was kann ich jetzt tun, um mein zukünftiges Selbst zu entlasten? Lege dir deine Klamotten am Abend zuvor heraus oder schreibe den Aufsatz jetzt, weil dein Wochenende verplant ist. Was auch immer du jetzt tust, dein zukünftiges Selbst wird es dir danken.

▸ Du sagst niemals nein

Jedem Anliegen, das an dich gerichtet wird, nimmst du dich an. Du schaffst es schlicht und ergreifend nicht, eine Bitte abzulehnen. Dabei spielt es keine Rolle, ob du tatsächlich auf die Aufgabe Lust hast oder nicht. Du wirst jedoch nie die Zeit und Energie haben, deine Ziele und Träume zu verfolgen, wenn du diese permanent beiseitelegst, um die Aufgaben anderer Menschen zu erfüllen.

▸ Du redest schlecht mit dir selbst

Deine Einstellung zu dir selbst ist mehr schlecht als recht. Du bist von dir nicht wirklich begeistert, zweifelst häufig und bringst dieses negative Verhältnis auch zum Ausdruck. Wenn du ständig sagst, dass du ein Idiot, dumm oder nicht gut genug bist, dann löst diese Haltung eine Blockade in dir aus, die dich davon abhält dein volles Potenzial jemals entfalten zu können. Denn letztendlich ist es essenziell, wie du mit dir selbst sprichst.

▸ Du hast aufgehört zu träumen

Erinnerst du dich, als du noch ein Kind warst und von ALLEN Dingen geträumt hast, die du sein könntest, wenn du groß bist? Du wolltest Meeresbiologe werden und die Delfine retten, ein berühmter Sänger sein und auch der Präsident. Es ist in Ordnung, wenn deine Träume sich geändert haben, aber wenn sie nicht so groß sind, dass sie dich ein wenig ausflippen lassen, wofür ist das Leben dann überhaupt noch gut? Fange wieder an zu träumen.

▸ **Du erwartest Perfektion von allem und jedem**

Du erwartest, dass alles perfekt ist - du selbst, alle anderen und das Leben generell. Du denkst, wenn etwas nicht perfekt ist, lohnt es sich überhaupt nicht. Wenn dieser erste Job nicht gut bezahlt und deine Leidenschaft erfüllt ist, kündigst du. Wenn du etwas nicht perfekt erledigt hast, ist es nichts wert. Allerdings solltest du verstehen, dass nichts und niemand perfekt ist. Perfektion ist eine Illusion, die dich zurückhält und dir die Möglichkeit bietet, Ausreden für das nicht entfaltete Potenzial zu finden.

Weitere Anzeichen für eine innere Blockade sind:

- ✓ Du vermeidest Menschen oder soziale Situationen.
- ✓ Du vermeidest Situationen, weil du Angst hast, nicht zu wissen, wie du handeln oder was du sagen solltest.
- ✓ Du verspürst eine Zunahme von Angstzuständen oder Stress am Tag vor verschiedenen Ereignissen.
- ✓ Du leidest unter einem Mangel an Motivation, der lange anhält und verschiedene Bereiche deines Lebens betrifft.
- ✓ Du spürst negative Emotionen, wie zum Beispiel Neid, Eifersucht und Kritik, intensiver als zuvor.
- ✓ Du machst dir Sorgen über verschiedene Lebensbereiche.
- ✓ Du hast Schwierigkeiten, Entscheidungen zu treffen.

Situationen, die diese innere Blockade auslösen, sind oft negativ oder können sogar traumatisch sein. Es sind Stresssituationen, mit denen man nicht vertraut ist oder für die man keine Bewältigungsfähigkeiten hat. Folgend einige Beispiele:

▸ Traumatische Erfahrungen: ein Unfall, eine Vergewaltigung, Körperverletzung, ein Angriff, Misshandlung oder Untreue
▸ Der plötzliche Tod eines geliebten Menschen
▸ Das Ende einer Beziehung oder der Verlust eines Partners
▸ Eine Entlassung oder Veränderung des Beschäftigungsstatus
▸ Die Diagnose einer schweren oder chronischen Krankheit
▸ Ein unerwarteter Stadtwechsel

Emotionale Blockaden treten nicht nur aufgrund negativer Ereignisse auf, sondern auch durch positive. Angesichts guter Nachrichten, die wir nicht erwartet haben, brauchen wir ebenfalls Zeit, um uns an die Idee zu gewöhnen und die Nachricht zu verarbeiten. Die Blockade kommt dann beispielsweise durch die Vorstellung, wie diese Veränderung unser Leben beeinflussen könnte. Dabei spielt es keine Rolle, ob die Veränderung unverhofft kommt oder ein Traum in Erfüllung geht - beides kann gleichermaßen zu einer Blockade führen. Mögliche positive Ereignisse, die eine Blockade zur Folge haben, könnten Nachrichten über eine Schwangerschaft, eine Beförderung bei der Arbeit oder einen Überraschungsbesuch sein.

Finde deine inneren Blockaden

Um herauszufinden, ob du innere Blockaden mit dir herumträgst, musst du dir selbst einige Fragen stellen. Auch wenn dieser Teil etwas Anstrengung erfordert, ist es das absolut wert, da es dein Leben verändern kann. Diese Übung ist am effektivsten, wenn du sie ohne Ablenkungen durchführst.

In welchen Bereichen deines Lebens bekommst du nicht das, was du willst?

_____

_____

_____

In welchen Bereichen deines Lebens hast du versucht, dich zu verbessern, aber nicht die gewünschten Ergebnisse erhalten?

_____

_____

_____

Welche Aspekte deines Lebens machen dich unglücklich und unzufrieden?

_____

_____

_____

In welchen Bereichen des Lebens fühlst du dich schwach, machtlos, inkompetent oder zurückgehalten?

_____

_____

_____

Nimm dir ausreichend Zeit, um die Fragen zu beantworten. Dies sind wahrscheinlich einige der schwierigsten Fragen, die du dir jemals gestellt hast, allerdings sollte es so auch sein. Sei bei dem Beantworten absolut ehrlich mit dir selbst. Wenn du nicht auf Anhieb eine Antwort weißt, kann ich dir dazu raten, einige Tage darüber nachzudenken und immer mal wieder deine Gedanken zu erweitern. Manchmal ist es nunmal nicht einfach, die Blockaden sofort zu identifizieren. Es kann eine Weile dauern, bis du das Chaos deiner Gefühle überwunden hast, um dieses Rätsel zu lösen. Der Prozess des Durcharbeitens ist wichtig. Verwende ein Tagebuch, wenn es dir hilft, in dem du jeden Gedanken und jedes Gefühl dokumentierst, um alles für dich einzuordnen zu können.

Das Wichtigste in Kürze

- ✓ Überzeugungen entstehen, wenn wir etwas als wahr befinden und es somit als Tatsache einstufen. Sie dienen dafür, diese Welt zu verstehen und uns durch sie hindurch zu navigieren. Dabei beeinflussen sie, was wir über uns selbst, andere und die Welt insgesamt denken, aber auch unsere Emotionen und Handlungen werden dadurch stark beeinflusst.

- ✓ Wir formen Überzeugungen unser ganzes Leben lang. Wenn wir dann an einem Ereignis festhalten und immer wieder negativ darüber nachdenken, entstehen mit der Zeit innere Blockaden.

- ✓ Klassische Anzeichen innerer Blockaden sind beispielsweise, die Komfortzone nicht zu verlassen, immer vom Schlimmsten auszugehen, alles aufzuschieben, niemals nein zu sagen, schlecht über sich selber zu denken, aufzuhören zu träumen und Perfektion zu erwarten.

- ✓ Weitere Anzeichen sind das Vermeiden von Menschen und unbekannten Situationen, häufiger aufkommende Angstzustände, ein Motivationsmangel und das Schwerfallen Entscheidungen zu treffen.

- ✓ Emotionale Blockaden entstehen sowohl aufgrund negativer Ereignisse als auch durch positive. Dabei entsteht die Blockade durch die Vorstellung, wie diese Veränderung unser Leben beeinflussen könnte, unabhängig davon, ob die Veränderung unverhofft kommt oder ein Traum in Erfüllung geht.

Kapitel 3: Die Auswirkungen innerer Blockaden

Innere Blockaden sind eines der größten Hindernisse im Leben. Diese ungesunde Nahrung für die Seele drückt den Geist nieder, zermalmt deine Ambitionen und hindert dich daran, alles zu erreichen, was du kannst. Wir alle haben diese inneren Stimmen in unseren Köpfen, die uns sagen, dass wir nicht gut genug, nicht stark genug und unfähig sind, die Dinge zu tun, von denen wir träumen. Diese Gefühle der Schwäche oder Inkompetenz gehen oft auf die Kindheit zurück und sind in unserem Wesen verankert. Innere Blockaden können im Laufe der Zeit zu Problemen mit Angstzuständen und Depressionen führen, die wiederum zu schwerwiegenden körperlichen Beschwerden wie Gewichtszunahme, Bluthochdruck, chronischer Müdigkeit und sogar zu erhöhten Sterblichkeitsraten bei Herzkranken führen können.

Die Auswirkungen auf Familie und Beziehungen

Menschen mit inneren Blockaden haben eher Probleme, gute Liebesbeziehungen aufzubauen und aufrechtzuerhalten. Dies kann in jedem relationalen Kontext zutreffen - Liebe, Freundschaft oder Familie. Sehr oft geht es in ihren Beziehungen um ein geringeres Maß an Liebe und Vertrauen sowie um ein höheres Maß an Konflikt und Ambivalenz. Ihre Beziehungen sind oft weniger stabil oder es ist wahrscheinlicher, dass sie sich auflösen. Innere Blockaden führen zu weniger Selbstvertrauen, mehr Angst und Frustration und dies kann eine Beziehung verhindern, bevor sie überhaupt beginnt. Oft ist es die Angst vor Ablehnung und negativem Urteilsvermögen, die eine Rolle spielt. Einige können einfach nicht glauben, dass jemand sie wirklich mag und sich um sie kümmert. Da sich Menschen mit inneren Blockaden in einer Beziehung nicht sicher sind, dass sie von ihrem Partner bedingungslos geliebt und akzeptiert werden, ist die Wahrscheinlichkeit geringer, dass sie verletzlich sind und sie halten sich zurück, Beziehungen einzugehen. Darüber hinaus neigen sie zu Verhaltensweisen, die ihre Beziehungen sabotieren können. Oft halten sich Menschen mit inneren Blockaden zurück und können sich auch der Familie oder engen Freunden nicht öffnen. Zudem nehmen sie vieles persönlich und sehen manche Handlungen als Angriff an.

Wie innere Blockaden die Ausbildung und Karriere beeinflussen

Wenn man innere Blockaden in sich trägt, ist es unwahrscheinlicher, dass man sich wirklich durchsetzten kann, indem man neue Fähigkeiten erlernt, herausfordernde Aufgaben übernimmt, um Gehaltserhöhungen bittet, einen höheren Lohn erwartet und sich sogar für Jobs bewirbt, die mehr zu bieten haben. Jemand mit inneren Blockaden hinterfragt oder bezweifelt häufig seine Fähigkeiten und unternimmt daher wahrscheinlich weniger Anstrengungen bei der Arbeit oder in der Schule. Ein negatives Selbstverständnis bedeutet, dass du dich nicht mit deiner Arbeit identifizieren kannst und in Bezug auf dein Potenzial pessimistisch bist. Du kannst zum Beispiel hassen, was du beruflich machst und glauben, dass dir die Ausbildung und die Erfahrung fehlen, um bessere Möglichkeiten zu finden.

Auswirkungen auf die Berufswahl

Innere Blockaden können Karriereentscheidungen beeinflussen. Wenn du beispielsweise an dich glaubst, wirst du die Wachstumschancen verfolgen. Du wirst auch mehr Chancen eingehen und mit unvermeidlichen Ablehnungen besser umgehen, was wiederum deine Chancen auf den Karriereerfolg erhöht. Wenn du aber innere Blockaden, wie ein niedriges Selbstbewusstsein oder Angst in dir trägst, dann hast du das Gefühl, dass dein Potenzial begrenzt ist. Mit anderen Worten: Wenn du der Meinung bist, dass du die Karriere nicht verbessern kannst, wirst du die sich dir bietenden Chancen aus den Augen verlieren. Das bedeutet, dass du die Wachstumschancen verpasst und dort bleibst, wo du bist. Wenn die inneren Blockaden für andere sichtbar sind, kann es einen Einfluss darauf haben, wie sie dich wahrnehmen. Wenn du beispielsweise zuversichtlich bist und dich neuen Herausforderungen stellen möchtest, reagiert dein Vorgesetzter möglicherweise auf deine positive Einstellung, indem er dir mehr Verantwortung und eine Beförderung anbietet. Aber wenn deine Blockaden sichtbar werden, wird die negative Einstellung andere dazu veranlassen, ebenfalls an dir zu zweifeln. Dies wirft erneut das Problem eines sich selbst bestätigenden negativen Selbstkonzepts auf: Der Zweifel an deinem Potenzial schränkt deine Chancen ein, indem du andere davon überzeugst, deine Fähigkeiten zu unterschätzen.

Auswirkungen auf unseren Gefühlszustand und unser Handeln

Innere Blockaden hindern uns daran, rational zu denken und zu handeln und Situationen in ihrer wahren Perspektive zu sehen. Wenn dies geschieht, neigen wir dazu, nur das zu sehen, was wir sehen möchten und uns nur an das zu erinnern, woran wir uns erinnern möchten. Das verlängert nur den Ärger oder die Trauer und hindert uns daran, das Leben zu genießen. Je länger dieser Zustand andauert, desto festsitzender wird das Problem. Außerdem kann ein unsachgemäßer Umgang mit Blockaden auch schädlich sein - zum Beispiel wenn Zorn mit Gewalt ausgerückt wird.

Das Ziel von inneren Blockaden, wie zum Beispiel Angst, ist es, unseren Geist zu übernehmen und unser Handeln in eine schützende Haltung zu treiben. Angst ist die Emotion, die uns in einen Kampf- oder Fluchtzustand führt. Wenn deine größte innere Blockade Angst ist, sucht dein Gehirn verzweifelt nach einem Fluchtweg. Wenn du genügend Zeit hast zu entkommen, verwandelt sich diese selbstschützende Emotion in eine stärkere, kraftvolle Form, die dir helfen soll, aus dieser „gefährlichen" Situation herauszukommen.

Nun übersiehst du die Güte des Lebens, weil du ständig versuchst, den emotionalen Schmerz um jeden Preis zu beheben. Dies führt oft zu Zorn und Wut. Wut ist normalerweise ein Nebenprodukt der Angst. Diese Wut, begleitet von dem Groll, den du über deine Unfähigkeit verspürst, dich im Leben wohlzufühlen, führt zu einer offensiven Abwehr. Anstatt dich nur vor weiteren Angriffen zu schützen, baust du eine emotionale Armee auf, die bereit ist, bei der ersten Gelegenheit zuzuschlagen. Daraus resultieren dann Schuldzuweisungen, wobei Schuld eine der stärksten Emotionen ist, da sie dir keine Chance gibt, das Ergebnis zu ändern. Dadurch entsteht dann ein immer wiederkehrender Kreislauf aus Schmerz, Angst, Wut, Abwehr und Schuld. Dieser führt letztendlich oft zu Hoffnungslosigkeit, einer weiteren inneren Blockade. Diese Emotion bedeutet für die meisten Beziehungen und Situationen im Leben den Anfang vom Ende. Wenn jemand das Gefühl hat, nichts tun zu können, um das Muster innerer Blockaden zu ändern, kann Hoffnungslosigkeit einsetzen. Die Person möchte dann nicht einmal versuchen, eine positive Veränderung zu unternehmen. Die Menschen beginnen, ihre Ausstiegsstrategien zu planen und überlegen, ob es überhaupt Sinn ergibt, es zu versuchen - es wird sich sowieso nichts ändern.

Anstatt die inneren Blockaden zu verarbeiten, lernen die meisten von uns unbewusst, sie zu vermeiden und ignorieren. Das Vermeiden von inneren Blockaden ist beispielsweise der Hauptgrund für neurotische Tendenzen, zwanghaftes Verhalten und Sucht. Um dies zu vermeiden, nutzen wir Ablenkungen und Anregungen. Wir könnten uns mit übermäßiger Arbeit, Fernsehen, Essen, Alkohol, Drogen, Internet, Einkäufen oder etwas anderem beruhigen, von dem wir hoffen, dass es uns vorübergehend antreibt. Wir versuchen, vor uns selbst davonzulaufen, wobei die Unterdrückung innerer Blockaden enorme Energie erfordert. Dabei könnten chronische Müdigkeit und unsere Besessenheit von Koffein und Nahrungsergänzungsmitteln auf diese Unterdrückung zurückzuführen sein. Zudem sind die Kosten für die Nichtbeachtung unserer Gefühle noch höher. Nicht geheilte Wunden lassen auch unser Erleben positiver Emotionen wie Freude, Staunen, Neugier, Begeisterung und Liebe verstummen. Unterdrückte Gefühle, die ungeprüft bleiben, können unsere Beziehungen zerstören, sich uns elendig fühlen lassen und körperliche Krankheiten verursachen.

Auswirkungen auf die Zukunft

Wenn man innere Blockaden zu lange in sich trägt, können sie sich mit der Zeit als Krankheit oder Nervenzusammenbruch äußern. Setzen wir uns nicht mit uns selbst auseinander, können unsere inneren Blockaden uns kontrollieren, was irgendwann dazu führen kann, dass wir starr, überempfindlich, irrational und unsicher werden. In diesen Situationen haben wir dann den Eindruck, den Grund für diese Reaktionen zu kennen, liegt dieser doch in der aktuellen Situation selbst. Tatsächlich handelt es sich jedoch oft um Traumata aus der Vergangenheit. Dabei konfrontieren uns diese gegenwärtigen „Auslöser" aus einem einfachen Grund mit vergangenen Traumata: Unser Körper möchte nicht mehr der Gefangene innerer Blockaden sein. Es besteht eine enge Verbindung zwischen Geist und Körper, die uns bestimmte Signale senden kann. Wenn eine Person gestresst ist, kann es beispielsweise zu Migräne, Übelkeit, Schwindel, Schwächung des Immunsystems oder sogar zur Auslösung von Autoimmunerkrankungen kommen.

Des Weiteren kann das Schädigen unseres Selbstwertgefühls, unseres Vertrauens und unserer Liebe zu uns selbst zur Folge haben, dass du nicht vorankommst und auf der Stelle trittst. Somit können unsere inneren Blockaden uns davon abhalten, das Leben zu leben, das wir uns wirklich wünschen. Durch das Erleben von Angst und Unglück, sind wir normalerweise weniger motiviert und inspiriert, proaktive Maßnahmen zu ergreifen, sodass wir nur wenig Begeisterung, Aufregung und Energie für die Maßnahmen haben, die wir ergreifen müssen. Befinden wir uns hingegen an einem Ort des Glücks und des Friedens, sind wir motiviert, enthusiastisch proaktive Maßnahmen zu ergreifen, um das zu erreichen, was wir wollen.

Der unbewusste Einfluss innerer Blockaden

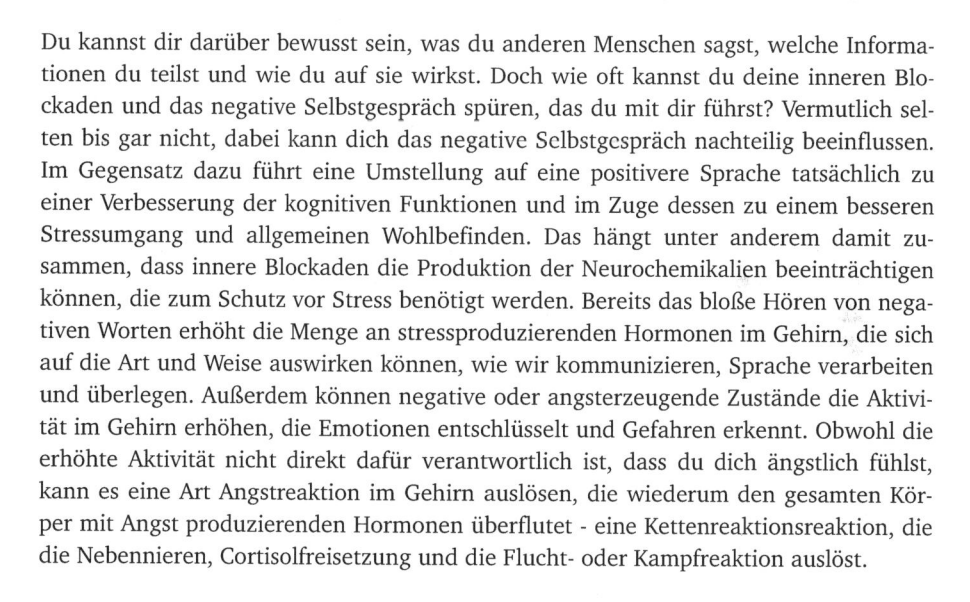

Du kannst dir darüber bewusst sein, was du anderen Menschen sagst, welche Informationen du teilst und wie du auf sie wirkst. Doch wie oft kannst du deine inneren Blockaden und das negative Selbstgespräch spüren, das du mit dir führst? Vermutlich selten bis gar nicht, dabei kann dich das negative Selbstgespräch nachteilig beeinflussen. Im Gegensatz dazu führt eine Umstellung auf eine positivere Sprache tatsächlich zu einer Verbesserung der kognitiven Funktionen und im Zuge dessen zu einem besseren Stressumgang und allgemeinen Wohlbefinden. Das hängt unter anderem damit zusammen, dass innere Blockaden die Produktion der Neurochemikalien beeinträchtigen können, die zum Schutz vor Stress benötigt werden. Bereits das bloße Hören von negativen Worten erhöht die Menge an stressproduzierenden Hormonen im Gehirn, die sich auf die Art und Weise auswirken können, wie wir kommunizieren, Sprache verarbeiten und überlegen. Außerdem können negative oder angsterzeugende Zustände die Aktivität im Gehirn erhöhen, die Emotionen entschlüsselt und Gefahren erkennt. Obwohl die erhöhte Aktivität nicht direkt dafür verantwortlich ist, dass du dich ängstlich fühlst, kann es eine Art Angstreaktion im Gehirn auslösen, die wiederum den gesamten Körper mit Angst produzierenden Hormonen überflutet - eine Kettenreaktionsreaktion, die die Nebennieren, Cortisolfreisetzung und die Flucht- oder Kampfreaktion auslöst.

Im Allgemeinen leistet unser Gehirn Erstaunliches, tendiert allerdings dazu sich auf das Negative zu konzentrieren. Diese Tendenz ist evolutionär bedingt, da unsere Vorfahren ihr Überleben nur sichern konnten, indem sie nach Gefahren Ausschau hielten. Obwohl in der heutigen Zeit die Gefahrendichte niedriger ist, neigt unser Gehirn immer noch dazu sich auf die negative Seite der Dinge zu konzentrieren. Wie negativ du tatsächlich mit dir selbst umgehst, wird dir dabei überwiegend nicht einmal bewusst sein, was sich oft in vielen schlechten Gewohnheiten zeigt, die wir nicht als solche ansehen. Durch das fehlende Bewusstsein zeigt sich die damit einhergehende Schwierigkeit - die Bezeichnung Unterbewusstsein lässt bereits erahnen, dass es sich um einen komplizierten Aspekt unseres Selbst handelt. Denn das, was einem nicht bewusst ist, kann nicht geändert werden. Es ist nicht greifbar, wie soll also eine Veränderung herbeigeführt werden? Wenn man sich nun dieser Tatsache bewusst ist, sollte man sich vor Augen führen, dass unterbewusst negative Gewohnheiten entstehen, die uns davon abhalten, das beste Leben zu leben, das wir verdient haben. Dadurch sind wir innerlich blockiert und sollten schnellstmöglich damit beginnen, uns unser Unterbewusstsein bewusst zu machen und uns zu befreien.

Die Macht des Unterbewusstseins

Dem Unterbewusstsein sind wir uns per Definition normalerweise nicht bewusst. Während wir beschäftigt sind, um unseren Tag zu beginnen, liegt das Unterbewusstsein, tief in dem Bewusstsein vertieft, leise unter der Oberfläche. Es ist die Heimat der nichtphysischen Bereiche der menschlichen Erfahrung. Dabei umfassen einige Aspekte unsere Träume, Emotionen, Ideen und Vorstellungen.

Das Unterbewusstsein...

(1) ...betreibt den physischen Körper.

(2) ...erinnert sich an alles.

(3) ...speichert Emotionen im physischen Körper.

(4) ...erhält den genealogischen Instinkt.

(5) ...erzeugt und erhält den geringsten Aufwand, durch das Wiederholen von Mustern.

(6) ...verwendet Metaphern, Bilder und Symbole.

(7) ...nimmt die Richtung vom bewussten Verstand.

(8) ...nimmt Informationen buchstäblich und persönlich an.

Darüber hinaus enthält das Unterbewusstsein unsere Wahrnehmungen, unbewussten Überzeugungen darüber, wer wir als Menschen zu sein glauben und was wir denken, wie die Welt funktioniert. Unsere Wahrnehmungen können wunderbar oder schmerzhaft sein, dennoch bewertet oder beurteilt unser Unterbewusstsein diese Wahrnehmungen nicht. Es akzeptiert sie einfach als Wahrheit. Allerdings ist es die Aufgabe des Unterbewusstseins, diese Wahrnehmungen je nach Lebensumstand auszuspielen.

Dabei sind unterbewusste emotionale Belastungen und Blockaden unerfahrene, unbewusst unterdrückte Gefühle, die Schmerzen hervorrufen. Beispiele können Wut, Angst, Zurückweisung, Scham, Depressionen und weitere Gefühle sein. Diese Gefühle leben in unserem Körper und werden nicht verschwinden, bis sie vollständig aufgelöst sind. Generell sind Menschen darauf ausgelegt, zu wachsen und das Leben in vollen Zügen zu erleben. Das schließt all unsere Emotionen mit ein. Schmerz, Eifersucht, Wut, Begeisterung, Freude und Zufriedenheit sind Teil der menschlichen Erfahrung. Schaut man sich ein kleines Kind an, das sein Eis auf der Straße fallen lässt, sieht man, dass zunächst einige Momente intensiver Qual folgen, nur wenige Minuten, nachdem die Emotion erlebt wurde, die Tränen jedoch getrocknet sind - das Kind erlebt sein Leben wieder in genau diesem Moment. Anhand dessen kann man sehen, dass sich Emotionen auflösen, sobald wir sie vollständig erfahren haben. Somit entstehen Probleme erst dann, wenn wir unangenehme Emotionen vermeiden. Wir stecken sie in einen Schrank und hoffen, dass sie darin bleiben, obwohl wir damit rechnen müssen, dass sie zu einem späteren Zeitpunkt garantiert wieder auftauchen werden.

Klassische Beispiele für die Auswirkungen des Vermeidens negativer Gefühle wären die Person, die von Beziehung zu Beziehung wechselt und stets die gleichen Probleme hat oder die Person, die Konflikte mit Autoritäten vermeidet, bis sie schwer krank wird. Wir alle haben es sicherlich schon mal gemacht, denn tatsächlich ist es eine natürliche Reaktion. Unangenehme Emotionen schaffen es, ohne bewusstes Wissen oder Absicht von unserer Seite, in das Unterbewusstsein verdrängt zu werden. Wenn das passiert, bleiben sie im Unterbewusstsein stecken. Die natürliche Reaktion unseres Unterbewusstseins ist daraufhin, weitere unangenehme Umstände in unserem Leben zu schaffen, sodass die unterdrückten Emotionen erlebt werden müssen. Schafft man für diese Gefühle kein Bewusstsein, kann einen dieses Vorgehen des Unterbewusstseins ein Leben verfolgen und für innere Blockaden sorgen.

Das Wichtigste in Kürze

- ✓ Innere Blockaden können zu Angstzuständen und Depressionen führen, die wiederum zu körperlichen Beschwerden wie Gewichtszunahme, Bluthochdruck, chronischer Müdigkeit und zu erhöhten Sterblichkeitsraten bei Herzkranken führen können.

- ✓ Menschen mit inneren Blockaden haben Probleme, gute Liebesbeziehungen aufzubauen und diese aufrechtzuerhalten. Dafür verantwortlich sind unter anderem weniger Selbstvertrauen, die Angst vor Ablehnung und einem negativen Urteilsvermögen.

- ✓ Jemand mit inneren Blockaden hinterfragt oder bezweifelt häufig seine Fähigkeiten und unternimmt daher wahrscheinlich weniger Anstrengungen bei der Arbeit oder in der Schule. Ein negatives Selbstverständnis bedeutet, dass du dich nicht mit deiner Arbeit identifizieren kannst und in Bezug auf dein Potenzial pessimistisch bist.

- ✓ Bei der Berufswahl schränken die Zweifel an deinem Potenzial deine Chancen ein, da du andere davon überzeugst, deine Fähigkeiten zu unterschätzen.

- ✓ Innere Blockaden hindern uns daran, rational zu denken und zu handeln und Situationen in ihrer wahren Perspektive zu sehen. Je länger dieser Zustand andauert, desto festsitzender wird das Problem.

- ✓ Setzen wir uns nicht mit uns selbst auseinander, können unsere inneren Blockaden uns kontrollieren, was irgendwann dazu führen kann, dass wir starr, überempfindlich, irrational und unsicher werden.

- ✓ Evolutionär bedingt neigt unser Gehirn dazu sich auf die negative Seite der Dinge zu konzentrieren. Dementsprechend entstehen unterbewusst negative Gewohnheiten, die uns davon abhalten, das beste Leben zu leben, das wir verdient haben.

- ✓ Das Unterbewusstsein ist die Heimat der nichtphysischen Bereiche der menschlichen Erfahrung.

- ✓ Wir neigen dazu negative Gefühle zu unterdrücken, allerdings leben sie in unserem Körper und verschwinden nicht, bis sie vollständig aufgelöst sind.

Kapitel 4: Ursache - Glaubenssätze & der innere Schweinehund

In diesem Kapitel soll es konkret um den Einfluss unserer Glaubenssätze und den inneren Schweinehund gehen. Dadurch sollen dir diese Einflüsse nähergebracht werden, damit du anschließend besser die verschiedenen Ursachen einordnen und auf dich und deine Situation anwenden kannst.

Einfluss der Glaubenssätze

Genau wie durchdringendes Unkraut verhindert, dass eine Pflanze ihr volles Wachstum, ihre Schönheit und ihr Potenzial zum Gedeihen entfalten kann, tun dies leider auch die einschränkenden Glaubenssätze der meisten Menschen. Bevor wir diesen Aspekt weiter vertiefen sollte der Unterschied zwischen einer Überzeugung und einem Glaubenssatz geklärt werden. Andernfalls laufen wir an dieser Stelle Gefahr, dass angenommen wird, dass die beiden Dinge ein und dasselbe sind. Primär unterscheidet sich die Überzeugung im Gegensatz zum Glaubenssatz darin, dass wir sie unbedingt verteidigen wollen. Bei einer Überzeugung wollen wir daran glauben, dass sie wahr ist. Bekommt unsere Überzeugung nun Gegenwind und steht auf wackeligen Beinen, gehen wir direkt in den Verteidigungsmodus und beginnen damit zu argumentieren. Im Vergleich dazu überprüfen wir unsere Glaubenssätze häufiger auf ihren Wahrheitsgehalt hin, durch häufiges Wiederholen unserer Annahme. Durch das Wiederholen wird automatisch nach unterstützenden Aspekten gesucht. Somit kommt es dazu, dass bei jeder neuen Erkenntnis ein neuer Glaubenssatz gebildet wird. Sobald eine Annahme hinterfragt und geguckt wird, ob sie genauso stimmt oder auch anders stimmen könnte, können neue Glaubenssätze entstehen.

Bereits in jungen Jahren beginnen wir damit, Glaubenssätze über die Welt und unseren Platz darin zu entwickeln. Unser Gehirn ist sehr gut darin, Muster zu erkennen und Assoziationen zu knüpfen. Deshalb verarbeiten wir ständig den Informationsstrom über die Welt um uns herum und bilden daraus Glaubenssätze. Im Allgemeinen besteht der Zweck der Glaubensbildung darin, uns zu helfen, die Welt zu verstehen. In der frühen Kindheit basieren unsere Glaubenssätze primär auf unseren eigenen Erfahrungen und werden von unseren Eltern oder anderen Bezugspersonen geprägt. Mit zunehmendem Alter bilden wir immer komplexere Glaubenssätze und können auf eine viel größere Bandbreite von Quellen, wie zum Beispiel Freunde, Bücher, Filme, Fernsehwerbung oder das Verhalten unserer Kollegen zurückgreifen.

Trotz der Tatsache, dass Glaubenssätze tendenziell eher geändert werden können, sind einige Glaubenssätze, die in der Kindheit gebildet wurden, sehr mächtig. So können sie uns auch im Erwachsenenalter beeinträchtigen. Ein kleiner Junge mit Eltern, die oft abwesend sind, kann zum Beispiel den Glauben bilden: „Ich bin nicht gut genug, damit sie mit mir Zeit verbringen wollen." Dieser Glaubenssatz kann sich im Laufe seines

Lebens auf andere Lebensbereiche ausgewirkt haben, ohne dass es dem mittlerweile großen Jungen bewusst gewesen ist. Selbst wenn dem Jungen als Erwachsener klar wird, dass die Abwesenheit seiner Eltern etwas damit zu tun hatte, dass sie arbeiten mussten, kann der Glaubenssatz so tief in ihm verwurzelt sein, dass er dennoch weiter daran festhält. Das hängt damit zusammen, dass sich unser Verstand nur ungerne irrt, denn evolutionär bedeutet das Irren deines Verstandes, dass du stirbst. Selbstverständlich stirbst du nicht, wenn du im Laufe deines Lebens feststellst, dass deine Eltern nicht um deinetwillen keine Zeit mit dir verbracht haben, sondern nur viel arbeiten mussten, um dir ein gutes Leben bieten zu können, dennoch kann ein begrenzender Glauben eine Blockade auslösen. Ein begrenzender Glaube ist im Wesentlichen jeder eingebettete, wiederkehrende Denkprozess, der dich beständig im Leben zurückhält. Dabei lassen dich diese Glaubenssätze dich oftmals unglücklich, unerfüllt, wertlos, nicht gut genug oder wütend empfinden. Daraus resultiert ein Verhalten, dass unbewusst von diesen Empfindungen beeinflusst, letztendlich von uns aber nur selten in Zusammenhang gesetzt wird.

Dementsprechend ist das Erkennen dieser Glaubenssätze umso wichtiger, um Blockaden auflösen zu können, die gegebenenfalls darauf basieren.

Hier sind einige Beispiele für einschränkende, negative Überzeugungen:

Überzeugungen...	...führen zu...
„Meine Schwester war immer der Liebling in unserer Familie. Ich könnte nie etwas so gut machen wie sie. Ich werde meine Eltern niemals so stolz machen, wie sie es tut."	...einem geringen Selbstwertgefühl und verursachen Neid
„Auf keinen Fall könnte ich das jemals tun! Ich bin viel zu alt/ fett/ schüchtern/ ungeschickt/ hässlich..."	...einem Mangel an Selbstvertrauen und Selbstwert

Deine einschränkenden Glaubenssätze verbergen sich oft jenseits deines Bewusstseins. Es gibt jedoch wichtige Signale, nach denen du Ausschau halten kannst, um die Hinweise zu erhalten, die du benötigst, um deine Glaubenssätze zu identifizieren. Oftmals werden diese Schlüsselsignale deutlich, wenn du auf dem Weg zu deinen Zielen auf Hindernisse und Herausforderungen stößt. Denn du bist normalerweise nicht in der Lage, Hindernisse und Probleme zu überwinden, wenn der begrenzende Glaube den Raum dafür einnimmt.

Die einschränkenden Überzeugungen können sich beispielsweise auf folgende Weise manifestieren:

- ➡ Wenn du Ausreden findest.

- ➡ Wenn du dich über Dinge beschwerst.

→ Wenn du dich negativen Gedanken hingibst.

→ Wenn du dich schlechten Gewohnheiten hingibst.

→ Wenn du auf einschränkende und wenig hilfreiche Weise mit dir selbst sprichst.

→ Wenn du zu Schlussfolgerungen springst.

→ Wenn du zögerst Ängste auszudrücken.

→ Wenn du dir Sorgen machst, dass du versagen oder Fehler machen wirst.

→ Wenn du dir ohne ersichtlichen Grund unkontrolliert Sorgen machst.

→ Wenn du über das Aufschieben nachdenkst.

→ Wenn du an Perfektionismus festhältst.

Berücksichtige alle diese Dinge und notiere dir alle einschränkenden Überzeugungen, die dir bei dem Erreichen deiner Ziele in den Sinn kommen. Du könntest zum Beispiel darüber nachdenken, ein bestimmtes Ziel zu erreichen, und während du darüber nachdenkst, bekommst du ein Gefühl von Widerstand, das an die Oberfläche kommt. Je mehr inneren Widerstand du spürst, desto begrenzter werden die Überzeugungen, die knapp unter der Oberfläche des Bewusstseins schlummern.

Der Einfluss des inneren Schweinehundes

Das Aufschieben von Verpflichtungen und der Arbeit an unseren Zielen und Aufgaben ist möglicherweise eines der größten Anzeichen von inneren Blockaden. Viele von uns übertragen Ziele Jahr für Jahr, obwohl es uns stört, die Ziele nicht erreicht zu haben und aufgrund dessen uns nicht weiterentwickelt zu haben und gewachsen zu sein. Die Ursache für diesen Zustand schreibt man meist dem „inneren Schweinehund" zu. Dabei handelt es sich um eine selbstironische Redewendung, die auf die Schwäche des eigenen Willens anspielt, auf den Mangel an Selbstdisziplin. Wir müssen dieses innere, zögernde und faule „Biest" besiegen, um uns selbst in Schwung zu bringen. Der innere Schweinehund ist die Stimme, die dir sagt, dass du aufhören oder zögern sollst. Er hält dich irgendwie davon ab, das zu tun, was du tun musst oder willst. Der innere Schweinehund hält dich auf dem Sofa, ignoriert deinen Trainer oder lässt dich zu lange fernsehen, damit er dich aktiv von deiner eigentlichen Aufgabe ablenken kann. Des Weiteren hält dich dein innerer Schweinehund in deiner Komfortzone fest. Es ist für ihn natürlich leichter, auf der Stelle stehen zu bleiben, auf der er schon seit Stunden, Tagen, Wochen oder Monaten steht, anstatt sich zu bewegen und neue Sachen auszuprobieren. Deswegen ist es sehr wichtig, dass du deinen inneren Schweinehund erkennst und siehst, wie „dickköpfig" er geworden ist - denn ein Problem kann man nur beseitigen, wenn man es kennt. Darüber hinaus sollte man sich niemals auf solchen Rechtfertigungen ausruhen, denn letztendlich gibt man damit nur zu, dass man sich beherrschen lässt, anstatt der absolute Herr seiner Selbst zu sein.

Das Wichtigste in Kürze

- ✓ Überzeugungen unterscheiden sich von Glaubenssätzen darin, dass wir sie unbedingt verteidigen wollen. Durch den Glauben daran, dass sie wahr sind, beginnen wir bei Gegenwind direkt dagegen zu argumentieren.

- ✓ Die Glaubensbildung hilft dabei, die Welt zu verstehen. In unserer Kindheit basieren unsere Glaubenssätze auf eigenen Erfahrungen und Prägungen unserer Bezugspersonen. Mit der Zeit greifen wir auf immer mehr Quellen zurück.

- ✓ Das Aufschieben von Verpflichtungen und der Arbeit an unseren Zielen und Aufgaben ist möglicherweise eines der größten Anzeichen von inneren Blockaden.

- ✓ Ein Problem kann man nur beseitigen, wenn man es kennt. Durch Rechtfertigungen gibt man nur zu, dass man sich beherrschen lässt, anstatt der Herr seiner Selbst zu sein.

Kapitel 5: Belastungsfaktoren auf dem Prüfstand

Innere Blockaden können durch verschiedene Situationen und Zustände ausgelöst, aber auch gestärkt werden. Dementsprechend soll dir dieses Kapitel aufzeigen, welche psychischen Belastungen einen Einfluss auf deine Blockaden haben können.

Belastungsfaktor Stress

Stress ist eine Reaktion auf eine Veränderung oder eine Herausforderung. Kurzfristig kann Stress hilfreich sein, er macht uns wacher und gibt uns Energie, um Dinge zu erledigen. Langzeitstress kann jedoch zu ernsthaften Gesundheitsproblemen führen. Dabei verursachen bestimmte Lebenssituationen tendenziell eher Stress. Dazu gehören beispielsweise finanzieller Druck, Arbeitslosigkeit, Arbeitsstress, soziale Isolation, Konflikte, Mobbing, persönliche oder familiäre Krankheiten und Beziehungsprobleme.

Im Allgemeinen erleben Menschen Ereignisse auf unterschiedliche Weise. Zum Beispiel kann jemand den Verlust des Arbeitsplatzes als eine Katastrophe ansehen, während jemand anderes dies als eine Gelegenheit sieht, sich etwas Besserem zuzuwenden. Die Art und Weise der Wahrnehmung des gleichen Ereignisses erklärt die unterschiedlichen Reaktionen darauf. Zudem beeinflussen Faktoren wie die Persönlichkeit und frühere Erfahrungen die Wahrnehmung des Ereignisses. Dementsprechend kann eine Situation ein ganz unterschiedliches Stressempfinden in Menschen hervorrufen. Dabei spielt auch der Faktor eine Rolle, ob ein Missverhältnis zwischen der Erfahrung und den verfügbaren Ressourcen, um damit umzugehen, besteht. Bei dem Verlust des Jobs, bei dem die betroffene Person noch zusätzlich Schwierigkeiten mit einer Beziehung und Liebeskummer hat, fehlen ihr möglicherweise die Ressourcen, um die schwierige Zeit emotional und finanziell zu überstehen - das Entstehen von Stress ist unvermeidlich.

In unserer heutigen schnelllebigen Welt setzen wir uns einem zunehmenden und unerbittlichen Druck aus. Du kannst angespannt, nervös, unsicher oder in Panik sein. Möglicherweise drohen Fristen und du musst mehrere Aufgaben ausführen. Du hast stundenlang an einem Projekt gearbeitet und kannst es einfach nicht beenden. Du könntest dich wütend, emotional aufgeladen oder bedroht fühlen. Möglicherweise hast du schlaflose Nächte. Der Körper reagiert auf diesen Druck, indem er mehr Adrenalin in deinen Körper sendet, um dir bei der Bewältigung zu helfen. Allerdings bewirkt das eher das Gegenteil: Die anhaltende Freisetzung von Adrenalin verringert tatsächlich die Fähigkeit, gut zu denken und dich zu erinnern, da Adrenalin die Reaktion der Amygdala aktiviert. Diese bewahrt dich zwar davor, von einem Bus überfahren zu werden, aber die logische, normale Gehirnverarbeitung wird angehalten. Die eigentliche Unterstützung deines Körpers führt somit zu einer inneren Blockade.

Wie bereits zuvor gesagt, gibt es viele Dinge, die zu Stress führen können. Der Tod eines geliebten Menschen, Scheidung oder Trennung, der Verlust des Arbeitsplatzes und unerwartete Geldprobleme werden dabei am häufigsten genannt. Wenn du gestresst bist, kannst du viele verschiedene Gefühle verspüren, einschließlich Angst, Furcht, Wut, Traurigkeit oder Frustration. Diese Gefühle können sich gegenseitig nähren und körperliche Symptome hervorrufen, wodurch du dich noch schlimmer fühlst. Bei manchen Menschen können stressige Lebensereignisse zu Symptomen einer Depression führen. Diese Zusammenhänge führen dann oftmals zwangsläufig zu inneren Blockaden. Zudem bewirkt Stress ein unübliches Verhalten, sodass man sich beispielsweise zurückzieht, unentschlossen und unflexibel ist. Aber auch eine erhöhte Gereiztheit oder Weinerlichkeit können auftreten. Zusätzlich wird unsere Libido durch Stress beeinträchtigt. Um den Stress zu kompensieren, greifen viele Menschen zu Zigaretten, Alkohol oder sogar Drogen. Letztendlich führt Stress zu vielen Veränderungen, die wir eigentlich nicht haben wollen. Vor allem blockiert er uns in vielerlei Hinsicht und macht uns unzufrieden, was wiederum verhindert, dass wir unsere inneren Blockaden lösen können.

Unzufriedenheit und Frustration

Frustration ist eine Emotion, die in Situationen auftritt, in denen eine Person daran gehindert ist, das gewünschte Ergebnis zu erzielen. Wenn wir eines unserer Ziele erreichen, sind wir im Allgemeinen zufrieden. Wenn wir jedoch daran gehindert werden, können wir Frustrationen erliegen und uns gereizt, verärgert, unzufrieden und wütend fühlen. Je wichtiger das Ziel, desto größer ist in der Regel die Frustration und die daraus resultierende Wut. Dabei ist Frustration generell nicht unbedingt schlimm, da sie ein nützlicher Indikator für die Probleme im Leben eines Menschen sein und als Motivator für Veränderungen dienen kann. Wenn es jedoch zu Ärger, Gereiztheit, Stress, Depressionen oder einer Abwärtsspirale kommt, in der wir das Gefühl haben, resigniert zu sein oder aufzugeben, kann Frustration destruktiv wirken. Frustrationen und Unzufriedenheit sind Produkte von inneren Blockaden.

Frustration tritt immer dann auf, wenn die von dir erwarteten Ergebnisse oder Ziele nicht den Anstrengungen und Maßnahmen zu entsprechen scheinen, die du anwendest oder wenn deine Handlungen immer weniger Ergebnisse bringen. Interne Frustrationsquellen sind in der Regel Enttäuschungen, die auftreten, wenn wir aufgrund realer oder eingebildeter persönlicher Mängel, wie mangelndem Vertrauen oder Angst vor sozialen Situationen, nicht das haben können, was wir wollen. Eine andere Art von innerer Frustration entsteht, wenn wir konkurrierende Ziele haben, die sich gegenseitig stören. Die zweite Art von Frustration resultiert aus externen Ursachen, die Bedingungen außerhalb der Person betreffen, wie zum Beispiel physische Hindernisse, denen wir im Leben begegnen, einschließlich anderer Personen und Dinge, die unseren Zielen im Wege stehen. Eine der größten Frustrationsquellen in der heutigen Welt ist die Frustration, die durch die Wahrnehmung der Zeitverschwendung entsteht. Wenn du bei der Bank in der Schlange, beim Verkehr im Stau oder am Telefon in der Warteschlange stehst und zusiehst, wie der Tag vergeht, an dem du so viel zu tun hast, ist das absolut frustrierend.

Diese Situationen sind leider meistens unvermeidlich. Wir können versuchen, etwas dagegen zu unternehmen, wie zum Beispiel eine andere Route zu finden, wenn wir im Stau stecken oder ein anderes Restaurant zu wählen, wenn unsere erste Wahl nicht vorteilhaft ist. Manchmal gibt es aber einfach nichts, was wir dagegen tun können. So ist das Leben eben. Allerdings kannst du lernen, dass du trotz ärgerlicher und frustrierender Situation nicht frustriert sein musst.

Einige der „typischen" Reaktionen auf Frustration sind Wut, Aufgeben, Verlust des Selbstwertgefühls und des Selbstvertrauens, Stress und Depression. Ein Sprichwort besagt: „Frustration erzeugt Wut und Wut erzeugt Aggression." Direkte Wut und Aggression werden gegenüber dem Objekt zum Ausdruck gebracht, das als Ursache für die Frustration wahrgenommen wird. Wenn eine Maschine nicht funktioniert, kannst du sie schlagen oder treten. Wenn dir jemand in die Quere kommt, kannst du dich streiten oder es zur Seite schieben. Ein wütender Mensch handelt oft, ohne nachzudenken. Die Person hat der Frustration nachgegeben und die Zurückhaltung aufgegeben. Dabei kann Wut eine gesunde Reaktion sein, wenn sie uns zu positiven Handlungen motiviert, aber allzu oft sind die Handlungen, die wir bei Wut ausführen, destruktiv. Ein Ziel aufzugeben kann sogar produktiv sein, wenn wir feststellen, dass das Ziel wirklich unerreichbar ist. Häufiger aufzugeben oder apathisch zu sein ist jedoch eine andere Art der Frustration nachzugeben. Wenn die Menschen wiederholt frustriert sind, können sie die Schule abbrechen, Jobs kündigen oder wegziehen. Nach einem anfänglichen Hochgefühl folgt meist die Unzufriedenheit, weil sie etwas nicht geschafft oder etwas nicht gesagt haben. Dies schafft innere Blockaden und Unzufriedenheit.

Unser Umfeld

Es kann leicht sein zu glauben, dass psychische Probleme nur das Ergebnis innerer Kämpfe sind. Schließlich sind dein Körper und dein Geist betroffen. Dort müssen die Probleme liegen, oder? Während deine eigene innere Aktivität definitiv ein entscheidender Bestandteil von psychischen Erkrankungen und Stress ist, gibt es aber auch Umweltfaktoren, die die psychische Gesundheit schädigen können. Hier sind einige der häufigsten Elemente in deiner Umgebung, die sich auf deine psychische Gesundheit auswirken können.

Soziale Interaktion und Gemeinschaft

Als Menschen brauchen wir soziale Interaktion und ein Gefühl der Gemeinschaft, um zu gedeihen. Daher hat Kameradschaft, oder ein Mangel daran, enorme Auswirkungen auf die allgemeine psychische Gesundheit. Wenn du jemanden hast, mit dem du regelmäßig über persönliche Probleme sprechen kannst, die dich betreffen, kannst du den Alltagsstress sowie größere Konflikte in deinem Leben lindern. Freunde, Familie und andere Beziehungen können die Chance, dass du positive Veränderungen in dem Leben vornimmst und aufrechterhältst, ebenfalls erheblich erhöhen.

Die Qualität deiner Beziehungen ist einer der wichtigsten Faktoren. Du musst die richtigen Leute um dich haben. Selbst wenn du mit Menschen interagierst, die dich gut kennen und dir nahestehen, können einige Beziehungen giftig werden. Einige Freunde können dazu beitragen, dass du schlechte Gewohnheiten beibehältst oder können hohe Erwartungen an die Freundschaft stellen, die dich belasten und deinem Geisteszustand schaden können, ohne dass du es merkst. Über die geistige Gesundheit hinaus können soziale Interaktionen auch die körperliche Gesundheit beeinträchtigen, was zu zusätzlichem Stress und Depressionen führen kann. Unabhängig von deinem Alter ist es wichtig, nach Möglichkeiten für hochwertige soziale Interaktionen zu suchen. Dies bedeutet nicht, dass du dich auf deine Familie, einen Ehepartner oder sogar enge Freunde verlassen musst. Ohne auch nur die tiefsten Probleme zu teilen, könntest du dich einem Kollegen anvertrauen oder ein kurzes Gespräch mit Menschen im Fitnessstudio, einem Café oder einem anderen öffentlichen Raum führen.

Neben den genannten Faktoren können auch die Wohnunsicherheit und die Umgebung deines Zuhauses deine psychische Gesundheit beeinträchtigen. Dabei liegen die Umstände möglicherweise nicht in deiner Hand. Das Leben unter schlechten Bedingungen kann jedoch mit der Zeit Stress erzeugen und psychische Erkrankungen verstärken. Wenn man in einem unordentlichen Zuhause ist, kann es ziemlich hart sein, sich zu motivieren und Ordnung im Leben zu schaffen. Dementsprechend solltest du immer zuerst an dich und dein Wohlbefinden denken und zukünftig mehr auf den Zustand deines Zuhauses achten und dich von toxischen Menschen entfernen.

Sorgen, die uns beschäftigen

Sorgen sind ein normaler Teil des Lebens und können in manchen Fällen sogar hilfreich sein. Wir sorgen uns oft um Dinge, die in unserem Leben gegenwärtig sind, wie Finanzen, Arbeit und die Familie. Dabei helfen uns Sorgen dabei, in diesen Bereichen gute Entscheidungen zu treffen. Allerdings ist es möglich, dass die Sorgen mit der Zeit ernster werden als nur die alltäglichen Sorgen. Wenn du übermäßige, unkontrollierbare oder irrationale Sorgen über einen längeren Zeitraum hinweg hast, kann es innere Blockaden schaffen, indem du nicht mehr weiter normal funktionieren und denken kannst. Es kann die Entscheidungsfindung stören und zu einem Gefühl der Lähmung im Alltag führen, wenn wir uns immer wieder fragen: „Was wäre, wenn?" In extremen Fällen kann übermäßige Besorgnis ein Anzeichen für ein ernstes Problem sein wie zum Beispiel eine generalisierte Angststörung.

Neben den emotionalen Schäden der Sorgen kann uns der daraus resultierende Stress auch körperlich belasten. Sorgen können sich auf verschiedene Weise ausdrücken. Viele Menschen machen sich Sorgen um die Zukunft. Wenn du dich um die Zukunft sorgst, erzeugst du buchstäblich eine physische und emotionale Reaktion auf etwas, das noch nicht geschehen ist. Du bist dir nicht sicher, wie sich eine bestimmte Situation entwickeln wird, was in dir selbst Angst hervorruft und du versuchst verzweifelt, die Lücke zu füllen. Aber wie du weißt, kann man die Zukunft nicht vorhersagen, egal wie sehr man es versucht. Dementsprechend bewirkst du dadurch nur die Entstehung einer inneren Blockade, die durch die fehlende Glaskugel für die Zukunftsvoraussage absolut unnötig ist.

Die Nebenwirkungen von Sorgen

Diese Muster und Gewohnheiten sind in dir, aufgrund von Genetik, Umwelt oder beidem, oftmals so fest verflochten, dass du gar nicht bemerkst, dass du es tust. Sich Sorgen zu machen, wird zur Gewohnheit und bringt all seine unangenehmen Nebenwirkungen mit sich. Diese Effekte können im Laufe der Zeit stärker werden, bis sie schließlich zu belastend werden, um ignoriert zu werden. Zu viele Sorgen können sich folgendermaßen auf Körper und Geist auswirken:

- Schlafstörungen
- Kopfschmerzen
- Konzentrationsschwierigkeiten
- Übelkeit
- Muskelspannung
- Erschöpfung
- Reizbarkeit
- Erhöhter Spiegel des Stresshormons Cortisol
- Schwierigkeiten, Entscheidungen zu treffen

Übermäßiges Sorgen beeinflusst das tägliche Leben einer Person und alles, was sie tut. Wenn du andauernden Stress und Angst verspürst und dir Sorgen über deine Probleme machst, kann sich deine gesamte Lebenseinstellung dramatisch ändern. Automatisches negatives Denken ist etwas, was Menschen, die sich große Sorgen machen, zu erleben beginnen. Automatisches negatives Denken ist so, wie es sich anhört - in jeder Situation siehst du Dinge automatisch in einem negativen Licht. Du siehst nur geschlossene Türen und weder Gelegenheiten noch Lösungen. Mit negativen Gedanken und inneren Blockaden springst du immer sofort auf die Kehrseite der Dinge und stellst dir das denkbar schlechteste Szenario vor. Es fällt dir sehr schwer, über die Sorgen hinauszudenken und dir ein positives Ergebnis vorzustellen. Es ist leicht einzusehen, wie sich dies auf das Leben und deinen Erfolg auswirken kann. Wenn du die Hoffnung oder Bestimmtheit nicht erkennen kannst, erreichst du in keiner Situation dein volles Potenzial. Letztendlich ist es nahezu unmöglich Sorgen komplett aus deinem Leben zu entfernen, da es eine normale menschliche Reaktion ist. Der Schlüssel dabei ist, das richtige Gleichgewicht zwischen Sorge und Leichtigkeit zu finden. Es gibt Situationen, in denen dich das Sorgen mehr lähmt, als dass es dir auch nur ansatzweise hilft.

Das Wichtigste in Kürze

✓ Stress ist eine Reaktion auf eine Veränderung oder eine Herausforderung. Kurzfristig kann Stress hilfreich sein, Langzeitstress kann jedoch zu Gesundheitsproblemen führen. Dabei beeinflussen die Persönlichkeit und frühere Erfahrungen die Wahrnehmung eines Ereignisses, sodass ein ganz unterschiedliches Stressempfinden entsteht.

✓ Frustration entsteht dann, wenn eine Person daran gehindert wird, das gewünschte Ergebnis zu erzielen. Dabei steigert sich die Frustration je nach Wichtigkeit des Ziels. Generell ist Frustration ein Indikator für Probleme und ein Motivator für Veränderungen.

✓ Die Qualität deiner Beziehungen ist einer der wichtigsten Faktoren in deinem Leben. Dementsprechend ist es wichtig, unabhängig von deinem Alter, nach Möglichkeiten für hochwertige soziale Interaktionen zu suchen.

✓ Achte auf eine ordentliche Umgebung, damit sie deine Motivation nicht zusätzlich einschränkt.

✓ Generell helfen Sorgen dabei, gute Entscheidungen zu treffen. Allerdings können übermäßige, unkontrollierbare oder irrationale Sorgen über einen längeren Zeitraum hinweg, innere Blockaden schaffen, indem du nicht mehr normal funktionieren und denken kannst.

✓ Wenn du dich um die Zukunft sorgst, erzeugst du buchstäblich eine physische und emotionale Reaktion auf etwas, das noch nicht geschehen ist. Dadurch entsteht eine unbegründete Blockade, da du nicht wissen kannst, wie sich eine Situation in der Zukunft entwickelt.

Kapitel 6: Alles eine Frage der Denkweise

Bei den meisten Situationen entscheidet unser Blinkwinkel darüber, wie wir reagieren. Dementsprechend soll es innerhalb dieses Kapitels darum gehen, dass wir uns verschiedene Aspekte der Denkweise genauer anschauen und diese auch in Bezug zu inneren Blockaden setzen.

Problemorientiertes Denken vs. Lösungsorientiertes Denken

Jeder Mensch geht anders an ein Problem heran. Dabei gibt es grundlegend zwei Herangehensweisen. Entweder ist man ein problemorientierter Denker und legt seinen Fokus auf den Grund, warum ein Problem aufgetreten ist oder man denkt lösungsorientiert, sodass man über mögliche Lösungen nachdenkt, die einem helfen, ein Problem zu lösen.

Eine schwierige Situation problemorientiert anzugehen mag hilfreich sein, wenn wir versuchen, ähnliche Probleme oder Fehler in der Zukunft zu vermeiden. Wenn es aber um die Lösung des Problems geht, verschwenden wir damit wertvolle Zeit. Problemorientiertes Denken hilft uns nämlich überhaupt nicht dabei, schwierige Situationen zu lösen, was besonders in Zeiten notwendig ist, in denen man schnelle Lösungen für ein anstehendes Problem finden muss. Darüber hinaus kann der problemorientierte Ansatz negative Auswirkungen auf die eigene Motivation haben.

Der gesamte Ansatz „problemorientiertes vs. lösungsorientiertes Denken" gilt nicht nur, wenn eine Person einem Problem oder einer schwierigen Situation gegenübersteht, sondern wird täglich angewendet, wenn wir uns einer herausfordernden Aufgabe stellen oder mehrere Aufgaben ausführen müssen. Wenn wir konkret über diesen Ansatz nachdenken, können wir feststellen, dass der Großteil unserer Entscheidungen und unserer Einstellungen zu Aufgaben, Problemen und anstehenden Situationen entweder problem- oder lösungsorientiert ist. Zur Verdeutlichung dieses Ansatzes im Folgenden ein Beispiel:

Nehmen wir an, du bist jemand, der Sport nicht mag. Wie jeder andere Mensch kannst du nicht immer nur herumsitzen und essen, denn die Gesundheit wird darunter leiden. Du würdest dich problemorientiert dem Sport nähern, wenn du dir ständig all die negativen Aspekte der sportlichen Aktivitäten vorstellen würdest. Du würdest dir möglicherweise die Fragen stellen: „Warum muss ich trainieren? Warum ist es so schwer?" Du würdest jedem erzählen, dass du es nicht magst. Anstatt die Energie auf das Training zu richten, verbringst du einen großen Teil der Zeit auf eine ineffektive Weise, die dir nicht weiterhilft. Du bist immer noch an derselben Stelle und fühlst dich unwohl in deinem Körper. Im Gegensatz dazu, hat ein lösungsorientierter Menschen vollständig akzeptiert, dass Training und körperliche Aktivität ein Teil seines Lebens sind, ob gemocht oder nicht. Durch das Akzeptieren der Tatsache, wird es leicht, die eigentliche Ursache für Fragen zu zerstören. Wir fangen an, lösungsorientiert zu denken, sobald wir uns bewusst sind, dass wir bestimmte Fakten und Probleme nicht ändern können und unsere Zeit nur ineffizient verbringen, wenn wir nach den möglichen Gründen für diese Situationen suchen. Indem wir die Gründe klären, warum die Aufgabe, der wir uns stellen müssen, wichtig sein kann, um beispielsweise gesund zu sein oder um abzunehmen, können wir das lösungsorientierte Denken auf eine weitere Ebene bringen.

Der Großteil aller Menschen denkt problemorientiert. Dabei stellen sie sich alle negativen Konsequenzen vor, die eine Situation haben könnte. Und das obwohl jedes Problem eine Lösung hat. Tatsächlich gibt es sogar oftmals mehr als eine einzige Lösung. An dieser Stelle sollten wir festhalten, dass du dich machtlos fühlst, wenn du dich zu sehr auf ein Problem konzentrierst. Konzentrierst du dich hingegen auf die Lösung, fühlst du dich gestärkt. Wenn wir herausfinden, dass wir uns auf die Probleme konzentrieren, kann das zunächst schwer zu akzeptieren sein, allerdings bietet sich uns daraufhin die Chance zukünftig lösungsorientiert durch unser Leben zu gehen. Dadurch sind wir befreiter und können leichter und schneller unser Potenzial entfalten.

Hier ist ein Beispiel, wie man die lösungsorientierte Denkweise anwenden kann:

Problemorientiert	Lösungsorientiert
Ich wünschte, ich könnte "X" machen, aber ich kann nicht wegen "Z".	Wie kann ich "Z" umgehen, damit ich "X" machen kann?
Ich stecke fest. Ich weiß nicht, was ich tun soll.	Ich werde mich hinsetzen und über einige Optionen nachdenken, um voranzukommen.
Das kann ich mir nicht leisten.	Wie kann ich mir das leisten?

Bist du ein problemorientierter Denker oder ein lösungsorientierter Denker?

Hier sind einige Merkmale, die für jeden Persönlichkeitstyp typisch sind:

Merkmale problemorientierter Denker	Merkmale lösungsorientierter Denker
negativ	positiv
hoffnungslos	hoffnungsvoll
gibt anderen die Schuld	übernimmt Verantwortung
ist schnell frustriert	sieht Probleme als Herausforderungen, die gemeistert werden können
gibt schnell auf	ist bereit zu bleiben, bis ein Problem gelöst ist

Grübeln: Die Flut der Gedanken

Es ist nicht ungewöhnlich, eine scheinbar endlose Schleife von Gedanken zu erleben, die sich durch den Geist zieht. Diese sich wiederholenden Gedankenmuster können vergangene Ereignisse wiederholen, die mit Traumata, Traurigkeit oder Verlusten verbunden sind. Sie könnten sich auf wahrgenommene Bedrohungen oder Hindernisse für den zukünftigen Erfolg konzentrieren. Für die meisten Menschen treten diese Gedanken am häufigsten in Stresssituationen auf, in denen die Angst groß ist. Während diese gelegentlichen Gedankenmuster normal sind, sollten längere, sich wiederholende Gedanken, die den Schlaf stören oder die normale Funktion beeinträchtigen, ernst genommen werden. Diese Flut der Gedanken kann die inneren Blockaden stärken und dich davon abhalten, nach vorne zu gehen und deine Ziele zu erreichen.

Was ist die Flut der Gedanken?

Eine Flut der Gedanken entsteht in der Regel in einer schnellen Abfolge von mentalen Bildern, die ungehindert weitergehen und nicht zu einer rationalen Schlussfolgerung führen. Diese emotional belastenden Erfahrungen können ein beängstigendes Gefühl der Unbeherrschtheit hervorrufen und ein Kontinuum schaffen, das von bloßem Unbehagen bis hin zu lähmender Angst reichen kann. Die unkontrollierten Gedanken haben das Potenzial, das Funktionsbewusstsein eines Menschen zu überwinden.

Die Flut der Gedanken kann als Takt von Musik, Satzfragmenten oder Gedanken auftreten, die tangential von einem zum Nächsten springen. Rasende Gedanken haben möglicherweise keinen dazugehörigen Klang. Manchmal treten sie als ein überwältigender Wiederholungsfokus der Vergangenheit auf, oft münden die rasenden Gedanken in latenten Ängsten und Sorgen. Die Gedanken haben das Potenzial, das Bewusstsein zu stören, die Konzentration zu verhindern und die Fähigkeit zu verringern, im Moment zu leben. Die Manifestation rasanter Gedanken kann von geringfügigen Ablenkungen bis hin zu schwächenden Erfahrungen variieren. Die Manifestation kann bis hin zu einem Hören von Stimmen, ein Symptom, das häufig mit einigen Arten von psychotischen Störungen in Verbindung gebracht wird, reichen.

Welche Probleme bereiten rasende Gedanken nachts?

Beim Schlafen kann eine Gedankenflut dazu führen, dass die mentalen Bilder von einer Reihe von fließenden Mustern bis zu einer unerbittlichen Flut der unerwünschten Gedanken reichen können. Die Unfähigkeit, die nervenden Gedanken zu beruhigen, kann zu Stress führen, der den Schlaf stören kann. Es ist nicht ungewöhnlich, dass Betroffene ein oder zwei Stunden lang Wortspiele spielen, um sich zu beruhigen und einschlafen zu können. Rasende Gedanken können auch während des Schlafs auftreten, die normalen Ruhemuster stören und dazu führen, dass Menschen aufwachen und Schwierigkeiten haben, wieder einzuschlafen. Da Erschöpfung und Stress die rasenden Gedanken verschlimmern können, kann die Störung des Schlafmusters zu mehr Stress führen und einen sich selbst fortsetzenden Kreislauf aus Unruhe und rasenden Gedanken erzeugen.

Was löst die Flut der Gedanken aus?

Rasende Gedanken können auf eine psychische Erkrankung hinweisen, sind jedoch nicht spezifisch für einen bestimmten Zustand. Sie sind mit vielen Störungen wie zum Beispiel Panikattacken, Depressionen, Angstzuständen und bipolaren, manischen Phasen sowie mit dem Konsum von verschriebenen und illegalen Drogen verbunden. Amphetamine stimulieren das Zentralnervensystem und können die Flut der Gedanken hervorrufen. Rasende Gedanken können in Stressphasen auftreten, die durch äußere Umstände wie Schlafmangel oder andere Faktoren verursacht werden. Außerdem können rasende Gedanken Wiederholungen vergangener Ereignisse sein, die in dir Angst oder Trauer auslösten. Du könntest dir zudem Sorgen um Dinge machen, die in Zukunft passieren könnten. Es sind Gedankenreihen, die überproportional sind, ein Muster haben, Zeit verbrauchen und oft keine rationale Schlussfolgerung ziehen.

Wenn Gedanken den Geist überfluten, entziehen sie dir deine Energie, hindern dich daran, im gegenwärtigen Moment zu leben und können eine Schleife in deinem Gehirn erzeugen, aus der du gefühlt nur schwer entkommen kannst. Sie können es sowohl erschweren, sich zu konzentrieren und tägliche Aufgaben zu erledigen als auch dein Gedächtnis und deinen Schlaf beeinträchtigen. Rasende Gedanken zu haben ist oft beunruhigend und beängstigend, weil es uns das Gefühl gibt, außer Kontrolle zu sein. Aber rasende Gedanken zu haben bedeutet nicht, dass du außer Kontrolle geraten oder verrückt bist. Es bedeutet, dass du ängstlich bist und dass dein Stresslevel höher als gewöhnlich ist. Tatsächlich tritt die Flut der Gedanken am häufigsten während einer Angstattacke auf. Generell sieht jeder Mensch rasende Gedanken anders. Eine Person kann ein Problem nicht bemerken und einfach durch das Leben abgelenkt werden. Andere können unter starkem Stress leiden, weil sie nicht in der Lage sind, einen Gedanken festzuhalten.

Beispiele für Probleme, die zu rasenden Gedanken führen, sind:

✓ Panikattacken

Während einer Panikattacke kann es fast unmöglich sein, den Geist auszuschalten. Man sorgt sich oft über die Gesundheit, Symptome, Erfahrungen und die Zukunft. Angstattacken können auch zu Benommenheit führen, was das Fokussieren erschwert. Angstattacken führen häufig zu rasenden Gedanken, welche Blockaden in uns hervorrufen können.

✓ Generalisierte Angststörung

Aus einer generalisierten Angststörung resultierender Stress kann zu rasenden Gedanken führen. Diese Gedanken können es einem sehr schwer machen zu schlafen, wenn sie nachts auftreten.

✓ Schlafmangel

Ein verwandtes Problem ist, dass Schlafmangel zu rasenden Gedanken führen kann, da das Gehirn häufig Probleme hat, sich zu konzentrieren, wenn dir der Schlaf fehlt. Für diejenigen, deren Angst sie wachhält, kann dies besonders störend sein. Darüber hinaus kann Schlafentzug zu weiterer Angst führen, was zu einem teuflischen Kreislauf führt.

✓ Unerwünschte Gedanken

Man erlebt auch oft unerwünschte Gedanken, die wie rasende Gedanken erscheinen. Dies ist der Fall, wenn der Geist durch die unerwünschten Gedanken so abgelenkt ist, dass er sich nicht auf andere Dinge zu konzentrieren scheint.

Wenn die Flut der Gedanken ein Problem ist

Offensichtlich sind Gedanken keine Gefahr. Gedanken sind einfach Gedanken. Wenn sie zu einem Problem geworden sind, tritt Folgendes auf:

- Rasende Gedanken hindern dich am Schlafen.
- Rasende Gedanken bereiten dir erhebliche Sorgen.
- Rasende Gedanken erschweren das Fokussieren.
- In rasenden Gedanken geht es um Themen, die nicht verarbeitet sind und die du vermeidest.
- Rasende Gedanken treten bei anderen Angstsymptomen auf.

Schlussendlich sind es nicht die Gedanken, die gefährlich sind, sondern die Tatsache, wie du darauf reagierst. Wenn deine Gedanken so schnell rasen, dass sie zu Schlaflosigkeit, Stress oder anderen emotionalen Problemen führen, ist es sehr wichtig, dass du lernst, sie zu kontrollieren. Es ist schwierig, im Leben den Fokus auf den wichtigen Dingen zu behalten, wenn man ungelöste Probleme in sich trägt, denn so schaffen wir innere Blockaden. Deswegen ist es wichtig, zu lernen, wie man Emotionen und Gedanken kanalisieren kann, damit es nicht zu einer Flut der Gedanken kommt. Diese stört dich und lässt dich nicht weitergehen. Sie hält dich in deinem Kopf fest und es wird immer schwieriger, achtsam zu sein und im Moment zu leben.

Ängste und das Bleiben in der eigenen Komfortzone

Wir alle haben Ängste, aber manchmal können uns diese so sehr festhalten und blockieren, dass wir uns einfach nicht trauen, aus der Komfortzone herauszukommen. Veränderungen sind ein harter Kampf und je nach Szenario kann es sein, dass dein Gehirn dir damit keinen Gefallen tut. Es gibt Möglichkeiten, dem Gehirn dabei zu helfen, sich leichter an Veränderungen anzupassen, aber zuerst gibt es ein paar Dinge, die du über dein Gehirn wissen solltest. Dein Gehirn ist permanent beschäftigt und nutzt einen großen Teil deiner Energieressourcen, um täglich das zu tun, was getan werden muss. Dennoch ist dein Gehirn generell faul, sodass es neben den vielen Aufgaben ungerne noch zusätzliche Aufgaben übernehmen möchte. Dein Gehirn kann nicht zwischen guten und schlechten Gewohnheiten differenzieren, sodass es möchte, dass du das tust, was du immer schon getan hast und somit in deiner Komfortzone bleibst. Das hängt vor allem damit zusammen, dass dein Gehirn dich vor Gefahren schützen möchte. Diese Reaktion ist, wie zu Anfang dieses Buches schon besprochen, evolutionär bedingt. Manchmal löst dein Gehirn die Angstreaktion aus, nur weil du ein paar Minuten zu spät zum Unterricht kommst, woran du höchstwahrscheinlich nicht sterben wirst. Du siehst also, dass das Gehirn nicht immer mit der richtigen Intensität handelt.

Wir stellen also fest, dass unser Gehirn sich nach Routine sehnt. Diese Routine ist zwar schön und gut, führt uns jedoch meist nicht zu Wachstum und maximaler Leistung. Davon abgesehen haben wir unsere Komfortzone selbst definiert - sie ist nicht real, sondern eine imaginäre Kiste, in die wir uns hineingesteckt haben. Wir bleiben darin, wachsen aber nicht. Wenn du von Zeit zu Zeit aus deiner Komfortzone herauskommst, wird sich die Toleranz deines Gehirns gegenüber Veränderungen zum Besseren hin verändern. Hin und wieder Dinge durcheinander zu bringen, zeigt deinem Gehirn außerdem, dass es nichts zu befürchten gibt - es wird dir gut gehen, auch wenn du ein wenig Stress hast - und es lohnt sich.

Die Komfortzone ist ein sicherer Raum, der Angst und Risiko minimiert und dich nicht dazu auffordert, etwas Neues zu tun oder zu sagen. Es kann ein Ort sein, an den du dich zurückziehst, weil es sich für dich angenehm anfühlt. Die Komfortzone eines jeden Menschen ist anders, aber wenn man in dieser Zone bleibt, kann man keine Belohnungen ernten und von dort, wo man sich gerade befindet, dorthin gelangen, wo man hin möchte. Wenn wir uns einer Herausforderung stellen müssen, rennen wir oft zurück in unsere Komfortzone. Wenn schwierige Dinge auf uns zukommen, vor denen wir Angst haben, ist es viel einfacher, in unsere Komfortzone zurückzukehren, als sich dieser Herausforderung zu stellen. Das zeigt uns, dass wir jeden Tag die Wahl haben, ob wir uns einer Herausforderung stellen oder in unsere Komfortzone zurückkehren wollen. Die meisten Menschen kehren natürlich lieber in ihre Komfortzone zurück, obwohl sie dabei eine Menge Dinge verpassen, die ihr Leben erheblich verbessern könnten.

Man erkennt am leichtesten, dass es Zeit für eine Veränderung ist, wenn man Ausreden sucht. Wir alle kennen diese Situation wahrscheinlich, wenn wir uns Ausreden ausdenken, um zum Beispiel nicht ins Fitnessstudio gehen zu müssen. Das ist auch in jeder anderen Situation so, egal ob in unserem Privat- oder Arbeitsleben. Ausreden tauchen in unserem Kopf auf, wenn wir uns unwohl fühlen und uns in einer unangenehmen Situation befinden. Daher muss man in der Lage sein, aus der Komfortzone zu steigen, um Veränderungen vorzunehmen und etwas Größeres zu erreichen.

Das Verlassen der Komfortzone hat viele Vorteile. Angefangen bei der Verbesserung der geistigen und körperlichen Gesundheit bis hin zu finanziellen- und Beziehungsvorteilen. Jedes reale oder imaginäre Risiko, aus der Komfortzone zu steigen, kann und sollte in ein positives Risiko umgewandelt werden - ein Scheitern ist nicht zu befürchten. Der Satz „Was ist das Schlimmste, das passieren kann?" ist hier wirklich wichtig und sollte nicht ignoriert werden. Wenn du dir diese Frage stellen und beantworten kannst, wirst du feststellen, dass nichts so schlimm ist, wie es zunächst scheint. Den Schritt aus der Komfortzone regelmäßig zu gehen, wird den größten Unterschied für dein Leben bedeuten.

Das Wichtigste in Kürze

- ✓ Ein problemorientierter Denker fragt sich warum ein Problem aufgetreten ist, ein lösungsorientierter Denker, denkt über mögliche Lösungen für ein Problem nach.

- ✓ Du fühlst dich machtlos, wenn du dich auf das Problem konzentrierst und gestärkt, wenn dein Fokus auf der Lösung liegt.

- ✓ Die Gedankenflut kann innere Blockaden stärken und dich davon abhalten, nach vorne zu gehen und deine Ziele zu erreichen. Sie entzieht dir Energie und hindert dich so daran, im gegenwärtigen Moment zu leben, so erschwert sie es dir, dich zu konzentrieren, tägliche Aufgaben zu erledigen und beeinträchtigt deinen Schlaf.

- ✓ Schlussendlich sind es nicht die Gedanken, die gefährlich sind, sondern die Tatsache, wie du darauf reagierst. Den Fokus auf dem Wichtigen zu behalten ist schwer, wenn man ungelöste Probleme in sich trägt.

- ✓ Die Komfortzone dient dem Gehirn dazu, energiesparender zu arbeiten und uns zu schützen. Allerdings haben wir unsere Komfortzone selbst definiert - sie ist nicht real, sondern eine imaginäre Kiste, in die wir uns hineingesteckt haben. Wir bleiben darin, wachsen aber nicht.

- ✓ Wenn du von Zeit zu Zeit aus deiner Komfortzone herauskommst, wird sich die Toleranz deines Gehirns gegenüber Veränderungen zum Besseren hin verändern. Dabei erkennt man am leichtesten, dass es Zeit für eine Veränderung ist, wenn man nach Ausreden sucht.

- ✓ Wandle jedes reale oder imaginäre Risiko, aus der Komfortzone zu steigen, in ein positives Risiko um. Frage dich: „Was ist das Schlimmste, das passieren kann?"

Kapitel 7: Bewältigungsstrategien

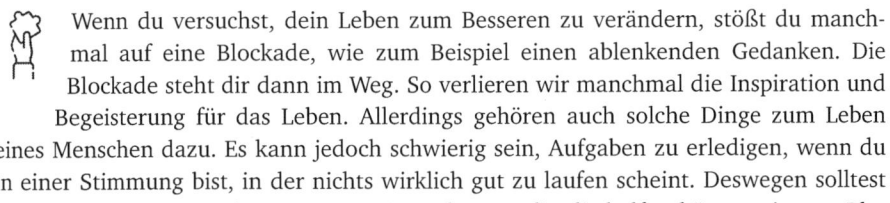

Wenn du versuchst, dein Leben zum Besseren zu verändern, stößt du manchmal auf eine Blockade, wie zum Beispiel einen ablenkenden Gedanken. Die Blockade steht dir dann im Weg. So verlieren wir manchmal die Inspiration und Begeisterung für das Leben. Allerdings gehören auch solche Dinge zum Leben eines Menschen dazu. Es kann jedoch schwierig sein, Aufgaben zu erledigen, wenn du in einer Stimmung bist, in der nichts wirklich gut zu laufen scheint. Deswegen solltest du auf jeden Fall Bewältigungsstrategien erlernen, die dir helfen können, innere Blockade zu lösen.

Was du nicht tun solltest

Innere Blockaden, die ein Ergebnis von anderen Zuständen, wie Angst, Traurigkeit und Wut sind, sind ein grundlegender Bestandteil des Lebens und manchmal haben wir Schwierigkeiten, effektiv mit ihnen umzugehen. Es kann verlockend sein, auf das zu reagieren, was du gerade fühlst, aber das behebt oft nicht die Situation, die die Emotionen verursacht hat. Tatsächlich kann es zu weiteren Problemen und Blockaden führen, die später noch schwieriger zu bewältigen sind. Hier sind einige der schädlichen Arten, wie Menschen mit inneren Blockaden umgehen:

- Leugnung

Leugnung ist, wenn sich eine Person weigert zu akzeptieren, dass etwas nicht stimmt oder dass Hilfe benötigt wird. Wenn Menschen leugnen, dass sie problematische Gefühle oder innere Blockaden haben, können diese Gefühle bis zu einem Punkt kommen, an dem eine Person „explodiert" oder sich auf schädliche Weise verhält.

- Rückzug

Rückzug ist, wenn eine Person nicht in der Nähe sein oder an Aktivitäten mit anderen Personen teilnehmen möchte. Das ist etwas anderes, als von Zeit zu Zeit allein sein zu wollen und kann ein Warnsignal für Depressionen sein. Manche Menschen können sich zurückziehen, weil es zu viel Energie braucht, um in der Nähe anderer Menschen zu sein oder sie fühlen sich damit überfordert. Andere wiederum ziehen sich möglicherweise zurück, weil sie nicht glauben, dass sie von anderen gemocht werden und ihr Umgang erwünscht wird. Allerdings bringt der Rückzug seine eigenen Probleme mit sich. So führt er zu extremer Einsamkeit, Missverständnissen, Wut und einem verzerrten Denken. In der Regel müssen wir mit anderen Menschen interagieren, um eine Balance halten zu können.

- Mobbing

Mobbing ist, wenn eine Person Gewalt oder Drohungen einsetzt, um seine Macht über andere zu demonstrieren. Menschen nehmen in der Regel an Mobbing-Verhalten teil, weil sie sich nicht gut fühlen und sich besser oder weniger allein fühlen, wenn sie jemand anderen dazu bringen, sich schlecht zu fühlen. Es ist sowohl für den Mobber als auch für die gemobbte Person schädlich und geht nicht auf die zugrunde liegenden Probleme ein.

> Selbstverletzung

Selbstverletzung kann viele Formen, wie zum Beispiel Schneiden, Verhungern, Stechen oder die Teilnahme an gefährlichem Verhalten annehmen. Viele Menschen verletzen sich selbst, weil sie das Gefühl haben, sie hätten dadurch die Kontrolle über ihre emotionalen Schmerzen. Selbstverletzung kann vorübergehende Linderung bringen, aber gleichzeitig können diese Verhaltensweisen süchtig machen und dazu führen, dass Menschen außer Kontrolle geraten und mehr Schmerzen haben als je zuvor.

> Substanzgebrauch

Substanzgebrauch ist der Konsum von Alkohol und anderen Drogen, damit sich eine Person in schmerzhaften Situationen besser oder taub fühlt. Alkohol- und Drogenkonsum kann das Gehirn schädigen, sodass es größere Mengen an Substanzen benötigt, um den gleichen Effekt zu erzielen. Dies kann negative Gefühle noch verschlimmern und in einigen Fällen zu Selbstmordgedanken oder Sucht führen.

Was du unbedingt tun solltest

Hier findest du einige schnelle Tipps, die dabei helfen können, dass du dich im Moment besser fühlst. Natürlich werden wir tiefer in die Strategien eingehen, aber zuerst möchte ich dir einige hilfreiche und schnelle Methoden vorstellen, die du sofort ausprobieren kannst.

Schritt 1: Pause

Dieser Schritt ist wichtig, weil du nicht sofort auf Gefühle einwirkst, sondern dich selbst stoppst und die Dinge durchdenkst. Zähle bis 100 oder sprich das Alphabet rückwärts. Personen mit inneren Blockaden sind sich normalerweise nicht bewusst, dass sie eine haben. Deswegen ist es wichtig, eine Pause zu machen und das Ganze einem Test zu unterziehen.

Schritt 2: Bestätige, was du fühlst

Bist du zum Beispiel sauer auf jemanden oder bist du traurig, weil deine Gefühle durch das, was jemand getan hat, verletzt wurden? Was auch immer du fühlst; es ist in Ordnung, sich so zu fühlen. Du solltest dir lediglich über das konkrete Gefühl im Klaren sein.

Schritt 3: Denk nach

Nachdem du dir einige Zeit genommen hast, um herauszufinden, was genau du fühlst, überlege, wie du dich besser fühlen kannst. Sei dabei nicht länger problemorientiert, sondern lege deinen Fokus auf die Lösung deines Problems.

Schritt 4: Hilfe

Ergreife eine Maßnahme, um dir selbst zu helfen, basierend auf dem, was du im Schritt „Denk nach" herausgefunden hast. Wähle dabei die Lösung aus, mit der du dich am wohlsten fühlst.

Wenn du Probleme hast, Möglichkeiten zur Selbsthilfe zu finden, kann dir diese Liste Anreize geben:

- ✓ Lies die Geschichte von jemandem, den du bewunderst.
- ✓ Schau dir ein lustiges YouTube-Video an.
- ✓ Spiele mit einem Tier.
- ✓ Sehe dir einen Film an, den du geliebt hast, als du jünger warst.
- ✓ Räume dein Zimmer um.
- ✓ Mach eine Liste der Orte, an die du reisen möchtest.
- ✓ Adressiere deine Grundbedürfnisse.
- ✓ Iss einen gesunden Snack.
- ✓ Trink ein Glas Wasser.
- ✓ Dusche oder bade.
- ✓ Mach ein Nickerchen.
- ✓ Zeichne, wie du dich fühlst.
- ✓ Mach eine Dankbarkeitsliste.
- ✓ Schlage ein Kissen.
- ✓ Schrei in ein Kissen.
- ✓ Weine.

Nachdem du die Schritte einzeln durchgegangen bist, kann es sein, dass du deine Gefühle rauslassen möchtest. Denn das einfach Durchdenken deiner Gefühle kann auch wieder zu einer Blockade führen. Dementsprechend empfehle ich dir im besten Fall mit jemandem darüber zu sprechen. Wenn du das jedoch nicht möchtest oder niemanden hast, dem du dich anvertrauen kannst, bringe deine Gedanken und Gefühle zu Papier. Wenn sich deine Gefühle auf eine bestimmte Person beziehen, kannst du ihm oder ihr auch einen Brief schreiben, den du allerdings nicht abschicken musst. Du kannst ihn einfach behalten und zerreißen, sobald du dir alle Dinge von der Seele schreiben konntest. Unabhängig davon, ob du dich für den Austausch oder das Aufschreiben entscheidest, solltest du besser bei Stift und Papier bleiben, da alles, was du im Internet postest nur schwer wieder zu entfernen ist.

Probleme lösen

Probleme können hartnäckig sein und manchmal ist es alles andere als leicht, lösungsorientiert zu bleiben, wenn die Probleme sehr präsent sind. Damit es dir in Zukunft leichter fallen wird, deine Probleme schnellstmöglich aus der Welt zu schaffen, findest du im Folgenden einige Tipps:

✓ Mache eine Liste mit Lösungen für Probleme. Dabei kann es hilfreich sein, mit einem Freund oder Familienmitglied ein Brainstorming durchzuführen.

✓ Fertige eine Liste deiner Stärken an. Es gibt viele Dinge an dir, die fantastisch sind, egal wie schlecht du dich im Moment fühlst.

✓ Wenn dich jemand verärgert hat, sprich ihn direkt darauf an. Fülle am besten die Lücken zu diesem Satz aus.

„Ich fühle mich _____, wenn _____, weil _____. Könntest du bitte das nächste Mal _____."

Beispiel: „Ich fühle mich ausgeschlossen, wenn am Mittagstisch kein Platz ist, weil ich dann keine Freunde zum Reden habe. Kannst du mir bitte das nächste Mal einen Platz sichern?"

✓ Suche dir eine Wohltätigkeitsarbeit, beziehungsweise mache etwas Selbstloses. Du kannst zum Beispiel etwas Nettes für jemanden tun, den du kennst oder auch einem Fremden helfen.

✓ Schaffe dir Platz für Freizeit. Es kann helfen, wenn du dir bewusst Zeit für dich nimmst und nicht ständig beschäftigt bist. Denn gerade, wenn man nicht aktiv über das Problem nachdenkt, kann die Lösung zu einem kommen.

- ✓ Suche dir ein Hobby, mithilfe dessen du deinen Stress abbauen kannst. Auch so bekommst du einen klareren Kopf und kannst besser durchatmen.

- ✓ Lerne etwas Neues. Dabei bist du beschäftigt und kannst ganz neue Dinge für dich entdecken.

- ✓ Bastel etwas. Überlege dir ein DIY-Projekt, male oder zeichne. Wenn es dir alleine keinen Spaß macht, lade dir einen Freund ein.

- ✓ Beginne mit dem Schreiben. Entweder schreibst du eine Geschichte oder nur ein Gedicht. Wenn du auf beides keine Lust hast, kann auch schon ein Tagebucheintrag helfen.

- ✓ Werde aktiv. Egal, ob du dich für Tanzen, Laufen oder Kraftsport entscheidest, jede Form der Bewegung wird dir helfen Stress abzubauen und Klarheit zu bekommen.

- ✓ Nutze deinen grünen Daumen. Besorge dir eine Pflanze oder kümmere dich um deinen Garten. Wenn du keinen Garten hast, gucke, welche Möglichkeiten du hast, um dein Leben grüner zu gestalten.

- ✓ Beginne mit Entspannungsübungen. Übe zunächst die Bauchatmung, indem du eine Hand auf deinen Bauch legst und damit beginnst langsam zu atmen. Stelle dir beim Einatmen einen Ballon in deinem Magen vor, der sich füllt und atme weiter ein, bis der Ballon sehr voll ist. Lege die andere Hand auf dein Herz, fühle deinen Herzschlag und halte den Atem 5 Sekunden lang an. Lass den Atem nun langsam für 10 Sekunden entweichen – fühle dabei, wie dein Bauch wie ein Ballon abflacht. Wiederhole diesen Vorgang 4 oder 5 Mal - du solltest bemerken, dass dein Herzschlag langsamer wird und sich deine Muskeln entspannen.

- ✓ Gehe spazieren. Genieße dabei die Natur und versuche so viel wie möglich in dich aufzusaugen. Spüre außerdem den Boden unter deinen Füßen und die Luft auf deiner Haut nach. Konzentriere dich die ganze Zeit auf die Wahrnehmung deiner Sinne.

- ✓ Lies ein gutes Buch. Wenn die eigenen Probleme einen zu erschlagen scheinen, kann es nicht schaden, sich in eine andere Welt zu flüchten, solange es kein Dauerzustand wird.

- ✓ Höre Musik, einen Podcast oder ein Hörbuch. Dabei kannst du entspannen und je nachdem deine Laune steigern, etwas Neues lernen oder in eine andere Welt eintauchen.

- ✓ Mache kurzfristig Social Detox. Schalte sowohl dein Handy als auch dein Tablet und Computer für einen bestimmten Zeitraum aus.

Wenn nichts zu funktionieren scheint ...

Wenn du einige meiner Tipps ausprobiert hast, aber immer noch traurig, besorgt oder ängstlich bist, zeigst du möglicherweise frühe Warnsignale für Angstzustände oder Depressionen auf. Eventuell brauchst du aber auch einfach den Kontakt zu anderen Menschen. Dementsprechend kannst du anschließend einem Freund eine Nachricht senden, jemanden bitten, zu dir zu kommen oder mit einem Familienmitglied oder Freund telefonieren. Hilft auch davon nichts wirklich weiter und deine Vermutungen einer möglichen Depression verhärten sich, suche professionelle Hilfe auf. Letztendlich brauchst du dich dabei auch nicht unwohl fühlen oder dich gar schämen. Denn am Ende des Tages ist es stark, sich Hilfe zu suchen und so kann dir frühzeitig geholfen werden. Es kann hilfreich sein, zunächst das Gespräch mit einem Arzt oder einem geliebten Menschen über die psychische Gesundheit zu suchen.

Akzeptieren anstatt dagegen anzukämpfen

Wir sind permanent auf der Suche nach Antworten, die außerhalb von uns liegen. Dieses ständige Suchen im Außen ist jedoch kein Vertrauensbeweis in den Ausdruck der Berufung unserer Seele. Wir unterstellen unserer Seele, dass sie nicht weiß, wo uns unser Leben hinführen soll - was unsere Bestimmung auf dieser Welt ist. Um unsere Antworten tatsächlich zu finden, müssen wir unsere Suche nach innen richten, so auch um innere Blockaden zu lösen. Wenn wir uns nach innen richten, müssen wir manchmal auch unbekanntes Terrain erkunden und keinen gut beleuchteten Weg gehen, sondern uns ein Werkzeug schnappen und unseren eigenen Weg freimachen. Wenn wir nach innen gehen, können wir unseren Schmerzen nicht länger ausweichen. Wir müssen uns damit auseinandersetzen. Aber Schmerz ist ein seltsames Paradoxon - je mehr wir dagegen ankämpfen, desto mehr stärken wir es. Alles, was du bekämpfst, hat Macht über dich. Alles, was du akzeptierst, verliert sein Gewicht. Wenn die Sehnsucht, das Streben und Drängen nach dem, was du so dringend willst, endlich ein Ende hat, bist du frei. Nur von diesem Ort der Freiheit und des entschuldigungslosen, beschissenen Selbstausdrucks aus kannst du ein bedeutungsvolles Leben führen. Wenn wir uns den Umständen ergeben, gegen die wir gekämpft haben, verlieren sie all ihre Macht über uns. Aber wir müssen aufpassen, dass wir Kapitulation nicht mit Resignation oder Apathie verwechseln. Wenn wir uns ergeben, kommen all unsere Handlungen von einem Ort des Friedens und der Fülle. Wenn wir verzweifelt gegen einen Umstand kämpfen, tun wir dies mit der hektischen Energie von Chaos und Knappheit.

Wenn die Dinge nicht nach deinen Wünschen verlaufen

Kapitulation bedeutet nicht, dass du niemals enttäuscht wirst und dass alles nach deinen Wünschen verläuft. Jemand wird dir das Herz brechen, wenn du es aufs Spiel setzt. Jeder wird sich irgendwann von dir trennen, bis du die Person triffst, die du heiratest. Du könntest von einem Job entlassen werden, aber es könnte das Beste sein, was dir jemals passiert ist. Ein Projekt wird deinen Erwartungen möglicherweise nicht gerecht, aber was du daraus lernst, kann eine tiefgreifende persönliche Wachstumserfahrung sein. Wenn du dich für ein Leben voller Farben, voller Kontakte und voller Selbstverwirklichung entscheidest, wirst du Rückschläge und Enttäuschungen erleiden. Die einzige Möglichkeit, Enttäuschungen zu vermeiden, besteht darin, überhaupt kein Risiko einzugehen. Das ist eine unglaublich eingeschränkte Art, sein Leben zu leben.

Ehre die Vergangenheit

Wenn wir an eine herausfordernde Erfahrung aus unserer Vergangenheit denken, sei es eine Beziehung, die nicht funktioniert hat oder einen Job, von dem wir entlassen wurden, konzentrieren wir uns meistens auf das Negative und übersehen das Positive. Wir tragen diese Energie mit uns in die Zukunft und die Zukunft wird zur Vergangenheit. Aber wenn wir die Vergangenheit ehren und daraus die wertvollsten Lehren ziehen, löst sich die Macht auf, die sie über uns hat. Eine hilfreiche Übung ist, etwas Großartiges über jede Person zu schreiben, die dich verletzt hat. Du musst dies jedoch nicht nur auf intime Beziehungen anwenden. Es kann auf fast alles angewendet werden. Wenn du das tust, siehst du, dass die Leute dir oft erstaunliche Geschenke gemacht haben, trotz der Schmerzen, die sie dir verursacht haben. Wenn du den Groll loslässt, den du gegenüber einer Person empfindest, die dich verletzt hat und ihr vergibst oder mit einer schwierigen Erfahrung aus der Vergangenheit Frieden schließt, verliert sie ihre Macht. Wenn du deine Rückschläge akzeptierst, werden sie zu einer Gelegenheit, aus Enden neue Anfänge zu machen. Hier sind einige Dinge, die helfen können, die Vergangenheit zu ehren und loszulassen:

- **Dankbarkeit:** Obwohl Dankbarkeit Probleme nicht magisch löst, ist es eine subtile energetische Veränderung, die auch deine Stimmung verändern kann. Wenn du Dankbarkeit übst, wirst du dir auch all der großen Dinge in deinem Leben bewusst, die du normalerweise für selbstverständlich gehalten hast.

- **Verbessere deine Umgebung:** Nichts hat tiefgreifendere Auswirkungen auf dein Verhalten und deine Emotionen als deine Umgebung. Während du nicht alles aus der Vergangenheit verbrennen musst, möchtest du, dass die Umgebung repräsentativ für das ist, was du werden möchtest. Dies allein kann einen drastischen Einfluss darauf haben, dass du dich besser fühlst.

- **Zur Therapie gehen:** Jeder sollte mindestens einmal einen Therapeuten aufsuchen. Ein Therapeut ist wie ein Trainer, aber für dein Gehirn anstelle deines Körpers. Er schärft dein Bewusstsein für Muster in deinem Leben und ist objektiv. Du kannst ihm alles erzählen, ohne dich schämen oder fürchten zu müssen, dass du beurteilt wirst.

- **Selbstpflege:** Tue dir selbst etwas Gutes, um ein Kapitel des Lebens zu schließen und ein neues zu beginnen. Ein Upgrade der Umgebung ist eine Form der Selbstpflege. Bewegung, Reisen und neue Hobbys können Formen der Selbstpflege sein.

- **Perspektive:** Wenn wir die Vergangenheit ehren, schaffen wir einen offenen Raum für die Zukunft. Wenn wir an der Vergangenheit festhalten, werden wir sie wahrscheinlich wiederholen.

Umarme die Unsicherheit

Es gibt drei mögliche Szenarien für jeden Lebensumstand:

- ✓ So, wie wir es uns vorgestellt haben
- ✓ So, wie es aktuell ist
- ✓ So, wie es sein könnte

Wenn es derzeit nicht so ist, wie wir es uns vorgestellt haben, sind wir von der Möglichkeit ausgeschlossen, wie es sein könnte. Wir versuchen effektiv, die Vergangenheit in die Gegenwart zu verwandeln. Zu ehren, was sein könnte, bedeutet, die Unsicherheit zu ehren. Und für die meisten von uns verursacht Unsicherheit Angst, Unruhe und die Prognose von den schlechtesten Szenarien. Aber wir übersehen bei der Unsicherheit die erstaunlichen Dinge, die auch passieren könnten.

Die Ordnung des Universums

Wenn du dich ständig fragst, warum etwas passiert ist und wenn du an einem dunklen Ort bist, dann haben wir einiges zu klären. Glaube mir wenn ich sage, dass die Dinge wirklich eine Ordnung haben. Jede einzelne Enttäuschung, jeder Misserfolg, jeder Herzschmerz, alles, was nicht geklappt hat, hat einen Grund.

Die Ereignisse des Universums scheinen eine Ordnung zu haben:

➡ Jeder Verlust wird zu einer Öffnung für einen Gewinn.

➡ Jeder Rückschlag wird zur Chance für ein Comeback.

Es ist schwierig, das Gute zu erkennen, das in dem Moment, in dem es geschieht, von etwas Schrecklichem ausgeht. Es ist oft etwas, das wir nur im Nachhinein erkennen. Verpflichte dich, das zu akzeptieren, was ist. Du musst es nicht mögen, um anzuerkennen, dass etwas so ist, wie es ist. Verbringe so viel Zeit in diesem Schritt, wie du brauchst, um zu spüren, wie dein Geist, deine Gefühle und dein Körper weich werden, um zu verstehen, was passiert. Nur dann kannst du deine Aufmerksamkeit wieder auf das lenken, was du tun kannst. Es ist eine Verschwendung von Zeit und Energie, gegen das zu kämpfen, was bereits geschehen ist. Und du wirst verblüfft sein, wie schnell Situationen und Lösungen aus heiterem Himmel auf dich zukommen, wenn du den Widerstand aufhebst.

Das Wichtigste in Kürze

- ✓ Es ist verlockend darauf zu reagieren, was man gerade fühlt, jedoch behebt das nicht die Ursache der Emotion, sodass es zu weiteren Problemen und Blockaden führt. Stattdessen sollte man sich ein funktionierendes Ventil suchen, um Gefühle loszuwerden.

- ✓ Permanent suchen wir nach Antworten, die außerhalb von uns liegen. Allerdings unterstellen wir damit unserer Seele, dass sie nicht weiß, was unsere Bestimmung auf dieser Welt ist.

- ✓ Um unsere Antworten zu finden, müssen wir unsere Suche nach innen richten, auch um innere Blockaden zu lösen, dabei können wir unseren Schmerzen nicht länger ausweichen und müssen uns damit auseinandersetzen.

- ✓ Alles, was du bekämpfst, hat Macht über dich. Alles, was du akzeptierst, verliert sein Gewicht.

- ✓ Um in deinem Leben Wachstum zu erfahren, wirst du Rückschläge und Enttäuschungen erleiden. Die einzige Möglichkeit, Enttäuschungen zu vermeiden, besteht darin, sich einzuschränken und überhaupt kein Risiko einzugehen.

- ✓ Jede negative Erfahrung, die wir mit in die Gegenwart nehmen, entfaltet ihre Energie in der Zukunft, sodass die Zukunft zur Vergangenheit wird. Wenn wir die Vergangenheit ehren und daraus die wertvollsten Lehren ziehen, löst sich die Macht auf, die sie über uns hat.

- ✓ Alle Ereignisse unterliegen der Ordnung des Universums, sodass jeder Verlust zu einer Öffnung für Gewinn und jeder Rückschlag zu einer Chance für ein Comeback wird. Verpflichte dich anzuerkennen, dass alles so ist, wie es ist, dafür musst du es nicht mögen.

Kapitel 8: Gedanken kontrollieren

Wenn man seine Gedanken unter Kontrolle bekommen und sich nicht mehr unkontrollierbar steuern lassen möchte, ist es ratsam sich mit dem Thema der Gedankenkontrolle zu verfassen. Dabei geht es nicht darum andere dadurch zu manipulieren, sondern die eigenen Gedanken in gewisser Art und Weise bewusst steuern zu können.

Negative Gedanken unterbrechen und umwandeln

Eine pessimistische, düstere Sichtweise kann dein Leben sehr belasten. Aber die gute Nachricht ist, dass jeder lernen kann, wie man gegen negatives Denken vorgeht. Dabei gibt es einfache, aber effektive Methoden, um die Denkweise zu ändern:

- Wenn du bemerkst, dass negative Gedanken oder Bilder in deinen Geist eindringen, versuche, dir selbst „Stopp!" zu sagen. Wenn du alleine bist, kannst du versuchen, es laut auszusprechen, aber es kann auch sehr effektiv sein, wenn es nur in deinem Kopf gesagt wird.

- Für Menschen, die nicht von Worten bewegt sind, können Bilder wirkungsvoller sein. Das klassische Beispiel ist ein leuchtend rotes Stoppschild, das du dir vor Augen halten kannst, wenn aufdringliche Gedanken auftauchen.

- Es gibt auch einige direktere Ansätze zum Unterbrechen des Denkens. Du kannst zum Beispiel die alte Taktik ausprobieren, das Gesicht mit Wasser zu bespritzen, oder einfach die Richtung des Denkens zu ändern. Einige Leute mögen es, von 100 auf 1 rückwärts zu zählen.

- Sobald du einen negativen Gedanken identifiziert hast, besteht das Ziel darin, ihn durch einen echten Gedanken zu ersetzen. Eine der besten Möglichkeiten, dies zu tun, besteht darin, sich zu fragen: „Was würde ich einem Freund sagen, wenn er dieses Problem hätte?"

- Wenn du denkst: „Ich werde nie genug Geld für das Auto sparen", kannst du dir selbst sagen: „Ich kann einen klaren Plan für das Sparen von mehr Geld aufstellen, damit ich mir das Auto leisten kann."

Das Ersetzen der übermäßig negativen Gedanken durch realistischere Aussagen kann dich zu positiven Maßnahmen anregen. Dies ist der Schlüssel zur Schaffung der Art von Leben, die du leben möchtest. Studien zeigen, dass das Ändern der Gedanken dein Gehirn im Laufe der Zeit physisch verändert. Das heißt, dass realistisches Denken mit der Zeit zur zweiten Natur wird. Das Gehirn wird beginnen, dich und deine Fähigkeiten in einem realistischeren Licht zu sehen.

Positive Affirmationen

Positive Affirmationen können auf verschiedene Arten verwendet werden. Erstens könnten sie auf die gleiche Weise wie Techniken zum Stoppen der Gedanken eingesetzt werden. Mit anderen Worten; du könntest eine Bestätigung sagen, sobald du einen negativen Gedanken verspürst. Wenn du z.B. versuchst, den richtigen Partner zu finden, kannst du sagen: „Ich bin eine wertvolle, liebenswerte Person und ich werde eine großartige Beziehung finden." Zweitens jedoch verändert das tägliche Bekräftigen dein Denken und macht es zu einem leistungsstarken Instrument, auch wenn du bereits gut gelaunt bist. Plane deine Affirmationen sorgfältig und versuche, im Spiegel einen Blickkontakt mit dir selbst herzustellen, wenn du diese rezitierst.

Grenzen durchsetzen

Wenn du lange Zeit mit negativem Denken gelebt hast, hältst du es möglicherweise für unrealistisch, den Ansatz zu ändern. In dieser Situation scheinen selbst Bestätigungen und Denkanstöße das negative Denken für einen späteren Zeitpunkt lediglich zu verzögern. Wenn dir das bekannt vorkommt, solltest du einige Wochen damit verbringen, Grenzen im negativen Denken durchzusetzen. Die Idee dabei ist, dass du eine feste, begrenzte Zeitspanne wählst, in der dein Verstand negative Gedanken unterhalten kann, und dass du dich verpflichtest, sie zu jeder anderen Zeit der Woche gewaltsam zu stoppen oder zu bekämpfen. Wenn du dir sicher bist, dass du die Zeit haben wirst, dich mit diesen Gedanken zu befassen, wirst du feststellen, dass sie weniger mächtig sind und weniger Potenzial haben, deinen Geist zu beherrschen.

Schreiben und Zerstören

Wenn deine negativen Gedanken mit einer bestimmten starken Emotion wie Angst, Wut oder Eifersucht verbunden sind, versuche es, sie alle schriftlich auszudrücken. Verwende einen Stift und Papier, und drücke die ganze aufgestaute Negativität aus. Du kannst dann einen Weg wählen, um dieses Papier zu zerstören, was die Verpflichtung zum Weitermachen symbolisiert. Zum Beispiel könntest du es zerreißen, zu einer Kugel zerdrücken, verbrennen oder darüber kritzeln. Diejenigen, die nicht so gerne Worte verwenden, können beispielsweise eine Darstellung der Negativität formen oder malen und diese dann zerstören. Der Sinn dieser Technik besteht darin, eine Art physische Repräsentation der Negativität zu erhalten, damit du sie auf befriedigende symbolische Weise verbannen kannst. Du kannst auch versuchen, mit dir selbst zu argumentieren, wenn du das Gefühl hast, dass du zu viel Negativität hast. Diese Technik beinhaltet das Finden eines Satzes, den du vor dir selbst rezitieren kannst, um zu erkennen, dass du Macht über deine körperlichen Reaktionen hast und um diese Macht mit der Zeit zu steigern. Übe diesen Ansatz, indem du einen tiefen, reinigenden Atemzug nimmst und etwas sagst wie „Nur weil ich schlechte Beziehungen hatte, heißt das nicht, dass ich das mit meinem Körper machen muss" oder „Nur weil ich Schwierigkeiten habe, einen guten Job zu finden, heißt das nicht, dass ich in Zukunft nie wieder einen finden werde." Sage nach dem von dir gewählten Satz: „Jetzt entspanne ich mich". Lass das Wort

„entspannen" dein Stichwort sein, um auszuatmen und Spannung und Negativität rauszulassen.

Die Situation aktualisieren

Bevor du es versuchst, musst du möglicherweise die Situation in deinem Kopf neu definieren oder neu bewerten. Wenn du beispielsweise aufgrund eines Flugausfalls stundenlang am Flughafen festsitzt, denk nicht daran, was du verpasst. Siehe es stattdessen als eine Gelegenheit, die Arbeit zu erledigen oder die Eltern oder einen alten Freund anzurufen. Wenn du die Situation erfolgreich überarbeitet hast, kann es einfacher sein, sich mit einer Visualisierungsübung abzulenken, ein Buch zu lesen oder einen kurzen Spaziergang zu machen.

Der Schlüssel bei der Umwandlung von negativen Gedanken in positive ist es, negative Gedanken als solche zu erkennen, sie zu stoppen und darüber nachzudenken, was du einem Freund als Rat sagen würdest. Diesen Rat solltest du dann dir selbst sagen und einsehen, dass der negative Gedanke nur ein Gedanke ist und keine Realität. Dann ist es Zeit, diesen negativen Gedanken durch einen positiven zu ersetzen, ein positives Ergebnis zu visualisieren und allgemein eine positive Einstellung zu haben.

Entfessele dich selbst

Um innere Ruhe zu finden, muss man die Gedankenmuster und Perspektive ändern. Die meisten deiner Gedanken sind Überzeugungen, die Macht über deinen Geist haben. Wenn du das erkennst, wirst du Kraft finden. Die Menschen sind sich nicht bewusst, wie viel Aufmerksamkeit unwichtigen Ereignissen in ihrem Leben geschenkt wird - das Bewusstsein ist in den meisten Fällen ausschlaggebend. Das Bewusstsein kann sowohl als wilder Hengst als auch als Schimpanse betrachtet werden, manchmal wild und unberechenbar. Der Geist erinnert sich an die Vergangenheit und sagt mit Leichtigkeit die Zukunft voraus, hat aber eine Verachtung dafür, im gegenwärtigen Moment zu sein. Es kann schwierig sein, im gegenwärtigen Moment zu bleiben, ohne dass die Gedanken irgendwo anders hingehen. Wir wissen nicht, was die Zukunft bringt, obwohl der Verstand auf der Grundlage historischer Informationen Schlussfolgerungen zieht.

Der Verstand ist ein Speicher für Daten

Wir denken selten bewusst, sondern greifen auf unser Informationslager zurück. Subjektive Realität ist der Begriff, der diesen Seinszustand beschreibt. Es hängt davon ab, wie man die Welt durch seine eigene Linse betrachtet. Diese Objektive sind Filter, in denen du deine gegenwärtigen und zukünftigen Erfahrungen erstellst.

Achte auf deine Gedanken

Die Seele färbt sich mit der Farbe deiner Gedanken. Sich seiner Gedanken bewusst zu sein bedeutet, sich nicht mit ihnen zu beschäftigen, um eine Bestätigung zu erlangen. Wenn du zum Beispiel den Gedanken hast, „Anna ist dumm, warum wiederholt sie dieses Verhalten?", durchsucht dein Verstand seine mentale Aufzeichnung, um den Gedanken zu untermauern. Wenn du dies früher erlebt hast, wird der Geist darauf zurückgreifen und es mit dem gegenwärtigen Moment in Verbindung bringen, um den Gedanken zu bestätigen. Um dies zu vermeiden, verwende einen neutralen Gedanken: „Ist das nicht interessant?". Dies ist von Natur aus beobachtend und erfordert nicht, dass der Verstand nach Antworten sucht. Die Prämisse dieses Vorschlags ist, dass du Fragen stellst, die den Geist stärken, anstatt ihn zu verneinen.

Beurteile deine Gedanken nicht

Einen Gedanken zu beurteilen, bedeutet zu assoziieren, ob etwas gut oder schlecht ist. Wenn du einen Gedanken beurteilst, kategorisierst du ihn nach deinen Vorlieben. Mit einem negativen Gedanken kreiert der Verstand eine unangenehme Assoziation. Lasse stattdessen zu, dass Gedanken wie ruhiges Wasser durch den Geist fließen und hänge nicht an ihnen. Sei ein stiller Zeuge. Finde eine ruhige Zeit und beobachte deine Gedanken zehn Minuten oder länger. Stelle sie dir als einen Fluss vor, der durch deinen Geist fließt. Rufe ein Bild von einem ruhigen Fluss auf, um eine stärkere mentale Assoziation zu bilden. Wenn du diese Szenerie erstellst, löst du jede Bedeutung des Gedankens. In Bezug auf die Flussanalogie bedeutet dies, dass das Wasser in verschiedene Richtungen fließt oder die Kraft ändert. Beobachte, was passiert, ohne dich auf den Gedanken einzulassen.

Ersetze alte Gedanken durch neue

Es ist wichtig, neue Gedanken zu kreieren und unerwünschte auszumerzen. Wenn du dazu neigst, deinen Job oder deine Karriere zu sabotieren, könntest du dich auf den folgenden Gedanken einlassen: „Ich werde nie einen Job finden, den ich mag. Alle guten sind vergeben." Wenn dieser Gedanke auftaucht, beobachte ihn und ersetze ihn durch einen ermutigenden Gedanken wie: „Der perfekte Job und die perfekte Karriere finden auf einfache und mühelose Weise ihren Weg in mein Leben." Suche nach Beweisen für den neuen Gedanken, um ihn zu unterstützen. Hebe den begrenzenden Gedanken auf und ersetze ihn durch einen neuen, damit dein Verstand einen neuen Bezug hat. Du trainierst den Geist, indem du ihm neue Impulse gibst und die alte Assoziation aufhebst. Mach mit dieser Übung weiter, da es Zeit braucht, um die Vorteile zu erkennen.

Hinterfrage deine Gedanken

Einen Gedanken zu haben bedeutet nicht, dass der Gedanke real ist. Hinterfrage das Motiv deiner Gedanken. Wenn du Wohlstand schaffen möchtest, stelle alle einschränkenden Gedanken in Bezug auf Armut infrage. Wenn du dich auf Gedanken wie „Ich bin arm und pleite" einlässt, brich den Gedanken ab und prüfe, ob er wahr ist. Du wirst sehen, dass er es selten ist. Es wurde oft wiederholt, dass sich dein Verstand daran gewöhnt hat, es zu glauben. Mit diesen Informationen kannst du den Weg aus der Gefahr navigieren und wirst nicht erneut Opfer deiner Gedanken. Je mehr du mit deinen Gedanken arbeitest, desto besser sind sie für dich. Das Ziel ist es, sich mit dem Geist anzufreunden und sich auf seine natürlichen Rhythmen einzustellen. Du wirst dir deines Denkprozesses bewusst und bist auf den friedlichen Zustand des inneren Selbst eingestellt. Um deine Gedanken zu beherrschen, sind Bewusstsein und Geduld erforderlich. Mit der Zeit wirst du Harmonie und einen unerschütterlichen Frieden finden, den kein äußerer Zustand verunsichern kann.

Die Relevanz des inneren Friedens

Innerer Frieden ist die Einstellung, in der man sich im Gleichgewicht befindet. Es ist der Punkt, an dem die eigenen Handlungen und Gedanken stabil sind und alles, was man tut, auf flüssige und ausgewogene Weise getan wird. Es ist der Punkt, an dem man in Harmonie mit sich selbst und daher in Harmonie mit dem gesamten Universum ist. Dies ist etwas, das wir alle anstreben sollten; denn sobald der innere Frieden erreicht ist, wird das Leben viel besser. Es ist nicht einfach, inneren Frieden zu finden. Es ist eines der schwierigsten Dinge im Leben und du solltest auf eine Herausforderung vorbereitet sein. Dies wird ein Prozess sein, sei also auf einen langsamen, aber stetigen Fortschritt vorbereitet. Innere Ruhe kann nur gefunden werden, wenn du entschlossen bist, dich zu verändern. Also sei offen und sei bereit für ein paar neue Erfahrungen.

Sag was du meinst

Hast du dir Ausreden ausgedacht, um nicht mit einer möglicherweise unangenehmen Situation fertig zu werden? Dein Freund bittet dich zum Beispiel, zu einem gesellschaftlichen Ereignis zu kommen. Du willst nicht wirklich gehen, aber hast wahrscheinlich eine Ausrede, wie „Ich schaffe es nicht" oder „Ich bin beschäftigt" vorbereitet, damit du etwas oder jemanden leise meiden kannst. Es ist nicht so, dass du etwas nicht tun kannst. Die Wahrheit ist, dass du dich entschieden hast, etwas nicht zu tun, aber der Akt des Erstellens einer Ausrede oder des Vermeidens löst in deinem Inneren Unzufriedenheit aus. Anstelle von Stille und Frieden hältst du jetzt an dieser kleinen „Lüge" fest und denkst darüber nach. Die absolute Wahrheit muss nicht hart oder verletzend sein. Du kannst die Wahrheit mitfühlend und authentisch rüberbringen. Manchmal sagen wir auch Dinge, die wir nicht als Verpflichtung oder Gewohnheit bezeichnen oder deren Einhaltung wir nicht beabsichtigen. Zum Beispiel sagen wir unseren Eltern oder einer wichtigen anderen Person „Ich liebe dich", wenn wir auflegen, nicht weil wir es so meinen, sondern aus Gewohnheit. Die Wörter kommen jetzt so automatisch, dass sie anfangen, ihre wahre Bedeutung zu verlieren. Wir denken, dass diese beiläufigen Kommentare harmlos sind, aber wir wissen tief im Inneren, dass sie nicht wahr sind. Sie werden zu kleinen Lügen, die wir verinnerlichen und im Laufe der Zeit entwickeln sie sich zu einem schlechten Gewissen, das uns von diesem Moment ablenkt. Gehe eine bewusste Verpflichtung ein, alles zu meinen, was du sagst, und keine leeren Versprechungen zu machen, die du nicht erfüllen kannst oder willst.

Hör auf, nach einem einfachen Ausweg zu suchen

Wir alle suchen nach einem einfachen Ausweg, wenn wir in Schwierigkeiten sind. Das ist die menschliche Natur - wenn du vermeiden kannst, etwas Komplexes zu tun, vermeidest du es. Dies bedeutet jedoch, keine Herausforderungen anzunehmen, was niemals zu Frieden führen kann. Wenn du alles aufgibst, was schwierig erscheint, kannst du nicht wirklich etwas erreichen. Gehe an deine Grenzen, um mehr zu erreichen. Diese Anstrengung wird dich sehr zufrieden stellen.

Konzentriere dich auf die guten Erinnerungen

Einer der größten Fehler, den wir machen, ist, uns auf die schlechten Erinnerungen zu konzentrieren, wenn wir uns schlecht fühlen. Wenn du einen Fehler erlebt hast, ist dies nicht der richtige Zeitpunkt, um an andere schwache Zeiten zu denken. Denk stattdessen daran, dass du stark bist, indem du dich auf die guten Erinnerungen konzentrierst.

Ablenkungen begrenzen

Technologie ist heutzutage eine der größten Ablenkungen. Und obwohl es in vielerlei Hinsicht nützlich sein kann, ist Technologie auch dein größter Feind. Ich sage nicht, dass du von Social Media isoliert werden oder das Internet ganz abschneiden solltest. Eine ablenkungsfreie Zeit kann jedoch für alle von Vorteil sein. Beginne, indem du die Ablenkungen Schritt für Schritt begrenzt. Verbringe mehrere Stunden ohne Ablenkung und verlängere diesen Zeitraum auf einige Tage. Sobald du lernst, dies zu kontrollieren, wirst du feststellen, dass du tatsächlich die Zeit hast, zu meditieren und dich auf den inneren Frieden zu konzentrieren.

Ergreife Maßnahmen

Höre auf, Dinge zu überdenken, und mach dir Mut, deine Komfortzone zu verlassen. Wir alle zögern und überdenken manchmal, aber du musst etwas unternehmen, um stärker zu werden. Triff eine kluge Entscheidung, kalkuliere die Handlungen und mach es!

Schätze deine Werte

Lass dich von deinen Werten leiten, nicht von denen anderer. Wenn du nicht deinen Überzeugungen folgst, sondern dich die ganze Zeit auf das konzentrierst, was andere denken, wirst du dich nur frustriert fühlen.

Halte deinen Kopf hoch

Es ist unmöglich, immer optimistisch zu bleiben oder zumindest denken die meisten von uns dies. Und doch gibt es Menschen, die immer ein Lächeln im Gesicht tragen, als ob ihr Leben immer perfekt wäre. Lerne von diesen Leuten. Das Wesentliche daran, glücklich zu sein, ist selbstbewusst und optimistisch zu sein. Wenn du es weiter versuchst, wird Optimismus zu deiner Gewohnheit. Sich auf sein Selbstvertrauen und seinen inneren Frieden zu stützen, ist eine Arbeit, die wir jeden Tag in unserem Leben tun müssen. Bleib engagiert, um dies zu erreichen und du wirst deine holprige Reise namens Leben genießen.

Das Wichtigste in Kürze

- ✓ Ersetze deine negativen Gedanken durch realistischere Aussagen. Dadurch wirst du deinen Fokus auf das Positive legen, sodass du die Art von Leben schaffst, die du leben möchtest. Mit der Zeit wird so das realistische Denken zu deiner zweiten Natur.

- ✓ Die Änderung eigener Gedankenmuster und Perspektiven, führt uns zu innerer Ruhe. Dafür musst du zunächst erkennen, dass die meisten Gedanken Überzeugungen sind, die Macht über deinen Geist haben. Aus dieser Erkenntnis kannst du Kraft gewinnen, da du bewusst wahrnimmst, wie viele unwichtige Ereignisse deine Aufmerksamkeit bekommen.

- ✓ Innerer Frieden ist die Einstellung, in der man sich im Gleichgewicht befindet - die eigenen Handlungen und Gedanken sind stabil und alles, was man tut, auf flüssige und ausgewogene Weise getan wird. Man ist in Harmonie mit sich selbst und dem gesamten Universum.

Kapitel 9: Mit aktivem Handeln zur Veränderung

Wenn du die Kontrolle über dein geistiges und generelles Wohlbefinden haben möchtest, musst du handeln. Man vergisst leicht, Zeit für das eigene Wohlbefinden zu schaffen. In einer Zeit, in der wir ständig unter Stress sind, ist es wichtig, dass du die erforderlichen Schritte unternimmst, um sicherzustellen, dass du der psychischen Gesundheit Vorrang einräumst - es ist wichtig, gesunde Gewohnheiten zu bilden.

Die Entwicklung guter Gewohnheiten

Die Entwicklung guter Gewohnheiten kann dein Wohlbefinden erheblich steigern, denn sobald du diese Gewohnheiten in Bewegung gesetzt hast, kannst du dein Leben ohne zusätzliche Anstrengung ändern. Gute Gewohnheiten wirken sich auf deinen Serotonin- und Dopaminspiegel aus, was dein Wohlbefinden steigert, wie im Folgenden näher erläutert wird. Gewohnheiten entstehen durch Wiederholung. Einige Gewohnheiten erfordern weniger Wiederholungen als andere, da bei einigen Aktionen mehr Dopamin freigesetzt wird als bei anderen. Wenn du zum ersten Mal versuchst, eine neue Gewohnheit zu entwickeln, sind Anstrengungen erforderlich, die besonders schwierig sind, wenn du dich ein wenig niedergeschlagen fühlst. Aber es lohnt sich, die Sache durchzuziehen, denn je mehr du tust, desto mehr Dopamin wird freigesetzt und desto einfacher wird die Aktion. Es gibt viele natürliche, gesunde Gewohnheiten, die du täglich üben kannst, damit du dich besser fühlst und damit du deine inneren Blockaden löst. Um dir dabei zu helfen, eine solide Grundlage für dein geistiges Wohlbefinden zu schaffen, habe ich einige Selbstpflegegewohnheiten zusammengestellt, die du täglich praktizieren kannst.

Meditation und positive Bestätigungen

Im Laufe des letzten Jahrzehnts ist die Praxis der Meditation immer beliebter geworden. Früher galt Meditation nur etwas für Hippies zu sein, heute gilt sie zu Recht als einfache und praktische Möglichkeit, um unsere geistige Gesundheit in den Griff zu bekommen. Meditation ermutigt, sich von aufdringlichen Gedanken zu entfernen, die im Kopf herumspuken können. Indem du dich mit deinem Atem verbindest, zentrierst du deinen Körper und Geist und wirst von Stress und Angst befreit. Du musst nicht eine Stunde lang bei Kerzenlicht sitzen, um Meditation zu üben. Wenn du nur fünf Minuten am Tag an einem ruhigen Ort verbringst, hat sich das psychische Wohlbefinden bereits verbessert. Um mit der Meditation übereinzustimmen, gewöhne dich daran, positive Affirmationen zu verbalisieren. Etwas so Einfaches wie „Ich liebe und respektiere mich selbst" stärkt dein Selbstwertgefühl und hilft dir, dein Selbstvertrauen zu stärken.

Es ist auch wichtig zu erwähnen, dass die Achtsamkeitsmeditation besonders hilfreich bei inneren Blockaden ist. Achtsamkeit bringt Bewusstsein in unsere Gedanken. Es ist lediglich die Fähigkeit, unser Denken leidenschaftslos und neutral zu beobachten. Untersuchungen haben gezeigt, dass Achtsamkeitsmeditation zahlreiche Vorteile hat. Es hat sich gezeigt, dass Achtsamkeit die Selbsterkenntnis, die Moral, die Intuition und die Angstmodulation sowie andere gesundheitliche und gehirnfunktionelle Aspekte verbessert. Das Licht des Bewusstseins auf unseren mentalen Prozess zu richten, unterscheidet sich davon, in Gedanken und Geschichten gefangen zu sein, die wir erschaffen und auf die wir reagieren, als ob sie wahr wären. Es befreit uns von Selbsteinschätzung und Kontrollbedürfnissen. Achtsamkeit bringt uns auch in den gegenwärtigen Moment. Es erhöht unsere Fähigkeit, unsere Gedanken und Handlungen infrage zu stellen, herauszufordern, zu ersetzen oder zu stoppen. Auf diese Weise sind wir besser in der Lage, konstruktive Änderungen vorzunehmen und Fehler in der Vergangenheit nicht zu wiederholen. Achtsamkeit verändert auch, wie wir die Realität wahrnehmen, damit Ereignisse uns und unser Selbstverständnis nicht automatisch beeinflussen. Wir entwickeln die Fähigkeit, die Realität nicht evaluativ und weniger reaktiv zu erleben. Da unser Selbstwert weniger von der äußeren Realität abhängig ist, können wir uns auf unser Inneres konzentrieren, anstatt uns bei der Validierung auf andere zu verlassen. Es gibt Hinweise darauf, dass ein hohes Maß an Achtsamkeit mit einem höheren Maß an Selbstachtung und einem sichereren Selbstwert korreliert.

Während man die Achtsamkeitsmeditation macht, muss man sich auch selbst ermutigen. Wie du mit dir selbst sprichst, kann laut Untersuchungen einen enormen Einfluss auf das Selbstwertgefühl haben. Selbstgespräche können deine Denkweise, deine Stimmung, deine Beziehungen sowie deine Arbeitszufriedenheit und Leistung verbessern oder ruinieren. Selbstkritik ist das größte Hindernis für ein gutes Selbstwertgefühl. Achtsamkeit hilft, aber auch das Aufschreiben des negativen Selbstgesprächs. Ersetze das Negative durch positive, selbstbejahende Aussagen. Im Folgenden findest du einige Selbstbestätigungen zum Stressabbau:

Zur Verbesserung der Ruhe und Selbstkontrolle

- Ich bin ruhig und zuversichtlich.
- Ich habe die volle Kontrolle über meinen Körper, Geist und meine Emotionen.
- Mein Körper funktioniert in Gesundheit und Harmonie.
- Alles ist so wie es sein sollte. Manchmal sehe ich nicht das ganze Bild. Trotzdem weiß ich, dass alles gut wird.
- Ich fühle mich entspannt, konzentriert und habe die volle Kontrolle über meinen Körper, mein Gehirn und meinen Geist.
- Ich lasse alle Negativität und Spannung los. Ich fühle mich ruhig und selbstsicher.

- Ich erlaube mir, voll präsent zu sein, mich entspannt zu fühlen und den Moment wirklich zu genießen.
- Ich fühle, wie Entspannung von meinem Kopf bis zu den Zehen fließt.
- Jede Zelle in meinem Körper entspannt sich und funktioniert in perfekter Harmonie.
- Ich lasse jetzt Spannungen von jedem Teil meines Geistes und Körpers los.
- Ich fühle, wie Trost und Entspannung durch mich fließen und mich mit jedem Atemzug ausdehnen.
- Frieden und Harmonie fließen durch meinen Körper. Es fühlt sich so gut an, am Leben und gesund zu sein.
- Mit jedem Atemzug entspanne ich mich noch mehr.
- Es ist ein wunderbares Gefühl, so tief entspannt und ruhig zu sein.

Mit dem Atem Stress loslassen

Diese Bestätigungen für Stress funktionieren am besten, wenn der Atem und die Vorstellungskraft eingesetzt werden, um sich selbst ruhig und unter Kontrolle zu sehen.

- Ich atme Anspannung und Stress aus. Ich atme Entspannung und positive Energie ein.
- Mit jedem Atemzug werde ich entspannter und konzentrierter.
- Wenn ich ausatme, lasse ich Negativität und Angst frei. Ich atme Selbstachtung und Selbstvertrauen ein.
- Mit jedem Atemzug lasse ich Verspannungen los und fühle mich wohler und entspannter.
- Ich atme das Urteil über mich und andere aus. Ich atme Selbstakzeptanz und Liebe ein.
- Ich lasse das Verlangen nach Kontrolle los und atme Liebe und Akzeptanz ein.
- Mit jedem Atemzug fühle ich mich wohler.
- Mit jedem Atemzug verschwindet Stress aus meinem Körper wie Nebel im Sonnenlicht.

Wie bei allen Affirmationen und positiven Selbstgesprächen empfehle ich dir, ein tägliches Ritual der Tiefenentspannung durchzuführen.

Aufschreiben

Im Gegensatz zum Führen eines täglichen Tagebuchs über deine Aktivitäten hast du beim Aufschreiben die Möglichkeit, deine Gedanken und Gefühle in den Mittelpunkt zu rücken. Ständiges Wiederkäuen kann so anstrengend sein, dass wir ängstlich und depressiv werden. Indem du die Gedanken und Gefühle auf Papier bringst, nimmst du sie aus deinem Kopf und gibst ihnen eine Bestätigung. Aufschreiben hilft, uns Klarheit über Ereignisse im Leben zu verschaffen. Es ist eine Möglichkeit, Dinge aufzuschlüsseln, zu verstehen und Akzeptanz zu erlangen. Unabhängig davon, ob du eine Trennung durchläufst, eine ständig wachsende Arbeitsbelastung hast oder dich mit vergangenen Traumata befasst, kannst du mit dem Aufschreiben die psychologischen Auswirkungen, die es auf dich hat, selbst bestimmen.

Es kann auch hilfreich sein, eine Dankbarkeitsliste zu machen. Das Kultivieren der „Haltung der Dankbarkeit" hat zahlreiche gesundheitliche und psychologische Vorteile. So zeigen Studien, dass es die Schlafqualität, Vitalität und Energie, die physische und psychische Gesundheit, das Einfühlungsvermögen, das Selbstwertgefühl, die Produktivität, die Entscheidungsfähigkeit und die Belastbarkeit erhöht. Es kann schwierig sein, dankbar zu sein, wenn du dich nicht so fühlst, insbesondere wenn du an Depressionen, Angstzuständen, Traumata oder körperlichen Schmerzen leidest. Ein einfacher Einstieg besteht darin, ein tägliches Tagebuch zu führen und drei bis zehn Dinge zu schreiben, für die du dankbar bist. Dabei beginnt dein Verstand jeden Tag nach Dingen zu suchen, die man zu der Liste hinzufügen kann. Auf diese Weise beginnt sich die Lebenseinstellung zu ändern. Wenn du dies mit einem Freund oder Partner tust und die Liste vorliest, hat das noch mehr Vorteile für dich.

Visualisierung

Die kreative Visualisierung ist kurz gesagt der Prozess der Verwendung von mentalen Bildern und anderen inneren Sinnen, um das zu schaffen, was du in deinem Leben willst. Wenn es darum geht zu lernen, wie man mit Stress umgeht, ist das Ziel der Übung einfach, sich friedlicher, entspannter und kontrollierter zu fühlen. Wenn du zu diesem Zweck bewusst deine Gedankenkraft einsetzt, wirst du überrascht sein, wie einfach es ist, dein Ziel zu erreichen. Visualisierung nutzt dein Gedächtnis und deine Vorstellungskraft, um die persönliche Energie und den Fokus zu verlagern und dir zu helfen, mehr von dem zu bekommen, was du willst. Denk an eine glückliche, friedliche Zeit in deinem Leben. Erlaube deinem Gedächtnis, dich zurück zu dieser Zeit und zu diesem Ort zu bringen und genieße es einfach. Beachte, wie viel besser du dich fühlst. Dies ist wahrscheinlich die einfachste Technik, um zu lernen, wie man Stress beherrscht, weil es dir hilft, den Geist zu entspannen. Die meisten Techniken zur Stresskontrolle konzentrieren sich auf die körperliche Entspannung, aber wenn dein Geist nicht ruhig und friedlich ist, ist der Effekt gering. Egal welche Entspannungstechnik du verwendest, stelle sicher, dass du Visualisierung einsetzt, um den Geist zu entspannen.

- Nimm eine bequeme Position ein.

- Schließe die Augen, atme ein paar Mal tief durch und erinnere dich an eine Zeit, in der du dich in einer entspannten, ruhigen Umgebung befandest. Erkenne anschließend die Schönheit des Augenblicks.

- Bring die Szene mit geschlossenen Augen so lebendig wie möglich zurück. Stelle dir die Geräusche und die Empfindungen vor - vielleicht eine sanfte Brise oder die warme Berührung der Sonne. Stelle dir alle Sinne vor, die in den friedlichen Luxus des Augenblicks eintauchen und in Ruhe und Harmonie baden.

Wenn du spürst, dass der Geist und der Körper in Entspannung versinken, versuche, dieses Gefühl zu erweitern und es doppelt so tief und doppelt so angenehm zu machen. Wenn du dich entspannt fühlst, denke an den Rest deines Tages, der sich in Frieden und Harmonie entfaltet. Öffne deine Augen langsam und merke, wie wunderbar du dich fühlst. Nur fünf Minuten am Tag mit dieser Übung können wie ein Wunder wirken und den Stress reduzieren.

Gestalte und lebe deinen perfekten Tag

Setz dich für fünf bis zehn Minuten hin und überlege, wie dein perfekter Tag aussehen würde. Betrachte die einfachen Dinge, wie das Kochen des Lieblingsessens, ein Gespräch mit einem geliebten Menschen oder ein Bad in deinem örtlichen Pool. Entwerfe einen Tag, der sowohl erreichbar als auch voller Aktivitäten ist, die sich positiv auf dein Denken und Fühlen auswirken. Das Leben ist extrem herausfordernd und wir können Wochen, Monate, sogar Jahre durchmachen, ohne dass ein Tag der Negativität entfernt wird. Das liegt nicht immer daran, dass wir nicht dazu in der Lage sind, sondern daran, dass wir uns nicht bewusst die Zeit nehmen, einen Tag nur mit den Dingen zu verbringen, die wir lieben. Schaffe Platz für dich und nur für dich. Halte dir dabei stets vor Augen, wie wichtig du bist.

Fordere dich heraus

Es ist gut, sich daran zu erinnern, dass Stress nicht immer eine schlechte Sache ist. Wenn du dich in eine herausfordernde Situation begibst, ist Stress da, um dich vor möglichen Schäden zu schützen. Dies bedeutet jedoch nicht immer, dass wir nicht die Stressbarriere überwinden und die Aktivität durchstehen sollten. Je mehr du dich in herausfordernden Szenarien befindest, desto widerstandsfähiger wirst du im Umgang mit deinem Stresslevel. Wenn du in der Öffentlichkeit sprichst, dich mit einem Fremden unterhältst oder eine Aufgabe erledigst, die du gerade verschoben hast, kannst du dein Selbstwertgefühl stärken. Mach es dir bequem, wenn du dich unwohl fühlst - dein seelisches Wohlbefinden wird davon profitieren.

Gesunde Ernährung und Bewegung

Gut essen und trainieren sollte nicht in Phasen erfolgen - es sollte ein fester Bestandteil des Lebensstils sein. Wenn du nur 30 Minuten am Tag trainierst, verbesserst du dein Selbstgefühl. Sport hilft unserem Gehirn dabei, Dopamin - die Wohlfühlchemikalie - freizusetzen. Wenn du dies mit einer gesunden, ausgewogenen Ernährung kombinierst, wirst du dich wahrscheinlich den ganzen Tag über ausgezeichnet fühlen.

Das Wichtigste in Kürze

- ✓ Die Entwicklung guter Gewohnheiten steigert dein Wohlbefinden erheblich, da du so dein Leben ohne zusätzliche Anstrengung ändern kannst.

- ✓ Das Etablieren neuer Gewohnheiten wird dabei zunächst anstrengend sein, allerdings wird es sich am Ende lohnen und dir dabei helfen, deine Blockaden zu lösen.

- ✓ Die besten Gewohnheiten sind dabei: Meditation und positive Bestätigung, das Aufschreiben der Empfindungen und Gedanken, Visualisierung, die Gestaltung eines perfekten Tages, sich täglich Herausforderungen stellen und eine gesunde Ernährung und ausreichend Bewegung.

Kapitel 10: Langfristige Erfolge feiern

Wenn man sich mit der Lösung eines Problems befasst, stößt man auf verschiedenste Ideen und Lösungsvorschläge. Einige beginnt man auch zeitnah umzusetzen, andere kommen irgendwann zum Zug und wieder andere werden niemals Anwendung im eigenen Leben finden. Allerdings kommt es nicht selten vor, dass die Anregungen schnell wieder vergessen sind. Deswegen findest du in diesem Kapitel Tipps und Tricks, die dir dabei helfen am Ball zu bleiben.

Loslassen & Vergeben

Wir alle wissen, wie es sich anfühlt, wenn uns jemand Unrecht tut. Wir alle haben den Schmerz des Verrats und den Schmerz der Misshandlung gespürt. Vielleicht hat dein Ehepartner dich betrogen, deine Eltern dich vernachlässigt oder dein Freund dich angelogen. Vielleicht hat dich jemand verleugnet oder deine Kollegen haben sich über dich lustig gemacht. Und die Liste geht weiter.

Unsere Reaktionen auf Unrecht sind unterschiedlich. Einige verlassen sich auf ihre Entschlossenheit, einige sind neutral - vielleicht taub, anderen fällt es schwer zu vergeben und zu vergessen oder zumindest weiterzumachen. Die Emotionen, die durch Misshandlungen entstehen, können in der Psyche verwurzelt sein. Der Grund für die dauerhaften Auswirkungen von Misshandlungen ist folgender: Unser Gehirn ist so verdrahtet, dass es ein Gedächtnis im Verhältnis zur emotionalen Erregung der Situation schafft. Deshalb kann es so schwierig sein, den Zorn loszulassen. Wenn du negative Emotionen wie Wut, Schmerz oder Trauer empfindest, ist es für deine psychische Gesundheit von entscheidender Bedeutung, diese zu lösen. Während du also möglicherweise nicht in der Lage bist, einfach zu „vergeben und zu vergessen", musst du herausfinden, wie du auf eine Weise vergeben kannst, die dir hilft, weiterzumachen. Dies erfordert Zeit, Mühe und emotionales Kapital. Auf lange Sicht geht es dir aber mental viel besser. Der Akt der Vergebung kann nur das stärkste Gegenmittel für die Schmerzen sein, die von anderen verursacht werden. Vergebung bedeutet, den Zorn loszulassen und sich dafür zu entscheiden, den Wunsch, jemanden oder sich selbst für eine Straftat zu bestrafen, mitleidig loszulassen. Ja, Vergebung ist eine Wahl. Ja, du kannst dir selbst vergeben. Aber hier ist die Sache: Auch wenn wir diese Aussagen an der Oberfläche akzeptieren, haben wir oft Schwierigkeiten, den Akt der Vergebung durchzusetzen - sei es, dass wir uns selbst oder jemand anderem vergeben. Doch warum? Die Ursache liegt darin, dass wir Dinge rationalisieren. Schließlich sind wir nicht für ihre Handlungen verantwortlich. Vielleicht nicht, aber du bist für deine verantwortlich. Du bist für dein Handeln verantwortlich - ebenso wie für deine Emotionen und Gedanken.

- Du bist dafür verantwortlich, den zugefügten Schaden zu mindern.

- Du bist letztendlich für die Vergebung verantwortlich.

> Noch wichtiger ist jedoch, dass du für dein Glück und deinen Seelenfrieden verantwortlich bist.

Wie können wir vergeben und weitermachen?

> Du musst wissen, dass Vergebung möglich ist

Bevor wir lernen können, zu vergeben, müssen wir zuerst glauben, dass Vergebung möglich ist. Wir müssen zumindest die Vorstellung akzeptieren, dass Vergebung eine praktikable Lösung des Problems ist. Dementsprechend musst du an dieser Stelle deinen Glaubenssatz in Bezug auf Vergebung ändern.

> Du musst die Wahl treffen, zu vergeben

Die Menschen sollten nicht gezwungen werden zu vergeben. Es ist wichtig, dass die Menschen davon angezogen werden. Wie bereits erwähnt, bedeutet das Erlernen des Vergebens nicht, jemandes früheres Verhalten zu vergessen. Wenn wir dies verstehen und den positiven Einfluss von Vergebung auf die Emotionen verstehen, können wir Vergebung im richtigen Licht betrachten. Entscheide dich somit aktiv dafür, jemandem zu vergeben.

> Mache eine Liste

Erstelle eine Liste aller Personen, die dich in irgendeiner Weise verletzt haben. Nachdem die Liste erstellt wurde, kannst du Prioritäten setzen, indem du die Namen so ordnest, dass sie mit der Person beginnen, die dich am meisten verletzt hat. Beginne, indem du den Personen am Ende der Liste zuerst vergibst. Nimm dir die Zeit, um die Emotionen zu verarbeiten. Du wirst wissen, wann es Zeit ist, mit dem nächsten Schritt fortzufahren. Bei dem Vergeben kannst du wie folgt vorgehen:

Den Zorn aufdecken

Was fühlst du, wenn du an diese Person denkst? Wie geht es dir in Bezug auf deine Gefühle? Wie hast du sie bisher geleugnet? Empfindest du mehr als du dachtest? Was sind die physischen Konsequenzen deiner Gefühle? Sobald du diese Fragen für dich klären konntest, frage dich: „Willst du dich heilen?"

Lasse dich auf die Vergebung ein

Beantwortest du die Frage mit ja, bist du jetzt bereit, dich auf die Vergebung einzulassen. Hast du die erste Phase abgeschlossen und gesehen, wie unglücklich dich die Auswirkungen deiner Gefühle gemacht haben, bist du bereit der Vergebung eine Chance zu geben.

Betrachte die andere Person

Als Nächstes machst du dir Gedanken, über die Beweggründe der anderen Person. Dabei wechselst du die Perspektive und betrachtest die Situation durch die Augen dieser Person. Dabei kannst du dich auch fragen, ob sie in irgendeiner Weise verletzt wurde und ob ihr Schaden möglicherweise zu deinem beigetragen hat. Außerdem solltest du dir verdeutlichen, dass ihr geboren wurdet, ihr sterben werdet, ihr blutet, wenn ihr geschnitten werdet, ihr eine einzigartige DNA habt und wenn ihr sterbt, wird es nie eine andere Person wie euch jeweils geben. So zeigst du dir auf, dass die andere Person genauso einzigartig und unersetzbar ist wie du.

Das Herz weich machen

Das Wissen oder Nichtwissen der anderen Person hat dein Herz ein wenig verhärtet. Wenn du die Art der Vergebung praktizierst, solltest du schließlich anfangen, die gesunde Befreiung und das Loslassen von deinen Gefühlen zu spüren. Dadurch lässt du die Verhärtung deines Herzens los.

Den Schmerz akzeptieren

Zu diesem Zeitpunkt ist es normal, starke Emotionen zu spüren. Es handelt sich um eine Dosis Schmerz, aber dieser Schmerz erlaubt uns letztendlich, weiter zu machen. Schmerz stärkt das Selbstwertgefühl und nachdem du ihn akzeptiert hast, wirst du stärker sein.

Reflektieren

Es gibt sicherlich eine Bedenkzeit, wenn der Schmerz vergeht. Du erkennst, dass du stärker und glücklicher bist. Letztendlich befreit uns der Akt der Vergebung von vergangenen Verletzungen und schlechten Erinnerungen. Nicht zu vergeben bedeutet alternativ, sich der Kontrolle anderer zu ergeben und zuzulassen, dass die Gegenwart von der Vergangenheit verzehrt wird. Wenn wir uns entscheiden, nicht zu vergeben, setzen wir uns der Möglichkeit aus, Ärger und Verbitterung in zukünftige Situationen und Beziehungen zu tragen und uns den Frieden, die Gesundheit und das Glück zu nehmen, die wir verdienen.

Selbstvertrauen aufbauen

Damit man innere Blockaden und Ängste überwinden kann, muss man sicher sein, dass die Grundvoraussetzungen stimmen. Auf wen ist am meisten Verlass? Auf dich selbst natürlich! Denn niemand kann uns Selbstvertrauen geben – wir müssen es selbst aufbauen. Viele Menschen kämpfen täglich mit Hindernissen und Blockaden. Sie sind beängstigend und Elemente in unserem Leben, denen wir ungern gegenüberstehen - und dennoch sind viele dieser Hindernisse unvermeidlich. Früher oder später werden sie in deinem Leben auftauchen - und wenn du nicht bereit und in der Lage bist, mit ihnen umzugehen, kommst du schnell an die Grenzen deiner Komfortzone. Das Erkennen der Hindernisse, mit denen du wahrscheinlich konfrontiert bist, kann überwältigend sein und möglicherweise das Gefühl des Vertrauens schwächen. Wir können jedoch sehr leicht die Perspektive wechseln und Hindernisse auf andere Weise betrachten. Wenn du dir beispielsweise die Zeit nimmst, um die potenziellen Hindernisse zu verstehen, mit denen du eventuell konfrontiert bist, kannst du dein Selbstvertrauen stärken, solange du einen Plan entwickelst, wie du diese überwinden kannst. Wenn du einen Plan hast, um diese Hindernisse erfolgreich zu überwinden, kannst du ein tieferes Gefühl des Selbstvertrauens entwickeln. Dies ist keineswegs „Selbstvertrauen", da es immer noch viel Zögern und Zweifel gibt, aber du machst Fortschritte in die richtige Richtung.

Es ist Zeit für einen Perspektivwechsel. Zunächst ist es wichtig, vor allem anzuerkennen, dass Selbstvertrauen eine Geisteshaltung ist. Es ist nicht etwas, das du tust, sondern etwas, das du bist. Es ist eine Denkweise, die du in jede Situation einbringst und das ist es, was den Unterschied ausmacht. Wenn du Selbstvertrauen hast, siehst du natürlich Versagen, Ablehnung, Kritik, Verlegenheit, unangenehme Veränderung oder einen Fehler in einem ganz anderen Licht als die Person, die nicht das gleiche Maß an Selbstvertrauen hat. Und dieser Unterschied in deiner Denkweise macht den Unterschied in deinem Umgang mit der Situation aus. Für die meisten Menschen sind solche Umstände schwer zu ertragen. Es ist nicht einfach, sich auf sich selbst verlassen, wenn man Misserfolg, Kritik und Ablehnung gegenübersteht. Allein der Gedanke an diese Umstände lässt die Menschen sofort zusammenzucken und ihr Selbstvertrauen schnell sinken. Man fühlt sich nur dann sicher, wenn die Umstände günstig sind. In dem Moment, in dem sich die Winde ändern und man Widrigkeiten ausgesetzt ist, gerät man jedoch in Panik und infolgedessen sinkt das Selbstvertrauen.

Der eine große Schlüssel zur Entwicklung des Selbstbewusstseins besteht darin, allmählich zu verändern, wie du diese Umstände siehst und wahrnimmst. Du kannst wählen, ob du die Dinge auf die eine oder andere Weise sehen möchtest. Ein Weg ist günstiger als der andere, die Wahl liegt jedoch immer bei dir.

▸ Die Perspektive für das **Scheitern**

Menschen mit einem hohen Maß an Selbstvertrauen betrachten das Scheitern als einen unvermeidlichen Teil ihres Lebens. Sie verstehen, dass je mehr Risiken sie eingehen, desto wahrscheinlicher das Scheitern ist. Gleichzeitig sind aber mehr Risiken gleichbedeutend mit einer höheren Erfolgswahrscheinlichkeit. Sie erkennen, dass Misserfolg nur ein Teil des Erfolgs ist. In der Tat sehen sie das Scheitern als Sprungbrett zum Erfolg an, denn jeder gescheiterte Versuch gibt Rückmeldung. Sie nutzen dieses Feedback, um in Zukunft bessere Entscheidungen zu treffen - und deshalb lässt ihr Selbstbewusstsein nie nach.

▸ Die Perspektive für **Fehler**

Menschen mit einem hohen Maß an Selbstvertrauen sehen in jedem Fehler eine Gelegenheit, zu lernen und zu wachsen. Sie erfahren, was funktioniert hat und was nicht, was erwartungsgemäß ablief und was nicht und welche Optimierungen vorgenommen werden können, um zukünftige Versuche zu verbessern. Sie nutzen dieses Wissen und diese Informationen, um es beim nächsten Mal besser zu machen. Tatsächlich sehen sie, dass sie umso mehr Weisheit aus Erfahrung darüber gewinnen, was einfach nicht funktioniert, je mehr Fehler sie machen. Und je mehr sie wissen, was nicht funktioniert, desto mehr können sie machen von dem, was funktioniert.

▸ Die Perspektive für **Ablehnung**

Menschen mit einem hohen Maß an Selbstvertrauen nehmen Ablehnung nie persönlich. Sie verstehen, dass Ablehnung oft aus einem Missverständnis resultieren kann. Sie erkennen jedoch auch an, dass andere Menschen einfach unterschiedliche Überzeugungen, Werte und Meinungen haben und werden sie oder ihre Meinungen daher niemals positiv beurteilen. So ist das Leben eben. Menschen sind anders und das macht uns einzigartig. Sie akzeptieren, dass dies eine Tatsache ist und gehen einfach zu der nächsten Person über, die ähnliche Werte, Überzeugungen und Meinungen haben könnte.

▸ Die Perspektive für **Kritik**

Menschen mit hohem Selbstbewusstsein verstehen den Wert von Kritik. Sie akzeptieren, dass jede Kritik ihnen wertvolles Feedback gibt, mit dem sie sich, ihre Ideen oder ihren Ansatz verbessern können. Auch wenn Kritik nicht als konstruktiv empfunden wird, nehmen sie sie dennoch an und versuchen, positive Veränderungen in ihrem Leben herbeizuführen. Sie erkennen auch, dass die Kritik einiger Menschen nichts mit ihnen, sondern nur mit der anderen Person zu tun hat. Die andere Person ist vielleicht nur wütend oder frustriert, weil sie einen schlechten Tag hatte oder aus irgendeinem Grund neidisch auf sie ist. Selbstbewusste Menschen verstehen das - und deshalb schwankt ihr Selbstbewusstsein nicht.

▸ Die Perspektive für den **Umgang mit Angst**

Menschen mit einem hohen Maß an Selbstvertrauen verstehen, dass Angst hauptsächlich aufgrund von Unsicherheit besteht. Alles, was sie zuvor noch nicht getan haben, wird immer ein wenig Unsicherheit mit sich bringen - und mit der Unsicherheit kommt Angst. Sie sind jedoch nicht von Angst geplagt, weil sie erkennen, dass Angstgefühle bedeuten, dass sie gezielter und geduldiger sein müssen. Sie müssen sich Zeit zum Üben nehmen und die nötige Erfahrung sammeln, um aus dem, was einst ungewiss war, etwas Bestimmtes zu machen. Und das geht natürlich mit der Erfahrung einher, neue Fähigkeiten, Kenntnisse, Unterstützung oder die Werkzeuge zu erwerben, die erforderlich sind, um diese unsichere Situation erfolgreich zu meistern. Sie stellen ihre Angst frontal infrage und beobachten, wie sie mit der Zeit zerfällt.

▸ Die Perspektive für den Umgang mit **Verlegenheit**

Menschen, die ein hohes Maß an Selbstvertrauen haben, werden nicht in Verlegenheit gebracht. Sie verstehen, dass die Angst vor Verlegenheit nur eine Erweiterung der Angst vor dem Scheitern und der Angst vor Fehlern ist. Und diese beiden Ängste sind nur Ausmaße der Angst vor Kritik und der Angst vor Ablehnung. Das Ergebnis ist natürlich eine Verlegenheit und der Wunsch, nichts zu tun, weil eine dieser Ängste im eigenen Leben vorherrscht. Sie verstehen deutlich, dass das Gefühl der Verlegenheit im Auge des Betrachters liegt. Sie überwinden diese Angst, indem sie absolut für alles einstehen, was sie tun, egal wie schlecht sie es zuerst tun.

▸ Die Perspektive für den Umgang mit **unangenehmen Veränderungen**

Menschen mit einem hohen Maß an Selbstvertrauen sehen unerwartete Veränderungen als einen natürlichen Teil ihres Lebens an. So wie sich die Jahreszeiten jedes Jahr ändern, verstehen sie, dass das Leben ein Leben lang Ebbe und Flut beinhaltet. Sie akzeptieren diese Änderungen und passen sie entsprechend an. Tatsächlich schwelgen sie oft in diesen Veränderungen, weil sie klar verstehen, dass eine unerwünschte Veränderung oft unerwartete Vorteile und neue Möglichkeiten mit sich bringen kann, die sie nie realisiert haben.

Innere Ressourcen aktivieren

Um dein volles Potenzial und innere Ressourcen zu entdecken, musst du zuerst dein „altes Ich" loslassen und Wege finden, um eine bessere Version von dir selbst zu werden. Wir entwickeln bestimmte Vorstellungen davon, wer wir sind und halten an ihnen fest, auch wenn sie nicht zu uns passen. Manchmal fühlen sich unsere Gewohnheiten und sogar bestimmte Verhaltensweisen so real an, dass wir uns nicht vorstellen können ohne sie zu leben. Was machst du dann? Wie lässt du etwas los, das sich für dich dauerhaft anfühlt? Was du tun musst, ist, über die Vorstellung, dass es dauerhaft ist, hinwegzusehen - denn nichts ist dauerhaft und du kannst dich so schnell und so oft ändern, wie du es wünschst. Es ist die Art und Weise, wie wir uns selbst betrachten, die das Gefühl von Dauer in uns hält, denn Gewohnheiten und Seinsarten sind eine bewusste Wahl. Du hast dir angewöhnt, auf ein persönliches Bedürfnis in deiner Vergangenheit zu reagieren. Die Angewohnheit entwickelte sich dann zu etwas anderem und du wurdest mit einem Verhalten als Ergebnis belassen. Das Verhalten ähnelt möglicherweise nicht der ursprünglichen Antwort, ist jedoch zu einem Teil von dir geworden. Obwohl diese Verhaltensweisen unnötig sind, können sie sich dauerhaft anfühlen, weil sie so tief in deine Art zu sein verwurzelt sind. Dies kann uns verwirren, weil wir irgendwo in uns spüren können, dass wir es nicht wirklich sind.

Wenn du also eine Angewohnheit oder ein Gefühl in dir hast, das sich unpassend anfühlt oder nicht wie dein wahres Selbst, gibt es einen Weg, es loszulassen. Indem du erkennst, dass du diese Angewohnheit nicht hast und dass dies nicht notwendig ist, versuchst du es loszulassen. Indem du weiter in dein Bewusstsein zurückgehst, kannst du seinen Anfang finden. Wenn du den Weg findest, zu dem es sich entwickelt hat, kannst du verstehen, warum es da ist. Man muss sich auch nicht mehr mit diesem Verhalten identifizieren, weil es dadurch eingeschlossen bleibt. Was sich in uns befindet, das sich nicht richtig anfühlt, weiß, dass es mit irgendwo in unserer Vergangenheit verbunden ist und daher nur dorthin gehört. Zu erkennen, dass nichts dauerhaft ist oder in uns steckt, hilft, es loszulassen. Zu erkennen, dass man jedes Problem loslassen kann, ist wie zu verstehen, dass alles in unserer Vergangenheit nicht mehr existiert. Entdecke, was an dir nicht real ist, finde die Quelle der Angewohnheit, es zu verstehen und stelle fest, dass es nicht dein wahres Selbst ist, sodass du es loslassen kannst. Alles, was sich in dir unnatürlich anfühlt, sollte weggehen, damit du Platz für dein neues, besseres Selbst schaffen kannst. Es wird nicht einfach sein, dein neues Selbst zu schaffen. Tatsächlich wird es viel Geduld, Zeit und Mühe kosten. Während dieser Reise wirst du wahrscheinlich alte Gewohnheiten, begrenzte Überzeugungen und wenig hilfreiche Gedanken loslassen müssen. Du musst im Wesentlichen den Wert deines Lebens infrage stellen, einschließlich der Entscheidungen, die du getroffen hast.

Wenn die Entscheidungen, die du triffst, deine Komfortzone nicht ausdehnen und dich nicht zu deinen Zielen drängen, ist eine Veränderung etwas, das du brauchst. Du wirst nicht länger deiner rosaroten Sicht der Realität ausgeliefert sein. Stattdessen hast du die Kontrolle übernommen - und mit der Kontrolle geht Vertrauen einher. Mit dieser Zuversicht kommt persönliche Kraft - die Kraft, dein Leben mit Absicht zu verändern. Wenn unsere emotionalen Erfahrungen von gesunder und positiver Natur sind, verbessert dies die Qualität unserer Gedanken - und wenn sich unsere Gedanken verbessern, verbessern sich auch unsere Entscheidungen und Handlungen. Wenn du bessere Entscheidungen triffst, hast du bessere Ergebnisse. Und mit verbesserten Ergebnissen fühlst du dich unermesslich besser. Und wenn du dich besser fühlst, wird dein neues Ich stärker.

Einen persönlichen Vertrag machen

Du musst unbedingt einen persönlichen Vertrag abschließen. Schreibe einen Vertrag, der dir grünes Licht gibt, um den Veränderungsprozess einzuleiten. Erkenne an, dass:

- Dinge sich ändern müssen.
- Du für die Änderung verantwortlich bist.
- Du entschlossen bist, diese Änderung vorzunehmen.

- Der **erste Schritt** besteht darin, anzuerkennen, dass Änderungen vorgenommen werden müssen. Wenn du nicht zugeben kannst, dass etwas nicht stimmt, ist es sinnlos, diesen Prozess fortzusetzen.
- **Zweitens** musst du die Verantwortung für diese Änderungen übernehmen. Niemand ist für dein Leben verantwortlich außer dir selbst. Ohne dich geht das nicht.
- **Drittens** musst du verpflichtet sein, die notwendigen Änderungen vorzunehmen, um dein Leben zu verbessern.

Finde heraus, wer du bist und überbrücke die Lücke!

Nun, an der Oberfläche mag dies irgendwie albern erscheinen. Du weißt schon wer du bist, oder? Du bist du! Du bist ein physisches Wesen, das ein Leben führt, das einzigartig ist. Unter der Oberfläche bist du jedoch in Wirklichkeit so viel mehr als das. Also, die Frage ist: Weißt du ehrlich, wer du wirklich bist? Was du hier versuchen und tun wirst, ist die Kluft zwischen „wer du bist" und „wer du sein möchtest" zu identifizieren. Du musst das Du im Jetzt mit dem Du in der Zukunft zusammenführen. Du musst folgende Fragen beantworten:

Du im **Jetzt**	Du in der **Zukunft**
Wer bin ich wirklich?	Wer möchte ich gerne sein?
Wer bin ich nicht?	Wie sehe ich mich in der Zukunft?
Wer bin ich körperlich?	Welche Eigenschaften hat mein Zukunfts-Ich
Wer bin ich sozial?	Wie denkt mein Zukunfts-Ich?
Wer bin ich emotional?	Wie spricht mein Zukunfts-Ich mit sich selbst?
Wer bin ich geistlich?	Welche Art von Emotionen erlebt mein Zukunfts-Ich?
Wer bin ich in Bezug auf meine Leistungen?	Welche Gewohnheiten hat mein Zukunfts-Ich?
Wer bin ich in Bezug auf meine Fehler und Irrtümer?	Welche Erfahrungen macht mein Zukunfts-Ich jeden Tag?
Wer bin ich in Bezug auf meine Fehler?	Auf welche Ziele arbeitet mein Zukunfts-Ich hin?
Wer bin ich in Bezug auf meine sozialen Rollen?	Was für ein Mensch ist mein Zukunfts-Ich wirklich?

Wenn es einen signifikanten Unterschied zwischen den beiden Seiten gibt, musst du daran arbeiten, diese Lücke zu schließen und so dein Selbstverständnis zu stärken. Stelle dir nun die folgenden Fragen, um deine Lücken genauer zu betrachten:

- Was ist die Kluft zwischen meinem wahrgenommenen Selbst und meinem idealen Selbst?
- Wo ist die Lücke am größten?
- Wo ist die Lücke nicht so groß?
- Ist der Abstand realistisch?
- Wie könnte ich anfangen, diese Lücke ab heute zu schließen?

Das Ziel für den Rest dieser Reise ist es, diese Kluft zwischen dem idealen Selbst und dem Selbst, das du in diesem Moment erlebst, zu überbrücken.

Verwandle deine innere Welt

Dein erstes Ziel ist es, nach innen zu schauen und dir der täglichen Gedanken, Selbstgespräche, Glaubenssysteme, psychologischen Regeln und der Fragen, die du stellst, bewusst zu werden. Frag dich selbst:

- Stimmen meine Gedanken mit meinem Selbstbild überein?
- Auf welche Gedanken kann ich mich besinnen?
- Was machen diese Gedanken mit mir?
- Wie fühle ich mich durch diese Gedanken?
- Was ist mit meinem Selbstgespräch?
- Welche Fragen stelle ich mir?
- Was sind die Konsequenzen meines Selbstgesprächs und der Fragen, die ich mir stelle?
- Glaube ich an mich selbst?
- Wie kann ich die notwendigen Anpassungen vornehmen, um mein Selbstbild mit meinem Selbstideal abzustimmen?

Das Ziel ist es, in diesen Bereichen Kongruenz zu erreichen. Denke daran, dass dein Denken viel mit deinen Wahrnehmungen und deiner Interpretationen der Realität zu tun hat. Wenn du beispielsweise Dinge auf eine Weise interpretierst, hast du Zugriff auf bestimmte Ressourcen und Möglichkeiten. Wenn du die Dinge jedoch auf eine andere

Weise interpretierst, hast du Zugriff auf eine Reihe anderer Ressourcen und Möglichkeiten. Ironischerweise kann es sogar sein, dass dir der Zugriff verweigert wird. Wenn also Probleme auftreten, ist es nicht das, was mit dir passiert, sondern die Art und Weise, wie du es interpretierst, was den Unterschied ausmacht.

Trete aus deiner Komfortzone

Es ist leicht, in eine Routine zu geraten. Wir fühlen uns wohl. Dinge, die uns früher aufgeregt haben, scheinen normal zu sein. Das Problem ist, dass wir das Leben normal werden lassen. Wir müssen Wege finden - auch kleine -, um das Leben wieder aufregend zu machen. Es braucht Mut, um die Komfortzone zu verlassen, aber du wirst die Belohnung für deine Bemühungen ernten. Wie kannst du also die Komfortzone verlassen?

- Setze dir ein Ziel und schreibe es auf

Der erste Schritt, um die Komfortzone zu verlassen, besteht darin, dein Ziel herauszufinden. Definiere es und schreibe es auf. Es ist wahrscheinlicher, dass du es erreichst, wenn es aufgeschrieben ist. Dabei solltest du darauf achten, es SMART zu formulieren.

- Träume groß und gehe noch weiter

Stelle dir vor, du hast keine andere Option. Nachdem du dein Ziel definiert hast, kannst du dir vorstellen, dass du keine andere Wahl hast als danach zu streben. Nimm das Auswahlelement weg und überzeuge dich selbst, dass dies getan werden muss.

- Lächle - täusche es vor, bis du es meisterst

Ein Lächeln ist eine magische Sache. Selbst wenn du es vortäuschst, zeigt die Forschung, dass du dich dadurch besser fühlen kannst. Unser Körper arbeitet auf erstaunliche Weise. Durch ein Lächeln fühlst du dich sicherer, wenn du dir sagst: „Ich kann das." Dein Lächeln zieht auch andere an; sie lächeln zurück und geben dir zusätzliches Selbstvertrauen. Es ist eine so einfache Lösung, die wir jedoch oft übersehen.

- Mach einen Schritt nach dem anderen

Wenn du besonders schüchtern bist, etwas Neues auszuprobieren, musst du dich nicht auf die Spitze treiben. Setze kleinere und kurzfristigere Ziele. Zum Beispiel: Ich habe Höhenangst, aber ich wollte mich meinen Ängsten stellen. Also habe ich mich für das Klettern an Felswänden entschieden. Ich habe meine Ziele aufgeschlüsselt in: Anmeldung für einen Kurs im Fitnessstudio, Die Trainingseinheit machen. Drei Stellen an der Wand auswählen, die ich erreichen will.

- Die Spitze erreichen

Du wirst es vielleicht nicht ganz nach oben schaffen, aber du hast vielleicht einige der Schritte geschafft und bist stolz auf das, was du erreicht hast. Indem du dein Ziel in kleinere Schritte aufteilst, kannst du den Fortschritt messen und den Erfolg auf mehreren Ebenen erreichen.

▸ Ins Tiefe springen

Vielleicht bist du nicht dafür gebaut, Schritt für Schritt in den Pool zu gehen. Es mag sich wie eine Qual anfühlen, wenn man es langsam angeht. Ziehe das Pflaster ab oder springe in die Tiefe und probiere es einfach aus. Sag dir selbst, dass du den Mut dazu hast.

▸ Betrachte das Leben ohne Schokolade

Denk an deine Lieblingsspeisen, -aktivitäten, -orte und -menschen. Stelle dir jetzt dein Leben ohne sie vor. Einer der Hauptgründe für das Verlassen der Komfortzone ist, dass du nicht weißt, was du vermisst, bis du es versucht hast. Der nicht eingeschlagene Weg kann derjenige sein, der dich zu größerem Glück, größerer Gesundheit und größerem Erfolg führt.

▸ Stelle dir dein besseres zukünftiges Ich vor

Stelle dir vor, wie du dein Leben verbessern kannst, indem du neue Dinge ausprobierst. Das Aufschreiben des Ziels ist ein wichtiger Schritt, um Erfolg zu haben, aber auch das Endprodukt. Stelle dir dein zukünftiges Ich in einem Monat oder in einem Jahr vor. Stell dir vor, wie dieses verbesserte Leben aussieht. Konzentriere deine Aufmerksamkeit auf dein besseres, zukünftiges Selbst.

▸ Neue Möglichkeiten lassen uns weiter wachsen

Das Ausprobieren neuer Dinge treibt uns an. Neue Möglichkeiten sind die Würze des Lebens. Selbst kleine Veränderungen, wie zum Beispiel ein anderer Weg zur Arbeit, können dazu führen, dass wir uns glücklicher fühlen. Was auch immer du tun kannst, um dein Ziel zu verwirklichen, du solltest diesen Schritt machen. Du hast nichts zu verlieren, wenn du es versuchst. Gehe geradeaus, verlasse die Komfortzone und sieh, was passiert.

Suche etwas, wofür du brennst

Wenn du erfüllt, glücklich, zufrieden sein und inneren Frieden und ultimative Erfüllung erfahren möchtest, ist es entscheidend, dass du lernst, wie du deine Leidenschaft und deinen Lebenszweck findest. Für manche Menschen ist es nicht so einfach, eine Leidenschaft zu identifizieren. Du fragst dich vielleicht: „Was soll ich mit meinem Leben anfangen?", „Was ist meine Leidenschaft?" oder „Was ist mein Lebenszweck?". Die folgenden Tipps können Abhilfe schaffen:

Suche etwas, wofür du brennst

Entdecke Dinge, die du gerne tust und die dir leicht fallen

Wir alle werden mit einem tiefen und bedeutungsvollen Ziel geboren, das wir entdecken müssen. Dein Zweck ist nicht etwas, das du erfinden musst; er ist schon da und du musst ihn aufdecken, um das Leben zu erschaffen, das du willst.

➡ Was machst du am liebsten?

_____

_____

➡ Was fällt dir leicht?

_____

_____

Frage dich, welche Eigenschaften du am liebsten ausdrückst

➡ Welche zwei Eigenschaften drückst du in der Welt am liebsten aus?

_____

_____

➡ Auf welche zwei Arten drückst du diese Eigenschaften am liebsten aus?

_____

_____

Erstelle eine Lebenszweckerklärung

Nimm dir einen Moment Zeit und schreibe eine Beschreibung, wie die Welt aussehen würde, wenn sie genau nach deinen Vorstellungen funktionieren würde. Schließlich kombinierst du alles zu einer Aussage, um eine klare Vorstellung von deinem Zweck zu haben.

Befolge deine innere Führung

Was wäre, wenn ich dir sagen würde, dass du ein eigenes Leitsystem in dir hast, das dir dabei helfen kann, von deinem Lebensabschnitt zu deinem Ziel zu gelangen? Es ist dein inneres GPS. Es ähnelt dem GPS-System, das du in deinem Auto oder auf deinem Telefon verwendest. Was gibst du als Erstes in dein GPS ein, wenn du in dein Auto einsteigst und ein bestimmtes Ziel ansteuerst? Zunächst wird der aktuelle Standort ermittelt. Sobald du den Aufenthaltsort ermittelt hast, bekommst du eine Wegbeschreibung zu dem Zielort. Damit das System funktioniert, muss dir lediglich der Startort und das Endziel bekannt sein. Das Navigationssystem berechnet den Rest mithilfe eines Bordcomputers, der Signale von mehreren Satelliten empfängt und die genaue Position berechnet. Dann zeichnet es einen perfekten Kurs für dich. Alles, was du ab diesem Zeitpunkt tun musst, ist den Anweisungen zu folgen, die du zum Erreichen des Ziels erhalten hast.

Entscheide, wohin du gehen möchtest

Alles, was du letztendlich tun musst, ist zu entscheiden, wohin du willst, indem du die Vision klarstellst, dann dein Ziel durch Zielsetzung, Bestätigung und Visualisierung festlegst und anschließend die Maßnahmen ergreifst, die dich in die richtige Richtung bewegen. Mit jedem Bild, das du visualisierst, gibst du das Ziel ein, zu dem du gelangen möchtest. Ein Tisch am Fenster, Sitzplätze in der ersten Reihe bei einer Konferenz, erstklassige Tickets im Musical, ein Raum mit Meerblick oder eine liebevolle Beziehung. All diese Bilder und Gedanken senden Anfragen an das Universum. Wenn du dir selbst nicht im Weg bist - was bedeutet, dass du den Prozess nicht mit negativen Gedanken, Zweifeln und Ängsten unterbrichst -, entfaltet dein inneres GPS die nächsten Schritte auf deiner Route, während du dich weiter vorwärts bewegst.

Mach dir dein Lebensziel klar

Sobald du dir klar über das bist, was du willst und dich ständig darauf konzentrierst, wird alles viel leichter. Du wurdest mit einer inneren Führung geboren, die dir anhand der Freude, die du empfindest, sagt, wann du auf oder abseits des Kurses bist. Die Dinge, die dir die größte Freude bereiten, stimmen mit deinem Ziel überein und bringen dich dorthin, wohin du gehen willst. Nimm dir Zeit, um ehrlich und offen darüber nachzudenken, wo du dich gerade in deinem Leben befindest und was du mit deinem Leben anfangen möchtest. Denke an die Zeiten, in denen du die größte Freude in deinem Leben erlebt hast. Eine Technik, die du verwenden kannst, um deinen Zweck zu bestimmen, ist das Durchführen einer Freudenüberprüfung. Nimm dir etwa 30 Minuten Zeit und erstelle eine Liste aller Momente, in denen du die größte Freude in deinem Leben hattest. Dann suche nach einem Muster zwischen all diesen Momenten. Da wir wissen, dass Freude ein Teil des internen Leitsystems ist, das dir sagt, wann du auf Kurs bist, kannst du viel über deinen Lebenszweck herausfinden, wenn du diese Freudenüberprüfung abschließt.

Richte deine Ziele auf die Lebensziele aus

Wir sind alle begabt und haben eine Reihe von Talenten und Interessen, die uns sagen, was wir tun sollen. Sobald du weißt, was dein Lebenszweck ist, organisiere all deine Aktivitäten rund um diesen Lebenszweck. Alles, was du tust, sollte Ausdruck des Zwecks sein. Wenn eine Aktivität oder ein Ziel nicht zu dieser Formel passt, arbeite nicht daran. Ignoriere jedoch nicht die Anzeichen dafür, dass dein Job oder deine Karriere nicht zu dir passt. Wenn du dich vor Montagmorgen fürchtest und an den Wochenenden lebst, könnte dies ein Zeichen dafür sein, dass es Zeit ist, deinem Herzen zu folgen und der Arbeit nachzugehen, die du dir wünschst.

Lehn dich in dein wahres Leben hinein

Wenn du mehr Klarheit über deinen Zweck gewonnen hast, musst du dein Leben nicht auf einmal komplett überarbeiten. Lehn dich stattdessen einfach Stück für Stück hinein. Fange an, deinen Zweck jeden Tag ein wenig ausführlicher zu leben und achte auf die Rückmeldungen, die du von anderen erhältst, in Bezug auf die Ergebnisse, die du erzielst und auf deine Gefühle. Somit wirst du dich viel besser und im Einklang mit dir selbst fühlen.

Zusammenfassende Schlussworte

Ein gesundes und robustes Selbst aufzubauen, erfordert zweifellos Arbeit und konsequente Anstrengungen. Tatsächlich braucht es Zeit, da es nichts ist, das du über Nacht aufbauen oder verwandeln kannst. Ebenso ist es nichts, das du einmal durcharbeiten und dann für den Rest des Lebens vergessen kannst. Die Transformation des Selbst ist etwas, an dem du konsequent arbeiten musst. Es muss sich ständig ändern und weiterentwickeln, wenn du neue Meilensteine auf deinem Lebensweg erreichst. Diese Reise muss jedoch nicht schwierig sein und in einem Zug abgeschlossen werden. Lass dir Zeit. Setze dir kleine Tagesziele - und über viele Wochen, Monate und Jahre hinweg wirst du beträchtliche Fortschritte machen, wenn du herausfindest, wer du bist und wer du sein möchtest. All diese Methoden und Tipps, die in diesem Buch aufgeführt sind, werden dir im Laufe der Zeit helfen, die inneren Blockaden, negativen Gedanken und Gewohnheiten zu brechen und ein angstfreies, gezieltes Leben zu führen, weit weg von deiner Komfortzone.

Schlusswort

Glückwunsch - jetzt weißt du alles, um deinem Leben einen neuen Anstrich zu verpassen und um persönlich zu wachsen. Du hast es dir auf jeden Fall verdient und ich glaube fest daran, dass du es schaffen wirst! :)

Wenn dir dieses Buch gefallen und geholfen hat, dann würde ich mich sehr über dein Feedback freuen. So kannst du anderen Menschen ebenfalls dabei helfen, dass sie ihre inneren Kämpfe und Einschränkungen beseitigen können.

Gehe dazu auf

www.amazon.de/ryp

und hinterlasse eine Rezension – du kannst das in 2 Minuten erledigen und hilfst mir und anderen zukünftig Befreiten dadurch enorm weiter.

Viel Spaß und viel Erfolg

Paula Weinbach

Weitere Werke von KR Publishing

Die Klartraum Methode
- Paula Weinbach -

In diesem Buch erfährst du:

✓ Wie du jeden Tag zusätzlich einige Stunden an wertvoller Zeit gewinnst.
✓ Wie du dein Unterbewusstsein erforschen und programmieren kannst.
✓ Wie du komplexe Probleme im Schlaf löst und kreativer wirst.

Und noch Vieles mehr!

Hochsensible Kinder
- Paula Weinbach -

In diesem Buch erfährst du:

✓ Wie du dein hochsensibles Kind bestmöglich unterstützen kannst.
✓ Wie du deinem Kind das Leben erheblich erleichtern kannst.
✓ Welche Methoden euch auf eurem Weg am besten weiterhelfen.

Und noch Vieles mehr!

Konfliktfrei durch **Gewaltfreie Kommunikation**
- Johannes Lichtenberg -

In diesem Buch erfährst du:

✓ Wie du Konflikte gewaltfrei löst.
✓ Wie du eine Beziehungen langfristig verbessern kannst.
✓ Wie du deine Gesprächspartner unbemerkt analysieren kannst.

Und noch Vieles mehr!

ESSENTIALISMUS

- Johannes Lichtenberg -

In diesem Buch erfährst du:

✓ Wie du täglich Zeit dazu gewinnst, wenn du dein Leben auf das Essentielle reduzierst.

✓ Wie du mental aufgeräumter wirst und so zu mehr Klarheit gelangst.

✓ Wie du durch Weniger im Leben, stressfreier und besser lebst.

Und noch Vieles mehr!

STOIZISMUS

- Johannes Lichtenberg -

In diesem Buch erfährst du:

✓ Wie du zum Fels in der Brandung wirst und jede Situation meisterst.

✓ Wie du die unerschütterliche Gelassenheit eines Mönchs erlangst.

✓ Wie du resistent gegen Stress wirst und dich nie wieder aufregst.

Und noch Vieles mehr!

EINSERKANDIDAT
Stressfrei zur Bestnote

- Frederik Holm -

In diesem Buch erfährst du:

✓ Wie du mit genialen Lerntechniken endlich das Lernen lernst.

✓ Wie du stressfrei Bestnoten schreiben kannst.

✓ Wie du vom Aufschieber zum Lernprofi wirst.

Und noch Vieles mehr!

Lust auf mehr? Unser Geschenk an dich!

Vielen Dank für den Kauf von diesem Buch und deinem damit verbundenen Vertrauen in uns als Herausgeber und in Paula Weinbach als Autorin dieses großartigen Buchs. Das bedeutet uns wirklich viel, weshalb wir dir den Ratgeber „Habit Hacks - 10 unscheinbare Schlüssel Gewohnheiten, die dein Leben verändern", als Download schenken - vollkommen gratis! Zudem möchten wir dir die Möglichkeit eines direkten Austauschs mit der Autorin anbieten. So kannst du z.B. deine Fragen, dein Feedback oder deine Anregungen Paula zukommen lassen - eine tolle Möglichkeit für die Kommunikation zwischen Leser und Autorin!

Diese kleinen und unscheinbaren Schlüssel Gewohnheiten verändern dein Leben - erfahre:

- ✓ wie eine kleine Veränderung beim Duschen deine Disziplin stärkt und dir einen Energiekick verschafft...
- ✓ wie eine Prise Salz dir einen Kickstart am Morgen verschaffen kann...
- ✓ wie eine kleine Einstellung an deinem Smartphone & Computer deinen Schlaf verbessert...
- ✓ noch weitere geniale und unscheinbare Habit Hacks!

Wenn du bereit bist, dein Leben mit einigen simplen Habit Hacks auf das nächste Level zu bringen, dann gehe jetzt auf

www.KRPublishing.de/pwb1

und sichere dir dein kostenloses Exemplar als digitalen Download.

Impressum

Herausgeber:

KR Publishing UG (haftungsbeschränkt)
Mundsburger Damm 26
22087 Hamburg
Deutschland

Copyright © 2020 KR Publishing
Alle Rechte vorbehalten

Printed in Germany
by Amazon Distribution
GmbH, Leipzig